LA GRANDE ENCYCLOPEDIE DES FOSSILES

LA GRANDE ENCYCLOPEDIE DES FOSSILES

Texte de
Vojtěch Turek, Jaroslav Marek,
Josef Beneš

Préface de
Daniel Pajaud
Docteur ès sciences
(Université Pierre et Marie Curie, Paris VI)

Photographies de
Marek Kořínek, Monika Kořínková,
Karel Drábek

Gründ

Frontispice : *Ellipsocephalus hoffi,* Cambrien moyen,
Jince (Tchécoslovaquie). Carapaces complètes ;
longueur : 12 à 15 mm.

Adaptation française de Jean et Renée Karel
Révision générale et adaptation de la classification par Daniel Pajaud,
conservateur de la collection des fossiles de l'université Pierre et Marie Curie (Paris VI)
Texte original de Vojtěch Turek, Jaroslav Marek, Josef Beneš
Photographies de Marek Kořínek, Monika Kořínková, Karel Drábek
Dessins de Miloš Váňa
Arrangement graphique par Marek Kořínek
Première édition française 1988 par Librairie Gründ, Paris
© 1988 Librairie Gründ pour l'adaptation française
ISBN : 2-7000-2502-4
Dépôt légal : avril 1988
Imprimé en Tchécoslovaquie par TSNP, Martin
Édition originale
© 1988 Artia, Prague
3/19/02/53-01

Sommaire

Préface

Un ouvrage tel que *La grande encyclopédie des fossiles* est d'abord destiné à tous ceux qui aiment la nature, plus précisément ici à tous ceux qui manifestent leur curiosité à l'égard des vies antérieures dont le visage actuel de notre planète n'est que l'instantané en cours ; autrement dit, à tous ceux que passionne l'étude ou la contemplation de fossiles. Mais, hors de ce monde de paléontologues, amateurs ou professionnels, d'autres lecteurs seront intéressés par l'étrangeté des formes, la bizarrerie des comportements, l'accomplissement des destins, et par tout le cortège d'interrogations que chaque découverte, chaque étude, chaque interprétation font naître dans l'esprit des chercheurs.

Naturellement, les auteurs sont trois paléontologues : il est exclu qu'il puisse en être autrement. Quant à l'éditeur responsable de la présente publication, sa longue pratique des sujets naturalistes peut nous dispenser de le présenter.

La grande encyclopédie des fossiles apparaît ainsi comme le point d'aboutissement de trois manifestations convergentes : le savoir des auteurs, le savoir-faire de l'éditeur et la quête de plaisir des lecteurs. Un tel rendez-vous ne s'accomplit pas sans difficultés : chemin faisant, se posent en effet de sérieux problèmes qui touchent à la fois à des questions de communication et à des questions d'ordre purement scientifique. Ces problèmes sont d'ailleurs étroitement imbriqués.

Il y a problème du fait que la paléontologie n'est pas une science « exacte » mais une science de la nature, dans le paradoxe d'une double « personnalité » où la rigueur mathématique et apparemment figée du monde physique s'oppose à la fantaisie bouillonnante, intarissable du monde vivant. Pour ce dernier, on ne doit pas parler de lois, mais seulement de tendances : tout n'est donc pas « réglé comme du papier à musique » !

Il y a problème du fait que les vestiges fossilisés des mondes vivants antérieurs n'en représentent qu'une infime fraction, déformée et altérée. Dans les études qui concernent la nature actuelle, on raisonne dans un espace de temps où la pendule marque des secondes, des heures ou des siècles, voire quelques millénaires ; et l'on peut expérimenter. Mais en paléontologie, les barreaux élémentaires de l'échelle chronologique ont pour équidistance le million d'années, le spécialiste raisonne en dizaines ou en centaines de millions d'années ; le retour en arrière est impossible et, sauf miracle de type coelacanthe, nul ne verra jamais un trilobite ramper sur un fond marin ou une bélemnite chasser entre deux eaux.

Il y a problème du fait que les chercheurs qui tentent de reconstituer les images du passé à partir de ces vestiges incomplets peuvent avoir des conceptions philosophiques, religieuses et scientifiques du monde fort différentes les unes des autres. Si la majorité des scientifiques et des philosophes admettent que le monde vivant « évolue », que plantes et animaux constituent depuis l'origine une vaste et inextricable famille au sein de laquelle chacun est fils, cousin ou père d'un autre, quelques-uns nient cette vision, même dans certaines de nos sociétés « avancées » du XXᵉ siècle.

Il y a problème aussi parce que les chercheurs doivent réfléchir dans une langue qui n'est autre que leur langue maternelle, c'est-à-dire selon certains modes de pensée, certaines structures mentales qui diffèrent selon la société ou la civilisation à laquelle ils appartiennent et dont ils sont l'héritage. Mais tout paléontologue « occidental » vous dira qu'il peut se trouver confronté à d'autres modes de raisonnement que les siens à l'occasion d'échanges de vue avec des chercheurs indiens, chinois ou arabes.

Il y a problème encore lorsque les chercheurs doivent communiquer à la communauté scientifique internationale les résultats de leurs recherches et de leurs réflexions, dans un langage qui est d'abord un langage de spécialiste et dans une langue véhiculaire qui est souvent différente de leur langue maternelle. D'où l'importance de la terminologie (c'est-à-dire l'arsenal des mots qui servent, dans chaque discipline, à décrire les objets et leur comportement), celle des dictionnaires de spécialités, glossaires, lexiques, etc. ; d'où l'importance aussi des traductions, des interprétations et des dictionnaires spécialisés multilingues.

Il y a problème encore quand il s'agit de faire oeuvre de vulgarisation, c'est-à-dire de transcrire dans un langage accessible à tous, et sans déformer la vérité, tel ou tel sujet susceptible d'intéresser le « grand public ».

C'est à cette multitude de problèmes que se trouvent confrontés, à un moment ou à un autre, tous ceux qui participent à la « vie » d'un ouvrage tel que celui-ci. La chaîne est longue depuis le stade de la conception par les auteurs (ce sont ici trois paléontologues tchécoslovaques) jusqu'à la phase de « consommation » par les lecteurs (dans le cas présent, un certain public francophone). Tout cela concourt à donner au présent ouvrage son « faciès » propre, c'est-à-dire son visage, son cachet, sa personnalité.

Pour toutes ces raisons, *La grande encyclopédie des fossiles* diffère en maints endroits de l'édition originale. Un exemple : à la liste des références bibliographiques d'ouvrages tchèques, russes ou allemands, mentionnés dans l'édition originale (mais que l'on ne peut guère se procurer en France ou au Québec), il convenait d'ajouter les ouvrages « occidentaux » (peu diffusés en Europe centrale) mais qui figurent dans les catalogues de nos éditeurs et fleurissent sur l'étalage de nos librairies spécialisées.

Le chapitre consacré aux généralités est ainsi très sensiblement augmenté, en particulier dans tout ce qui a trait aux bases de la nomenclature, à la terminologie, aux méthodes de datation « absolue » et de chronologie relative. Les grands traits de la classification des animaux et des plantes ont fait l'objet d'un assez long développement.

Les découpages faits par les systématiciens révèlent parfois de profondes divergences dans les conceptions et les points de vue. Que décider, par exemple, à propos du fossile de l'ère Primaire appelé *Receptaculites* ? Est-ce une algue, ou une éponge, ou autre chose encore ? Partageons la prudence des auteurs en suivant leur prise de position et en reconnaissant avec eux qu'il peut y avoir controverse.

Le lecteur aura l'occasion, s'il compare la classification présentée et utilisée dans ce livre à celles retenues dans d'autres ouvrages, d'apprécier la mouvance qui caractérise ce domaine : ce qui est phylum ici peut n'être là que classe ; ce qui est ordre bien individualisé ici peut n'être ailleurs que famille incluse dans un autre ordre. Ces divergences peuvent entraîner des différences dans l'orthographe des noms, particulièrement en ce qui concerne leur terminaison.

L'essentiel de l'ouvrage ne réside pas seulement dans les généralités, mais dans le corps bien nourri de 224 descriptions illustrées (450 photo-graphies en couleurs). Chacune d'entre elles fait l'objet d'un texte introductif (dans lequel peuvent être reprises et complétées des généralités et où sont fréquemment introduites des « anecdotes », des curiosités) et possède son encadré de légendes (nom du fossile, âge et provenance, taille, nature, éventuellement commentaires).

Chaque texte introductif débute par un titre qui comporte le numéro de la planche, le grand groupe taxinomique auquel appartiennent les fossiles concernés, parfois la période géologique au cours de laquelle ils ont vécu. Par exemple :
93. BIVALVES Ptériomorphes [Cénozoïque] (suite).
Dans le cours du texte introductif, ce sont en général des noms de genre qui sont indiqués (en latin), suivis entre parenthèses des noms de l'ordre et de la famille auxquels ils appartiennent (écrits eux-mêmes en latin, parfois en français). Exemples :

« Les coraux du genre cosmopolite *Syringopora (Auloporida, Syringoporidae)* ont vécu de l'Ordovicien supérieur au Permien inférieur ».

« On trouve le genre *Asterophyllites* (Equiséta-les, Calamitacées) du Carbonifère supérieur au Permien… » Dans la légende ce sont des noms d'espèces (en latin) qui sont mentionnés. Ex. :

« *Syringopora serpens,* Silurien inférieur (Wenlockien), Dudley (Grande-Bretagne). Largeur de la colonie : 10,5 cm. Les espaces entre les corallites sont remplis de sédiments… »

La majorité des fossiles photographiés sont des formes d'Europe centrale : n'est-ce pas là une particularité « gênante » pour l'utilisateur français ? On est d'abord tenté de répondre : oui, c'est ennuyeux parce qu'il y a peu de chance pour que le collectionneur de fossiles ait l'occasion de récolter sur le terrain des *Isotrypa acris* du Dévo-nien de Koněprusy ou des *Synek antiquus* de Lejškov près de Zdice, toutes deux localités de Tchécoslovaquie ! Mais à la réflexion, a-t-il davan-tage l'opportunité de ramasser in situ *Neocomites neocomiensis* dans le Crétacé inférieur d'Eyrole ou *Arcomytilus pectinatus* dans le Jurassique supérieur de Bléville, deux localités pourtant françaises ? Et ne risque-t-il pas de posséder dans sa collection des *Agnostus pisiformis* du Cambrien de Suède ou des *Apiocrinites elegans* de Grande-Bretagne sans avoir jamais « tapé du marteau » dans ces pays ?

A la réflexion, cette particularité offre au contrai-re des avantages. Il n'est guère utile, en effet, de

Un mot d'introduction

retrouver dans trois ou quatre « bouquins » différents les éternels commentaires et figurations des mêmes espèces fossiles. Il est beaucoup plus enrichissant de découvrir de nouvelles formes qui permettent des comparaisons et suscitent des réflexions. D'autant que, les différences portant le plus souvent au niveau de l'espèce, on retrouve les caractères communs aux genres ou aux familles.

Enfin, les enseignements de la paléogéographie nous rappelleront que les mers qui ont recouvert nos pays d'Europe, au cours des Temps fossilifères et de manière de plus en plus marquée au Mésozoïque et au Cénozoïque, ont souvent abrité les mêmes types de faunes et qu'il y a généralement plus de similitude, sinon identité, entre des animaux ou des plantes d'Europe occidentale et d'Europe centrale, qu'entre des formes européennes et des formes américaines par exemple.

Ainsi, que l'ouvrage tente l'amateur de fossiles déjà « éclairé », le béotien ou le spécialiste en paléontologie, il saura présenter à leurs regards curieux plus d'un millier de fossiles, les uns « familiers », d'autres moins « connus », tous étonnants, vestiges de ces mondes passés que les paléontologues tentent de reconstituer pour nous aider à mieux comprendre notre monde actuel. Les auteurs nous offrent un panorama, non pas exhaustif (c'est une tâche irréalisable), mais suggestif. Ils se sont entourés, pour chaque groupe d'animaux et de plantes, de l'avis de spécialistes éminents (je connais personnellement certains d'entre eux depuis plus de vingt ans). *La grande encyclopédie des fossiles* mise à la disposition du public de langue française comblera de joie les plus exigeants.

Daniel PAJAUD
Maître de conférences
à l'université Pierre et Marie Curie
(Paris VI)
Président de l'Association nationale des scientifiques
pour l'usage de la langue française (ANSULF).

Un mot d'introduction

L'âge de la Terre excède 4,5 milliards d'années. Son histoire géologique commence à partir de la consolidation de la croûte continentale qui s'est produite il y a environ 3,8 milliards d'années. Presque aussitôt, on voit apparaître les premiers organismes. Ils ont évolué en se différenciant et en se perfectionnant. Les groupes mal adaptés on disparu, d'autres mieux adaptés ont pris leur place. Toute cette histoire s'inscrit plus ou moins complètement dans la pierre. La paléontologie est la science qui s'efforce de donner le tableau le plus complet de la vie du passé géologique. Les fossiles, c'est-à-dire les restes d'organismes conservés et les traces de leur existence, constituent sa principale source d'information. La paléontologie n'est pas une discipline très populaire. Le nom même de cette science, dérivé du grec et signifiant « science des choses du passé », a un caractère étranger, peu compréhensible, avec une connotation d'inutilité. On parle maintenant de paléobiologie (respectivement : paléozoologique et paléobotanique) pour rattacher cette science à la vie. La paléontologie rend compte de l'évolution de la nature vivante et de l'évolution géologique de la terre. L'étude des fossiles est indispensable pour déterminer l'âge relatif des roches et pour l'établissement des cartes géologiques. Celles-ci sont des éléments indispensables de la recherche en sciences de la terre, par exemple pour l'étude des gisements de matières premières minérales. Les amateurs ne devraient pas se constituer une collection dans un but spéculatif, mais simplement pour le plaisir d'apprécier les beautés de la nature et celui d'enrichir leurs connaissances. Pour satisfaire ce dernier point, la recherche d'une classification satisfaisante les y aidera. Avant d'être fossilisés, les organismes faisaient partie d'un milieu sur lequel ils fournissaient un grand nombre d'informations.

En dehors d'un court aperçu historique, les généralités traitent des problèmes de la paléontologie et présentent le vocabulaire fondamental. L'aperçu systématique ne concerne que les groupes paléontologiques les plus importants (jusqu'au niveau des classes). Il ne donne que des indications concises sur les embranchements, parfois les sous-embranchements. Dans la partie illustrée, le texte est complété par des reproductions qui permettent de connaître les notions morphologiques indispensables et éventuellement l'anatomie des individus représentant les groupes. Etant donnés l'étendue et le contenu de l'ouvrage, les critères de détermination ne concernent que les invertébrés pluricellulaires et permettent de classer les fossiles les plus courants, des embranchements aux classes. Les illustrations offrent un choix de plus de 800 espèces animales et végétales parmi les plus courantes ou les plus intéressantes. Restes fossiles proprement dits, mais aussi traces de leurs activités, de leurs maladies, etc. Les genres et les espèces choisis sont ceux qui existent en Europe centrale et en Europe occidentale. L'aire d'extension des genres représentés dépasse largement ces limites. Jusqu'au niveau des classes et des sous-classes, les fossiles sont classés d'après leur système biologique, puis d'après l'âge des couches dont ils proviennent (des plus anciennes aux plus récentes). L'exposé des principales caractéristiques de chaque groupe est parfois incomplet. Certaines notions exigent en effet des connaissances, certaines observations (en coupes minces, ou sur des surfaces polies orientées, au microscope polarisant, etc.) un matériel dont ne dispose généralement pas un amateur. Les microfossiles ne figurent pas dans la partie illustrée à l'exception des grands foraminifères et des grands ostracodes. Leur collecte et leur photographie exigent des méthodes spéciales et les amateurs n'ont guère la possibilité de s'y intéresser.

Les échantillons représentés proviennent des collections de la section paléontologique du Muséum national de Prague et de la faculté des Sciences Naturelles de l'Université Charles.

Les chapitres des généralités et ceux concernant les bryozoaires, les brachiopodes, les céphalopodes, les arthropodes, les échinodermes, les hémicordés et les végétaux ont été rédigés par V. Turek, celui se rapportant aux autres procordés par J. Marek et celui sur les vertébrés par J. Beneš. La classification des plantes et des animaux adoptée dans le présent ouvrage a été remaniée par Daniel Pajaud.

Cet ouvrage a bénéficié de l'aide amicale de nombreux spécialistes dans la recherche et la détermination de certains matériaux et nous les remercions pour leurs précieuses remarques. Il s'agit en particulier des Drs I. Chlupáč et M. Šnajdr (Arthropodes), O. Nekvasilová et V. Havlíček (Brachiopodes), de l'académicien V. Pokorný (Foraminifères, Ostracodes), des Drs R. Prokop et J. Žítt (Echinodermes), V. Zázvorka (Coléoïdes). Nous sommes reconnaissants à K. Drábek et au Dr F. Holý pour le choix et la détermination des échantillons paléobotaniques et la vérification des textes les concernant. Nous remercions en particulier A. Skalický pour son aide technique. Nous devons enfin des remerciement spéciaux aux Drs I. Chlupáč et R. Prokop pour l'intérêt constant qu'ils ont témoigné à cet ouvrage et pour l'aide qu'ils ont apportée à la mise au point des chapitres sur les invertébrés.

Aperçu historique

La paléontologie est une discipline relativement récente qui ne s'est constituée comme science qu'à la fin du XVIIIᵉ siècle. Cependant, pour des motifs divers, les hommes préhistoriques s'intéressaient déjà aux fossiles. On a trouvé dans certaines de leurs sépultures des fossiles déposés comme offrandes ou comme objets magiques. Les philosophes de l'Antiquité fournissent les plus anciennes mentions concernant les fossiles. Certains comme Xénophane de Colophon (environ 565–470 avant J.-C.) ou Empédocle d'Agrigente (environ 490–430 avant J.-C.) les ont correctement interprétés, en remarquant qu'il s'agissait d'animaux différents de ceux qui vivaient à leur époque. Aristote (384–322 avant J.-C.), le

plus grand philosophe de l'Antiquité, considérait les fossiles comme des formes nées dans les roches sous l'action d'une certaine force agissant de l'intérieur, idée reprise au Moyen Age. Mais Albert de Bollstädt, dit le Grand Albert, célèbre philosophe et savant du XIIIᵉ siècle, déclara que certains fossiles étaient des restes de plantes et d'animaux. Léonard de Vinci (1452–1519) qui avait trouvé des fossiles au cours de ses travaux d'ingénieur, a affirmé dans son *Journal* que leur véritable origine était organique. Il fit également mention de plusieurs inondations de la terre ferme par les eaux marines. Il comprit que chaque fois que la mer se retirait, elle laissait des boues qui se solidifiaient à l'intérieur des coquillages. Le

Aperçu historique

médecin saxon Georg Bauer (1494—1555), dit Georgius Agricola, qui s'intéressait passionnément à la géologie et aux mines, considérait les fossiles comme des minéraux mais reconnaissait que « les poissons, os et bois » fossiles étaient des restes d'animaux et de plantes. Pourtant jusqu'au milieu du XVIIIe siècle, on continua à penser que les fossiles étaient des « jouets » naturels résultant de l'action de forces surnaturelles. Dans son *Histoire naturelle,* Georges Buffon (1707—1788) s'est interrogé sur le passé de la Terre, considérant les fossiles comme des organismes autrefois vivants et différents les uns des autres selon les époques. Les documents de sciences naturelles s'accumulant avec le temps, il devint nécessaire d'établir une nomenclature et un classement. Le naturaliste suédois Carl von Linné (1707—1778) réalisa cette tâche avec une maîtrise incomparable. Il classa tous les organismes alors connus dans un système hiérarchisé et introduisit l'utilisation logique d'une nomenclature binominale (chaque espèce reçut deux noms, un nom de genre et un nom d'espèce). Il incorpora ces principes de classification dans sont grand ouvrage *Systema Naturae,* édité pour la première fois en 1735. La date du 1er janvier 1758 (année de parution de la 10e édition de cet ouvrage fondamental) a été depuis arbitrairement fixée comme la date du point de départ de la nomenclature zoologique. Aucun nom d'animal publié avant cette date n'est valide. Après cette date joue la loi de priorité : si plusieurs noms ont été attribués à une même espèce, seul est valide le plus ancien d'entre eux, à condition toutefois qu'il satisfasse à un certain nombre d'autres règles édictées dans un code international.

La fin du XVIIIe siècle marqua le début de la paléontologie scientifique. L'Anglais William Smith (1769—1839) posa les bases de la stratigraphie, condensées en deux principes étayés par des critères : critères de superposition et critères de continuité. Premier principe : de deux couches sédimentaires normalement placées l'une sur l'autre, la plus ancienne est la plus profonde ; la répartition verticale et la position relative des couches les unes par rapport aux autres permet de reconstituer la chronologie de leur dépôt. Second principe : des couches de terrain contenant les mêmes fossiles se sont déposées à la même époque ; la corrélation ainsi établie revient à reconnaître la continuité d'une couche donnée dans l'espace, horizontalement, latéralement.

A ces deux principes de superposition et de continuité, on en ajoute un troisième : celui de polarité ; lorsque le sommet (« toit ») et la base (« mur ») d'une couche ne sont pas reconnaissables, on peut quelquefois les repérer à l'aide d'autres critères (par exemple des pistes à la surface supérieure). Naturellement, ces divers principes doivent être utilisés avec circonspection, de nombreux phénomènes géologiques pouvant perturber les données (par exemple un renversement de couches). Le Français Georges Cuvier (1769—1832) fut le fondateur de l'anatomie comparée et de la paléontologie des vertébrés. Son apport le plus important consista en la formulation et la démonstration de la loi de corrélation d'après laquelle toutes les parties du corps d'un animal sont liées selon certaines lois et la modification d'une partie entraîne la modification des autres. Cuvier a démontré que l'on peut théoriquement reconstituer un animal complet à partir de quelques-uns de ses constituants isolés. De fait, d'après la forme d'un os du pied, on reconstitue le pied, puis à partir de la forme du pied, on reconstitue la jambe, etc. Cuvier a aussi avancé, mais à tort cette fois, la stabilité des espèces, expliquant par des catastrophes géologiques les importantes différences constatées entre des faunes conservées dans des sédiments d'âges variés. Jean-Baptiste Lamarck (1744—1829) resta toute sa vie dans l'ombre de Cuvier. Dans sa *Philosophie zoologique,* parue en 1809, il énonça une théorie complète de l'évolution mais insuffisamment étayée et qui ne fut guère admise par la majorité des savants. Les travaux de l'Anglais Charles Lyell (1797—1875) concoururent grandement au développement de la géologie. Il demeure célèbre par la formulation du « principe d'actualisme » en géologie d'après lequel les changements que la Terre a subis dans son histoire ont été causés par les forces qui agissent encore aujourd'hui.

Charles Darwin (1809—1882) fut le plus remarquable des biologistes du XIXe siècle. Il est considéré comme le père de la théorie de l'évolution. Dans son célèbre ouvrage, *De l'origine des espèces…,* édité en 1859, il mit au point la théorie de l'évolution et l'étaya de nombreux exemples. Son idée principale est la loi de sélection naturelle qui explique l'infinie diversité du monde organique et l'adaptation des organismes au milieu dans lequel ils vivent. Darwin voyait dans la sélection naturelle la principale cause de la séparation des lignées évolutives et de la naissance de nouvelles espèces. Les insuffisances de sa théorie s'expliquent par l'ignorance des codes de l'information génétique et de leur hérédité.

L'histoire de la paléontologie au XIXe siècle est illustrée par des noms célèbres. Rappelons certains ouvrages fondamentaux traitant de l'étude des fossiles de l'Europe centrale et occidentale : en Allemagne, *Petrefactenkunde* (1820–1823) de Ernst Friedrich von Schlotheim, *Petrefacta Germaniae* (1826) de Georg August Goldfuss, *Lethaea geognostica* (1835–1838) de Heinrich Georg Bronn, *Petrefactenkunde Deutschlands* (1846–1884) de Friedrich August Quenstedt ainsi que *Der Jura* (1858), *Handbuch der Petrefactenkunde* (1852) et *Die Ammoniten des Schwäbischen Jura* (1885–1888) ; en France, *Recherches sur les ossements fossiles* de Georges Cuvier et *Paléontologie française* (1840–1855) d'Alcide Dessalines d'Orbigny et *Histoire de végétaux fossiles* (1828–1847) d'Adolphe Théodore Brongniart, d'un des fondateurs de la phytopaléontologie ; en Angleterre, *Mineral Conchology of Great Britain* (1812–1814) de James Sowerby et de son fils Charles ; en Suisse, *Recherches sur les poissons fossiles* (1833–1842) de Louis Jean Rodolphe Agassiz. Le Français Joachim Barrande a étudié les invertébrés du bassin primaire de Bohême et son *Système silurien du centre de la Bohême* (1852–1881), en 22 volumes, est l'ouvrage paléontologique le plus considérable élaboré par un seul savant. Antonín Frič (*Fauna der Gaskohle...,* 1879–1901), géologue, zoologue et paléontologue tchèque, s'est intéressé surtout à la faune du Permien et du Carbonifère du centre de la Bohême. *Flora der Vorwelt* (1820–1833) de Kaspar Sternberg est un classique de la paléobotanique tchèque.

Formation des fossiles

Les fossiles sont les restes d'organismes ou les traces de l'activité d'organismes qui ont vécu dans les époques géologiques anciennes. Ils ont conservé une certaine forme, parfois une certaine structure, et ils donnent des informations concrètes sur l'animal ou la plante originels. La fossilisation est le passage d'un être organisé à l'état de fossile, c'est-à-dire l'ensemble des processus de transformation de sa matière vivante en un reste minéralisé.

Les parties molles des animaux et des plantes sont soumises après la mort à un rapide processus de décomposition (putréfaction, fermentation). Les parties dures, coquilles ou squelettes, disparaissent généralement au bout d'un temps plus ou moins long. La possibilité de conservation des organismes à l'état fossile est conditionnée par un certain nombre de circonstances favorables. Elle dépend d'abord d'un recouvrement rapide par des sédiments, de propriétés physiques ou chimiques appropriées du milieu (y compris des sédiments), du caractère propre de l'organisme et des conditions auxquelles les sédiments renfermant des fossiles ont été ensuite exposés. Un recouvrement rapide par les sédiments limite la destruction mécanique. Il s'oppose à l'accès de l'air et freine ou arrête parfois les processus de décomposition. Cette condition est souvent satisfaite pour les nombreux organismes qui vivent à l'intérieur des sédiments. Les propriétés physiques défavorables du milieu et des sédiments, par exemple l'action des vagues et des galets en mouvement permanent, entraînent la destruction rapide des coquilles même très solides. La composition chimique du milieu a un rôle non moins important. Dans le milieu acide des tourbières, par exemple, tous les restes calcaires se dissolvent rapidement. Dans les océans, la solubilité du carbonate de calcium augmente à tel point que au-delà de 5000 mètres de profondeur toutes les coquilles calcaires disparaissent très vite. Les organismes terrestres se fossilisent plus rarement que les organismes aquatiques. Cette fossilisation peut résulter du recouvrement par les cendres volcaniques ou le sable, de l'ensevelissement sous la terre des cavernes. Beaucoup d'organismes sont conservés dans les dépôts calcaires ou siliceux qui se sont formés dans l'eau. Les coquilles solides et les squelettes demeurent le plus souvent. Le reste est devenu partie des sédiments et en a subi les modifications menant à leur pétrification (ou lithification), c'est-à-dire leur transformation en pierre. L'ensemble des processus qui affectent un dépôt sédimentaire, y compris les restes des organismes qui s'y trouvent enfouis, et qui le transforment progressivement en roche cohérente (par exemple un sable en grès) constituent le phénomène de diagenèse. En profondeur, ce sont surtout des processus physico-chimiques, tandis que dans la zone superficielle s'y ajoutent des processus biochimiques dus aux êtres vivants. Par la décomposition de la matière organique, le squelette ou la coquille est devenu poreux et a absorbé les solutions minérales circulant dans la roche. Souvent, la coquille est le siège d'une recristallisation, avec passage de la forme d'origine relativement peu stable à une forme plus stable (ainsi des cristaux d'aragonite dans une coquille de mollusque vivant en cristaux de calcite, forme stable du carbonate de calcium dans la coquille fossile). Parfois, la coquille s'est dissoute complètement et il n'en est resté que le moulage minéralisé de l'intérieur (moule interne). Parfois, au sein du sédiment déjà durci, il y a dissolution de la coquille et remplissage de l'espace ainsi ménagé par de nouveaux cristaux différemment agencés, mais respectant l'aspect des surfaces externe et interne de cette coquille. Parfois encore, la matière originelle de la coquille est remplacée, molécule par molécule, par une autre substance minérale qui en épouse alors les détails les plus fins. Par exemple, l'aragonite ou la calcite peuvent-elles être remplacées par de la silice. Sur des sections polies de troncs d'arbres silicifiés, on peut reconnaître ainsi tous les détails des cellules du bois. Enfin, dans certaines conditions exceptionnelles, les parties molles elles-mêmes peuvent être préservées : momification en milieu désertique ou dans des grottes aérées, conservation dans la résine ou dans la glace.

Les restes d'organismes sont le plus souvent fossilisés par le carbonate de calcium ou par la silice, par le phosphate de calcium (vertébrés surtout), la pyrite, la limonite, l'hématite, parfois l'asphalte, l'ambre, etc. Les plantes et les carapaces chitineuses se sont souvent carbonisées en cours de fossilisation car la cellulose à l'abri de l'air se décompose en gaz carbonique et en méthane qui se sont ensuite échappés, abandonnant le carbone.

On n'a retrouvé pour bien des animaux, comme seul témoignage de leur existence passée, que des bioglyphes : traces de déplacements, terriers, déjections.

De tous les êtres vivants qui se sont succédé sur la Terre depuis plus d'un demi-milliard d'années, très peu ont été conservés. En effet, ceux dont les restes n'ont pas été immédiatement détruits et qui se sont trouvés dans un premier temps enfouis et ainsi protégés au sein d'un sédiment, ont pu être entraînés avec lui vers des zones profondes de l'écorce terrestre, à plusieurs kilomètres de la surface. Ils y subissent alors le métamorphisme, c'est-à-dire un ensemble de transformations dues pour l'essentiel à de fortes pressions et à des températures élevées, qui rendent les roches d'origine elles-mêmes méconnaissables. Une part infime de l'énorme quantité d'organismes qui ont vécu sur la terre s'est conservée. Chaque fossile est, dans une large mesure, un témoignage unique sur la vie aux époques les plus reculées.

Classification des fossiles : les bases de la taxinomie

Les organismes les plus anciens sont apparus sur la Terre il y a plus de 3,5 milliards d'années. Depuis cette époque, la vie a connu une évolution continue, les organismes se sont différenciés, des centaines et des centaines de millions de générations se sont succédé. Évaluer le nombre approximatif d'espèces qui, pendant cette longue période, ont vécu sur notre planète est impossible. On a décrit environ 1,5 million d'espèces actuellement vivantes et l'on estime qu'il y en a environ 3 millions. Pour classer les fossiles, il faut choisir des critères convenables afin de pouvoir travailler de manière cohérente et efficace. De nombreuses classifications ont été proposées. Elles sont difficiles à établir du fait que les paléontologues ne disposent que de restes incomplets, souvent très fragmentaires et modifiés, ce qui leur interdit les recherches complémentaires en physiologie, en génétique, en biochimie, etc. Néanmoins, leurs possibilités ne sont pas aussi limitées qu'il pourrait sembler. L'étude morphologique des fossiles et l'examen des modèles vivants dans la

Classification des fossiles : les bases de la taxinomie

nature actuelle permettent en effet de résoudre de nombreuses questions.

Les classifications actuelles accordent une large place aux relations de parenté entre les organismes (ce qu'on appelle, au niveau des grands groupes, les relations phylétiques). Elles ont recours à une véritable science, la taximonie (d'une racine grecque *taxis,* qui signifie arrangement) : c'est le principe même de la classification des êtres qui en est l'objet. Chaque unité du monde vivant est un « taxon ». Mais qu'entend-on par « unité du monde vivant » ? Est-ce l'ensemble de tous les êtres vivants, passés, présents et à venir ? Est-ce quelque chose d'intermédiaire ? En fait, un taxon peut être le tout ou une partie du tout. L'ensemble des animaux (ce qu'on appelle le règne Animal) est un autre taxon, plus petit que le précédent et lui appartenant.

La taxinomie, précisément, a pour tâche de définir des unités distinctes les unes des autres, c'est-à-dire des groupes d'êtres vivants présentant entre eux certaines ressemblances et montrant des différences avec d'autres groupes. Ces unités sont placées dans des catégories hiérarchisées (des « gradations »), au nombre de sept. De la plus vaste à la plus restreinte :

règne
embranchement (ou phylum)
classe
ordre
famille
genre
espèce.

Ces sept niveaux fondamentaux ne suffisent pas à classer la totalité des organismes et, selon les besoins, on intercale d'autres catégories, par exemple la sous-classe (il y aura plusieurs sous-classes dans une classe) ou la superfamille (qui contiendra plusieurs familles).

La catégorie fondamentale est l'espèce. L'espèce est constituée par les groupes de populations naturelles réellement ou potentiellement interfécondes et isolées, quant à la reproduction, de tout autre groupe semblable. La notion de croisement « potentiel » se rapporte à des populations isolées vivant sur des territoires séparés et qui, en cas de contacts, se croiseraient mutuellement. La notion d'espèce en paléontologie doit également considérer le facteur temps. L'arbre généalogique du monde vivant est la représentation graphique la

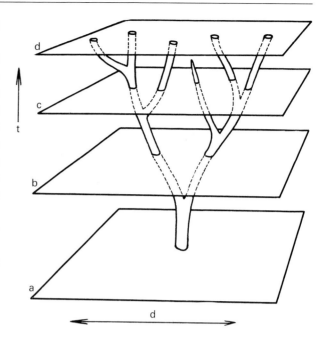

Fig. 1 Partie de l'arbre phylogénétique représentant les frontières verticales et horizontales entre les populations paléontologiques. Verticalement, le temps (t), horizontalement les différences morphologiques (d). Les plans représentent les horizons stratigraphiques, l'intersection de ces plans avec les branches correspond à des espèces voisines bien que visiblement différentes. Pour autant que les organismes aient vécu longtemps au même endroit et qu'on en ait un tableau complet, on ne pourrait différencier d'une façon absolue les caractéristiques des espèces. La délimitation des espèces dans les diverses branches d'évolution ne serait alors qu'arbitraire.

plus couramment utilisée. A partir d'un tronc commun (ancêtre), s'étendent des branches qui se subdivisent. En coupant horizontalement cet arbre généalogique, on détermine des paliers d'organisation, ou encore des niveaux d'évolution. Verticalement, on progresse dans le temps : ainsi, de bas en haut, on va des formes primitives anciennes aux formes évoluées apparues plus récemment. Naturellement, on peut faire un arbre généalogique (on dit en fait un arbre phylétique) pour l'ensemble du règne Animal par exemple, ou pour une classe, ou pour un genre. Par rapport à un véritable arbre généalogique, une grande place est laissée à l'interprétation et à l'approximation. La succession des espèces fossiles qui constituent un genre donné correspond à de très longues durées pour chacune, même si ces durées paraissent brèves à l'échelle des temps géologiques. Les témoins fossiles que peuvent

Classification des fossiles : les bases de la taxinomie

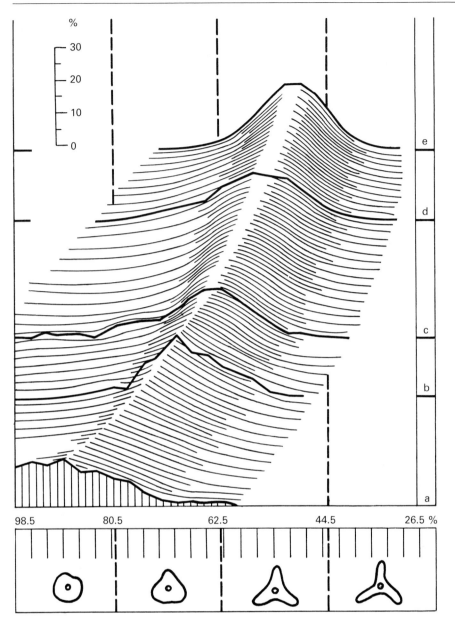

Fig. 2 Représentation schématique de la transformation phylogénétique d'un foraminifère du Crétacé du genre *Haphlophragmium subaequale* en foraminifère d'un nouveau genre *Triplasia gorgsdorfensis* d'après H. Gerhardt. Dans cinq horizons stratigraphiques différents, désignés à droite par les lettres **a** à **e,** ont été pris des échantillons et construites des courbes de variation pour les différentes populations. Le caractère choisi a été la plus courte distance de l'axe de la coquille à sa paroi. Celle-ci est exprimée en pourcentage de la plus grande distance de la paroi à l'axe (axe horizontal). On a représenté sous le diagramme les principaux types correspondants de coquilles. Le pourcentage des groupes morphologiques peut être lu par comparaison avec l'échelle (en haut à gauche). L'espace entre les différentes courbes de variation est hachuré en forme de bloc diagramme.

récolter et étudier les paléontologues ne représentent que les rares maillons de chaînes qui en comportaient infiniment plus à l'origine. L'imperfection de l'enregistrement paléontologique et les ruptures de sédimentation (soit du fait de l'absence de dépôts conservateurs, soit en raison de l'érosion ultérieure) constituent finalement, à leur corps défendant, une simplification considérable.

Désignation des fossiles : les bases de la nomenclature

Alors que la taxinomie forge des gradations telles que genre ou espèce, alors que la terminologie crée des mots servant à leur description (par exemple valve, rostre, glabelle), la nomenclature s'occupe des noms donnés aux êtres vivants. Ainsi le nom de genre *Homo* et le nom d'espèce *Homo sapiens*. Des codes internationaux de nomenclature (zoologique et botanique) fixent les règles de composition et d'emploi des noms.

Les organismes, fossiles ou vivants, sont désignés au niveau de l'espèce par un couple de termes latins ou latinisés : c'est une nomenclature binominale. Le premier terme est le nom du genre auquel appartient l'espèce (son initiale est en majuscule). Le second terme constitue le terme proprement spécifique (son initiale est en minuscule) ; employé seul, il n'a aucune signification. Ex. *Ellipsocephalus* désigne un genre de Trilobite, *Ellipsocephalus hoffi* désigne une espèce de Trilobite, *hoffi* ne désigne rien.

Pour les spécialistes, la désignation complète d'une espèce doit en outre comporter à la suite le nom du chercheur qui l'a baptisée et décrite, ainsi que l'année de la publication qui en fait foi ; ex. : *Trilobites hoffi* Schlotheim, 1823. Si ultérieurement il est décidé de placer l'espèce en question dans un autre genre, on remplace le terme générique initial par le terme générique nouvellement choisi ; le nom du créateur de l'espèce est alors écrit à la suite, comme précédemment, mais entre parenthèses ; ex. *Ellipsocephalus hoffi* (Schlotheim) ou encore *Ellipsocephalus hoffi* (Schlotheim, 1813). Dans la nomenclature botanique, on indique même réglementairement à la suite le nom du réviseur ; ex. : *Glyptostrobus europaeus* (Brongniart, 1833) Unger, 1850. Les noms retenus pour désigner les êtres actuels ou passés doivent être à la fois utilisables (corrects du point de vue grammatical) et valides (non interdits pour des raisons nomenclaturales). Cette règle s'applique pour les noms de taxons publiés depuis le 1er janvier 1758, pour les animaux et le 1er mai 1753 pour la plupart des plantes. Le problème est néanmoins beaucoup plus complexe car pour chaque espèce incluse dans la nomenclature, le nom est parfois assorti d'autres informations. Citons, parmi les plus fréquentes : sp. pour species, lorsque l'espèce ne peut être désignée avec précision ; cf. pour confer (voir), quand on propose la comparaison d'une espèce mal définie avec une espèce bien établie ; ex. : *Homo* sp. et *Homo* cf. *erectus*. De même, en cas de doute quant à l'attribution générique, on place un point d'interrogation à la suite du nom de genre ; ex. : *Eudesella* ? *romani* (on ne sait pas dans ce cas si l'espèce de Brachiopode étudiée appartient bien au genre *Eudesella*).

L'espèce, comme toutes les autres catégories supérieures, genre, ordre, etc., est une notion abstraite. Selon le code international, chaque espèce doit s'appuyer sur un individu, choisi et désigné à cet effet, qu'on appelle un « type ». Ce type, en quelque sorte, est censé porter tous les caractères de l'espèce : c'est l'étalon. Ce type doit être désigné dans une publication. Trois cas de figure sont possibles. 1. Le type est désigné au moment de la création de l'espèce (ce qui est de nos jours une obligation) : on l'appelle un « holotype ». 2. L'holotype n'ayant pas été désigné (ce qui est souvent le cas pour les espèces créées avant l'établissement des règles), on désigne ultérieurement un « lectotype ». 3. L'holotype ou le lectotype ayant disparu, on pourvoit à son remplacement en désignant un « néotype ». Les types ont une extrême importance, car ils sont la représentation concrète de chaque espèce, au sens que lui a donné son « créateur » (l'auteur qui en a publié le nom et la première description). D'où les soins particuliers dont sont entourés les spécimens-types dans les collections de recherche. Comme les « figurés » (ceux pour lesquels on possède des dessins ou des photographies dans les publications), ils font l'objet de recensements dans des catalogues et les spécialistes du monde entier se déplacent à l'occasion, ou parfois spécialement, pour les étudier dans le lieu (appelé typothèque) où ils sont conservés.

De la même manière qu'une espèce trouve sa référence dans un « spécimen-type », un genre est établi avec mention de son « espèce-type ». Mais nous sommes là dans l'abstrait.

Les déterminations précises de fossiles sont difficiles et assez souvent remises en question au fur et à mesure de l'évolution de nos connaissances, non seulement en paléontologie, mais aussi dans les autres disciplines des sciences de la terre comme la stratigraphie ou celles des sciences de la vie comme l'écologie ou la génétique. Le perfectionnement des techniques, le renouvellement des méthodes, l'évolution des conceptions, tout est source d'un dynamisme créateur qui entraîne constamment la remise en cause des acquis et la révision des choses établies. Ainsi, pour la classification des espèces, tout dépend de l'idée que l'on se fait des notions d'espèce et de genre. Pour beaucoup par exemple, la référence de l'espèce à un spécimen-type est une pratique certes utile, mais cependant critiquable, car un spécimen ne peut montrer à lui seul toutes les caractéristiques potentielles de l'espèce, par exemple sa variabilité morphologique. Qui d'entre nous pourrait prétendre présenter les caractères particuliers d'un Suédois, d'un Berbère, d'un Mongol, d'un Soudanais et d'un aborigène australien ? D'où l'importance aujourd'hui attribuée, non à des spécimens isolés, mais à des populations, sur lesquelles on peut effectuer des études statistiques. Les résultats conduisent à une vision en quelques sorte panoramique des espèces, vision dont sera extraite une image « moyenne ».

Ontogenèse, variabilité, phylogenèse

L'ontogenèse est le développement de l'individu, depuis l'œuf fécondé (c'est-à-dire avant même sa naissance) jusqu'à l'état adulte (de fait, jusqu'à sa mort). Ce processus, chacun d'entre nous le sait, ne se traduit pas simplement par une croissance harmonieuse et régulière de la taille. La forme générale, les proportions relatives peuvent varier considérablement au cours de la vie, l'adulte étant à maints égards fort différent du jeune. Cela est vrai pour l'homme comme pour tous les autres êtres vivants, présents ou passés. Chez les mollusques et chez les brachiopodes, la coquille s'accroît surtout sur le bord libre, la courbure des valves varie, l'ornementation se modifie. Chez les échinodermes, de nouvelles plaques calcaires s'ajoutent en cours de croissance. Chez les arthropodes, les modifications du squelette extérieur sont encore plus frappantes. Chez les insectes ailés, au cours de l'ontogenèse, se produisent dans un laps de temps très court des changements de forme considérables, les métamorphoses. Le stade larvaire est fondamentalement différent du stade adulte (imago). La carapace chitineuse est un caractère commun des articulés que ceux-ci abandonnent plusieurs fois au cours de leur croissance pour la remplacer par une carapace plus grande. Les carapaces des stades les plus jeunes des trilobites sont très différentes des carapaces des stades ultérieurs. Chez beaucoup d'animaux, les vertébrés par exemple, il se produit, au cours de la croissance, une reconstruction fondamentale du squelette, quand se modifient la forme et la structure interne des os. Il serait bon de concevoir les descriptions d'espèces ou de genres comme des descriptions de différents stades de croissance. Cela n'est possible que pour des matériaux parfaitement connus. Habituellement, on décrit des adultes, respectivement leur coquille ou squelette, et parfois on introduit certaines modifications ontogénétiques fondamentales (allure des sutures, coupe ou forme des coquilles, etc.).

Les individus de n'importe quelle population ne sont jamais rigoureusement semblables : cette diversité se nomme la variabilité. La variabilité est le résultat de l'imprécision dans le passage des informations génétiques des parents aux descendants. Les différences dans le fondement génétique (génotype) se reflètent plus ou moins dans les caractères extérieurs (phénotype). Le degré de variabilité dans les populations est également influencé par le milieu extérieur. Pour distinguer les caractères de variabilité des caractères spécifiques, il faut souvent disposer d'un abondant matériel paléontologique. La résolution de ce problème n'est facile ni pour l'amateur ni pour le spécialiste mais elle est indispensable pour une détermination correcte des fossiles découverts.

L'une des tâches fondamentales des paléontologues est de donner un tableau complet de l'évolution du monde organique. L'évolution est le propre de tout organisme vivant, que son niveau d'organisation soit au stade mono- ou pluricellulaire, à celui des tissus indifférenciés ou à celui des organes. Elle est le résultat de l'action réciproque des facteurs internes ou externes. Le principe de l'évolution des êtres vivants réside dans le code génétique, à la fois dans sa permanence et dans ses modifications. Ce code est porté, dans le noyau de chaque cellule, par un acide (baptisé par les chimistes acide désoxyribonucléique, en abrégé ADN). En principe, les cellules-filles héritent du code génétique des cellules-mères, ce qui assure la permanence de chaque espèce dont les individus, de père en fils, se ressemblent tous. Cependant, les légères modifications se produisent lors de la transmission des caractères d'une génération à l'autre, ce qui explique l'évolution progressive des espèces au cours des temps. De plus, certaines modifications peuvent être brutales : ce sont les mutations. Les unes paraissent favorables à l'espèce (elles conduisent à des améliorations, à un « progrès »), d'autres sont au contraire défavorables (elles conduisent à des « régressions » et peuvent entraîner, à plus ou moins brève échéance, la disparition définitive de l'espèce ou son remplacement par une espèce différente).

Le processus au cours duquel sont préférés les individus porteurs de caractères favorables, aux individus porteurs de caractères défavorables, s'appelle la sélection naturelle. Il en résulte un déplacement progressif du fondement génétique d'une population dans un certain sens. Les modifications progressives dans le temps, au cours desquelles une espèce se transforme en une autre (successive) est dite évolution phylétique. Un facteur très important de l'évolution est l'isolement, et tout d'abord l'isolement géographique. L'influence de l'isolement géographique sur l'apparition de nouvelles espèces est attestée par un grand nombre d'exemples. Le bouleversement des échanges de la base génétique parmi les populations et leur évolution dans le milieu spécifique peut accélérer considérablement le processus évolutif. Charles Darwin a donné un excellent exemple d'une telle spéciation (formation d'une nouvelle espèce) avec le pinson des Galapagos qui, dans un nouveau milieu écologique, s'est adapté à des nourritures diverses et s'est ainsi rapidement diversifié.

Les études sur l'évolution, en paléontologie, révèlent que ce phénomène se déroule à des vitesses différentes selon les groupes et, dans chaque groupe, à des rythmes qui peuvent varier au cours du temps. Des périodes d'évolution explosive ont alterné avec des étapes de stagnation, parfois d'extinction en masse. Comment expliquer ces avatars de l'évolution ? La diversification des organismes se reflète dans leurs exigences écologiques. L'accession à un milieu libre ou jusqu'alors peu occupé (nouvelles zones adaptatives) a signifié pour les différentes espèces une possibilité accrue de progresser. Cela s'est manifesté par l'évolution rapide et pratiquement simultanée de groupes entiers de nouvelles espèces. En paléontologie, ce processus s'appelle la radiation adaptative. C'est le cas du brusque développement de la faune du Cambrien inférieur par suite du relèvement du taux d'oxygène dans l'atmosphère de l'époque, de la différenciation et de l'extension universelle des cryptogames vasculaires au Dévonien avec adaptation à la vie sur la terre ferme, la radiation des échinoïdes dans le Jurassique inférieur, conditionnée par l'adaptation à la vie à l'intérieur des sédiments, l'apparition des cryptogames à la fin du Secondaire et la radiation des mammifères placentaires au début du Tertiaire comme reflet du perfectionnement du mode de reproduction. L'évolution de deux lignes voisines vers deux types ou deux niveaux d'organisation différents constitue une divergence. Mais si les différences se maintiennent au même niveau, il y a évolution parallèle. On trouve aussi fréquemment le cas où deux groupes très éloignés se rapprochent par suite du même mode de vie. On parle alors de convergence (similitude de l'aspect des poissons, des ichthyosaures du Secondaire et des mammifères aquatiques). Distinguer la convergence de la parenté est un des problèmes fondamentaux de la paléontologie.

Un caractère aussi frappant que la radiation adaptative des différents groupes d'organismes est leur extinction massive. Les raisons de cette extinction demeurent souvent inconnues. On les voit dans les modifications physiques (changements paléogéographiques, plissements, volcanisme, climat, déplacement du pôle magnétique, variation de salinité des océans, etc.), dans des raisons cosmiques (changements de l'intensité du rayonnement solaire ou cosmique, explosions de supernovas, collisions de la Terre avec d'autres corps célestes, etc.), parfois dans l'intérieur des organismes eux-mêmes (hyperspécialisation, perte de la capacité d'évolution, etc.).

Paléoécologie

Aucun organisme ne vit ou n'a vécu isolé, il est en étroit contact avec le milieu. Par milieu, on ne comprend pas seulement les propriétés physiques et chimiques de l'environnement mais aussi les rapports avec les autres organismes. En ce qui concerne les fossiles, ces problèmes sont traités par la paléoécologie.

Dans la description des animaux et des plantes, on ne peut se passer d'un vocabulaire fondamental et il en va de même en paléoécologie. La majorité des organismes dont il est question dans cet ouvrage provenant des sédiments marins, dans lesquels ils ont laissé les traces les plus nombreuses et les plus complexes, l'attention sera portée surtout aux animaux et au milieu marins.

D'après leur mode de vie on peut diviser les animaux en plusieurs groupes. Le benthos est constitué par les animaux vivant sur le fond (formes benthiques). Il y a un benthos sessile qui vit fixé et un benthos erratique qui se déplace à la surface du fond ou à l'intérieur des sédiments. Aujourd'hui on distingue communément l'endofaune, ensemble des organismes qui vivent à l'intérieur des sédiments et l'épifaune qui vit à leur surface. Les organismes nectoniques (qui forment le necton) nagent librement au-dessus du fond, dont ils sont ou non dépendants. Enfin les organismes planctoniques (ceux du plancton) vivent en suspension à la surface ou à l'intérieur de la masse aquatique. Ils sont certes capables de déplacements, mais, compte tenu du mouvement des eaux, le fait est négligeable. Les animaux de l'épiplancton vivent fixés sur des organismes ou des objets flottants ou en suspension. Le nécroplancton est constitué d'organismes ou, pour mieux dire, de leurs fragments qui sont en suspension après leur mort comme par exemple les coquilles emplies de gaz de nombreux céphalopodes. Les spécialistes distinguent ainsi, du point de vue du mode de vie des organismes marins, un domaine benthique, étendu sur l'ensemble des fonds océaniques, et un domaine pélagique qui correspond à toute la masse d'eau située entre la surface et le fond.

Quant au mode de nutrition, on distingue les organismes microphages (qui se nourrissent de particules microscopiques) et les macrophages (qui ingèrent des débris ou des proies de plus grosse taille). Les premiers absorbent les fines particules en suspension dans l'eau (ce sont des organismes filtreurs) ou bien mangent le sédiment vaseux dont ils digèrent ensuite les éléments organiques. Pour les autres, familiers nous sont les termes d'herbivores, de carnivores et d'omnivores.

La classification la plus utilisée des milieux marins découle de leur profondeur et de leur relation avec le continent. Du point de vue topographique (c'est-à-dire d'après le relief), on distingue le plateau continental (qui s'enfonce doucement sous les eaux marines jusque vers 200 m de profondeur) ; le talus continental (qui plonge jusque vers 2500−3000 m) ; la plaine abyssale (qui s'abaisse progressivement jusque vers 6000 m) ; enfin les grandes fosses océaniques (qui entaillent les fonds jusqu'à plus de 11 500 m, dont le fond est plat et dont les parois sont fortement inclinées, de 10 à 45°). On oppose une province néritique (qui s'étend au-dessus du plateau continental) et une province océanique (qui s'étend vers le large). La province néritique doit son nom (du grec *nérités,* coquillage) au fait que c'est à son aplomb, sur le plateau continental, que s'accumulent les coquilles : c'est-à-dire l'essentiel des restes squelettiques des animaux.

Dans cette succession topographique, les spécialistes distinguent plusieurs étages en fonction de la profondeur. Sur le plateau continental, l'étage infralittoral bordé côté terre par la zone de balancement des marées ; puis l'étage circalittoral, dont la limite inférieure correspond à la profondeur maximale à laquelle peuvent vivre les algues fixées. Au talus continental correspond l'étage bathyal, baigné par des eaux dont la température est comprise entre 9 et 13 °C. A la plaine abyssale, qui occupe plus de 80 % des surfaces sous-marines, correspond l'étage abyssal. Puis vers 6000 ou 7000 m, dans la zone des fosses, commence l'étage hadal.

L'application du principe d'actualisme rend de grands services en paléoécologie, pour la reconstitution des milieux de vie anciens. La nature actuelle fournit un grand nombre de modèles qui peuvent souvent être proposés pour les temps fossilifères. Les recherches paléoécologiques peuvent s'appliquer à un individu, à une population, à une espèce, à un genre, etc., et conduisent à des synthèses.

Chaque espèce a ses exigences propres. Chez

certaines, ces exigences sont peu caractérisées mais d'autres ne peuvent vivre que dans des conditions étroitement délimitées. Les exigences des organismes benthiques sont tout à fait différentes de celles des organismes planctoniques ou nectoniques. Pour les animaux du benthos, qui fournissent habituellement les données les plus importantes concernant le milieu, les facteurs principaux commandant leur extension sont les caractéristiques du substrat et la salinité de l'eau de mer. Les autres facteurs écologiques courants sont la température de l'eau, la pression, la lumière, la turbulence de l'eau, la vitesse du courant, la richesse en oxygène ou en nourriture. Toutes ces questions sont communes à l'écologie et à la paléoécologie. Comment un paléoécologue peut-il obtenir des informations sur le mode de vie d'une espèce particulière ? Si des organismes semblables, apparentés, vivent encore aujourd'hui, c'est dans leur écologie qu'il puisera ses premières informations. D'autres possibilités sont offertes souvent par le mode de conservation. La découverte d'animaux tels que bivalves et crustacés dans leurs terriers apporte de précieuses informations sur leur mode de vie au sein du sédiment. Beaucoup de données sont fournies par les animaux qui ont utilisé les coquilles ou les squelettes d'autres animaux pour se fixer. Pour les animaux partiellement enterrés par exemple, ils n'ont pu se développer que sur les parties non recouvertes. Mais il n'est pas toujours aisé de savoir si la fixation d'un organisme donné s'est produite pendant la vie ou après la mort de l'individu servant de support. Dans le premier cas, l'organisme est considéré comme un épibionte (vivant sur un autre être vivant), soit en épizoaire (sur un animal) ou en épiphyte (sur une plante) ; dans le second cas, c'est un simple épilithe (vivant sur une pierre). L'interprétation du mode de vie est souvent donnée dans une large mesure par le caractère du substrat. Un substrat dur (rocheux) exclut la présence de la majorité des animaux fouisseurs. Certaines séquences sédimentaires, par exemple des structures laminaires (dépôts sédimentaires qui traduisent des changements saisonniers dans le rythme de sédimentation ou dans la nature du sédiment) peuvent signifier l'absence totale d'animaux fouisseurs, dont la présence aurait perturbé le parfait ordonnancement, la parfaite régularité des couches.

Une autre méthode consiste à faire une étude de morphologie fonctionnelle. Il s'agit alors de comprendre la fonction et l'utilité des détails structuraux de la coquille, de la carapace ou de l'os observés. De nombreuses informations sont également fournies par les traces d'activité : pistes, terriers, aires de repos, pontes, excréments, etc.

L'analyse des associations (biocénoses) procède comme pour la reconstitution de la vie d'un individu ou d'une espèce particulière. Il ne s'est conservé, à l'état fossile, qu'une partie des associations d'organismes qui vivaient à un endroit déterminé. Le rapport entre la biocénose originelle et celle des populations renfermées dans les sédiments (thanatocénose) dépend de nombreux facteurs tels que la représentation des organismes à corps mou, les propriétés physiques et chimiques des sédiments, l'hydrodynamisme, la présence de nécrophages, etc. Dans un tel assemblage fossile conservé en un lieu donné, certains restes appartiennent à des organismes qui ont réellement vécu en cet endroit (organismes autochtones), d'autres y ont été apportés ultérieurement par des courants (éléments allochtones) : le paléontologue doit faire le tri. Les premiers fournissent des informations sur le milieu de vie, les seconds en apportent d'autres sur les conditions de fossilisation.

Les espèces fossiles autochtones sont la plupart du temps des formes fixées. Cette fixation a pu être très solide de leur vivant mais la matière organique du système de fixation (pédoncules des brachiopodes, byssus des bivalves, etc) a pu disparaître rapidement après la mort de l'animal par suite de la décomposition. Les organismes incontestablement autochtones sont les brachiopodes soudés au substrat, les bivalves fouisseurs dans leurs terriers fossiles, les coraux ou les stromatopores qui forment les récifs, etc. Par contre sont allochtones les coquilles du plancton, de l'épiplancton, du nécroplancton ou du necton. Dans les sédiments meubles à grains très fins, des organismes tels que des bryozoaires, des brachiopodes, des crinoïdes, sont obligés de se fixer sur d'autres coquilles qui leur servent de substrat cohérent. L'analyse de cette épifaune, la découverte des trous et couloirs à l'intérieur des squelettes et d'autres éléments encore peuvent permettre de reconnaître des cas de symbiose (relation bénéfique aux deux parties) et de parasitisme (relation bénéfique à l'une et préjudiciable à l'autre).

De nombreuses données fondamentales sont

Biostratigraphie

fournies par les caractères mêmes des sédiments. Leur granulation reflète l'énergie du milieu dans lequel ils se sont formés. Une sédimentation agitée en eau douce se révèle par de nombreux phénomènes dont certains peuvent être reconnus même par un amateur : changements rapides dans la nature des roches (argiles, calcaires, grès, etc.), modifications du faciès (terrigène, coquillier, évaporitique...), variations rapides dans l'épaisseur des couches, obliquité de certaines couches par rapport à d'autres (biseaux sédimentaires...). De nombreux organismes permettent la reconstitution du régime hydrodynamique. Les coquilles droites des céphalopodes, les squelettes (rhabdosomes) des graptolites sont parfois disposés parallèlement entre eux, selon une ou plusieurs directions : ces orientations peuvent traduire l'action de courants ou de vagues. Le tirage des matériaux selon leur poids ou leur taille, l'aspect des dépôts fournissent aussi d'utiles renseignements sur l'agitation du milieu.

Les thanatocénoses permettent d'acquérir dans une certaine mesure des informations sur la température et la salinité du milieu. Les coraux, les brachiopodes, les céphalopodes, les échinodermes sont exclusivement des animaux marins et il est à peu près certain qu'ils l'étaient également au cours des temps géologiques. Ils se signalent par une faible tolérance aux variations de salinité (ils sont sténohalins) et on les trouve surtout dans les eaux à salinité normale. Les coraux qui édifient les récifs coralliens, vivent dans les eaux tropicales et subtropicales jusqu'à une profondeur de 100 mètres. Mais leur optimum vital est à 20 mètres : il résulte de la présence d'algues monocellulaires symbiotiques à l'intérieur de leur corps et ces algues ont besoin de lumière. Nous ne savons pas si les coraux du Primaire renfermaient également ces algues mais leurs exigences quant à la température, la profondeur et la salinité de l'eau étaient semblables. Les brachiopodes, certains crustacés et d'autres organismes sont d'excellents indicateurs des conditions de profondeur.

Biostratigraphie

Les strates sédimentaires représentent un enregistrement plus ou moins complet des temps géologiques. Pour déterminer leur âge, les géologues ont deux possibilités : déterminer un âge absolu ou fournir un âge relatif. Les méthodes sont complémentaires.

Pour obtenir l'âge absolu d'un fossile ou d'une roche, les géologues recourent à un phénomène particulier : la radioactivité, c'est-à-dire la propriété que possède la matière de perdre spontanément une partie de sa masse en émettant des particules ou des rayonnements électromagnétiques. Les transformations radioactives sont plus ou moins rapides. La « période » est le temps nécessaire pour que la moitié des noyaux atomiques (en définitive la moitié de la masse de l'élément considéré) se soit désintégrée. Le calcul des proportions relatives entre l'élément initial et les produits émis permet de déterminer l'âge du corps qui les contient. La radiochronologie est l'ensemble des méthodes qu'utilisent les géologues pour dater des roches ou des minéraux isolés de ces roches. Selon l'ancienneté des corps que l'on veut dater, on utilise des éléments radioactifs (plus exactement certains de leurs isotopes) dont la période est plus ou moins grande. Ainsi : pour dater des nappes d'eau de quelques dizaines d'années d'âge, on fait appel au tritium qui possède une période de 12,4 ans ; pour dater un vestige archéologique de moins de 50 000 ans, on emploie le carbone (le fameux carbone 14) dont la période est de 5730 ans ; pour dater des roches très anciennes, le rubidium convient parfaitement avec une période de 50 milliards d'années (son « résidu » est le strontium et les proportions relatives de rubidium et de strontium donnent la réponse cherchée : l'âge le plus ancien actuellement mesuré pour un échantillon de roche terrestre est de 3,7 milliards d'années). Les résultats sont toujours retenus avec une marge d'erreur de l'ordre de 10 %. Cet âge est appelé âge radiométrique, terme que l'on préfère à celui d'âge absolu, expression jugée de nos jours trop catégorique.

Parallèlement à la radiochronologie, les géologues recourent à la biostratigraphie, qui prend en compte le contenu fossilifère des terrains sédimentaires pour en déterminer l'âge. Nous sommes à une frontière entre sciences de la terre et sciences de la vie puisque sont simultanément prises en compte la superposition et la continuité des couches de terrains (double principe fondamental de la stratigraphie) et la succession des espèces, faunes et flores (fruit de l'évolution des êtres vivants). En principe, sur une aire géographique donnée (qui peut être selon les cas une toute petite région ou au contraire le monde entier), des couches de même âge résultant d'un dépôt dans un même milieu contiennent les mêmes fossiles. La plus petite unité biostratigraphique utilisée est appelée biozone. C'est un ensemble de couches géologiques déterminé par les fossiles qu'il contient et auquel on donne le nom de son fossile le plus caractéristique (en général, un fossile à évolution rapide et à grande extension géographique). Par ex. les zones à *Belemnitella mucronata* et à *B. lanceolata* à la fin de l'ère Secondaire.

Parallèlement à une échelle chronologique, qui s'applique aux durées, les paléontologues apportent leur contribution, pour une période de plus de 600 millions d'années, à une échelle (bio-)stratigraphique qui s'applique aux couches de terrain. A toute unité chronologique correspond une unité stratigraphique. Dans la pratique, par manque de rigueur dans l'expression, on fait souvent référence simultanément à ces deux échelles : c'est ce que nous venons de faire en parlant dans la même phase d'ère (durée) et de biozone (couche). Le tableau suivant montre les équivalences.

échelle chronologique	échelle stratigraphique
ère	série
période	système
époque	groupe
âge	étage
sécule	faunizone
biochron	biozone
héméra	épibole

Certains de ces termes sont couramment employés et nous sont familiers, d'autres le sont moins. Parle-t-on d'âge ou de couche de terrain lorsqu'on dit que tel fossile est du Primaire ? En fait, on se réfère soit à l'échelle chronologique (le fossile date de l'ère Primaire), soit à l'échelle stratigraphique (le fossile appartient à des terrains de la série Primaire). On parle d'ailleurs fréquemment... d'unité chronostratigraphique !

Dans la suite de cet ouvrage, on se référera surtout aux unités de rang supérieur, parfois à la

biozone pour caler avec précision un fossile par rapport à un niveau très bien daté, rarement à la faunizone (zone caractérisée par une faune) ou à l'épibole (niveau d'apogée pour une espèce caractéristique).

Les noms choisis pour ces unités chronologiques et stratigraphiques sont plus ou moins évocateurs pour le profane. Par ex. :
- Paléozoïque, pour *paleo* = ancien et *zoon* = animal : période des animaux les plus anciens ;
- Carbonifère, de *carbon* = charbon et *ferre* = porter : période au cours de laquelle se sont déposés des terrains contenant du charbon ;
- Trias, nom faisant allusion aux trois divisions majeures de cette période :
● le Buntsandstein, de l'allemand *bunter Sandstein* = grès multicolore : groupe du Trias inférieur,
● le Keuper, d'un mot dialectal des carriers allemands pour désigner des argiles bariolées du Trias moyen,
● Muschelkalk, de l'allemand *Muschel* = coquillage et *Kalk* = calcaire : groupe du Trias supérieur fréquemment représenté par des calcaires coquilliers ;
- Jurassique, du Jura : montagnes franco-suisses caractérisées par de magnifiques formations de terrains sédimentaires ;
- Crétacé, de *creta* = craie : système de terrains riches en craie ;
- Llandovérien, de Llandovery, localité du Pays de Galles : étage du Silurien.
Tous ces noms ont été sélectionnés et définis par une commission internationale du Lexique stratigraphique.

Les limites entre les différentes unités ont, à partir du début des Temps fossilifères, une base biostratigraphique. Cela veut dire qu'ils sont caractérisés par l'apparition de certaines espèces d'organismes ou de groupes d'organismes et l'absence simultanée d'autres organismes. Comme dans la systématique chaque espèce végétale ou animale s'appuie sur un individu réel (spécimen-type), de même en stratigraphie recourt-on à la notion de « stratotype », ce dernier étant un affleurement de terrains servant en quelque sorte d'étalon pour définir un étage. Le premier stratotype standard international de la limite entre Silurien et Dévonien a été établi en 1972 : il s'agit d'un affleurement situé à Klonk, près de Suchomasty, en Tchécoslovaquie.

Paléobiogéographie

La définition des limites entre unités chronostratigraphiques s'appuie sur des fossiles dits « stratigraphiques ». On choisit comme fossiles caractéristiques des espèces qui ont évolué rapidement (elles ont une petite expansion stratigraphique), qui sont nombreuses et dont l'aire géographique est étendue (par exemple, beaucoup d'organismes du plancton), qui se trouvent dans divers types de sédiments et qui sont faciles à déterminer. A de tels groupes d'animaux appartiennent au Cambrien de nombreux trilobites ; à l'Ordovicien et au Silurien, des graptolites ; au Dévonien et au Carbonifère, les conodontes ; au Dévonien et jusqu'au Crétacé, les ammonites ; au Tertiaire, les foraminifères ou les ostracodes ; au Quaternaire, les mammifères. Les zones sont désignées d'après les fossiles correspondants, par ex. la zone à *Spirograptus turriculatus* (nom d'une espèce de graptolite).

Paléobiogéographie

Les recherches paléontologiques complexes rassemblent également les données fondamentales de la paléogéographie (répartition des continents, des mers et des océans au cours de l'histoire géologique) et de la paléoclimatologie (étude du climat et de ses modifications dans le passé géologique). Aujourd'hui, il est évident et pratiquement reconnu par tous que la position des continents n'est pas stable, que les continents flottent comme des icebergs sur le manteau terrestre. Leurs mouvements ne sont pas fortuits mais dépendent de l'expansion des fonds marins dans les dorsales médianes, due aux mouvements complexes de la matière à l'intérieur du manteau. La paléontologie a fourni de nombreuses preuves pour soutenir la théorie de ce que l'on a d'abord appelé la théorie de la « dérive des continents ». L'exemple le plus ancien à cette échelle, au Paléozoïque et au Mésozoïque, est celui d'un vieux continent de l'hémisphère Sud, le Gondwana, qui incluait l'Afrique à l'exception de sa partie septentrionale, Madagascar, une partie du sud de l'Asie, l'Australie, l'Amérique du Sud et l'Antarctide. Tous ces territoires sont caractérisés par certains types communs d'organismes dont l'existence serait difficilement explicable si l'on n'admet pas l'hypothèse d'un continent unique aux époques considérées. D'autres considérations géologiques et géophysiques ont d'ailleurs corroboré cette hypothèse.

Il est nécessaire d'établir un tableau paléobiogéographique, c'est-à-dire un tableau de l'aire d'extension des fossiles, objet de la paléobiogéographie. Certaines espèces n'existent que sur un seul petit territoire ; elles sont dites endémiques. La plupart des organismes ont une extension plus large et beaucoup existent dans le monde entier (espèces cosmopolites). Nombre d'espèces ou de catégories plus élevées ont une extension géographique nettement délimitée et on ne les trouve pas dans d'autres territoires. Les territoires constituent des provinces caractérisées soit par des faunes, soit par des flores. Par ex. la province à *Olenellus* (du nom d'un genre de trilobite du Primaire) qui englobe des régions appartenant de nos jours à l'Europe nord-occidentale et à l'est des États-Unis ; ou la province Gondwanienne, caractérisée par des flores contemporaines ou successives à *Rhacopteris* et à *Glossopteris,* genres de « fougère à graines » de la fin du Primaire. A cette époque d'ailleurs, il y avait quatre empires floristiques que l'on appelle provinces Euraméricaine, Sibérienne, Cathaysienne et Gondwanienne. L'étendue d'une paléoprovince est liée à la position des zones climatiques de l'époque pour la reconstitution desquelles l'importance de la paléobiogéographie est plus qu'évidente.

Présentation systématique des organismes fossiles

Avertissement

Le lecteur pourrait s'étonner de trouver certains noms de plantes ou d'animaux écrits tantôt avec une initiale minuscule, tantôt avec une initiale majuscule. Bien que la consultation d'ouvrages divers tels que dictionnaires, encyclopédies, articles scientifiques puisse laisser perplexe sur le bon usage des majuscules, souvenons-nous de ceci : à la différence des noms de lieu ou des noms de personne, entre autres, les noms vernaculaires des plantes et des animaux (c'est-à-dire les noms employés par chaque peuple dans le langage commun) ne sont pas considérés comme des noms propres et leur initiale doit en conséquence être minuscule. On doit donc écrire : « l'homme est un mammifère », ou bien « les brachiopodes sont des invertébrés marins ».

Toutefois, nous l'avons noté dans le passage consacré à la nomenclature, les noms de taxons, latins ou latinisés, doivent s'écrire avec une initiale majuscule (à l'exception du terme proprement spécifique dans le binôme désignant une espèce). Par exemple : « *Homo sapiens* est un *Mammalia* », ou bien « les *Brachiopoda* sont des *Invertebrata* marins ». Ce sont ces noms de taxons qu'utilisent couramment les spécialistes, et il n'est pas étonnant, dans ces conditions, de lire dans une revue de spécialité (prenons ici le cas d'une revue d'expression française), une phrase ainsi imprimée : « les Brachiopodes sont des Invertébrés marins ».

Dans cet ouvrage, nous recourerons à l'initiale majuscule, dans les noms français de plantes et d'animaux, chaque fois qu'il y aura intention manifeste de désigner un taxon précis dans le tableau général de la classification des êtres vivants. Ainsi, lirons-nous plus bas, d'une part : « les spongiaires sont des animaux filtreurs, microphages », d'autre part : « les Spongiaires forment un phylum ». Il faut bien reconnaître que le choix n'est pas toujours facile ni indiscutable. En règle générale, mieux vaut employer une initiale minuscule, si la désignation n'apparaît pas comme un élément circonstancié et précis de classification.

On ne fera que mentionner les PROCARYOTES, organismes primitifs constitués par une cellule dépourvue de véritable noyau. Appartiennent à ce groupe les virus, les bactéries et les cyanophycées (algues bleues). Tous les autres organismes sont des EUCARYOTES, à cellule équipée d'un noyau délimité par une membrane.

RÈGNE VÉGÉTAL

Ensemble d'êtres vivants généralement chlorophylliens (exception faite des champignons) fixés au sol, doués d'une sensibilité extrêmement discrète et capables de se nourrir, principalement ou exclusivement, de sels minéraux et de gaz carbonique ; cellules limitées par des membranes squelettiques de nature partiellement ou totalement cellulosique. Comme pour les animaux, les formes végétales primitives sont unicellulaires et souvent difficiles à caractériser ; protozoaires et protophytes sont rassemblés dans le règne indifférencié des Protistes.

La morphologie des organes végétatifs est très différente selon que l'on a affaire à des végétaux inférieurs (peu évolués) ou à des végétaux supérieurs (bien différenciés). Les premiers constituent le groupe des thallophytes (de *thallos* = jeune pousse), plantes sans racine, ni tige ni feuilles, qui ne possèdent qu'un thalle, organe dépourvu de vaisseaux conducteurs de sève et dont les cellules sont toutes identiques ou presque. Ces plantes primitives sont le plus souvent couchées sur le sol ou soutenues par l'eau. Le super-embranchement des THALLOPHYTES, très hétérogène, réunit les algues, les champignons et les lichens. Aux thallophytes, on oppose les cormophytes (de *kormos* = tronc), plantes qui possèdent des racines, des tiges, des rameaux feuillés et des cellules hautement différenciées qui constituent des tissus spécialisés, en particulier des vaisseaux conducteurs de sève. Ces plantes évoluées ont en général un port érigé (herbacé, buissonnant ou arborescent). Elles constituent le super-embranchement des CORMOPHYTES, au sein duquel sont réunies les mousses, les fougères et les plantes à fleur.

La fonction de reproduction présente typique-

23

Présentation systématique des organismes fossiles

ment chez les végétaux une « alternance de générations » : 1. la phase « sporophyte », et la phase « gamétophyte » ; d'abord des spores, qui se développent à l'abri d'un organe sporifère, qui sont ensuite dispersées dans l'air ou dans l'eau, qui germent enfin sur le sol pour donner naissance à un individu (le gamétophyte), porteur d'organes sexués ; ceux-ci fournissent alors des gamètes, c'est-à-dire des cellules sexuées dont la rencontre (fécondation) engendrera un nouvel individu (le sporophyte) porteur d'organes sporifères. Ce cycle de « générations » (spore − gamétophyte − oeuf − sporophyte − spore), très net chez les mousses, s'estompe chez les végétaux plus évolués, par suite de la prédominance accrue du sporophyte. Chez les plantes supérieures, dites spermaphytes, l'existence de graines est une caractéristique qui n'a pas d'équivalent chez les animaux : il faudrait imaginer un arrêt de croissance de l'embryon pour une durée indéterminée et son transport passif dans la nature, avec un sac de provisions et sous combinaison de survie !

Voici une classification très succinte de l'ensemble du règne végétal.

THALLOPHYTES CHLOROPHYLLIENNES (ALGUES)

Ensemble de phylums portant globalement le nom d'Algues. Plantes aquatiques ayant toutes des représentants unicellulaires (par ex. les chlorelles) et des représentants pluricellulaires ; le thalle de ces derniers est alors en forme de filament, de lame, de tube, de croûte, forme parfois massive ou très complexe (fucus, laminaires, ulves...). Aux formes unicellulaires nageuses se rattachent divers phylums du règne animal. Pourvues de pigments assimilateurs, les algues sont capables d'utiliser l'énergie solaire pour transformer le gaz carbonique en sucre (photosynthèse). Trois grands groupes :

■ ALGUES ROUGES, possédant des pigments bleus ou rouges et ayant conservé certains caractères des algues bleues ancestrales (unicellulaires), déjà présentes bien avant les Temps fossilifères ; aucune algue rouge n'a évolué vers l'animalité ; certaines algues rouges (lithothamniées) précipitent du calcaire et jouent depuis le Crétacé un rôle dans la sédimentation (construction des « trottoirs d'algues »).

■ ALGUES BRUNES, possédant des pigments bruns ou jaune-vert et dérivant peut-être des algues rouges ; à ce groupe se rattachent les radiolaires et certaines ont des caractères connus chez les éponges (cellules à collerette) ; aux algues brunes appartiennent aussi les péridiniens, dont certains produisent de la lumière (noctiluques), et les diatomées qui ont joué à partir du Jurassique un rôle géologique important dans la sédimentation (l'accumulation de leurs coques siliceuses a donné naissance à une roche claire, légère et poreuse, la diatomite ou tripoli).

■ ALGUES VERTES, possédant des chloroplastes toujours verts et fabriquant un amidon semblable à celui de cormophytes tels que les mousses, végétaux dont elles partagent probablement les ancêtres ; certaines algues vertes (dasycladacées) précipitent aussi le calcaire : leurs formes fossiles, connues depuis l'Ordovicien, ont permis d'établir une stratigraphie dans certains faciès du Secondaire.

En paléobotanique, les algues sont intéressantes, non comme fossiles stratigraphiques, mais comme fossiles de faciès et comme organismes constructeurs ou générateurs d'éléments biodétritiques. Outre les formations stromatolithiques (dues aux algues bleues dès l'Antécambrien), citons certains charbons (les bogheads du Carbonifère) ; on pense que les algues ont joué un rôle dans la genèse du pétrole ; les formes calcifiées (lithothamniées, dasycladacées : trottoirs) et les formes siliceuses (diatomées : tripoli), apparues plus tardivement, sont très proches des formes actuelles.

THALLOPHYTES NON CHLOROPHYLLIENNES (CHAMPIGNONS)

Ensemble de phylums portant globalement le nom de Champignons. Ces plantes possèdent généralement un thalle filamenteux ramifié, le mycélium. Dépourvu de pigments et donc incapables de photosynthèse, les champignons vivent en parasites, en saprophytes ou en symbiotes.

Nota. Les LICHENS sont des champignons vivant en symbiose avec des algues microscopiques.

CORMOPHYTES

Ensemble des végétaux dits supérieurs, qui ont probablement les mêmes ancêtres que les algues vertes qu'ils rappellent par des parois cellulaires pecto-cellulosiques, des chloroplastes toujours verts, l'élaboration d'un amidon véritable et même l'organisation de leurs cellules sexuelles mâles (spermatozoïdes). Leur évolution est marquée par la réduction du gamétophyte et le perfectionnement concomitant du sporophyte. On peut retenir trois grandes divisions à valeur d'embranchements (Bryophytes, Ptéridophytes, Spermaphytes), elles-mêmes subdivisées de différentes manières selon les auteurs :

■ BRYOPHYTES (mousses, hépatiques...) : sporophyte ni ramifié, ni feuillé, ni vascularisé, formé d'un axe terminé par un sporange ; c'est le gamétophyte qui est ramifié et feuillé.

■ PSILOPHYTES (des rhyniales fossiles aux psilotes actuels) : sporophyte ramifié et vascularisé, mais sans racine et non ou imparfaitement feuillé ; gamétophyte réduit à un rhizome. Les Psilophytes peuvent être considérées comme des Ptéridophytes formant la classe des Psilopsides.

■ PTÉRIDOPHYTES (fougères, prêles, lycopodes...) : sporophyte vascularisé (plantes dites vasculaires). Pourvu de racines, ramifié et feuillé, les feuilles étant toutes fertiles (fougères) ou non (groupes de feuilles fertiles appelés strobiles de sporophylles, comme chez les prêles et les lycopodes) ; gamétophytes mâle et femelle réduits chacun à un prothalle. Ces Ptéridophytes comportent quatre classes dont les Lycopsides (sigillaires et calamites) et les Ptéropsides ou Fougères (scolopendres et polypodes).

■ SPERMAPHYTES PTÉRIDOSPERMES, encore appelés Ptéridospermaphytes (« fougères à graines ») : plantes exclusivement fossiles (Paléozoïque), dont le sporophyte rappelle celui des fougères, mais avec sur les feuilles des sacs polliniques et des ovules, comme chez les spermaphytes ; gamétophytes très réduits, inclus dans les grains de pollen (gamétophyte mâle) et dans les ovules (gamétophyte femelle). Fougères et fougères à graines ont connu un extraordinaire développement à l'époque de la « forêt houillère », à la fin du Primaire.

■ SPERMAPHYTES GYMNOSPERMES (cycas, ginkgo, pins, sapins...) : sporophyte rappelant celui des ptéridophytes à strobiles, mais avec des sacs polliniques et des ovules ; gamétophytes semblables à ceux des ptéridospermes.

■ SPERMAPHYTES ANGIOSPERMES (toutes les plantes à fleurs) : sporophyte analogue à celui des gymnospermes, mais portant non des strobiles mais des fleurs (sépales + pétales + étamines + carpelles) ; gamétophytes encore plus réduits.

Nota. D'autres subdivisions du règne végétal sont couramment utilisées, notamment celles qui précisent la présence ou l'absence de vaisseaux conducteurs de la sève, ou certaines modalités de la reproduction. Ainsi distingue-t-on :

– les CRYPTOGAMES NON VASCULAIRES (c'est-à-dire les végétaux dont le « mariage » est « caché » et qui n'ont pas de vaisseaux conducteurs). Ce sont les Algues pluricellulaires, les Champignons, les Bryophytes et les Psilophytes.

– les CRYPTOGAMES VASCULAIRES (végétaux dont la reproduction est encore « cachée » mais qui acheminent la sève dans des vaisseaux spécialisés). Ce sont les Ptéridophytes.

– les PHANÉROGAMES (végétaux dont le « mariage » est « visible »). Ce sont les Spermaphytes, embranchement qui comporte deux sous-embranchements représentés dans la nature actuelle : les Angiospermes et les Gymnospermes, et celui exclusivement paléozoïque des Ptéridospermes.

RÈGNE INDIFFÉRENCIÉ
PROTISTES

Les Protistes regroupent tous les organismes unicellulaires, qu'ils soient d'affinité animale (protozoaires) ou d'affinité végétale (protophytes), la distinction entre animaux et végétaux n'étant guère significative à ce niveau d'organisation. De profonds désaccords règnent entre spécialistes quant à la classification de ces formes, actuelles ou fossiles. Certains protozoaires (foraminifères, radiolaires, calpionelles) ont une importance géologique notable, soit comme constituants de sédiments, soit comme fossiles stratigraphiques.

■ FORAMINIFÈRES (Primaire – Actuel)

Protozoaires surtout marins, du groupe des Rhizopodes (représentés par l'amibe dans la nature actuelle). Leur corps est protégé par une coquille (test) chitinoïde (substance organique voisine de celle qui constitue la carapace des arthropodes) ou calcaire. Leur taille est en général de l'ordre du millimètre, mais peut atteindre plusieurs centimètres chez les nummulites. Excellents fossiles stratigraphiques.

■ RADIOLAIRES (Primaire – Actuel)

Protozoaires marins pélagiques, du groupe des Actinopodes (porteurs d'expansions cytoplasmiques rayonnantes). Leur test siliceux est peu sensible à la dissolution dans l'eau de mer après la mort, ce qui explique leur accumulation même à de grandes profondeurs (« boues à radiolaires »).

Présentation systématique des organismes fossiles

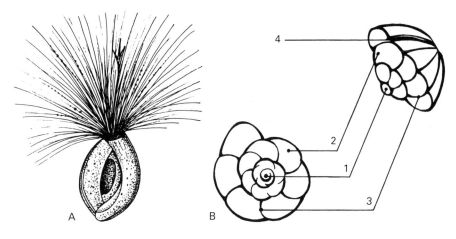

Fig. 3 Sarcodines, Rhizopodes.
A — Foraminifère du genre *Miliola* ; les pseudopodes, avec les micro-organismes capturés, ne sortent que par l'ouverture.
B – Morphologie d'une coquille de foraminifère : 1 – loge initiale ou protoconque, 2 – chambre, 3 – suture, 4 – ouverture.
C – Divers types de tests de foraminifères avec l'indication des sens d'évolution supposés.

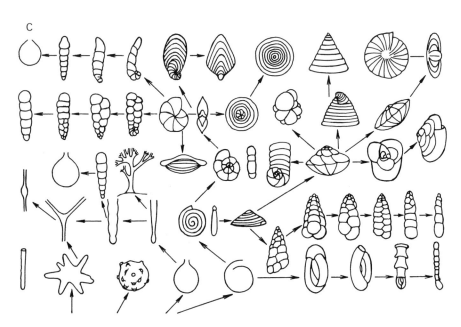

■ CALPIONELLES (Jurassique – Crétacé)

Protozoaires marins pélagiques exclusivement fossiles, du groupe des Infusoires (représentés actuellement par des formes revêtues de cils vibratiles). Excellents fossiles stratigraphiques.

■ COCCOLITHOPHORIDES (Primaire – Actuel)

Algues unicellulaires pélagiques de très petite taille (0,01 mm), portant des écailles calcaires appelées coccolithes, dont l'accumulation sous forme de vases calcaires, pendant le Crétacé, a permis la formation de la craie.

RÈGNE ANIMAL

Ensemble des êtres vivants pluricellulaires, généralement capables de se déplacer (mais il existe beaucoup de formes fixées) et ne possédant ni membrane cellulosique ni pigment chlorophyllien. Les animaux sont représentés depuis le début des Temps fossilifères, c'est-à-dire depuis 600 millions d'années, et pour certains d'entre eux dès le Précambrien.

Les principaux groupes d'animaux présentant un intérêt en paléontologie sont mentionnés ci-dessous. Ceux de leurs noms qui nous sont familiers ne sont pas tous placés au même niveau dans la hiérarchie des catégories taxinomiques : certains correspondent à des embranchements ou à des sous-embranchements, d'autres à des classes. Selon les ouvrages de classification consultés, des différences de niveau taxinomique peuvent d'ailleurs être constatées. Pour cette raison, il ne faut pas attacher trop d'importance à ces désignations, sujettes à fluctuation. Nous n'indiquerons que celles qui demeurent les plus stables. Rappelons aussi que dans la perspective de l'évolution, on utilise le terme de phylum de préférence à celui d'embranchement.

■ ARCHÉOCYATHES (? Précambrien, Cambrien inférieur et moyen)

Premiers animaux ayant été capables de fixer le carbonate de l'eau de mer. Squelette en forme de coupe ou de cône à double paroi ajourée permettant le passage de l'eau : une muraille externe et une muraille interne, séparées par un intervalle (où se logeait la matière vivante) et reliées l'une à l'autre par des cloisons, les unes verticales et radiaires, les autres horizontales. Reproduction par bourgeonnement et par voie sexuée. Individus souvent groupés, formant avec des encroûtements d'algues bleues de véritables récifs. Les Archéocyathes constituent un phylum distinct des Spongiaires et des Cnidaires.

■ SPONGIAIRES (? Précambrien – Actuel)

Les Spongiaires ou Eponges sont des animaux aquatiques, presque tous marins, toujours fixés, dont le corps ne présente ni symétrie absolue, ni organes ni tissus définis ; les cellules sensorielles ou nerveuses ne sont pas liées entre elles et ne permettent aucune coordination. Un spongiaire est simplement formé de deux feuillets que sépare une couche de gelée et, entourant un espace central, la cavité gastrique ; beaucoup d'éponges ont ainsi la forme d'un cylindre ou d'une coupe plus ou moins évasée. Le feuillet interne est formé de cellules flagellées à collerette, les choanocytes, qui assurent les fonctions de nutrition et d'assimilation. Les éponges sont des animaux filtreurs, microphages ; l'eau de mer traverse l'épaisseur de leur corps en pénétrant par une multitude de pores inhalants qui aboutissent à des corbeilles vibratiles ; elle ressort par la cavité centrale puis est rejetée au niveau d'un orifice appelé oscule. Reproduction par fragmentation, bourgeonnement ou voie sexuée ; les larves nagent librement.

Le squelette est simplement constitué par un réseau de fines aiguilles calcaires ou siliceuses (les spicules), parfois accompagnés de fibres

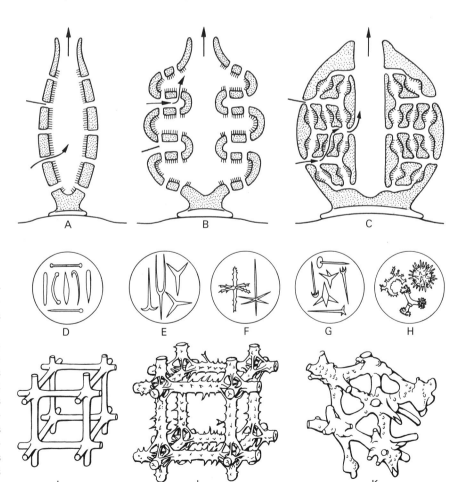

Fig. 4 Schéma des types de structure fondamentaux des spongiaires (porifères) et des types de spicules.
A – ascon, B – sycon, C – leucon, D – spicules à un seul axe (monaxones), E – spicules à trois rayons (triactines), F – spicules à trois axes (triaxones), G – spicules à quatre axes (tétraxones), H – spicules irréguliers à nombreux axes et sphériques (polyaxones, desmes et sphères), I et J – spicules triaxones soudés, K – desmes soudés.

Présentation systématique des organismes fossiles

organiques (matière cornée appelée spongine). Les éponges fossiles se présentent à l'état de moules ou d'empreintes restituant la forme initiale du corps (coupes, boules, tubes cylindriques, etc.). Mais plus que la forme générale de l'éponge, ce sont les restes du réseau squelettique qui permettent aux spécialistes de définir et de déterminer genres et espèces.

Les Spongiaires, encore appelés Porifères, forment un phylum, voire un sous-règne. Bien que pluricellulaires et animaux indéniables, ils semblent encore très proches de certains protistes à affinité végétale, les Phytoflagellés. Ils comptent parmi les plus anciens fossiles, mais un doute demeure quant à la nature exacte des restes (spicules ?) trouvés dans le Précambrien.

Classification des Spongiaires
- HYALOSPONGES ou HEXACTINELLIDES
  Spicules siliceux à trois axes.

  Classe représentée dès le Cambrien inférieur.
- CALCISPONGES ou ÉPONGES CALCAIRES
  Formes les plus simples. Spicules calcaires.

  La plupart des éponges calcaires fossiles appartiennent à un groupe particulier, celui des Pharétrones. Apparition tardive au cours du Paléozoïque (Permien).
- DÉMOSPONGES
  Structures plus complexes. Fibres cornées avec ou sans spicules siliceux.

  Classe incluant les seules formes d'eau douce du phylum, connues avec certitude depuis le Cambrien moyen.

■ CNIDAIRES (Précambrien – Actuel)

L'embranchement des COELENTÉRÉS ne doit plus figurer dans les classifications : les zoologues considèrent que ce groupe artificiel réunit en fait des organismes appartenant à des phylums voisins mais distincts, les CTÉNAIRES (peu intéressants en paléontologie) et les CNIDAIRES.

Les cnidaires sont des animaux primitifs dont le corps est formé de deux feuillets (ectoderme et endoderme) réunis par une gelée riche en cellules migratrices (la mésoglée) ; l'ectoderme comporte des cellules de revêtement, des cellules sensorielles et nerveuses, ainsi que des cellules urticantes (les cnidoblastes) ; ces cellules particulières, très spécialisées (elles constituent un appareil venimeux servant à la défense et à la capture des proies) sont propres aux cnidaires et suffisent à les distinguer des cténaires ; le système nerveux diffus forme des réseaux mais ne comporte pas de centres spécialisés, bien que des organes sensoriels soient présents ; l'endoderme est fait de grandes cellules flagellées à fonction assimilatrice. Une cavité digestive s'ouvre par un orifice unique bordé de tentacules. Le corps présente une symétrie rayonnante d'ordre 4, 6 ou 8. La plupart des cnidaires font alterner une phase libre et sexuée (la méduse) qui assure la dissémination des espèces, et une phase fixée non sexuée (le polype) qui présente chez certaines formes un squelette bien développé (le polypier) ; certains groupes n'ont conservé que l'une des deux phases.

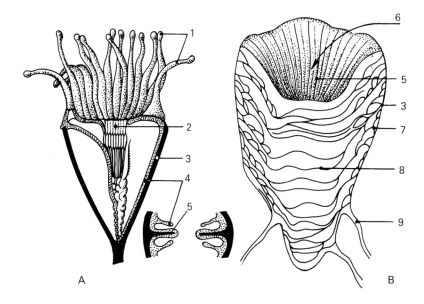

Fig. 5 Cnidaires, Anthozoaires (polypiers).

A – Coupe longitudinale d'un hexacoralliaire du genre *Glabellum* montrant les relations entre le polype et le squelette et détail de coupe transversale.

B – Coupe longitudinale du squelette (corallite) d'un tétracoralliaire.

1 – tentacules, 2 – pharynx, 3 – paroi externe du corallite (épithèque), 4 – mésentère (paroi formée par un épithélium mou), 5 – septum, 6 – calice, 7 – dissépiment (tissu bulleux), 8 – plancher (tabula), 9 – appendices radiculaires.

Présentation systématique des organismes fossiles

Deux sous-embranchements :
● HYDROZOAIRES

Les représentants de ce sous-embranchement (ou de cette super-classe) sont caractérisés par une bouche saillante communiquant directement avec la cavité digestive endodermique dont la partie stomacale n'est pas cloisonnée. Quatre classes d'inégal intérêt en paléontologie :
– les HYDROCORALLIAIRES, cnidaires constituant des masses trapues ou arborescentes, construites par des polypes de diverses sortes entourés d'une épaisse couche calcaire et contribuant ainsi à l'édification des récifs coralliens ;
– les HYDRAIRES, polypes solitaires ou coloniaux seuls ;
– les SIPHONOPHORES : alternance des phases méduse et polype ;
– les AUTOMÉDUSES : forme méduse seule.

● ANTHOZOAIRES

Chez ces cnidaires, la bouche conduit à un pharynx invaginé d'origine ectodermique, le reste du tube digestif étant endodermique, avec cavité stomacale cloisonnée. Leur nom imagé évoque des « animaux en forme de fleurs », dont les anémones de mer et les coraux sont des exemples. Seule est connue la phase polype. Qu'ils soient solitaires ou groupés en colonies, les polypes ont l'aspect d'un cylindre creux surmonté de tentacules préhensiles et fermé à la base par un disque assurant la fixation sur le substrat. La multiplication et la reproduction se font par bourgeonnement ou scissiparité (fragmentation partielle) et par des oeufs qui sont fécondés dans la cavité gastrique. Les jeunes larves, appelées planules, nagent librement avant de se fixer à leur tour. Des algues microscopiques (zooxanthelles) sont abritées dans le tissu des polypes, avec lesquels elles semblent vivre en symbiose. Trois classes très bien représentées au cours des Temps fossilifères :
– les HEXACORALLIAIRES, anthozoaires dont la symétrie est d'ordre 6 et que l'on répartit en plusieurs ordres d'inégal intérêt :
* d'une part des formes solitaires et nues : les CÉRIANTHAIRES, les EDWARDSIIDES et surtout les ACTINIAIRES (telle l'anémone de mer) ;
* d'autre part des formes coloniales, certaines nues comme les ZOANTHAIRES et d'autres pourvues d'un squelette corné comme les ANTIPATHAIRES, coloniaux à squelette corné ;
* enfin des formes à squelette calcaire, les unes solitaires, les autres coloniales et très souvent constructeurs de récifs, exigeant alors un milieu de vie (biotope) bien défini : eau à salinité normale, bien oxygénée, bien éclairée (permettant l'activité photosynthétique des algues symbiontes) et à température au moins égale à 18° ; à ces formes appartiennent :
= les MADRÉPORAIRES (ou encore SCLÉRACTINIAIRES), connus depuis le début de l'ère Mézozoïque, actuellement très abondants.
= les RUGUEUX, formes fossiles exclusivement représentées au Paléozoïque (Ordovicien à Permien), dont le polypier à l'état adulte présentait quatre cloisons (septes) disposées en croix ; mais l'étude des jeunes a montré qu'il y en avait bien six (d'où le nom TÉTRACORALLIAIRES initialement utilisé par les spécialistes et progressivement abandonné).
– les TABULÉS, groupe très spécial d'anthozoaires coloniaux dont les thèques prismatiques jointives étaient caractérisées par la présence de cloisons horizontales (planchers) et par l'existence éventuelle d'épines préfigurant des cloisons ; exclusivement fossiles, les Tabulés sont apparus à l'Ordovicien et ont disparu au Carbonifère.
– les OCTOCORALLIAIRES (ou ALCYONAIRES), anthozoaires pourvus d'un squelette et presque tous coloniaux, vivant dans des mers chaudes et possédant huit tentacules et huit cloisons gastriques ; classe divisée en sept ordres :
* seules formes solitaires, le groupe des PROTALCYONAIRES ;
* les autres coloniales : STOLONIFÈRES, ALCYONIDES, CORALLIDES (dont le type est le corail rouge), GORGONIDES, PENNATULIDES et HÉLIOPORIDES.

■ ANNÉLIDES (Précambrien – Actuel)

Les Annélides sont des animaux aquatiques ou terrestres. Leur corps est constitué par trois feuillets : un ectoderme et un endoderme que sépare un mésoderme ; à partir de ce dernier, se différencie une cavité particulière que ne possèdent pas les animaux moins évolués comme les spongiaires ou les cnidaires, le coelome, dont dépendent divers organes internes. Encore appelés VERS ANNELÉS, ils ont un corps segmenté (anneaux), une paire de ganglions nerveux, une paire d'organes excréteurs, un appareil circulatoire fermé et des gonades ; la fécondation est externe. Les anneaux (métamères) présentent habituellement une paire d'appendices biramés,

Présentation systématique des organismes fossiles

les parapodes, parfois pourvus de petites touffes de soies (cirres).

Trois classes :
– les POLYCHÈTES : 5000 espèces portant de nombreuses soies, la plupart marines ; les plus anciennes remontent au Précambrien ; les unes sont errantes, les autres sédentaires ; parmi ces dernières, les SERPULIDÉS, annélides tubicoles familières en paléontologie (conservation de tubes calcaires) ; restes de mâchoires connus depuis l'Ordovicien, sous le nom de scolécodontes ;
– les OLIGOCHÈTES : 3000 espèces à soies très rares, la plupart terrestres ou d'eau douce (lombrics) ;
– les ACHÈTES : 300 espèces dépourvues de soies (sangsues).

■ BRYOZOAIRES (Cambrien – Actuel)

Comme les Coelenthérés (avec les Cnidaires et les Cténaires), les Bryozoaires formaient un groupe artificiel réunissant en fait deux embranchements distincts, les ENTOPROCTES dépourvus de véritable cavité coelomique (pseudocoelomates), et les ECTOPROCTES, qui en sont pourvus, comme les annélides (ce sont des coelomates). Les uns et les autres ont seulement en commun la présence d'une couronne de petits tentacules ciliés appellée lophophore, située autour de la bouche. On réunit d'ailleurs dans le super-embranchement des LOPHOPHORIENS divers groupes d'invertébrés, pour la plupart marins : les Kamptozoaires (c'est-à-dire les anciens bryozoaires entoproctes), les Phoronidiens (sédentaires tubicoles ayant des représentants fossiles dès l'Ordovicien), les Polyzoaires (c'est-à-dire les anciens bryozoaires ectoproctes, que l'on continue à appeler Bryozoaires), enfin les Brachiopodes.

Les Bryozoaires (ectoproctes) sont des animaux aquatiques microscopiques doués d'un grand pouvoir de bourgeonnement ; ils forment des colonies (zoariums) composées de nombreuses

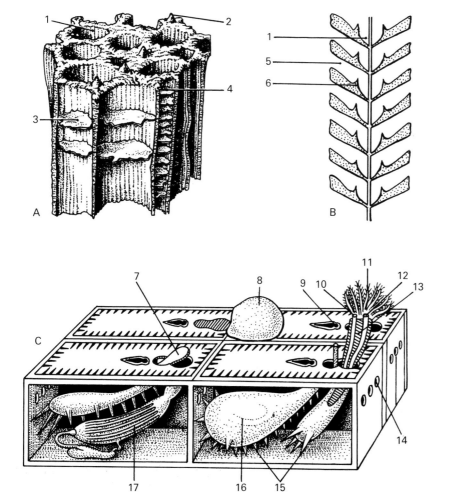

Fig. 6 Bryozoaires.
A – Structure des zoaria de bryozoaires trépostomes.
B – Coupe longitudinale d'une branche de bryozoaire cryptostome.
C – Schéma d'une partie des zoaria de bryozoaires cheilostomes.
1 – zoécie, 2 – acanthopore, 3 – diaphragme, 4 – mésopore à nombreux diaphragmes, 5 – vestibule, 6 – hémiseptum, 7 – opercule, 8 – ovocèle, 9 – avicularium, 10 – orifice sexuel, 11 – tentacules, 12 – orifice buccal, 13 – zoïde érigé, 14 – septulae, 15 – muscles, 16 – sac compensatoire, 17 – zoïde rétracté.

unités distinctes (zoécies) correspondant à autant d'individus, d'où l'appellation de polyzoaires ; ces colonies revêtent des formes très variées : étalées, encroûtantes, dressées, rameuses ou foliacées prenant parfois l'aspect de mousses, d'où le terme de bryozoaire (du grec *bryon* = mousse). Une zoécie est une unité fondée sur deux éléments : le cystide et le polypide ; le cystide est un étui, une logette close formée par une sécrétion cuticulaire de l'ectoderme rigide, souvent renforcée par une calcification ; le cystide peut être obturé par un repli de la paroi formant clapet, l'opercule ; dans la cavité coelomique est suspendu le polypide, c'est-à-dire l'ensemble des organes (lophophore, anse digestive, ganglion nerveux) ; l'anus est situé derrière la bouche, mais en dehors du lophophore (d'où le terme d'ectoprocte). La croissance est accompagnée par un phénomène de bourgeonnement colonial, ce qui n'exclut pas le mode de reproduction sexuée. Chez certaines espèces, les individus d'une même colonie peuvent se présenter sous des aspects variés (hétérozoécies), en rapport avec leur fonction : rôles défensif des aviculaires, nettoyeur des vibraculaires, incubateur des ovicelles et fixateur des radicelles.

La classification des Bryozoaires distingue deux classes :
— les PHYLACTOLÈMES, à lophophore en fer à cheval comme chez les brachiopodes ; ils vivent actuellement en eau douce,
— les GYMNOLÈMES, à lophophore circulaire, presque tous marins et représentés à l'état fossile depuis le Cambrien ; on les divise en :
= TRÉPOSTOMES, à zoécies calcaires, prismatiques ou cylindriques, formées de parois minces s'épaississant chez l'adulte (développement de tubes interstitiels) ; colonies lamellaires, ramifiées ou massives ; répartition : Silurien — Trias.
= CYCLOSTOMES, à zoécies calcaires cylindriques, munies d'une ouverture libre et dont les parois sont finement perforées ; colonies semblables à celles des Trépostomes ; connus depuis le Silurien et bien représentés dans les mers actuelles.
= CTÉNOSTOMES, à zoécies ovoïdes gélatineuses ou cornées, difficilement fossilisables ; apparus au Silurien, assez rares dans les mers actuelles.
= CRYPTOSTOMES, à zoécies prismatique, pourvues d'un orifice circulaire souvent placé au fond d'un vestibule et par conséquent non visible de l'extérieur ; pas de zoïdes différenciés ; colonies uni- ou bilamellaires, parfois rameuses ; répartition : Silurien — Permien.
= CHÉILOSTOMES, à zoécies calcaires ou chitineuses, toujours très courtes, ovales, elliptiques ou en forme de jarre ou de coffret minuscule, fermées par un opercule lorsque le polypide est rétracté ; présence de zoïdes différenciés ; ce sont les bryozoaires les plus nombreux, les plus évolués, apparus plus tardivement au cours du Jurassique moyen ou seulement au Crétacé.

■ BRACHIOPODES (Cambrien — Actuel)
Invertébrés marins microphages (filtreurs), au corps non segmenté abrité dans une coquille bivalve (comme les mollusques lamellibranches) ; cette coquille est dépourvue d'articulation chez certains (brachiopodes inarticulés) et possède une charnière (dents et fossettes) chez les autres (articulés) ; la coquille de certains inarticulés (les lingules) est en phosphate de calcium et non en carbonate comme pour tous les autres.

L'organisation viscérale est simple : tube digestif court pourvu d'un anus chez les inarticulés ; appareil circulatoire lacunaire ; système nerveux et sensoriel peu développé ; système musculaire bien constitué (muscles adducteurs pour l'ouverture, muscles diducteurs pour la fermeture) ; appareil génital simple (sexes séparés). La larve libérée se fixe sur le fond, se courbe et émet deux replis (l'un ventral, l'autre dorsal), qui sécrètent respectivement une grande valve et une petite valve.

Les brachiopodes sont très souvent fixés, soit par cimentation directe de la grande valve sur le substrat, soit à l'aide d'un pédoncule qui sort entre les deux valves (cas de certains inarticulés) ou par un orifice de la grande valve (cas des articulés) ; d'autres reposent librement sur le fond.

Les brachiopodes sont caractérisés par la présence d'un lophophore, à rôle multiple (nutrition, respiration, nettoyage, bâillement de la coquille) ; sa forme est celle d'un fer à cheval, avec possibilité de replis divers et de développement en spirale ; le lophophore peut être guidé ou soutenu par un appareil squelettique, le brachidium, qui en reproduit plus ou moins fidèlement la forme, particularité intéressante sur les coquilles fossiles.

Présentation systématique des organismes fossiles

Les brachiopodes ont constitué un groupe extrêmement florissant depuis le début du Primaire (7000 espèces fossiles). Ils ont d'abord occupé les fonds meubles (types fouisseurs de l'endofaune des plages) puis des substrats plus cohérents (épifaune de la zone tidale et de toute la zone néritique). Plusieurs classifications ont été utilisées, prenant en compte le type de charnière, la texture de la coquille et la forme du lophophore ou de son squelette ; aucune n'est satisfaisante ; actuellement, on les subdivise en deux classes et plus d'une dizaine d'ordres :
- pour les INARTICULÉS :

= CRANIIDÉS et DISCINIDÉS, cimentés sur substrat dur; Ordovicien – Actuel ;

= LINGULIDÉS et OBOLELLIDÉS, pourvus d'un plus ou moins long pédoncule d'ancrage dans des sédiments sableux ; Cambrien – Actuel ;
- pour les ARTICULÉS :

= ORTHIDÉS et PENTAMÉRIDÉS, bien représentés dès le Cambrien, ne dépassant pas le Dévonien, et caractérisés par un brachidium spiralé ;

= SPIRIFÉRIDÉS, à coquille souvent plus large que longue, munie elle aussi d'un brachidium spiralé très développé, et dont l'apogée se situe

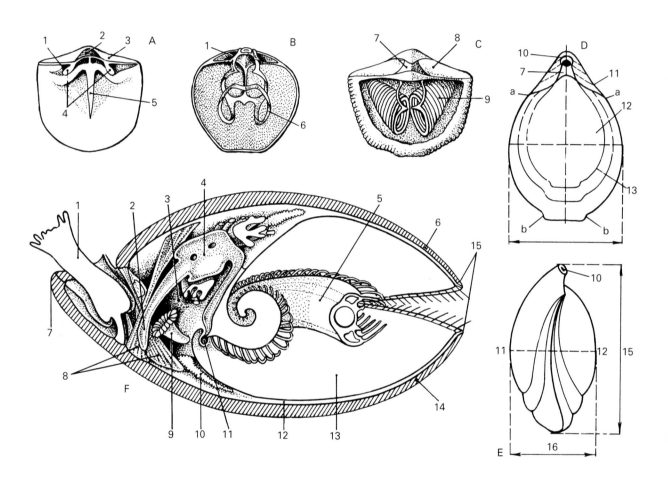

Fig. 7 Brachiopodes, Articulés.
A à C – Divers types de brachidiums chez les orthacés, les térébratulacés et les spiriféracés.
D et E – Morphologie de coquille de brachiopode du genre *Magellania*, vue de face (D) et de côté (E). 1 – fossette, 2 – aire centrale fermée de la valve dorsale (chilidium), 3 – interarea de la face dorsale, 4 – brachiophores, 5 – septum médian, 6 – brachidium en boucle, 7 – ouverture triangulaire libre (delthyrium) ou obturée (deltidium), 8 – interarea de la valve ventrale, 9 – brachidiums spiralés, 10 – foramen pédonculaire, 11 – valve ventrale, 12 – valves dorsale, 13 – lignes de croissance, 14 – largeur de la coquille, 15 – longueur de la coquille, 16 – épaisseur de la coquille. a–a secteur arrière de la commissure, a–b secteur latéral de la commissure, b–b secteur avant de la commissure.
F – schéma de l'anatomie d'un brachiopode du genre *Terebratulina* en coupe longitudinale. 1 – pédoncule, 2 – intestin aveugle, 3 – cavité viscérale, 4 – estomac, 5 – lophophore, 6 – valve dorsale, 7 – bord postérieur de la coquille, 8 – muscles d'ouverture (diducteurs) et de fermeture (adducteurs), 9 – néphridies, 10 – organes sexuels (gonades), 11 – bouche, 12 – manteau, 13 – cavité brachiale, 14 – valve ventrale, 15 – bord antérieur de la coquille.

au Dévonien et au Carbonifère, certaines formes subsistant encore au Trias ;

= RHYNCHONELLIDÉS, à coquille souvent globuleuse et costulée, fixée à l'aide d'un pédoncule ; lophophore spiralé mais brachidium souvent réduit à de simples moignons (cruras) ; deux périodes fastes : Dévonien et Jurassique ;

= TÉRÉBRATULIDÉS, à coquille souvent globuleuse et lisse, également fixée à l'aide d'un pédoncule ; lophophore en double bandelette ; apparition au Dévonien, avec progression assez régulière jusqu'à nos jours (c'est le groupe le mieux représenté parmi les 250 espèces des mers actuelles) ;

= STROPHOMÉNIDÉS, à coquille globuleuse ou aplatie selon les familles ; vie libre sur le fond meuble, ou fixation par cimentation de la grande valve sur un substrat dur ; lophophore partiellement accolé à la petite valve ; apogée au Permo-Carbonifère ;

= THÉCIDÉIDÉS, à coquille de petite taille (quelques millimètres) ; brachidium en fer à cheval simple ou digité de manière complexe ; fixation par cimentation de la grande valve ; apparition au Permien, apogée au Crétacé et survivance de deux genres actuels.

■ MOLLUSQUES (Cambrien – Actuel)

Bien que formant un embranchement extrêmement diversifié, les mollusques ont en commun un certain nombre de caractéristiques constantes : d'une part, la tête, les viscères et le pied sont recouverts d'une membrane (le manteau) dont la principale fonction est de sécréter une coquille protectrice ; d'autre part, le corps mou et déformable est partout recouvert de mucus et ménage une cavité palléale qui abrite les branchies et les émonctoires. La symétrie bilatérale originelle s'est plus ou moins oblitérée selon les lignées ; de même, la segmentation a pratiquement disparu (mais des vestiges en attestent la présence chez des mollusques primitifs). L'unité de constitution des mollusques apparaît nettement si l'on considère deux ensembles sur lesquels a joué différemment l'évolution : le complexe céphalopédieux (tête + pied) et le complexe palléoviscéral (manteau + organes).

A partir d'un type fondamental (hypothétique), les tendances évolutives des mollusques se sont manifestées dans plusieurs directions conduisant à trois grands ensembles : les gastéropodes, les céphalopodes et les lamellibranches. Le système nerveux est l'appareil qui a permis l'analyse la plus fine des perfectionnements acquis depuis le Cambrien ; par exemple avec le regroupement des ganglions, dispersés chez les gastéropodes primitifs et condensés en deux centres nerveux ganglionnaires chez les gastéropodes évolués, ou encore avec la constitution d'un « cerveau » et d'yeux comparables à ceux des vertébrés supérieurs chez les céphalopodes. Même constat pour l'appareil digestif ; par exemple pour la radula, mince ruban de fines dents chez les gastéropodes primitifs, panoplie de dents extrêmement diversifiée selon le régime alimentaire chez les gastéropodes plus évolués. Pour l'appareil respiratoire de ces vertébrés aquatiques, réduction du nombre des branchies (plusieurs dizaines dans certains groupes), qui ne forment plus que quatre larges lames branchiales chez les... lamellibranches, et ne sont plus que deux ou une chez les céphalopodes et les gastéropodes, ces derniers pouvant acquérir un mode de respiration « pulmoné » chez les espèces terrestres. Mêmes constats encore pour les appareils excréteur, circulatoire, glandulaire et reproducteur ; l'expression de la sexualité chez les mollusques est d'une remarquable diversité. La coquille n'est pas en reste, et l'on constate dans presque toutes les familles de mollusques une évolution dans la composition qui, originellement aragonitique (l'aragonite est un carbonate de calcium peu stable), devient progressivement calcitique (la calcite étant l'autre variété cristalline du carbonate de calcium, parfaitement stable).

La classification des Mollusques distingue cinq classes.

– Les AMPHINEURES, mollusques marins à caractères primitifs :

= MONOPLACOPHORES : corps segmenté à symétrie bilatérale très nette et protégé par une coquille univalve conique aplatie ; ces mollusques primitifs apparaissent comme un jalon entre les annélides d'une part, les autres mollusques et les arthropodes d'autre part ; apparus au Cambrien inférieur, ils sont représentés dans la nature actuelle par le genre *Neopilina* découvert en 1953 à 3500 m de profondeur ;

= POLYPLACOPHORES : corps allongé couvert dorsalement par huit plaques calcaires se recouvrant comme les tuiles d'un toit et formant ainsi une coquille articulée (cas des chitons) ; apparition à l'Ordovicien ;

= APLACOPHORES : corps d'aspect vermi-

Présentation systématique des organismes fossiles

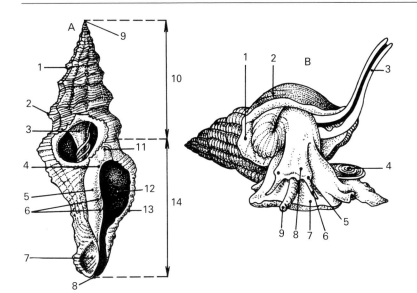

Fig. 8 Mollusques, Gastéropodes.
A – Morphologie de la coquille. 1 – suture, 2 – côte spiralée, 3 – columelle, 4 – lèvre pariétale, 5 – lèvre columellaire, 6 – plis columellaires, 7 – ombilic, 8 – canal siphonal, 9 – apex, 10 – spire, 11 – échancrure anale (sinus), 12 – ouverture, 13 – lèvre externe (labre), 14 – dernier tour.
B – Coquille et corps d'un gastéropode du genre *Buccinum*. 1 – pli du manteau, 2 – coquille, 3 – siphon inhalant, 4 – opercule, 5 – oeil, 6 – antenne, 7 – pied, 8 – tête, 9 – trompe.

forme enveloppé dans son manteau simplement incrusté de spicules calcaires ; non identifiés à l'état fossile.

– Les GASTÉROPODES, importante classe de mollusques apparue dès le Cambrien et représentée aujourd'hui par plus de 7000 espèces ; masse viscérale affectée par une torsion de 180° et en général protégée par une coquille univalve enroulée en spirale ; la plupart sont marins, mais certains vivent en eau douce ou sur terre ; classification fondée sur la radula, la forme de la coquille et la disposition des organes pairs ; trois sous-classes :

= PROSOBRANCHES : gastéropodes marins primitifs à sexes séparés ; deux branchies situées en avant du coeur et chaîne nerveuse croisée ; coquille presque toujours operculée ; nombreuses formes prosobranches dès le début de l'Ordovicien ;

= OPISTHOBRANCHES : gastéropodes marins hermaphrodites, ayant subi un phénomène secondaire de détorsion ; une branchie située en arrière du coeur et chaîne nerveuse non croisée ; coquille réduite ou absente ; apparition au Carbonifère inférieur ;

= PULMONÉS : gastéropodes terrestres ou dulcicoles hermaphrodites, n'ayant plus de branchies ; cavité palléale transformée en poche respiratoire (« poumon ») ; chaîne nerveuse non croisée ; parfois nus ou munis d'une coquille interne rudimentaire (limaces), ils sont généralement protégés par une coquille hélicoïdale non operculée (escargot) ; apparus au Carbonifère

(pulmonés d'eau douce), ils se sont surtout développés au cours de l'ère Tertiaire.

– Les SCAPHOPODES, mollusques marins fouisseurs, à coquille en forme de cornet légèrement courbé, ouvert à ses deux extrémités ; formes fossiles identifiées dans l'Ordovicien, mais apparition plausible dès le Cambrien ; ces mollusques semblent intermédiaires entre les gastéropodes (présence d'une radula) et les lamellibranches ; les dentales actuels sont très proches de ceux du Dévonien.

– Les BIVALVES (Cambrien – Actuel) mollusques marins ou dulcicoles dont les formes fossiles ont permis de mettre en évidence l'apparition de la dissymétrie, la réduction du nombre des dents de la charnière, l'amélioration du système branchial, la réduction du système musculaire ou l'utilisation de siphons ; de nombreux noms ont été attribués à ces mollusques : lamellibranches (branchies en forme de lamelles), pélécypodes (pied ventral en fer de hache), acéphales (absence de tête) ou encore bivalves (coquille formée de deux valves gauche et droite, alors que les brachiopodes ont deux valves dorsale et ventrale) ; polymorphisme extrême ; classe encore plus importante en nombre que celle des gastéropodes, avec plus de 11 000 espèces actuelles et de 15 000 espèces fossiles, soit un minimum de 3000 genres répartis dans 15 familles ; classification des zoologues fondée sur les parties molles (branchies) et fournissant des sous-classes ; classification des paléontologues basée sur la coquille (aspect et évolution de la charnière, disposition

Présentation systématique des organismes fossiles

des empreintes musculaires, direction du crochet, etc.) et assurant un découpage en nombreux ordres ; nous retiendrons les sous-classes suivantes :

= PALÉOTAXODONTES : groupe homogène de Bivalves protobranches (ordre unique des *Nuculida*) ; coquille équivalve, couche interne souvent iridescente (nacre) ; charnière ; groupe inauguré au Dévonien avec les nucules, et demeuré à peu près inchangé jusqu'à nos jours ;

= CRYPTODONTES : groupe de Bivalves protobranches probablement polyphylétique (deux ordres : *Solemyida* et *Praecardiida*) ; coquille généralement équivalve ; charnière sans dents ou à dents seulement ébauchées ; certaines formes sont perforantes ;

= PTÉRIOMORPHES ; vaste ensemble de Bivalves filibranches et eulamellibranches, homogène

du point de vue phylétique, mais dont les caractères sont extrêmement variables ; présence habituelle d'un byssus chez l'adulte (formes sinupalliées), empreintes musculaires de même taille (formes isomyaires : *Arcida*) ou non (formes anisomyaires : *Mytilida* et *Pteriida*) ;

= PALÉOHÉTÉRODONTES : ensemble de Bivalves filibranches et eulamellibranches réunissant trois ordres *(Modiomorphida, Unionida, Trigoniida)* et caractérisé par une charnière à deux dents (dites cardinales) placées sous le crochet ; coquilles équivalves ou non ;

= HÉTÉRODONTES : vaste ensemble de Bivalves eulamellibranches réunissant trois ordres *(Venerida, Myida* et *Hippuritida)* et caractérisé par une charnière pourvue d'un nombre limité de dents, réparties en cardinales et en latérales ; les dents parfois très robustes mais en nom-

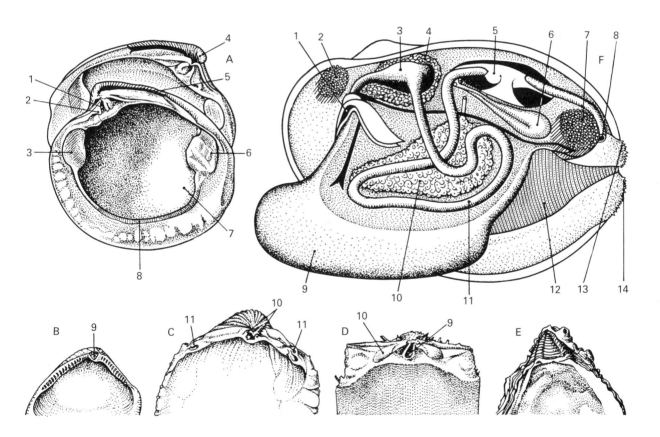

Fig. 9 Mollusques, Bivalves (Lamellibranches).
A – Vue du côté interne d'une coquille du genre *Cyprina.*
B à E – Divers types de charnières : B – taxodonte, C – hétérodonte, D – isodonte, E – dysodonte. 1 – fossette de la charnière, 2 – dent de la charnière, 3 – empreinte musculaire antérieure, 4 – crochet, 5 – ligament, 6 – empreinte musculaire postérieure, 7 – surface intérieure de la coquille, 8 – ligne palléale, 9 – fossette résiliaire, 10 – dent principale (cardinale) de la charnière, 11 – dent latérale de la charnière.
F – Schéma de l'anatomie du bivalve. 1 – bouche, 2 – fixation du muscle antérieur, 3 – estomac, 4 – foie, 5 – coeur, 6 – organe d'excrétion, 7 – fixation du muscle postérieur, 8 – orifice anal, 9 – pied, 10 – ovaires, 11 – intestin, 12 – branchies, 13 – siphon exhalant, 14 – siphon inhalant.

Présentation systématique des organismes fossiles

bre réduit (type pachyodonte des Rudistes) ;

= ANOMALODESMATES : groupe de Bivalves eulamellibranches et septibranches ne comportant qu'un seul ordre *(Pholadomyida)*, caractérisé par une charnière à dents cardinales peu développées et sans dents latérales ; couche interne nacrée ; formes intégripalliées ; chez les formes les plus primitives, ligament associé à des structures particulières (résilium).

– les CÉPHALOPODES (apparus au Cambrien et toujours représentés), mollusques marins nageurs et carnassiers, hautement évolués ; tête bien distincte du reste du corps, pourvue de deux gros yeux, de mâchoires cornées formant un bec à deux mandibules (pièces fossiles appelées rhyncholites) et d'une radula avec des glandes salivaires au produit souvent venimeux ; le pied musculeux constitue d'une part les bras, entourant la bouche (ils sont au nombre de huit ou dix et portent des ventouses, parfois garnies de dents ou de crochets cornés, servant à la capture des proies, à l'accouplement, voire à la reptation) ; d'autre part d'entonnoir, par lequel l'eau de la cavité palléale est éjectée, ce qui permet à l'animal de nager à reculons ; une glande spéciale (la poche à encre) fabrique un liquide noir (la sépia) dont quelques gouttes suffisent à troubler l'eau ; les branchies plumeuses sont enfermées dans une cavité sur laquelle est adossée la masse viscérale ; le cerveau est abrité dans un crâne cartilagineux très solide ; à l'exception des pieuvres, les céphalopodes ont en général une coquille univalve, externe comme chez le nautile ou interne comme chez la seiche, toujours cloisonnée (différence avec celle des gastéropodes) : c'est le phragmocône ; chez le nautile, l'animal se tient dans la loge d'habitation qui fait suite à la dernière cloison ; celle-ci est percée par un tube qui, traversant aussi toutes les autres cloisons, sert au passage du siphon, prolongement postérieur du manteau ; la classification des zoologues repose sur le nombre des branchies (quatre ou deux), celle des paléontologues sur les caractères de la coquille, entre autre la forme des cloisons ; la trace de ces cloisons (ou ligne de suture) sur le cône de la coquille va de l'arc de cercle tout simple (bordure d'une cloison en verre de montre) à la suture dite « persillée » (bordure rappelant la forme des feuilles de persil), en passant par des lignes sinueuses dont les ondulations (selles et lobes) témoignent de cloisons « en tôle ondulée ». Trois groupes principaux sont retenus :

= NAUTILOÏDES : phragmocône très développé, droit (orthocône), arqué (cyrtocône) ou enroulé (gyrocône et nautilocône) ; la taille varie de quelques millimètres à plus de quatre mètres ; siphon de position variable (marginal ou presque central) ; cloisons généralement aussi simples que chez le nautile (en verre de montre, concavité tournée vers l'ouverture) ; premiers Nautiloïdes apparus dès le Cambrien, apogée du groupe au Primaire et survivance de cinq espèces du seul genre *Nautilus* dans les océans Pacifique et Indien (forme tétrabranchiale) ;

= AMMONOÏDES : toutes formes nageuses et prédatrices comme les nautiloïdes ; coquille univalve cloisonnée et spiralée, enroulée dans un plan ou en hélice (à la manière des cornes d'Ammon, divinité égyptienne parfois représentée sous forme d'un bélier), ou bien imparfaitement enroulée, partiellement arquée ou droite ou tire-bouchonnée ; taille variant de quelques millimètres à plus de deux mètres de diamètre ; siphon marginal, sur le bord externe (ventral) de la coquille, sauf chez les clyménies (bord interne, dorsal) ; ligne suturale plus ou moins complexe ; couverture simple ou dotée d'appendices formant des oreillettes ; loge d'habitation pourvue dans certains cas d'une ou deux pièces calcaires (les aptychus), semblables à des valves de lamellibranches et ayant probablement joué le rôle d'opercules ; plus de 10 000 espèces, toutes fossiles, réparties entre le Dévonien et le Crétacé ; grand intérêt pour les stratigraphes, en raison de la brève durée de vie et de la grande extension spatiale des formes (nombreuses biozones fondées sur des ammonoïdes) ; parties molles non connues (formes di- ou tétrabranchiales ?) ; quatre grands groupes :

– les CLYMÉNIES (Dévonien supérieur exclusivement) : formes toujours enroulées à suture simple de type goniatitique ;

– les GONIATITES (Dévonien à Permien) : formes généralement globuleuses à ornementation discrète et suture simple (lobes et selles sans incisures) ;

– les CÉRATITES (Permien et Trias) : coquilles robustes à ornementation variée et suture partiellement compliquée (lobes avec incisures) ;

– les AMMONITES (Trias à Crétacé supérieur) : coquilles à ornementation très variable et à suture complexe (selles et lobes persillés) ;

= COLÉOÏDES : céphalopodes dibranchiaux très répandus dans les mers actuelles (calmars,

Présentation systématique des organismes fossiles

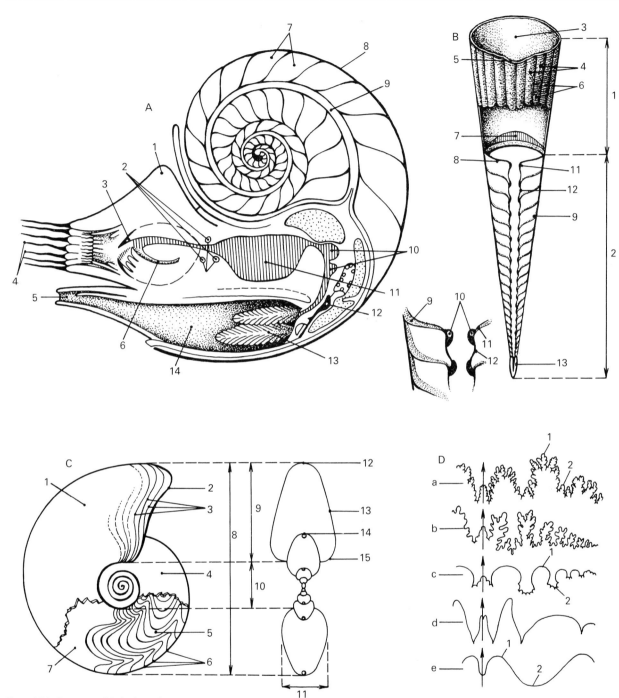

Fig. 10 Mollusques, Céphalopodes.

A – Coupe longitudinale d'un nautile actuel. 1. capuchon, 2. ganglions, 3. mâchoire, 4. tentacules, 5. hyponome, 6. radula, 7. chambres, 8. paroi externe de la coquille, 9. siphon, 10. intestin, 11. estomac, 12. coeur, 13. branchies, 14. cavité branchiale.

B – Morphologie de la coquille d'un céphalopode nautiloïde. 1 – chambre d'habitation, 2 – phragmocône, 3 – ouverture de la coquille, 4 – côtes longitudinales, 5 – sinus de l'hyponome, 6 – stries d'accroissement, 7 – empreinte musculaire, 8 – septum, 9 – dépôts calcaires à l'intérieur de la loge, 10 – dépôt annulaires à l'intérieur du siphon, 11 – courbure siphonale, 12 – anneau connectif, 13 – protoconque.

C – Schéma de la coquille d'une ammonite vue de côté et en coupe transversale. 1 – coquille au-dessus de la chambre d'habitation, 2 – ouverture, 3 – stries d'accroissement, 4 – coquille au-dessus du phragmocône, 5 – phragmocône, 6 – sutures, 7 – noyau (moulage minéral de la coquille), 8 – diamètre de la coquille, 9 – hauteur du tour, 10 – dimension de l'ombilic, 11 – largeur du tour, 12 – côté externe (ventral) du tour, 13 – flancs, 14 – siphon, 15 – bord de l'ombilic.

D – Divers types de suture chez les Ammonoïdes. a – suture d'ammonite, b – suture de phyllocératite, c – suture de cératite, d – suture de goniatite, e – suture d'agoniatite ; 1. selle, 2. lobe (La flèche située au milieu de la face ventrale pointe vers l'ouverture de la coquille).

Présentation systématique des organismes fossiles

poulpes, seiches), déjà bien représentés au Carbonifère et abondants au cours du Secondaire (bélemnites) ; coquille interne très réduite, d'aspect très variable, voire totalement atrophiée ; la coquille des bélemnites comporte trois parties : le rostre (généralement en forme de cigare allongé), le phragmocône (c'est-à-dire la coquille proprement dite, en forme de cône légèrement arqué, cloisonnée par des septes concaves vers l'avant) et le proostracum (partie externe très délicate rarement conservée) ; les bélemnites étaient des prédateurs vivant probablement en essaims ; biozones nombreuses établies pour le Crétacé.

■ ARTHROPODES (Précambrien – Actuel)

Les arthropodes sont des invertébrés à symétrie bilatérale dont le corps est composé d'anneaux ou articles à tégument chitineux et portant des organes eux-mêmes articulés ; leur développement implique des mues (la cuticule chitineuse est abandonnée en cours de croissance et remplacée par une enveloppe plus grande) et souvent des métamorphoses ; le corps d'un adulte présente en général trois régions : la tête, le thorax et l'abdomen. Typiquement, chacun des anneaux porte une paire d'appendices ; chez les espèces les plus élevées en organisation, les appendices voisins de la bouche sont modifiés et servent à la préhension et à la mastication des aliments.

La tête, dans laquelle est logé le cerveau, porte les organes des sens et les pièces buccales ; les appendices céphaliques sont les antennes (sauf chez les arachnides) et les organes masticateurs. Le thorax est constitué par un nombre variable de segments et les membres qu'il porte sont essentiellement locomoteurs. Dans certains groupes (crustacés, arachnides), tête et thorax ne forment qu'un seul bloc : le céphalothorax. L'abdomen enfin est dépourvu d'appendices chez certains arthropodes (insectes, arachnides) mais il en est pourvu chez d'autres (crustacés), qui possèdent ainsi des pattes locomotrices, natatoires, ovigères ou copulatrices.

Le système musculaire possède des fibres striées. Le système nerveux se compose presque toujours d'un cerveau, d'un collier oesophagien, d'un ganglion sous-oesophagien et d'une chaîne ganglionnaire ventrale. L'appareil circulatoire présente le plus souvent un seul vaisseau dorsal dans lequel circule, d'arrière en avant, un sang incolore ; le système vasculaire, ouvert, présente toujours des lacunes. L'appareil respiratoire présente des branchies, des trachées, voire des poumons (scorpions, araignées). L'appareil reproducteur présente en général des sexes séparés. Le système sensoriel comporte des yeux simples rappelant ceux des annélides (ocelles) et des yeux composés à facettes (caractère propre aux seuls arthropodes), ainsi que des organes auditifs, gustatifs et tactiles localisés sur certains appendices (antennes et palpes).

La chitine, dont est constitué le tégument des arthropodes, a une épaisseur variable selon les endroits du corps ; elle est mince et souple au niveau des articulations ; dans certains groupes (crustacés), elle se charge de sels calcaires.

Les arthropodes ont colonisé tous les milieux de vie. Leur évolution est essentiellement d'ordre mécanique : la rigidité de leur corps a ouvert au groupe des possibilités mécaniques nouvelles grâce à sa solidité, à sa légèreté et à la perfection de ses articulations : le saut de la puce ou le vol de l'abeille sont certainement parmi les plus spectaculaires réussites du monde vivant. Les arthropodes comportent à eux seuls plus d'espèces que tous les autres embranchements réunis. Ils sont apparus très tôt : on trouve leurs encêtres (*Parvancorina* et *Praecambridium*) dans la faune d'Ediacara (Précambrien). Les arthropodes ont cependant une importance géologique modeste, à l'exception des trilobites et des ostracodes, qui sont de bons fossiles stratigraphiques.

L'embranchement des Arthropodes est divisé en deux grands ensembles : Proarthropodes à caractères primitifs (Trilobitomorphes) et Euarthropodes plus évolués (Chélicérates et Antennates).

– TRILOBITOMORPHES : Proarthropodes aquatiques de l'ère primaire à antennes préorales non divisées et appendices biramés sur le reste du corps. Deux groupes inégalement représentés : les Trilobitoïdes et les Trilobites.

+ TRILOBITOÏDES : Proarthropodes très primitifs n'ayant laissé que d'assez rares représentants fossiles, répartis en trois sous-classes ;

+ TRILOBITES : Proarthropodes dont le nom rappelle la division du corps en trois parties, aussi bien dans le sens transversal, avec la tête (ou céphalon), le thorax et le pygidium, que dans le sens longitudinal, avec un lobe médian (rachis) et deux lobes latéraux (portant les appendices). Céphalon pourvu d'une protubérance médiane non segmentée (la glabelle) et flanquée de deux lobes latéraux (les joues), qui portent en général

Présentation systématique des organismes fossiles

Fig. 11 Arthropodes, Trilobites.
A – Reconstitution d'un trilobite du Cambrien de l'espèce *Triarthrus eatoni*.
B – Structure de membre biramé. 1 – hanche, 2 – exopodite, 3 – télépodite.
C – Morphologie de la carapace de l'espèce *Paradoxides gracilis* en vue dorsale. D – Bouclier céphalique, face ventrale. 1 – bouclier céphalique (céphalon), 2 – thorax, 3 – pygidium, 4 – bordure céphalique, 5 – glabelle, 6 – suture jugale, 7 – joue mobile, 8 – oeil, 9 – lobe palpébral, 10 – joue fixe, 11 – segment occipital, 12 – sillon glabellaire, 13 – pointe génale, 14 – sillon axial, 15 – segment axial, 16 – plèvre, 17 – rostre, 18 – hypostome, 19 – doublure du céphalon.

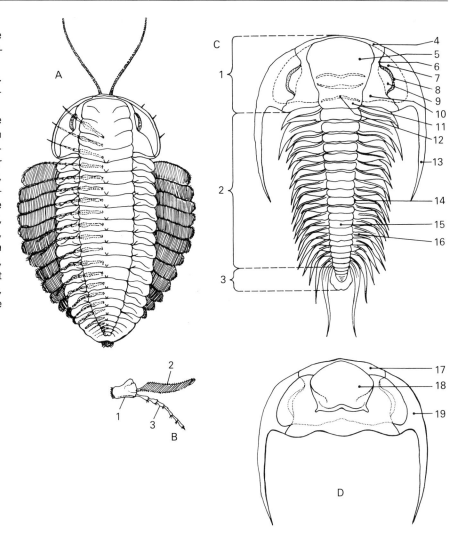

une paire d'yeux composés ; angles latéraux et postérieurs des joues génales). Thorax formé d'un nombre variable de segments articulés (de 2 à 44 selon les genres), chaque segment comportant un anneau médian et deux plèvres latérales ; chaque segment possède typiquement une paire d'appendices ventraux ; on reconnaît des antennes et des appendices biramés servant à la locomotion et à la respiration. Pygidium formé de segments soudés entre eux. Généralement, seule la carapace dorsale, plus résistante, a été conservée. Les trilobites avaient la faculté de s'enrouler ventralement, position de protection de la face ventrale, plus fragile. Reproduction sexuée, passant par un stade larvaire planctonique. La classe des Trilobites comporte plus de 150 familles. Apparus au Cambrien, ils ont surtout prospéré pendant l'Ordovicien et le Silurien, pour décliner au Dévonien et au Carbonifère, avant de s'étein-

dre au Permien. On a reconnu l'existence de provinces fauniques bien individualisées, qui résulteraient, surtout pour le début du Primaire, de l'influence de certains facteurs tels que l'étendue des mers, leur profondeur, leur température, qui auraient freiné la migration de ces animaux vivant en étroite relation avec le fond (mode de vie benthique). La classification des Trilobites est encore très discutée.

– CHÉLICÉRATES : Euarthropodes pourvus d'une seule paire d'appendices préoraux en forme de pinces (les chélicères) ; et d'une deuxième paire d'appendices postoraux (les pédipalpes) ; la région antérieure du corps (prosoma) n'a pas d'équivalent chez les autres arthropodes. Le céphalothorax comprend six articles et l'abdomen douze. Principales classes : les Mérostomes et les Arachnides.

+ MÉROSTOMES : Chélicérates aquatiques

Présentation systématique des organismes fossiles

à respiration branchiale dont le corps présente une partie antérieure (le prosoma) qui porte les chélicères et les pattes ambulatoires, et une partie postérieure (l'opisthosoma) porteur de cinq ou six paires d'appendices lamelleux. La classe des Mérostomes est divisée en deux sous-classes :
— les Xiphosures (Cambrien — Actuel), encore représentés par quelques espèces marines de l'Ouest atlantique et de l'Ouest pacifique (dont la limule, déjà connue à l'état fossile) ;
— les Euryptérides ou Gigantostracés (Ordovicien — Permien), essentiellement lacustres ;
+ ARACHNIDES : Euarthropodes actuellement terrestres, sans antennes ni mandibules, formant une classe riche de plus de 50 000 espèces, parmi lesquelles les araignées, les scorpions, les acariens, etc. Les premiers scorpions fossiles dateraient du Silurien (couches marines de l'île de Gotland et en Écosse).
— ANTENNATES : Euarthropodes dont la tête porte une ou deux paires d'antennes ; presque tous possèdent des yeux composés ainsi que trois paires de pièces buccales, libres ou soudées par paires : mandibules, maxillules et maxilles (d'où le nom de Mandibulates qui leur est aussi donné). Les principales classes sont les Myriapodes, les Crustacés et les Insectes.
+ MYRIAPODES (Carbonifère — Actuel) : Antennates terrestres présentant de nombreux segments et de nombreuses paires de pattes (iules, scolopendres, etc. = « mille-pattes »). Restes fossiles abondants dans les couches houillères.
+ CRUSTACÉS (Cambrien — Actuel) : Antennates comportant une tête et un thorax, parfois fusionnés en un céphalothorax ; la tête porte une

paire d'yeux composés, deux paires d'antennes, une paire de mandibules, deux paires de maxilles ; les segments thoraciques, en nombre variable selon les groupes, sont dotés chacun d'une paire d'appendices qui peuvent être différenciés en organes masticateurs, en pinces ou bien en pattes marcheuses ou natatoires ; corps souvent protégé en tout ou partie par une carapace univalve ou bivalve ; les téguments, chitineux, peuvent être imprégnés de calcaire ; la respiration se fait par des branchies ou au travers des téguments ; les sexes sont en général séparés, mais certains crustacés sont exclusivement hermaphrodites. Essentiellement aquatiques et mobiles, les crustacés peuvent aussi être terrestres et fixés, voire parasites, ce qui entraîne de profondes modifications dans leur aspect. Leur classification comporte plusieurs sous-classes d'inégale importance, parmi lesquelles :
— les Branchiopodes (Dévonien — Actuel), petits crustacés aux pattes aplaties et lobées ;
— les OSTRACODES (Cambrien — Actuel), petits crustacés (leur taille varie de 1 à 10 mm) au corps indistinctement segmenté, recouvert par une carapace bivalve chitineuse parfois calcifiée (le mot ostracode vient du grec *ostrakon* = coquille) et portant au plus quatre paires de pattes bien développées ; antennules et antennes, de grande dimension, servent à la locomotion ; présents dans tous les milieux aquatiques, et capables de résister à de longues périodes de dessiccation. Ce sont de bons fossiles stratigraphiques ;
— les Cirripèdes (Crétacé — Actuel), crustacés fixés à l'état adulte, dont le corps est enfermé dans une carapace renforcée par des plaques rigides : leur nom a été choisi en raison de la présence de

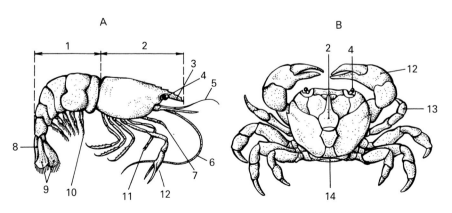

Fig. 12 Arthropodes, Crustacés. Terminologie morphologique fondamentale des décapodes.
A — Écrevisse, B — Crabe. 1 — abdomen, 2 — céphalothorax, 3 — rostre, 4 — oeil, 5 — antennule, 6 — antenne, 7 — maxillipèdes, 8 — telson, 9 — membres du sixième article de l'abdomen (uropodes), 10 — première paire des membres du céphalothorax (péréiopodes), 12 — pince, 13 — première paire des membres locomoteurs, 14 — partie proximale de l'abdomen.

six paires d'appendices multiarticulés, les cirres ; à cette sous-classe appartiennent les balanes ;
– les Malacostracés (Dévonien – Actuel), crustacés évolués, généralement de grande taile, possédant huit segments thoraciques et six ou plus rarement sept segments abdominaux ; cette sous-classe inclut les crabes et crevettes dont on connaît de nombreux représentants fossiles. ;.

+ INSECTES (Dévonien – Actuel) : Antennates dont le corps est enveloppé dans un tégument souple de chitine et la tête séparée du reste du corps par un étranglement (*insectum* signifie divisé en parties) ; tête formée de six segments coalescents et pourvue d'une seule paire d'antennes, d'yeux à facettes, de trois ocelles et de trois paires de pièces buccales (mandibules, mâchoires et lèvre inférieure) ; thorax composé de trois anneaux portant chacun une paire de pattes (d'où l'ancien nom d'hexapodes donné aux insectes) et, pour les deux derniers, une paire d'ailes chez la plupart des adultes, caractères singuliers dans le monde des invertébrés ; abdomen formé de onze segments et renfermant les viscères ; respiration à l'aide de trachées (insectes et myriapodes constituent un ensemble appelé pour cette raison trachéates). Taille généralement réduite, de moins de 0,5 mm (moucherons) à quelques centimètres ; des sauterelles et des phalènes actuelles atteignent cependant 30 cm, et une libellule géante du Carbonifère (trouvée dans le Massif central), mesurait 70 cm d'envergure. Fossiles peu fréquents mais souvent bien conservés dans des couches continentales depuis le Dévonien ; nombreux groupes actuels déjà connus dans des sédiments lacustres ou lagunaires du Carbonifère ; cependant, les sauterelles, les papillons et les guêpes ne sont apparus qu'au Jurassique, termites et fourmis au Tertiaire.

■ ÉCHINODERMES (Cambrien – Actuel)

Echinodermes : littéralement, animaux dont la peau est hérissée (*ekhinos* = hérisson et *derma* = peau). Ce sont des invertébrés exclusivement marins à symétrie pentamère (c'est-à-dire d'ordre 5), distincte ou masquée, à laquelle peut se superposer une symétrie bilatérale ; organisation du corps très compliquée : sous une peau extrêmement sensible, tous les échinodermes portent des pièces calcaires, petites et isolées (nodules, spicules), ou plus importantes et soudées en un réseau, ou encore formant des plaques solides repliées les unes sur les autres et constituant une carapace (ou test), perforée de petits trous livrant passage à divers organes ; sexes en général séparés, larves planctoniques compliquées à symétrie bilatérale ; locomotion assurée par des organes cylindriques érectiles (les podia) qui se gonflent par l'introduction d'un liquide sanguin sous pression variable ; un système aquifère est en relation à la fois avec le réseau de vaisseaux sanguins, avec un organe excréteur et avec le milieu marin externe. Intérieur du corps occupé par une cavité de taille variable selon les groupes (très grande chez les oursins, réduite chez les encrines), remplie de liquide dans lequel baignent les organes ; système nerveux composé d'un anneau central autour de la bouche et en liaison directe avec la peau ; il en part cinq nerfs. Deux grandes tendances quant au mode de vie : fixé (tendance pelmatozoaire) ou libre (éleuthérozoaire), ayant conduit à la distinction de deux sous-embranchements.

– PELMATOZOAIRES (de *pelma, pelmatos* = plante des pieds, extrémité), comprenant au moins cinq classes, exclusivement fossiles sauf pour l'une d'entre elles, réparties en deux superclasses :

= les HOMALOZOAIRES, à symétrie bilatérale :

+ CARPOÏDES (Cambrien – Dévonien), petits pelmatozoaires très particuliers, aplatis, possédant un anus bien visible mais une bouche non apparente, souvent interne, et deux prolongements thécaux devenus soit un pédoncule soit un bras. Evolution explosive mais sans lendemain de cet ensemble ayant laissé des fossiles principalement en Europe occidentale. On distingue :
– les Homostélés, avec les *Cincta* du Cambrien moyen, dont la thèque discoïde devait flotter à plat dans l'eau et le pédoncule pendre librement ou être retenu dans la vase du fond ;
– les Stylophores, avec les *Cornuta* très dissymétriques pourvus de plusieurs ouvertures devant remplacer la bouche ;
– les Homoiostélés, à thèque assez souple ;

= les CRINOZOAIRES, tendant vers une symétrie pentaradiée :

+ ÉDRIOASTÉROÏDES (Cambrien – Carbonifère), formes pentaradiées dont l'anus se trouvait sur la face orale et dont la base aplatie se fixait sur un support (très souvent une coquille de brachiopode). Petite classe apparue dès le Cambrien inférieur (Terre-Neuve) et dont dériveraient les autres formes, en particulier les cystoïdes et les astéries ;

Présentation systématique des organismes fossiles

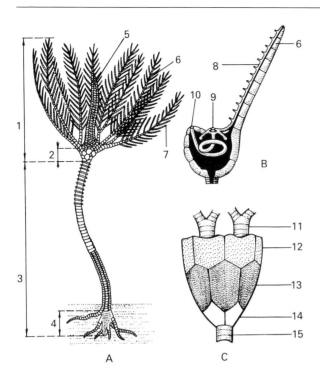

Fig. 13 Échinodermes, Crinoïdes.
A – Schéma structural d'un crinoïde.
B – Coupe schématique du calice et d'un bras.
C – Calice dicyclique avec la base des bras et trois articles du pédoncule. 1 – couronne, 2 – calice, 3 – pédoncule, 4 – partie radiculaire, 5 – partie anale du tube digestif prolongé en pyramide anale, 6 – bras, 7 – pinnule, 8 – sillon ambulacraire, 9 – orifice buccal, 10 – orifice d'excrétion, 11 – plaques brachiales, 12 – plaques radiales, 13 – plaques basales, 14 – plaques infrabasales, 15 – article du pédoncule.

+ CYSTOÏDES (Ordovicien – Permien), à calice subsphérique ou aplati, formé de plaques calcaires pentagonales plus ou moins régulièrement disposées, percées de pores groupés par couples (d'où le nom de Diploporites donné à certains Cystoïdes) sur des zones losangiques (les rhombes, de *rhombos* = toupie, losange, d'où le nom de Rhombifères encore donné au groupe), et habituellement pourvus d'une tige mais dépourvus de bras. Surtout nombreux au Silurien ;

+ BLASTOÏDES (Ordovicien – Permien), dont le squelette comporte un calice régulier en forme de bouton de fleur (*blastos* = bourgeon et *eidos* = forme), à symétrie pentaradiée et d'où partent des bras et une courte tige servant à la fixation ;

+ ÉOCRINOÏDES (Cambrien – Ordovicien), avec une thèque en forme de sac arrondi, dont les plaques sont ajourées par des canaux ou de grands pores, et pourvue d'une prolongement pédonculaire et de touffes de petits bras ;

+ CRINOÏDES (Cambrien – Actuel), formes généralement pentaradiées, à long pédoncule bien distinct de la thèque, formée d'un calice contenant le tube digestif en U et surmonté par des bras plus ou moins souples et nombreux ; bouche et sillons ambulacraires sont protégés par un revêtement (tegmen) ; plus de 5000 espèces fossiles sont répertoriées ; grandes variétés de formes réparties au sein de quatre sous-classes :

– les INADUNATES, à petite capsule dorsale, symétrie souvent irrégulière ; chaque plaque est soudée aux autres et concourt à former une thèque rigide ; tegmen souvent présent, formé de plaques très petites ; bras simples ou ramifiés, toujours libres, au nombre de 3,5 ou davantage ; plus de 300 genres, répartis entre l'Ordovicien et le Permien (une seule famille atteint le Trias) ;

– les FLEXIBLES, caractérisés par deux cycles de plaques basales ; plaques calicinales non soudées, d'où une certaine souplesse de la thèque ; répartition : Ordovicien – Permien ;

– les CAMÉRATES, à plaques calicinaires rigides, formant un revêtement rigide autour du corps ; tegmen présent ; bras uni- ou bisériés, plusieurs fois ramifiés, portant des pinnules ; 140 genres, de l'Ordovicien au Permien ;

– les ARTICULÉS, crinoïdes post-paléozoïques dont le calice comporte plusieurs cycles de plaques (infrabasales, basales, radiales et brachiales) ; bras munis de pinnules ; longue tige formée d'articles cylindriques de diamètres inégaux ou d'articles à section pentagonale ou étoilée.

– ÉLEUTHÉROZOAIRES (de *eleutheros* = libre), ensemble de cinq classes renfermant la plupart des échinodermes actuels, réparties dans deux super-classes :

= les ASTÉROZOAIRES à corps aplati en forme d'étoile, aux bras bien développés mais en général non ramifiés ; une classe :

+ STELLÉROÏDES : classe réunissant les Somastéroïdes de l'Ordovicien, à l'origine des deux principales sous-classe :

– les ASTÉROÏDES (étoiles de mer), aux bras de souplesse médiocre, larges à la base, presque toujours au nombre de 5 (plus de 200 genres).

– les OPHIUROÏDES (ophiures), aux bras grêles et souples, totalement indépendants et composés de petits ossicules calcaires (« vertèbres ») ; grande efficacité prédatrice.

Présentation systématique des organismes fossiles

= les ÉCHINOZOAIRES, à thèque sphérique dépourvue de bras ; sept classes, parmi lesquelles :

+ HOLOTHUROÏDES : classe d'échinodermes au tégument relativement mou (nodules et spicules calcaires sont dispersés dans la peau) et dont la symétrie bilatérale masque souvent la pentamérie ; peu d'intérêt en paléontologie ;

+ ÉCHINOÏDES (OURSINS) : très importante classe caractérisée par un test calcaires originellement sphérique (thèque), formé de plaquettes juxtaposées plus ou moins soudées ; grand polymorphisme de la thèque (sphérique, hémisphérique, conique ou discoïde), couverte par des productions squelettiques elles-mêmes très polymorphes, les radioles (piquants, bâtonnets, massues, feuilles, soies, etc.) ; plaques nombreuses et désordonnées au cours de l'évolution, jusqu'à

former deux ensembles alternants de fuseaux méridiens de deux colonnes de plaques chacun : cinq fuseaux ou aires ambulacraires et cinq fuseaux ou aires interambulacraires ; sur les premiers, les plaques sont percées de petits trous (pores) livrant passage à des expansions érectiles du système aquifère (podia) ; sur les autres, les plaques moins nombreuses mais de plus grande taille sont ornées de tubercules servant à l'insertion des radioles ; au pôle supérieur, où débouche normalement l'anus (au centre d'une membrane dite périproctale), les dix fuseaux se terminent par un double cycle de plaques formant une rosette (appareil apical) : cinq petites plaques en bout des ambulacraires, percées d'un minuscule orifice où débouche un filet nerveux (plaques neurales), et cinq plaques plus grandes en bout des interambu-

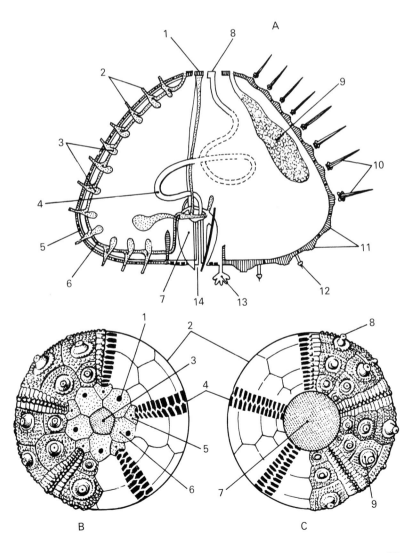

Fig. 14 Échinodermes, Échinoïdes (Oursins).

A – Coupe schématique d'un oursin. 1 – plaque madréporique, 2 – podia, 3 – ampoules, 4 – intestin, 5 – thèque, 6 – vaisseaux ambulacraires (aquifères), 7 – lanterne d'Aristote (appareil masticateur), 8 – anus, 9 – organes sexuels (gonades), 10 – radioles (piquants), 11 – tubercules, 12 – pédicellaire, 13 – branchies, 14 – bouche.

Les principaux éléments morphologiques du test.

B – Face dorsale (aborale).

C – Face ventrale (orale). 1 – plaque madréporique, 2 – aire interambulacraire, 3 – périprocte, 4 – aire ambulacraire, 5 – plaques neurales, 6 – plaques génitales, 7 – péristome, 8 – tubercule (premier rang) pour fixation d'un radiole, 9 – aréole d'un tubercule.

43

Présentation systématique des organismes fossiles

lacraires, percées par un pore plus grand (plaques génitales) ; l'une des plaques génitales, modifiée, constitue la plaque madréporique, véritable filtre permettant à l'eau de mer de pénétrer dans le système aquifère ; au pôle inférieur, un orifice est obturé par une membrane, dite péristomiale, dans laquelle s'ouvre la bouche ; chez certaines formes, les plaques circonscrivant cet orifice portent des arceaux squelettiques (la ceinture pérignathique) servant à l'insertion des dents d'un appareil masticateur (lanterne d'Aristote) ; au cours de l'évolution, de nombreuses modifications ont affecté cette organisation fondamentale des oursins : en particulier, la migration de l'anus sur le parcours du méridien postérieur (accompagnée par une désorganisation de l'appareil apical et par le masquage de la symétrie penradiée au profit d'une symétrie bilatérale), et le déplacement consécutif de la bouche sur la face inférieure, vers l'avant.

Depuis le début du XIXe siècle, de nombreuses classifications ont été proposées pour les oursins, parmi lesquelles celles de Munier-Chalmas (1895), Haeckel (1896), Lambert et Thiéry (1909–1925), Mortensen (1951). On a pu distinguer, d'après la forme générale de la thèque, les réguliers (thèque à contour circulaire en vue apicale) et les irréguliers ou bilatéraux (thèque allongée dans le sens antéropostérieur) ; d'après la position de l'anus, les endocycles (anus dans l'appareil apical) et les exocycles (anus ayant migré hors de l'appareil apical) ; selon la présence ou l'absence d'un appareil masticateur, les oursins gnathostomes qui en sont pourvus et les atélostomes chez lesquels les dents ont régressé jusqu'à disparaître ; d'après les caractéristiques de cet apppareil masticateur, les aulodontes (à dents excavées en gouttière), les stirodontes (à dents carénées, épiphyses soudées) ; ou encore, d'après la forme de l'ouverture péristomiale, les holostomes (circonférences régulière) et les glyphostomes (présence d'incisures). La classification retenue dans le traité international (Moore, 1966) distingue deux sous-classes : les Périschoéchinoïdes, apparus à l'Ordovicien et disparus au Permien, dont dépendent toutefois les Cidaroïdes, nés au Carbonifère, encore représentés dans les mers actuelles et dont dérivent tous les autres oursins formant la sous-classe des Euéchinoïdes, ensemble d'oursins évolués ayant débuté au Trias. Une vingtaine d'ordres dont les Saléniides, les Hémicidarides, les Échinides, les Clypé-

astérides, les Holastérides et les Spatangides.

■ STOMOCORDÉS (Cambrien – Actuel)
Groupe d'invertébrés marins dont le corps est subdivisé en trois segments coelomiques (prosome, mésosome et métasome) et présentant un certain nombre de caractères communs : en particulier un pharynx percé de fentes branchiales et un système nerveux dorsal possédant dans le prosome une stomocorde, c'est-à-dire un cul-de-sac pharyngien à structure vacuolaire qui n'est pas l'homologue de la corde dorsale des vertébrés. La division du corps en trois parties pourvues chacune de cavités coelomiques et la forme larvaire conduisent à un rapprochement des stomocordés avec les échinodermes et les pogonophores tandis que les perforations pharyngiennes justifient un rapprochement avec les cordés. L'embranchement des Stomocordés (encore appelés Hémicordés) comporte trois classes : les Entéropneustes actuels (trois genres, dont *Balanoglossus*), les Ptérobranches fossiles (apparus à l'Ordovicien) et actuels (*Cephalodiscus* et *Rhabdopleura*) et surtout les Graptolites fossiles (exclusivement paléozoïques).

+ GRAPTOLITES (Cambrien – Carbonifère), minuscules animaux marins (zooïdes) non conservés mais connus sous forme d'élégantes empreintes laissées dans les sédiments par leurs colonies (graptolite : de *graptos* = gravé et *lithos* = pierre). Colonies stolonifères plus ou moins rameuses dont le squelette péridermique est constitué par une scléroprotéine : d'où une parenté autrefois envisagée avec les Hydrozoaires et les Bryozoaires, mais aujourd'hui totalement exclue ; par contre, la constitution des tubes sécrétés sous forme de demi-anneaux alternants (les fuselli), semblables à ceux des *Rhadopleura* actuels, renforce la liaison avec les ptérobranches. Les tubes zoéciaux (thèques) ont été dès l'origine diversifiés en plusieurs types : autothèques (femelles), bithèques (mâles) et stolothèques (produisant les trois sortes de thèques par bourgeonnement), mais toutes sont devenues semblables dans les groupes les plus récemment apparus (avec transformation des individus femelles en hermaphrodites). La première thèque bourgeonne à partir d'une thèque embryonnaire, la sicule, qui offre une armature particulière (un filament spiral et des filaments longitudinaux). Le stolon est un cordon creux, tubulaire, analogue à celui du ptérobranche actuel *Rhabdopleura* ; il

Présentation systématique des organismes fossiles

Fig. 15 Hémichordés, Graptolites.
A – Détail du squelette (rhabdosome) d'un dendroïde du genre *Dictyonema*.
B – Fragment de colonie du genre *Climacograptus*.
C – Partie proximale d'un rhabdosome de graptolite. 1 – autothèque, 2 – bithèque, 3 – dissépiment, 4 – virgula, 5 – thèque, 6 – zoïde, 7 – orifice de la thèque se prolongeant en épine, 8 – sicula.

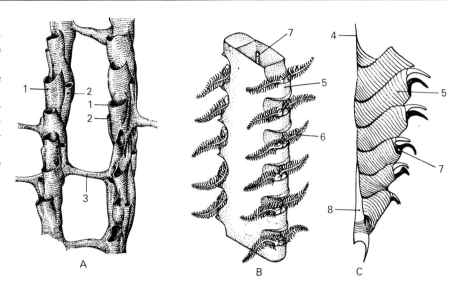

est entouré d'un étui en chitine et il forme, à l'intérieur des stolothèques, un système continu de tubes de 25 à 35 μ de diamètre, à parois très minces ; il produit par bourgeonnement tous les zooïdes. Les colonies (rhabdosomes) sont généralement de forme arbustive (rameuses) et très polymorphes ; il existe des colonies de colonies (synrhabdosomes). La classification actuelle reconnaît six ordres, dont cinq ont un mode de vie benthonique (comme les ptérobranches actuels) ; l'ancrage dans le substratum se faisait soit par des racines, soit par un organe d'adhésion filamenteux ou lamellaire, soit encore encore par la sicule ; un seul ordre pélagique, celui des Graptoloïdes (comparaison faite avec la mer des Sargasses).

– DENDROÏDES (Cambrien – Carbonifère) : rhabdosomes arbustifs, souvent réticulés et anastomosés, généralement fixés au substrat par un pédoncule plus ou moins long ; fuselli bien ordonnés ; pas d'axe chitineux de soutien ; autothèques, bithèques et stolothèques groupées en triades et abritant le stolon noir ; seul genre pélagique : *Dictyonema* qui serait à l'origine des Graptoloïdes.

– TUBOÏDES (Ordovicien – Silurien) : rhabdosome peu organisé composé de fuselli en désordre ; autothèques (élevées au-dessus d'un squelette commun, le coenosquelette ou thécorhize) et bithèques groupées en diades ; pas de stolothèques.

– CRUSTOÏDES (Ordovicien) : présence des trois types de thèques, toutes pourvues de stolons (court pour les autothèques, un peu plus long pour les bithèques, encore plus long pour les stolothèques) ; groupe très proche des ptérobranches.

– CAMAROÏDES (Ordovicien) : rhabdosome pourvu d'un stolon noir ; chaque autothèque se compose d'un sac renflé (camara) et d'un tube (collum) ; fuselli ordonnés ; convergence de forme avec les bryozoaires chéilostomes.

– STOLONOÏDES (Ordovicien) : rhabdosome réduit à des stolons encroûtants, irrégulièrement divisés, et sans tissu fusellaire.

– GRAPTOLOÏDES (Ordovicien – Dévonien) : seul groupe pélagique, caractérisé par un seul type de thèques ; rhabdosome composé de branches non armées chez les Axonolipes (apogée à l'Ordovicien) ; le rhabdosome est formé de deux branches principales divergeant à partir de la sicule ; les loges naissent en s'éloignant de celle-ci et leurs ouvertures restent orientées comme la sienne ; mais d'autres formes possèdent une armature axiale (virgula), constituée par l'accolement de deux branches principales de la colonie : ce sont les Axonophores (Silurien – Dévonien) ; dans ce groupe, les loges naissent en tournant leurs ouvertures dans le sens opposé à celui de la sicula, tout en restant groupées autour de la virgula.

■ VERTÉBRÉS (Cambrien – Actuel)
Animaux pourvus d'une colonne vertébrale. Principaux caractères : symétrie bilatérale, extérieurement parfaite ; peau à épiderme stratifié

45

Présentation systématique des organismes fossiles

riche en organes protecteurs ou phanères (écailles, plumes, poils) et en glandes cutanées ; squelette interne cartilagineux ou osseux dont la pièce maîtresse est une colonne vertébrale abritant la moelle épinière ; développement d'une boîte crânienne protégeant un encéphale différencié en rapport avec des organes sensoriels ; présence de côtes dans la région thoracique ; au maximum deux paires de membres locomoteurs attachés ou non à la colonne vertébrale par des ceintures (épaule et bassin) ; organes respiratoires constitués par des branchies ou des poumons à partir de replis de la cavité pharyngienne du tube digestif ; bouche pourvue (sauf chez les plus primitifs, les agnathes) de deux mâchoires portant des dents ou un bec orné ; sexes toujours séparés.

La classification des Vertébrés a beaucoup évolué depuis le découpage simpliste en poissons, amphibiens, reptiles, oiseaux et mammifères. On oppose actuellement deux sous-embranchements : les Agnathes (dépourvus de mâchoires) et les Gnathostomes.

● AGNATHES (Cambrien ? Ordovicien – Actuel)

Formes fossiles : les OSTRACODERMES, « poissons » du Silurien et du Dévonien dont le corps était protégé par une carapace osseuse solide, le bouclier céphalique. On distingue deux classes :

– les CÉPHALASPIDOMORPHES, avec une seule narine et une région pharyngienne occupant la moitié du corps ; les uns (ANASPIDES) avaient un corps fusiforme et vivaient en eaux saumâtres ; les autres (CÉPHALASPIDES) un corps aplati, avec une cuirasse très lourde ; en dérivent les lamproies actuelles ;

– les PTÉRASPIDOMORPHES, avec l'apparition d'écailles isolées dans le revêtement cutané, premier pas vers la régression du squelette dermique ; en dérivent les myxines.

Certains auteurs en distinguent les THÉLODONTES du Silurien, petits ostracodermes aplatis dépourvus de cuirasse et dont le corps était couvert d'écailles.

Formes plus récentes : les CYCLOSTOMES (lamproies et myxines).

● GNATHOSTOMES (Silurien – Actuel)

Vertébrés possédant deux mâchoires articulées. Deux grands ensembles à valeur de super-classes : les POISSONS (pourvus de nageoires) de les TÉTRAPODES (possédant deux paires de membres porteurs ou locomoteurs.

POISSONS – Vertébrés aquatiques respirant toute leur vie à l'aide de branchies. On peut opposer deux grandes classes : les poissons cartilagineux et les poissons osseux.

– Les CHONDRICHTYENS ont un squelette cartilagineux mais souvent calcifié avec un crâne d'une seule pièce, une corde dorsale persistante, des écailles placoïdes homologues des dents, une bouche ventrale, des branchies en lames (d'où leur autre nom d'ÉLASMOBRANCHES). Deux groupes actuellement d'inégale importance :

+ les SÉLACIENS (requins et raies) ;

+ les HOLOCÉPHALES (chimères).

– Les OSTÉICHTYENS ont un squelette interne ossifié. On les divise en trois sous-classes :

+ les DIPNEUSTES, apparus au Dévonien, capables de respirer l'air grâce à des poumons et comprenant des espèces d'eau douce à répartition géographique discontinue ;

+ les CROSSOPTÉRYGIENS, dont la seule espèce actuellement vivante est le coelacanthe, marin, mais dont les formes fossiles apparues au Dévonien, les RHIPIDISTIENS, sont à l'origine des Tétrapodes terrestres et d'eau douce ;

+ enfin les ACTINOPTÉRYGIENS, à nageoires rayonnées, qui comptent en leur sein trois super-ordres correspondant à trois étapes d'ossification :

= les CHONDROSTÉENS (esturgeons), à squelette peu ossifié et écailles ganoïdes (c'est-à-dire des écussons losangiques formés par la fusion d'écailles primitives) ;

= les HOLOSTÉENS, intermédiaires, très abondants à la fin du Primaire ;

= les TÉLÉOSTÉENS (99 % des poissons osseux), au squelette très ossifié. A signaler la sous-classe des ACANTHODIENS, petits poissons du Primaire (Silurien à Permien), à allure de squales (voisins des Placodermes ?) et au corps couvert de petites écailles osseuses formant une armure complète.

TÉTRAPODES – Vertébrés aériens pourvus de membres locomoteurs (pattes ou ailes).

– Les AMPHIBIENS (ou BATRACIENS), vertébrés tétrapodes, dulcicoles ou terrestres, à respiration branchiale chez les larves (branchies externes puis internes), pulmonaire chez les adultes, cutanée dans les deux cas, à peau riche en glandes muqueuses ou venimeuses, dépourvue de phanères (sauf parfois des écailles dermiques), chez les formes actuelles. Deux sous-classes :

Présentation systématique des organismes fossiles

+ les ASPIDOSPONDYLES, apparus au Dévonien avec *Ichthyostega* et autres STÉGOCÉPHALES (caractérisés par le développement des os dermiques du crâne) et actuellement représentés par les ANOURES (crapauds et grenouilles) ; dès le Carbonifère, les Aspidospondyles ont annoncé les reptiles ;

+les URODÉLOMORPHES, représentés au Carbonifère par des animaux de petite taille, les LÉPIDOSPONDYLES, et ressemblant déjà aux salamandres qui, dans la nature actuelle, appartiennent à la sous-classe des URODÈLES.

– Les REPTILES, vertébrés tétrapodes à température interne variable, adaptés à la vie semi-aquatique et terrestre, avec des poumons complexes, à peau fortement kératinisée recouverte d'écailles épidermiques et dépourvue de glandes cutanées, et dont le ventre demeure proche du sol en raison de l'orientation horizontale de leurs membres. Les reptiles ont fourni un très grand nombre de formes fossiles. Quatre sous-classes :

+ les EURYAPSIDES (une seule paire de fosses temporales en position haute) ; à ce groupe appartiennent les PLACODONTES et les SAUROPTÉRYGIENS NOTHOSAURES du Trias, les SAUROPTÉRYGIENS PLÉSIOSAURES du Jurassique et les ICHTHYOSAURES du Trias au Crétacé;

+ les ANAPSIDES (solide toit crânien, pas de fosses temporales), comme les COTYLAUSAURIENS fossiles (Carbonifère – Trias) et les CHÉLONIENS tels que les tortues ;

+ les SYNAPSIDES (une seule fosse temporale en arrière de l'orbite), avec les THÉROMORPHES (ou PÉLYCOSAURIENS) fossiles (Permien surtout en Amérique du Nord) et les THERAPSIDES également fossiles (Permo-Trias d'Afrique du Sud et de l'Oural), dont dérivent les mammifères ;

+ les DIAPSIDES (deux paires de fosses temporales), avec les LÉPIDOSAURIENS, dont descendent lézards et serpents, et les grands ARCHOSAURIENS, très précocement bipèdes au cours du Secondaire, avec les DINOSAURIENS et les PTÉROSAURIENS, à l'origine des oiseaux et seulement représentés actuellement par les crocodiles.

– Les OISEAUX, vertébrés homéothermes ovipares, couverts d'écailles cornées et de plumes, à respiration pulmonaire, aux mâchoires sans dents revêtues d'un bec corné, et aux membres antérieurs (ailes) adaptés au vol. Deux sous-classes très inégalement représentées :

+ les ARCHAÉORNITHES : oiseaux fossiles du Jurassique comme *Archaeopteryx* et faisant transition entre reptiles et oiseaux,

+ les NÉORNITHES : ensemble de tous les autres oiseaux, divisés en :

= PALÉOGNATHES, avec les os du palais plus ou moins soudés, comme chez les oiseaux fossiles tels que l'*Hesperornis* et les ratites actuels comme l'autruche ;

= NÉOGNATHES, avec le vomer indépendant des autres os du palais, et comprenant l'essentiel des oiseaux actuels.

– Les MAMMIFÈRES, tétrapodes terrestres homéothermes à respiration pulmonaire, ovipares pour les plus primitifs et vivipares pour les autres, caractérisés par la présence de poils et de mamelles (avec trois types de glandes cutanées : sudoripares, sébacées et mammaires), le mode d'articulation de la mandibule et la présence de trois osselets dans l'oreille moyenne.

Les mammifères sont peut-être apparus au Trias ; ils existaient à coup sûr au Jurassique (gisements classiques en Angleterre et aux Etats-Unis dans le Wyoming), avec des herbivores de la taille d'une marmotte (du Jurassique supérieur à l'Eocène, mais sans descendance ultérieure) et de vrais carnivores de la taille d'un chat (connus au Jurassique, mais sans lendemain) ; les mammifères évolués dériveraient de formes du Jurassique du groupe des PANTOTHÉRIENS, auquel appartient le genre *Amphitherium* connu par une mâchoire inférieure. On divise les mammifères en trois sous-classes d'inégale importance :

+ les PROTOTHÉRIENS (ou MONOTRÈMES), avec un cloaque, un bec corné et une reproduction ovipare comme les oiseaux, mais couverts de poils et portant des glandes lactéales comme les mammifères ; ex. : l'ornithorynque ;

+ les MÉTATHÉRIENS (ou MARSUPIAUX), possédant deux utérus et une poche ventrale (marsupium) pour l'incubation de la larve née précocement ; ex. le kangourou ;

+ les EUTHÉRIENS, pourvus d'un utérus impair et d'un placenta et réunissant pratiquement tous les mammifères.

Éléments de détermination pour un classement systématique des animaux pluricellulaires fossiles

1   a – coquille bivalve 2
              b – squelette d'un autre type 6, 14, 22

2 (1a)   a – valves de taille et de forme variables, à lignes d'accroisse-ment concentriques visibles en surface 3, 27
              b – valves de petite taille (de 1 à 3 mm en moyenne), souvent allongées, sans lignes d'accroissement visibles.
                             ARTHROPODES OSTRACODES

3 (2a)   a – valves de plus de 0,5 cm (jusqu'à plusieurs centimètres ou décimètres), calcaires, parfois chitino-phoshatées 4
              b – valves de moins de 5 mm chitineuses, d'aspect « froissé » à l'état fossile . . . . ARTHROPODES PHYLLOPODES

4 (3a)   a – plan de symétrie perpendiculaire au plan de séparation des valves 5
              b – plan de symétrie confondu avec le plan de séparation des valves, mais cas assez fréquents de coquilles dissymétriques. Liaison des valves assurée par une charnière dentée (dents et fossettes sur chacune des valves).
                             MOLLUSQUES BIVALVES

5 (4a)   a – coquille calcaire, liaison des valves assurée par une charnière avec dents sur la grande valve et fossettes sur la petite valve. Valves souvent convexes.
                           BRACHIOPODES ARTICULÉS

              b – coquille calcaire ou chitino-phosphatée, dépourvue de charnière. Valves souvent séparées.
                         BRACHIOPODES INARTICULÉS

6 (1b)   a – squelette complet comportant 3 régions distinctes (anté-rieure, médiane et postérieure). 7
              b – squelette d'un autre type 8

7 (6a)   a – squelette à segmentation apparente (au moins dans la région médiane), également divisé longitudinalement (une région médiane, deux régions latérales).
                           ARTHROPODES TRILOBITES

              b – squelette non divisé longitudinalement, région médiane formée de 3 articles, le second et le troisième portent souvent des ailes. . . . . ARTHROPODES INSECTES

8 (6b)   a — région antérieure formant carapace en une ou deux parties, région médiane de 8 articles puis 6 articles (parfois 7), région postérieure peu développée.

ARTHROPODES MALACOSTRACÉS

b — squelette d'un autre type 9

9 (8b)   a — coquille univalve conique ou presque cylindrique, droite, arquée, spiralée ou imparfaitement enroulée, intérieur cloisonné 10

b — coquille d'un autre type 11

10 (9a)   a — coquille généralement de grande taille (plusieurs cm ou dm), loges reliées entre elles par un siphon . . . . . x — y — z
x — cloisons en verre de montre, concavité face à l'ouverture de la coquille.

MOLLUSQUES CÉPHALOPODES NAUTILOÏDES

y — cloisons ondulées, groupées ou persillées, convexité face à l'ouverture de la coquille.

MOLLUSQUES CÉPHALOPODES AMMONOÏDES

z — pièce calcaire massive, cylindrique, fuselée ou digitée prolongeant la partie cloisonnée (souvent non conservée).

MOLLUSQUES CÉPHALOPODES COLÉOÏDES

b — coquille de très petite taille (quelques mm), loges non reliées par un siphon . . . . .TENTACULITES

11 (9b)   a — coquille droite ou légèrement courbée très effilée . . . 12
b — tube ou coquille conique ou cylindrique, spiralé, pelotonné ou vermiforme 13

12 (11a)   a — coquille légèrement courbée, ouverte aux deux extrémités . . . . MOLLUSQUES SCAPHOPODES

b — coquille droite à section triangulaire ou lenticulaire arrondie, extrémité la plus large fermée par un opercule.

MOLLUSQUES HYOLITHES

13 (11b)   a — coquille normalement spiralée, parfois pelotonnée, cristaux de calcite de la couche externe orientés obliquement à la surface . . . . MOLLUSQUES GASTÉROPODES

b — tube vermiforme ou enroulé dans un seul plan ; cristaux calcitiques de la cloison courbés en arc . . . . .ANNÉLIDES

14 (1b)   a — squelettes de forme très variable (coupe, cône, cylindre, sac, boule, disque, pyramide, etc.) parfois d'aspect spongieux, formes solitaires ou coloniales 15

b — squelette d'un autre type 18

Éléments de détermination pour un classement systématique des animaux pluricellulaires fossiles

15 (14a)   a — surface externe criblée de nombreux pores 16

b — surface externe dépourvue de pores 17

16 (15a)   a — forme très variable (coupe, disque, cylindre, sac, lobé ou non, etc). Aspect spongieux ou réticulé ; squelette formé de spicules microscopiques . . . . PORIFÈRES

b — squelette calcaire de forme conique ou cupulaire formé normalement de 2 parois emboîtées séparées par un intervalle et reliées entre elles par des septums rayonnants.
ARCHÉOCYATHES

17 (15b)   a — squelette phosphaté et corné, généralement en forme de pyramide à 4 faces ; milieu des parois souvent parcouru par une arête ou une strie longitudinale ; ornementation transversale fréquente. CNIDAIRES SCYPHOZOAIRES CONULAIRES

b — squelette calcaire de plans variables (cupule, cylindre, cône, pyramide, disque), présence de septes rayonnants généralement visibles . . . . CNIDAIRES ANTHOZOAIRES

18 (14b)   a — colonies massives de squelettes calcaires présentant de nombreuses lamelles stratifiées.
CNIDAIRES HYDROZOAIRES STROMATOPOROÏDES

b — squelette d'un autre type 19

19 (18b)   a — colonies massives ou ramifiées de squelettes calcaires formés d'éléments ovoïdes, cylindriques ou prismatiques   20

b — squelette d'un autre type 21

20 (19a)   a — colonies polymorphes de loges très tubuleuses ou ovoïdes de petite taille (moins de 0,5 mm) . . . . BRYOZOAIRES

b — colonies polymorphes (massives ou ramifiées) d'éléments calcaires tubuleuses ou coniques de diamètre variable (qq mm à plusieurs cm), jointifs ou non, à septes rayonnants généralement variables . . . . CNIDAIRES ANTHOZOAIRES

21 (19b)   a — colonies calcaires ramifiées ou réticulées très polymorphes (éventail, hélice, entonnoir, disque, croûte) ; à surface constellée de très fins orifices, de forme caractéristique.
BRYOZOAIRES

b — squelette originellement chitineux (calcite lors de la fossilisation), colonies très polymorphes (empreintes simples ou ramifiées, droites, arquées ou spiralées). Axe squelettique dentelé sur l'un ou sur les deux côtés.
HÉMICORDÉS GRAPTOLITES

22 (1b)   a — squelette calcaire formé de nombreuses plaques polygonales ; symétrie rayonnante 23

b – squelette du même type ; symétrie pentaradiée bien marquée, ou masquée par une symétrie bilatérale très apparente 24

23 (22a) a – partie principale du squelette subsphérique conique, piriforme ou aplatie, plaques perforées par des couples de pores reliés entre eux par des canalicules simples et parfois des pores en losange . . . . . ÉCHINODERMES CYSTOÏDES

b – squelette plus ou moins discoïde pourvu de deux prolongements . . . . ÉCHINODERMES CARPOÏDES

24 (22b) a – thèque en forme de calice surmonté par une couronne de bras et fixé par un pédoncule 25
b – thèque dépourvue de pédoncule 26

25 (24a) a – thèque globuleuse peu échancrée pourvue de bras plus ou moins nombreux et flexueux, et d'un long pédoncule de fixation. . . . . ÉCHINODERMES CRINOÏDES

b – thèque profondément échancrée en forme de bouton floral, pourvue d'un court pédoncule fixe.
ÉCHINODERMES BLASTOÏDES

26 (24b) a – squelette étoilé . . . . ÉCHINODERMES STELLÉROÏDES

b – thèque fondamentalement sphérique, mais souvent polygonale (demi-sphère, cône, disque, etc.) formé de plaquettes pentagonales solidement unies, réparties en colonnes formant deux cycles de fuseaux : surface souvent verruqueuse, après disparition d'expansions calcaires polymorphes (piquants, bâtonnets, massues, feuilles, soies).
ÉCHINODERMES ÉCHINOÏDES

27 (3a) a – squelette d'assez grande taille (plusieurs cm), constitué d'un calice et d'un opercule.
CNIDAIRES (certains RUGUEUX)

b – squelette de petite taille (moins de 0,5 cm), constitué d'une muraille et d'un opercule.
ARTHROPODES CRUSTACÉS (certains CIRRIPÈDES)

Collecte, préparation et conservation des fossiles

Le collectionneur à ses débuts se demande d'abord où trouver des fossiles en abondance. La paléontologie est une science biologique mais elle ne s'intéresse qu'à des organismes depuis longtemps disparus et que l'on ne trouve que dans les couches de l'écorce terrestre. Pour pratiquer la paléontologie, il faut avoir non seulement des connaissances en biologie mais aussi certaines notions de géologie : savoir distinguer les divers types de roches, comprendre les phénomènes et structures géologiques les plus courants.

On trouve les fossiles surtout dans les roches sédimentaires qui résultent du dépôt d'éléments minéraux ou de fragments de roches transportés par les eaux, le vent, etc. Les animaux et les plantes, les processus chimiques concourent dans une mesure importante et souvent décisive à leur formation. Toutes les roches sédimentaires n'offrent pas les mêmes possibilités de conservation de fossiles. Les sédiments grossiers, par exemple, n'en renferment généralement pas. De nombreuses roches poreuses, par suite des processus d'altération, ont été décalcifiées et les conditions de conservation des fossiles sont devenues défavorables. On trouve également des fossiles mal conservés dans les roches métamorphiques, les fossiles ayant été modifiés par la chaleur ou par la pression, par suite du contact avec des roches éruptives et leur enfouissement à de grandes profondeurs. Leur structure et leur composition minérale ou chimique ont été transformées. On ne trouve que très exceptionnellement des fossiles dans les roches éruptives, des cendres volcaniques par exemple (« tufs »). Les roches fossilifères les plus courantes sont les calcaires, les schistes, les argiles, les marnes, les grès, les loess, l'argile des cavernes. Les fossiles sont beaucoup plus abondants dans les sédiments d'origine marine que dans les dépôts continentaux.

Le collectionneur qui sait distinguer les différents types de roches utilisera une carte géologique détaillée. Elle lui permettra de se faire une idée d'ensemble sur la composition géologique d'une contrée, de prévoir les endroits intéressants ou ceux qui sont stériles. Les publications géologiques lui fourniront les renseignements sur les sites les plus connus. En terrain sédimentaire ce sont le plus souvent des carrières, des barres rocheuses, des chenaux de rivière, des tranchées de voie ferrée ou de route, des excavations ou des puits, des champs labourés, etc.

On trouve les plus beaux fossiles dans les éboulis dont les roches ont été altérées. Mais ils ne sont pas toujours scientifiquement intéressants, car on ne connaît pas avec précision leur position stratigraphique. On brise la roche selon son litage, c'est-à-dire parallèlement au fond qui avait existé jadis. Il est rare que les fossiles soient en travers de la couche, ce qui peut se produire par suite de glissements sous-marins, de violents lessivages des terrains continentaux ou encore quand il s'agit d'animaux qui vivaient à l'intérieur des sédiments.

Ainsi armé de connaissances théoriques, d'un bon marteau de géologue (ou mieux de deux marteaux de taille et de forme différentes), d'un ciseau, de pinces coupantes, d'une loupe (de préférence de grossissement 8−10), d'un matériel d'emballage (sachets, papier journal, gaze, ouate, etc.), d'une carte géologique, d'un carnet, d'un crayon, éventuellement d'un appareil photographique, le collectionneur se lance sur le terrain. Naturellement, un paléontologue dont le but est de résoudre sur le terrain un certain problème ne se conduit pas comme un collectionneur qui ne veut que ramasser de beaux fossiles. Il faut noter qu'un collectionneur amateur collabore souvent avec des spécialistes et qu'il peut devenir lui-même un paléontologue averti.

Un collectionneur expérimenté observe un certain nombre de règles :

a) Il ne se borne pas à ramasser les représentants d'un certain groupe d'organismes ; il voit dans chaque fossile trouvé un document paléontologique potentiellement important.

b) Il ramasse les moulages naturels et les empreintes (« positives » et « négatives »), qui se complètent souvent.

c) Il ramasse le plus grand nombre possible d'individus de chaque espèce trouvée.

d) Il ne prépare pas les fossiles sur le lieu de leur découverte. Il est bon de ne pas isoler un fossile de sa gangue, mais de le ramasser avec un morceau de roche qui peut donner des informations utiles sur son âge. Ceci est particulièrement important dans les cas où le collectionneur n'est pas capable de classer stratigraphiquement sa découverte.

e) Il note la manière dont le fossile repose dans les sédiments, les associations d'organismes, les relations du fossile avec le type de sédiments car il rassemble ainsi d'importantes informations paléoécologiques.

Chaque fossile doit être soigneusement emballé pour éviter tout accident au cours du transport, l'endroit de la découverte immédiatement noté, le plus précisément possible. Les fossiles provenant de sites différents sont emballés séparément pour éviter toute erreur sur le lieu de leur découverte.

Les fossiles très abîmés doivent être au moins partiellement recollés sur le site même ; on note éventuellement la position des différentes parties du spécimen. En terrain friable ou fortement érodé, on extirpe les fossiles à la main ou avec une pince, ou bien on lave le matériau et on utilise des filets différents d'après la taille du fragment trouvé. Il faut parfois utiliser un conservateur sur le site même pour les fossiles osseux ou les restes de plantes.

Il faut préparer les fossiles et assurer leur conservation avant de les placer dans la collection. Tous les manuels de paléontologie proposent une liste d'ouvrages traitant de ces questions. Un amateur se consacrera à la préparation et à la conservation dans la mesure de son expérience et de son équipement et d'après le but de sa collection. Généralement il se borne à une préparation mécanique à l'aide de marteaux de différentes tailles, de ciseaux et d'aiguilles. Un vibrateur électrique à mèches interchangeables rend de grands services. Il faut faire sous microscope stéréoscopique les préparations fines à l'aide d'aiguilles vibrantes. Souvent, il faut laver les fossiles à l'aide d'une brosse fine et d'eau additionnée d'un tensio-actif ou encore dans une cuve à ultrasons. On ne lave pas les fossiles des roches argileuses, mais on veille à ce que les roches ne se dessèchent pas rapidement car elles pourraient se désagréger. On utilise une pince coupante pour réduire un fragment de roche. Parfois, le collectionneur essaie de réaliser un polissage, par exemple d'un tronc silicifié ou d'une coquille de céphalopode. Cette opération mal menée peut détériorer le spécimen. Il faut la plupart du temps couper au laboratoire les fossiles silicifiés ou de grande taille avant de les poncer. Dans les laboratoires de paléontologie, on utilise des meules électriques à plateaux de fonte horizontaux garnis de papier de verre auto-adhésif ou de poudre humide de carborundum d'un certain grain en commençant par le plus grossier. Il faut faire attention que la poudre fine ne se mélange pas à la plus grossière. Pour polir, on utilise des poudres comme l'oxyde de chrome, la poudre d'opale, etc., que l'on répand sur un velours humide ou sur un tissu analogue. Un amateur peut opérer à la main en utilisant des poudres à polir de grosseurs différentes ou de papiers spéciaux.

Il arrive souvent que l'on casse ou abîme le fossile en l'extrayant. Mais un fossile n'est pas un timbre-poste et garde sa valeur même s'il est recollé. On utilise des colles que l'on peut dissoudre même quand elles sont sèches.

On ne traite les fossiles pour leur conservation que si cela est indispensable ; on utilise alors des colles fortement diluées, solubles dans l'acétone ou encore des résines artificielles, en choisissant le procédé qui convient au fossile considéré. Il est donc souhaitable de consulter un professionnel ou d'étudier la littérature spécialisée. Il est préférable de ne pas vernir les fossiles pour améliorer leur aspect « esthétique ».

La collection paléontologique

Le collectionneur dépose dans des boîtes ses fossiles nettoyés, préparés et traités. Les mieux adaptées sont les boîtes rectangulaires de tailles standard, chacune représentant une surface double de celle de la catégorie inférieure (par exemple, 4 × 6 cm, 6 × 8 cm, 8 × 12 cm, etc.). On préférera, pour les échantillons de petite taille les éprouvettes en verre ou en plastique. Chaque boîte ou chaque éprouvette sera munie d'une étiquette donnant les principales informations sur l'exemplaire ou sur le groupe d'individus. L'en-tête indique le nom du collectionneur et le numéro d'inventaire. Un collectionneur consciencieux possède, comme dans une institution scientifique, un registre d'inventaire pour avoir une image de sa collection. Il numérote chaque fossile et ce nombre figure dans le registre en même temps que les autres références. Puis l'étiquette porte les références scientifiques relatives à l'espèce. Les données les plus importantes de cette « fiche d'état civil » sont le nom aussi précis que possible du fossile conservé, l'indication du lieu de la découverte (site) et son âge stratigraphique. Enfin, on donne l'année de la découverte et le nom de son auteur. Quand on manipule des matériaux paléontologiques, des confusions peuvent se produire (perte d'étiquettes, changements de sites). Un collectionneur sérieux ne se fie pas à sa mémoire. Il est recommandé d'indiquer immédiatement, sur la roche même (au crayon noir ou blanc), et sur le dessous pour ne pas diminuer sa valeur esthétique, le site d'origine du fossile, car un échantillon dont l'origine est inconnue ou peu sûre perd de sa valeur scientifique. On peut ranger dans la collection les échantillons ainsi préparés, de préférence dans un meuble à tiroirs ou dans des caisses et des boîtes de même taille. On peut évidemment classer sa collection d'après des principes différents : systématique, stratigraphique, géographique, ou d'après une combinaison de ceux-ci. La plupart des collectionneurs s'efforcent d'introduire dans leur collection le plus grand nombre de groupes d'organismes, d'âge et de provenance différents : ceci surtout dans un but éducatif. Les collections peuvent présenter un intérêt scientifique plus grand si elles concernent une région ou un site déterminé auquel le collectionneur a un accès facile et qu'il peut exploiter plus à fond.

Détermination des fossiles

Aucun amateur sérieux ne range dans sa collection des fossiles qu'il n'a pas identifiés. Même un spécialiste peut toutefois avoir du mal à déterminer convenablement les espèces. La paléontologie n'offre pas pour les grands groupes — vertébrés, invertébrés, végétaux supérieurs — de clé absolue qui permette la classification spécifique d'un fossile qu'on vient de trouver. Une clé comme celle dont disposent les botanistes et les minéralogistes ne peut exister pour les paléontologues car les fossiles ne sont pas souvent intacts. Certaines clés existent néanmoins qui permettent le classement des plantes ou animaux fossiles dans des catégories supérieures : embranchements, classes (comme la clé utilisée dans cet ouvrage) ou qui concernent un très petit choix de genres. La situation est très compliquée chez les vertébrés ; on a établi des tableaux de références pour certains ossements particuliers, par exemple les os longs. La précision scientifique dans la détermination des fossiles dépend non seulement du point de vue personnel du collectionneur mais aussi de sa connaissance de l'énorme littérature paléontologique. Dans certains cas, il faut comparer les restes animaux ou végétaux trouvés au modèle type qui a donné le taxon. Il est parfois impossible de classer le fragment trouvé dans un genre ou une espèce, car on ne connaît pas des détails importants de sa structure interne. Un collectionneur à ses débuts est obligé de requérir l'aide d'un spécialiste dans un musée, un institut paléontologique ou un laboratoire universitaire. Un bon collectionneur s'oriente relativement vite parmi les matériaux ramassés et est capable de les classer dans les catégories systématiques supérieures. En étudiant la littérature fondamentale et en comparant ses fossiles aux exemplaires des collections publiques, il pourra en déterminer une grande partie de façon satisfaisante. Si les trouvailles proviennent de sites ou de couches qui ont fait l'objet d'une monographie, leur détermination sera beaucoup facilitée.

Tableau simplifié de la classification des êtres vivants

(En lettres capitales, les groupes qui font l'objet d'une illustration dans les planches de cet ouvrage.)

Catégories du groupe EMBRANCHEMENT
Superembranchement
● Embranchement
● ● Sous-embranchement

Catégories du groupe CLASSE
● ● Superclasse
● ● ● Classe
● ● ● ● Sous-classe

Catégories du groupe ORDRE
● ● ● ● Superordre
● ● ● ● ● Ordre
● ● ● ● ● ● Sous-ordre

RÈGNE VÉGÉTAL

ALGUES
● Cyanophytes
● ● Cyanophycées ou Algues bleues (voir Protistes)
● Rhodophytes
● ● Rhodophycées ou Algues rouges
● Chromophytes parmi lesquelles :
● ● Chrysophytes (voir Protistes)
● ● Phéophycées ou Algues brunes
● CHLOROPHYTES parmi lesquelles :
● ● Chlorophycées ou Algues vertes

Champignons

● BRYOPHYTES
● ● HÉPATIQUES
● ● Sphaignes
● ● Mousses

● PTÉRIDOPHYTES parmi lesquelles :
● ● ● PSILOPSIDES (Psilophytes + Rhyniophytes)
● ● ● LYCOPSIDES (Lycophytes + Sphénophytes)
● ● ● PTÉROPSIDES (= Filicophytes)

● ● PTÉRIDOSPERMES
　　(= « Fougères à graines »)

● ● GYMNOSPERMES
● ● ● ● CYCADOPHYTES
● ● ● ● CONIFÉROPHYTES
● ● ● ● Gnétophytes
● ● ANGIOSPERMES
● ● ● ● Monocotylédones
● ● ● ● DICOTYLÉDONES

RÈGNE INDIFFÉRENCIÉ

PROTISTES (Protozoaires + Protophytes)

Protophytes
● Algues bleues
● ● ● ● ● ● STROMATOLITES
● Algues brunes
● ● ● ● ● ● DIATOMÉES
● ● ● ● ● ● ● COCCOLITHOPHORIDES

Protozoaires
● ● ● Rhizopodes
● ● ● ● ● FORAMINIFÈRES
● ● ● Actinopodes
● ● ● ● ● RADIOLAIRES
● ● ● Ciliés
● ● ● ● ● CALPIONNELLES

RÈGNE ANIMAL

● ARCHÉOCYATHES

● SPONGIAIRES (= Porifères)
● ● ● Hyalosponges (= Hexactinellides)
● ● ● Calcisponges
● ● ● Démosponges

● CNIDAIRES
● ● HYDROZOAIRES parmi lesquels (?)
● ● ● ● STROMATOPORES
● ● Scyphozoaires parmi lesquels (?)
● ● ● ● CONULAIRES
● ● ANTHOZOAIRES
● ● ● Hexacoralliaires parmi lesquels :
● ● ● ● ● SCLÉRACTINIAIRES
　　(= Madréporaires)

Tableau simplifié de la classification des êtres vivants

● ● ● ● ● RUGUEUX
               (= Tétracoralliaires)
● ● ● TABULÉS
● ● ● Octocoralliaires (= Alcyonaires)

● BRYOZOAIRES (= Ectoproctes)
● ● ● Phylactolèmes
● ● ● GYMNOLÈMES
● ● ● ● ● TRÉPOSTOMES,
               CYCLOSTOMES,
               CTÉNOSTOMES,
               CRYPTOSTOMES,
               CHÉILOSTOMES

● BRACHIOPODES
● ● ● INARTICULÉS parmi lesquels :
● ● ● ● ● CRANIIDÉS, LINGULIDÉS
● ● ● ARTICULÉS
● ● ● ● ● ORTHIDÉS, PENTAMÉRIDÉS,
               SPIRIFÉRIDÉS,
● ● ● ● ● RHYNCHONELLIDÉS,
               TÉRÉBRATULIDÉS,
● ● ● ● ● STROPHOMÉNIDÉS,
               THÉCIDÉIDÉS

● MOLLUSQUES
● ● ● Classes incertaines
● ● ● ● ● ROSTROCONQUES,
               HYOLITHES, TENTACULITES
● ● ● AMPHINEURES parmi lesquels :
● ● ● ● MONOPLACOPHORES
● ● ● ● POLYPLACOPHORES
● ● ● SCAPHOPODES
● ● ● GASTÉROPODES
● ● ● ● PROSOBRANCHES
● ● ● ● OPISTHOBRANCHES
● ● ● ● PULMONÉS
● ● ● BIVALVES (= Lamellibranches)
● ● ● ● PALÉOTAXODONTES
● ● ● ● CRYPTODONTES
● ● ● ● PTÉRIOMORPHES
● ● ● ● HÉTÉRODONTES
● ● ● ● PALÉOHÉTÉRODONTES
● ● ● ● ANOMALODESMATES
● ● ● CÉPHALOPODES
● ● ● ● NAUTILOÏDES
● ● ● ● AMMONOÏDES
● ● ● ● ● CLYMÉNIES, GONIATITES,
               CÉRATITES, AMMONITES
● ● ● ● COLÉOÏDES

● ANNÉLIDES parmi lesquelles :
● ● ● SÉDENTAIRES

● ARTHROPODES
● ● Trilobitomorphes
● ● ● Trilobitoïdes
● ● ● TRILOBITES
● ● Chélicérates parmi lesquels :
● ● ● MÉROSTOMES
● ● ● ● XIPHOSURES
● ● ● ● EURYPTÉRIDES
               (= Gigantostracés)
● ● ● ARACHNIDES
● ● Antennates
● ● ● MYRIAPODES
● ● ● CRUSTACÉS
● ● ● ● BRANCHIOPODES
● ● ● ● OSTRACODES
● ● ● ● CIRRIPÈDES
● ● ● ● MALACOSTRACÉS
● ● ● INSECTES

● ÉCHINODERMES
● ● Homalozoaires
● ● ● CARPOÏDES
● ● Crinozoaires parmi lesquels :
● ● ● CYSTOÏDES
● ● ● BLASTOÏDES
● ● ● ÉOCRINOÏDES
● ● ● CRINOÏDES
● ● Astérozoaires
● ● ● STELLÉROÏDES
● ● Echinozoaires parmi lesquels :
● ● ● OURSINS (= Échinoïdes)

● STOMOCORDÉS (= Hémicordés) parmi
lesquels :
● ● ● GRAPTOLITES
● ● ● ● DENDROÏDES, TUBOÏDES,
               CRUSTOÏDES, CAMAROÏDES,
● ● ● ● ● STOLONOÏDES,
               GRAPTOLOÏDES

● VERTÉBRÉS
● ● OSTRACODERMES
● ● ● CÉPHALASPIDOMORPHES
● ● ● ● OSTÉOSTRACÉS
● ● ● ● ANASPIDES
● ● ● PTÉRASPIDOMORPHES
● ● ● ● HÉTÉROSTRACÉS
● ● ● THÉLODONTES
● ● CYCLOSTOMES
● ● ● Pétromyzontidés (Lamproies)
● ● ● Myxinoïdes (Myxines)
● ● POISSONS
● ● ● ? PLACODERMES

Table des descriptions illustrées

Table des descriptions illustrées

Descriptions illustrées

Symboles pour les embranchements végétaux et animaux

 Algues et Bryophytes

 Ptéridophytes

 Ptéridospermes et Gymnospermes

 Angiospermes

 Protozoaires

 Spongiaires

 Archéocyathes

 Cnidaires

 Bryozoaires

 Brachiopodes

 Mollusques

 Annélides

 Arthropodes

 Échinodermes

 Hémicordés

 Vertébrés

 Paléoécologie et Paléobiologie

 espèce type

Symboles pour l'environnement

eau salée

eau saumâtre

eau douce

terre ferme

Symboles pour la stratigraphie

 Q — Quaternaire

 Ng — Néogène

 Pg — Paléogène

 Cr — Crétacé

 J — Jurassique

T — Trias

 P — Permien

 C — Carbonifère

 D — Dévonien

 S — Silurien

 O — Ordovicien

 Cm — Cambrien

Note:

Les données stratigraphiques et les symboles de l'environnement concernent les espèces illustrées ; ils ne se rapportent pas nécessairement à la stratigraphie du genre entier.

Les dessins en marge servent à compléter la morphologie et l'écologie du genre décrit ou voisin ; ils ne se rapportent pas nécessairement à l'espèce illustrée par une photo en couleurs.

Algues

Chlorophytes

Les algues, nous l'avons signalé, rassemblent nombre d'embranchements de plantes inférieures, à côté des bactéries et des algues bleues, parmi les plus anciens organismes de notre planète. On les trouve déjà dans les sédiments vieux de deux milliards d'années. Beaucoup d'entre elles, par exemple les coccolithophoridés ou les diatomées, fabriquent des squelettes calcaires ou siliceux qui forment l'élément principal de certains types de sédiments. D'autres algues condensant des matériaux anorganiques à l'intérieur des parois cellulaires ou à la surface des cellules, contribuent à la formation des récifs coralliens. Les stromatolithes résultent de la capture et de l'agglomération de particules détritiques fines à la surface des algues.

Parmi les algues vertes (chlorophytes) du groupe des Siphonales, dont le thalle a la forme d'un tube, la famille des codiacées groupe des algues exclusivement marines qui vivent aujourd'hui encore, surtout dans les eaux chaudes. Les thalles forment des filaments cylindriques ramifiés, souvent emmêlés ; leurs extrémités sont orientées perpendiculairement à la surface des thalles. Tel est le cas du genre *Palaeoporella*.

Dans la famille voisine des Dasycladacées, les thalles ont la forme d'un tube irrégulièrement ramifié ou verticillé, les branches latérales pouvant continuer à se diviser ; les cloisons incomplètes existent à l'intérieur des thalles. Ces algues sont capables de précipiter à la surface de leurs thalles le carbonate de calcium. Nombre d'espèces fossiles (plus de 150) ont concouru, en particulier à la fin du Primaire et au Secondaire, à la formation de récifs dans les zones tropicales et subtropicales. Aujourd'hui, elles constituent un groupe relique représenté par neuf genres.

On trouve le genre *Teutloporella* en Europe du Permien au Trias.

On a longtemps hésité à ranger les *Receptaculites* et autres genres voisins dans le règne végétal (parmi les algues) ou dans le règne animal (au voisinage des éponges). Il est aujourd'hui évident que ces organismes marins du Primaire font partie des algues calcaires. Leur thalle est sphérique et produit un « squelette » solide (**4**) d'éléments disposés de façon caractéristique, de même forme mais de tailles diverses suivant leur distance du pôle de croissance. A la différence des dasycladacées, ces organismes ne condensaient pas le carbonate à la surface des thalles mais calcifiaient leurs parois cellulaires.

Les algues du genre *Acanthochonia* (l'un des représentants de l'ordre des Réceptaculitales) sont répandues dans les dépôts du Silurien en Europe. Comme les autres réceptaculitidés, ils poussaient dans des eaux peu profondes, souvent à proximité des récifs coralliens.

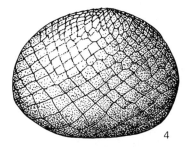
4

1 *Acanthochonia barrandei,* Silurien inférieur (Wenlockien), Bubovice (Tchécoslovaquie). Diamètre du plus grand thalle : environ 2,5 cm. La plupart des découvertes proviennent des tufs d'eau peu profonde renfermant également une faune benthique abondante.

2 *Palaeoporella variabilis**, Ordovicien supérieur, Frognö, Ringerike (Norvège). Roche et fragments de thalles : longueur 5,5 cm.

3 *Teutloporella herculea,* Trias inférieur (Anisien−Ladinien), Dobšiná (Tchécoslovaquie). Roche et fragments de thalles ; longueur 6,5 cm.

Bryophytes

Bryophytes

Les bryophytes existent depuis le Dévonien. Comme toutes les plantes supérieures, elles ont des tissus différenciés suivant leurs fonctions. Les membranes cellulaires sont cellulosiques ou semi-cellulosiques. Dans l'alternance des génération gamétophyte-sporophyte, la première phase (sexuée) l'emporte sur la seconde (non sexuée) ; le sporophyte est réduit, il est dépendant du gamétophyte et il disparaît après la maturité des spores. Les plantes sont toujours de petite taille, avec une structure apparemment primitive. Les bryophytes proviennent vraisemblablement d'algues vertes, dont elles se distinguent beaucoup par l'apparence, mais avec lesquelles existe une grande concordance du point de vue biochimique. Au cours de plus de trois cents millions d'années, elles n'ont guère évolué. Les représentants actuels vivent dans les localités et les zones géographiques les plus diverses, mais toujours en milieu humide. Aujourd'hui, comme dans leur passé géologique, elles ont largement concouru à l'accumulation de la masse organique dans les tourbières et à la précipitation du carbonate de calcium. Elles sont très fines et il est exceptionnel de trouver des bryophytes fossiles.

On divise les Bryophytes en Hépatiques (deux classes), en Sphaignes (une classe) et en Mousses (deux classes, comportant une quinzaine d'ordres.

Le genre *Riccia* (Marchantiales, Ricciacées), est une Hépatique connue depuis le Tertiaire et il représente les hépathiques qui ont un gamétophyte en thalle ou feuillu (**3**), les feuilles n'ayant pas de nervure centrale.

Autre grand groupe de bryophytes, les Mousses sont géologiquement plus importantes que les Hépatiques. Leur gamétophyte est toujours feuillu, les feuilles ayant une nervure. On trouve les plus anciens représentants fossiles dans les sédiments du Dévonien. Au Carbonifère, en particulier dans un climat tempéré comme celui qui régnait par exemple en Sibérie, elles ont concouru dans une large mesure à la formation de couches de charbon et (tout comme aujourd'hui) elles ont joué un rôle important dans le développement des tourbières. Quand elles poussent dans des eaux riches en calcium, les plantes extraient de l'eau le gaz carbonique. Elles transforment ainsi le carbonate soluble en bicarbonate non soluble qui précipite à la surface des plantes. Après la décomposition de la matière organique des plantes, il demeure à l'intérieur une cavité qui reproduit exactement leur forme. Les mousses, les hépatiques et d'autres plantes donnent ainsi naissance dans les eaux riches en calcium à des accumulations plus ou moins solidifiées de carbonate de calcium ou travertin.

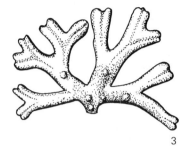

3

1 *Riccia* cf. *fluitans*, Néogène (Miocène), Sokolov (Tchécoslovaquie). Fragment de thalles conservés dans l'argile ; longueur 11 cm.

2 Travertin à mousses, subrécent, Srbsko (Tchécoslovaquie). Échantillon de roche ; longueur : 9 cm. Le travertin est caractérisé par une grande porosité et une insuffisante solidification. Le rôle décisif des mousses dans sa formation se manifeste très bien dans sa structure.

Ptéridophytes

Ptéridophytes : *Psilopsides*

L'occupation progressive de la terre ferme s'est produite probablement dès la fin du Protérozoïque et au début du Paléozoïque, périodes au cours desquelles se sont multipliés les bactéries, les algues bleues, les algues, les champignons (qui décomposaient la matière végétale) et les lichens. Au sein des Psilospsides, les plus anciennes plantes vasculaires de terre ferme étaient rangées jusqu'à présent parmi les Psilophytes ; on les considère maintenant comme un groupe distinct, celui des Rhyniophytes. On les trouve du Silurien supérieur au Dévonien supérieur. Leur arrivée marque le début de l'ère des plantes vasculaires sporophytes qui s'achève à la limite du Permien inférieur et du Permien supérieur. Ces plantes n'avaient encore ni racines ni feuilles. Elles assimilaient par leur tige ou leurs excroissances latérales. Leurs tissus étaient déjà différenciés en tissu protecteur, tissu conducteur et tissu de soutien. Les faisceaux vasculaires étaient simples, concentrés, avec le bois au milieu (type protostélique) ; ce bois pouvait être, sur une section transversale de la tige, rayonnant (actinostélique). Les tiges se ramifiaient dichotomiquement et portaient à l'extrémité les sporanges renfermant des spores de taille égale. Chez les rhyniophytes, comme chez toutes les plantes supérieures, s'est produite une modification morphologique régulière. La génération sexuée (gamétophyte) ressemblait beaucoup à la génération non sexuée (sporophyte). Les rhyniophytes vivaient en milieu humide marécageux, ainsi qu'autour des sources thermales. Certaines étaient même halophiles.

Cooksonia (Rhyniales, Rhyniacées), est la plus ancienne plante vasculaire connue. On la trouve dans les sédiments du Silurien supérieur et du Dévonien inférieur d'Europe, d'Asie, d'Amérique du Nord et d'Afrique. C'était une petite plante de quelques centimètres de haut, à tige dichotomiquement ramifiée. On peut trouver exceptionnellement à l'extrémité des rameaux des sporanges sphériques de 1 mm de diamètre.

On trouve dans la flore du Dévonien de nombreux types de plantes dont le classement donne bien des soucis aux systématiciens. Les représentants du genre *Thursophyton* (Astéroxylales, Astéroxalacées), répandus au Dévonien inférieur et supérieur en Europe, en Asie, en Amérique du Nord et en Australie, ont été longtemps classés parmi les Psilophytes. On pense aujourd'hui qu'ils représentent peut-être les lycopodes les plus anciens, qu'ils rappellent du reste par leur aspect. Les tiges principales atteignaient un mètre de haut et portaient des branches latérales qui se ramifiaient à leur tour. Les parties épaisses des plantes étaient couvertes de petites feuilles étroites, les petits rameaux de l'extrémité étant chez certaines plantes complètement nus (3). Les faisceaux vasculaires ne pénétraient qu'à la base des feuilles linéaires.

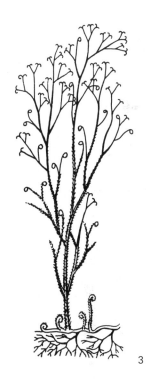

3

1 *Cooksonia haemisphaerica*, Silurien supérieur (Pridolien), Kosov près de Beroun (Tchécoslovaquie). Rameau à sporanges terminaux ; longueur : 7 cm environ. L'échantillon provient de sédiments marins d'eau peu profonde où la plante a été entraînée depuis le continent voisin.

2 *Thursophyton elberfeldense*, Dévonien moyen, Kirberg près d'Elberfeld (RFA). Fragments de tiges ; longueur de l'échantillon : 10 cm. Les thalles de ce lycopode buissonnant ont 5 mm au maximum.

Ptéridophytes (suite) : *Lycopsides*

Le Dévonien est une période-clé dans l'évolution des plantes. Les plantes vasculaires ont occupé la terre ferme et les marécages littoraux et se sont développées exceptionnellement vite. Le plus grand épanouissement de la végétation s'est produit dans les zones tropicales et subtropicales (où se trouvait entre autres une partie importante de l'Europe actuelle). La couverture végétale s'est étendue également aux zones plus froides. Cette explosion végétale s'est accompagnée de la diversification de la flore et d'une complexification croissante de l'organisation anatomique des plantes. C'est ainsi qu'on trouve au Dévonien des rhyniophytes et des psilophytes, des bryophytes et des fougères, des progymnospermes (ancêtres des gymnospermes), des cycadales et d'autres plantes gymnospermes. L'un des caractères principaux de la flore du Dévonien est l'augmentation progressive de la taille des plantes. Alors que *Cooksonia* n'avait que quelques centimètres de haut, des plantes arborescentes sont apparues, à la fin du Dévonien, dans nombre de groupes.

Barrandeina (Barrandéiales, Barrandeiacées), est l'une des plantes du Dévonien moyen dont le classement systématique pose encore des problèmes. Elle poussait en Europe, en Amérique du Nord et en Asie. Son aspect et sa structure anatomique sont tellement inhabituels qu'elle est tour à tour considérée comme un lycopode, une psilophyte, ou même comme une algue marine. C'était une plante buissonnante aux tiges régulièrement ramifiées, couvertes de bosses ovales restant après la chute des feuilles. Celles-ci avaient de longs pétioles à nombreuses nervures ; elles avaient un limbe soit divisé en plusieurs pointes à l'extrémité, soit déchiqueté. A l'extrémité des rameaux latéraux se trouvaient les sporanges, disposés en cône (**3**).

3

Le lycopode typique est caractérisé habituellement par une ramification en fourche et des feuilles linéaires ou en écailles, à nervure unique, disposées en spirales. Les feuilles fertiles (sporophylles) ressemblent aux autres feuilles. Les sporanges sont à l'aisselle de ces feuilles ou au-dessus de leur base. Chez la plupart des représentants, les sporophylles sont disposées en cônes. Les plantes du genre *Drepanophycus* (Baragwanathiales, Drepanophycacées), que l'on trouve dans les sédiments du Dévonien à peu près dans le monde entier, correspondent exactement à cette description. Sur une tige divisée dichotomiquement et qui peut atteindre en gros 50 cm de haut, on trouve des feuilles épineuses disposées en spirale dans chacune desquelles pénétrait un mince faisceau vasculaire. Les sporophylles, très semblables aux feuilles assimilatrices, ne formaient pas de cônes mais étaient dispersées par les feuilles stériles (**4**).

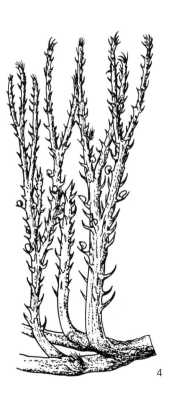

4

D

1 *Drepanophycus spinosus,* Dévonien moyen (Givétien), Srbsko (Tchécoslovaquie). Partie sommitale carbonisée d'un rameau dans un schiste sableux ; dimensions de la roche : 8 × 8 cm.

2 *Barrandeina dusliana*,* Dévonien moyen (Givétien), Srbsko (Tchécoslovaquie). Fragment de rameau ; longueur : 11 cm. Les spores isolées ont une cicatrice en forme d'Y et sont proches des spores de lycopode.

67

Ptéridophytes : *Lycopsides* (suite)

Dans le climat tropical humide qui régnait au Carbonifère sur les territoires actuels de l'Europe, de l'Amérique du Nord, du nord de l'Afrique, mais aussi au Spitzberg et au Groenland, s'est produit un énorme développement des plantes vasculaires. Les cryptogames vasculaires (lycopodes, prêles et fougères) occupaient une place déterminante dans la composition des forêts vierges de l'époque ; beaucoup d'entre eux étaient arborescents. Les fougères à graines y poussaient en abondance et d'autres plantes gymnospermes se développaient progressivement.

Le genre *Lepidodendron* (Lépidodendrales, Lépidodendracées), est le plus connu des représentants des lycopodes arborescents du Carbonifère de l'ère mentionnée plus haut, c'est-à-dire de la province géobotanique euro-américaine. Ils ont été particulièrement abondants au début du Carbonifère supérieur. Ces arbres vigoureux à cime imposante (**2**) pouvaient atteindre quarante mètres de haut et deux mètres de diamètre à la base du tronc. Dans un sol meuble, ils s'ancraient par un système de « racines » ramifiées en fourche (stigmaria) à partir desquelles se développaient des « radicelles ». Le tronc et les branches étaient couverts de bourrelets losangiques persistants qui continuaient à croître après la chute des feuilles. Chez les diverses espèces, les feuilles linéaires étaient plus ou moins longues, de quelques millimètres à quelques dizaines de centimètres. Les organes de reproduction étaient regroupés dans des cônes qui se développaient soit à l'extrémité des rameaux, soit directement sur le tronc où ils laissaient des cicatrices arrondies.

L'anatomie des lépidodendrons est bien connue. Au centre du tronc, se trouvait un cylindre de bois entouré de liber. Chez les types les plus évolués, il y avait au centre un cylindre de moelle, entouré (pas toujours) d'une couche de bois elle-même entourée de liber. Le tout était enveloppé par l'écorce qui constituait jusqu'à 90 % du volume du tronc. On distingue une écorce interne d'où partaient des canalicules d'aération et une écorce externe qui avait une fonction stabilisatrice. La surface de l'écorce avec ses bourrelets à feuilles est le caractère le plus typique des lépidodendrons. Les cônes cylindriques ou ovoïdes se composent de sporophylles aux sporanges placés du côté supérieur de leur base. Les spores étaient soit mâles et petites (microspores), soit grandes et femelles (mégaspores), toutes deux avec une cicatrice en forme d'Y.

Des parties isolées de lépidodendrons se sont conservées : stigmaria, troncs, branches et leurs feuilles, cônes et spores. Dans certains cas, les découvertes séparées de parties de végétaux appartenant en fait à une seule et même espèce ont nécessité l'établissement d'une terminologie particulière. Cela permet de s'orienter dans le grand nombre de découvertes. Par exemple, les « racines » de lépidodendron sont désignées sous le terme générique de *Stigmaria,* les cônes étant appelés *Lepidostrobus*. Des difficultés existent également avec l'écorce qui se détache jusqu'à une certaine profondeur sur les vieilles parties du tronc et des branches. Ces fragments superficiels ont reçu des appellations inexactes.

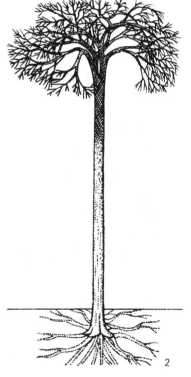

1 *Lepidodendron simile,* Carbonifère supérieur (Westphalien), Nýřany (Tchécoslovaquie). Fragment de rameau d'environ 35 cm de long aux feuilles recourbées en S. Cette espèce était répandue au Carbonifère supérieur en Europe et en Amérique du Nord.

Ptéridophytes : *Lycopsides* (suite)

Parmi les restes de lépidodendron, la partie la plus caractéristique est la surface de l'écorce avec ses bourrelets losangiques. Au milieu de chaque bourrelet, il y a la cicatrice de la feuille tombée. Elle a la forme d'un losange avec trois petites fossettes. La fossette centrale correspond au faisceau vasculaire entrant dans la feuille, et latéralement sont placées les deux traces de tissu respiratoire. Sous la cicatrice, le bourrelet est divisé par une carène longitudinale, sur les côtés de laquelle se trouvent deux autres empreintes de tissu respiratoire.

Le genre *Lepidophloios* est voisin du précédent avec lequel il cohabite souvent. Mais ses espèces ont vécu jusqu'au Permien inférieur. Leurs feuilles étaient longues, herbacées, les cônes monosexués se développaient sur de courts rameaux. Quand ils étaient tombés, il restait sur le tronc des zones de cicatrices disposées en spirales. Les bourrelets étaient fortement bombés, se recourbaient vers le bas et se recouvraient comme des écailles.

1 *Lepidodendron aculeatum**, Carbonifère supérieur (Westphalien), Plzeň (Tchécoslovaquie). Empreinte de la surface d'un tronc avec ses bourrelets longs d'environ 4 cm. La disposition spiralée des feuilles apparaît sur les fragments de branches et de troncs dans la disposition des bourrelets en rangées obliques.

2 *Lepidophloios laricinus**, Carbonifère supérieur (Westphalien), Nýřany (Tchécoslovaquie). Empreinte de la surface d'un tronc montrant la forme caractéristique des fragments de bourrelets non recouverts, disposés obliquement, de 6 mm environ.

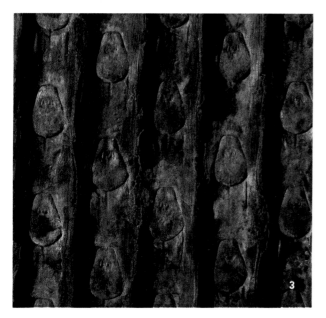

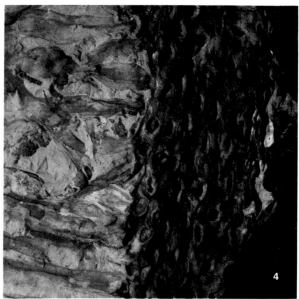

3 *Sigillaria scutellata**, Carbonifère supérieur (Westphalien), Břasy (Tchécoslovaquie). Empreinte de la surface d'un tronc avec les cicatrices foliaires disposées en rangées verticales et larges d'environ 1,2 cm.

4 *Stigmaria ficoides**, Carbonifère supérieur (Westphalien), Otvovice près de Kralupy (Tchécoslovaquie). Fragment de racine de 3,5 cm de diamètre avec des radicelles.

5

Les *Sigillaria* ont été également un élément important de la flore du Carbonifère et du Permien inférieur de la province paléophytogéographique euro-américaine. Ces lycopodes arborescents atteignaient jusqu'à vingt mètres de haut, leur tronc n'était pas ramifié ou à peine (**5**). Deux faisceaux vasculaires couraient au milieu des longues feuilles herbacées. Ces feuilles étaient disposées en spirales sur le tronc et les branches, et aussi en rangées longitudinales. Les feuilles laissaient des cicatrices caractéristiques à la surface de l'écorce. Les cônes se développaient à la partie supérieure du tronc ou parfois de grosses branches, et comprenaient des sporophylles hermaphrodites, à moins que les cônes n'aient été de sexes séparés.

Les tronc des lycopodes arborescents comportait en bas quatre grosses « racines » qui se divisaient ensuite et donnaient naissance à des « radicelles » drageonnantes (appendices) pouvant atteindre un mètre de long. Après la séparation des drageons, des cicatrices en cratères caractéristiques demeuraient à la surface. On trouve souvent ces *Stigmaria* dans leur position originelle et elles constituent un document important pour résoudre la question de l'origine des couches de charbon.

Ptéridophytes : *Lycopsides* (suite)

Les prêles connues dès le Dévonien, font partie des plantes typiques du Primaire supérieur. Au Secondaire, elles ont progressivement régressé et, à l'époque actuelle, il n'en existe plus qu'un seul genre : *Equisetum*. Le caractère le plus apparent des prêles est la tige segmentée, aux petites feuilles disposées en verticilles réguliers. Les sporophylles sont groupées en épis ou en cônes. Les prêles fossiles comme les prêles actuelles, sont des plantes des lieux humides.

Les prêles du genre *Sphenophyllum* (Sphénophyllales, Sphénophylla-cées), ont vécu du Dévonien supérieur au Trias inférieur dans les deux hémisphères. En font partie des lianes grimpantes à tiges longues et minces rarement ramifiées. A la surface des tiges se trouvent des côtes ; les radicelles naissent au niveau des noeuds ; les racines adventives

1 *Sphenophyllum myriophyllum,* Carbonifère supérieur (Westphalien), Rakovník (Tchécoslovaquie). Dimensions de la roche : 7 × 4 cm. Espèce caractéristique du Carbonifère européen ; les feuilles sont profondément découpées.

2 *Sphenophyllum majus,* Carbonifère supérieur (Westphalien), Radnice (Tchécoslovaquie). Rameau feuillu d'environ 6 cm de long, conservé dans un tuf. Espèce répandue en Europe, en Asie Mineure et en Amérique du Nord.

C

3 *Sphenophyllum cuneifolium*＊, Carbonifère supérieur (Westphalien), Kladno (Tchécoslovaquie). Verticilles isolés conservés dans une argile calcaire ; dimensions de l'échantillon : 9 × 4 cm. L'une des espèces les plus répandues du genre.

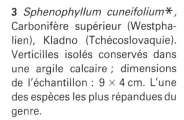

existent couramment ; les feuilles sont disposées en verticilles, formés de feuilles par trois ou par un multiple de trois ; les faisceaux vasculaires triangulaires (visibles sur une section transversale de la tige) et le contour cunéiforme des feuilles sont caractéristiques du genre. Chez certaines espèces, on trouve deux types de feuilles sur la même plante (hétérophyllie). Quelques verticilles de feuilles divisées alternent toujours avec des verticilles de feuilles entières. Pour certains sphénophylles, un agencement particulier des feuilles tend vers une utilisation efficace de l'énergie solaire. Les feuilles des verticilles superposés, quand elles portent ombre aux feuilles du verticille inférieur, sont fortement raccourcies. Parfois, les rameaux fertiles ne se distinguent pas des rameaux stériles ; dans d'autres cas, on trouve des cônes à sporanges. Les spores, à quelques rares exceptions près, sont toujours du même type.

Le classement des sphénophylles est assez artificiel et repose sur la diversité de forme des feuilles. Les cônes qui constitueraient une meilleure base pour la classification, n'existent qu'isolément, c'est pourquoi le parallélisme de ces deux types d'organes ne peut être envisagé que dans quelques cas. La tendance de l'évolution est manifeste dans les feuilles des sphénophylles ; elle va des feuilles très découpées des anciennes formes fossiles vers le type récent à limbe entier (par exemple chez *S. majus*).

Chez *Sphenophyllum cuneifolium*, l'hétérophyllie est très apparente. Cette espèce est répandue en Europe et dans les deux Amériques. Les cônes à sporanges sont massifs (**4**) et atteignent 60 mm de long environ.

Ptéridophytes : *Lycopsides* (suite)

Les *Calamites* (Equisetales, Calamitacées), sont les prêles les plus connues du Primaire supérieur. Elles poussaient à peu près dans le monde entier. Elles ont connu le plus grand épanouissement au Carbonifère supérieur et au Primaire inférieur. A la différence des sphénophylles en lianes, les calamites ressemblent à des arbres vigoureux atteignant vingt à trente mètres de haut. Elles étaient fixées dans le sol par des souches articulées (**4**), les stipes étaient plus ou moins ramifiés et leur forme générale conique. Les feuilles poussaient en verticilles alternés ; dans les types anciens, elles étaient bifurquées ; dans les types évolué, linéaires ; les sporanges étaient groupés en cônes. Au milieu du tronc, se trouvait une épaisse colonne de moelle ; cette moelle était rapidement détruite et laissait un creux coupé par les noeuds. Le cylindre de bois et l'écorce étaient également très développés.

1 *Calamites suckowi,* Carbonifère supérieur (Westphalien), Sarrebruck (RFA). Moule comprimé d'une cavité médullaire ; longueur : 15 cm.

2 *Calamites undulatus,* Carbonifère supérieur (Westphalien), Radnice (Tchécoslovaquie). Moule très déformé de cavité médullaire ; longueur : 15 cm.

C

3 *Calamodendron* sp., Carbonifère supérieur (Stéphanien), Hilbersdorf (RDA). Section de tronc silicifié à cavité médullaire réduite. Diamètre maximal : 8 cm.

3

4

Les empreintes de fragments de stipes et de branches sont les restes de calamites les plus souvent retrouvés ; ils se sont conservés sous forme de moulages naturels minéralisés, soit de la cavité médullaire, soit de la surface extérieure ; on y observe des stries et des côtes caractéristiques ; les stries sont les empreintes des faisceaux vasculaires ; à l'extrémité d'un article, elles forment deux branches qui se relient avec les branches des stries voisines ; ainsi se forment les costules verticales. Les étranglements des noeuds correspondent aux cloisons incomplètes de la cavité médullaire. L'empreinte de la surface externe du stipe ou des branches est en général lisse ou irrégulièrement fendillée. La ligne nodale est presque droite et il reste là les traces arrondies des feuilles tombées.

L'espèce *Calamites undulatus,* existe dans les couches du Carbonifère supérieur au Permien inférieur d'Europe et d'Amérique du Nord. La surface des moulages de la cavité médullaire a des stries ondulées caractéristiques. Cette espèce, classée dans le sous-genre *Stylocalamites,* est caractérisée par un stipe non ramifié.

La structure des stipes des calamites est particulièrement visible sur les échantillons silicifiés ou dolomitisés. La section transversale montre les caractères typiques des calamites : la cavité médullaire, de taille variée, est entourée par un épais cylindre de bois articulé et une écorce secondaire. L'épaisseur des cylindres de bois et d'écorce est la même. L'écorce, chez ces plantes comme chez les lycopodes arborescents, avait un rôle important de maintien. La division des troncs en divers types (« genres ») résulte de la composition des rayons médullaires. Le type *Calamodendron* est courant dans les sédiments du Carbonifère et du Permien en Europe.

Ptéridophytes : *Lycopsides* (suite)

Les feuilles des calamites sont de deux types. Sur les troncs et les grosses branches, se trouvent de longues feuilles linéaires, étroitement serrées contre la tige, et qui parfois se soudent partiellement ensemble, formant une poche comme chez les prêles actuelles. L'assimilation était assurée surtout par les feuilles des rameaux minces qui s'écartaient de la tige et n'étaient soudées qu'à la base ; feuilles linéaires, à une seule nervure assez épaisse et à section losangique. Les rameaux feuillus des calamites se rencontrent en général isolément ; c'est pourquoi ils sont désignés par des noms génériques et spécifiques particuliers et leur nomenclature est indépendante de celle des troncs ou des cônes.

On trouve le genre *Asterophyllites* (Equisétales, Calamitacées), du Carbonifère supérieur au Permien, en Europe, en Asie et en Amérique du Nord. Les feuilles sont à peine soudées à la base et se dressent obliquement vers le haut dans toutes les directions. La tendance à l'étalement des rameaux dans un seul plan se manifeste différemment selon les espèces. La disposition des feuilles des asterophyllites est écologiquement la plus ancienne, même si elle existe chez les représen-

1 *Asterophyllites equisetiformis,* Carbonifère supérieur (Westphalien), Kladno (Tchécoslovaquie). Morceau de rameau avec feuilles, conservé dans une passée de charbon. Longueur : 14 cm. Type évolué du genre *Asterophyllites* à longues feuilles.

1

C

2

2 *Annularia stellata,* Carbonifère supérieur (Westphalien), Strado-nice près de Beroun (Tchécoslova-quie). Fragment de rameau avec ses feuilles ; longueur : 11 cm en-viron. L'une des espèces les plus répandues, à longues feuilles lan-céolées étroites.

tants du Permien inférieur. C'est dans l'étage Westphalien que l'on trouve le plus grand nombre d'espèces.

Les prêles du genre voisin *Annularia* existent dans les sédiments du Carbonifère au Permien, à peu près dans le monde entier. Elles sont les plus courantes dans le Carbonifère supérieur et au Permien. Elles sont plus évoluées en ce qui concerne la disposition des feuilles ; les rameaux partant des noeuds et les feuilles des verticilles sont orientés dans un plan. Afin que les feuilles des divers verticilles ne se portent pas mutuellement ombrage, certaines d'entre elles sont souvent raccour-cies. Ces feuilles sont habituellement plus plates et plus larges que chez les représentants du genre *Asterophyllites,* même s'il existe des types à feuilles étroites. Les feuilles se soudent ensemble à la base.

Bien qu'ils soient plus fréquemment isolés, on trouve souvent, avec les rameaux d'*Asterophyllites* et d'*Annularia* , des cônes qui ont poussé directement sur les troncs ou sur les rameaux latéraux. Dans ces cônes, les verticilles de feuilles stériles alternent avec des verticiles porteurs de sporanges ; ces sporangiophores ont en général quatre sporanges et leurs extrémités libres se terminent souvent par une plaque ; d'après la disposition des sporangiophores, des verticilles stériles et d'autres caractères anatomiques, on distingue plusieurs types de cônes tels que *Calamostachys, Paleostachys,* etc.

Ptéridophytes : *Lycopsides* (suite)

Le grand épanouissement des prêles au Carbonifère et Permien inférieur a été suivi d'un déclin progressif qui s'est particulièrement marqué au début du Secondaire. Le climat devenant de plus en plus sec, les types arborescents disparaissaient pour laisser la place aux types herbacés. Les plus anciennes découvertes de prêles herbacées du genre *Schizoneura* (Equisétales, Schizoneuracées), proviennent de la zone tempérée du Gondwana (ancien continent du sud qui englobait l'Amérique du Sud, l'Afrique moins la partie septentionale, l'Inde, l'Australie, la Nouvelle-Zélande et l'Antarctide). En Asie Centrale, ces prêles ont vécu au Trias inférieur ; elles ont pénétré en Europe au Trias moyen. Les tiges minces de *Schizoneura,* en général richement ramifiées (**4**), atteignaient 2 m de haut ; les longues feuilles, disposées en verticilles, étaient soudées sur toute leur longueur et formaient ainsi de longues poches qui se déchiraient le long des nervures en deux ou plusieurs parties. Les sporanges formaient de longs cônes à l'extrémité des rameaux latéraux.

Les espèces du genre *Equisetites* (Equisétales, Equisétacées), sont des prêles caractéristiques du Secondaire bien qu'elles aient pu sans doute pousser dès la fin du Primaire. Elles ont connu leur acmé au Trias supérieur et au Jurassique inférieur. Outre les types herbacés, on y trouve des types arborecents qui atteignaient jusqu'à 10 m de haut. Les représentants du genre *Equisetites* croissaient principalement dans les sols sableux. La section transversale du tronc montre une vaste cavité médullaire et un bois secondaire peu développé. La surface du tronc était lisse et l'on ne trouve de côtes longitudinales que sur les rameaux minces ; ils correspondent aux faisceaux vasculaires. Sur les rameaux souterrains dépourvus de cavité médullaire, on trouve des formations bulbeuses considérées comme des organes de réserves nutritives (comme chez les prêles actuelles). Les feuilles linéaires pointues se soudent dans les verticilles et enferment étroitement la tige ; bien que très réduites, elles servaient avec les tiges à l'assimilation. Elles se distinguent ainsi des prêles du genre *Equisetum* où la fonction d'assimilation n'est assurée que par la tige, les feuilles soudées en poche protégeant l'extrémité des rameaux. Les cônes à sporanges étaient à l'extrémité des tiges ou sur les banches latérales. Le genre *Equisetites* est à l'origine des prêles actuelles du genre *Equisetum* dont l'existence est attestée paléontologiquement à partir du Pliocène.

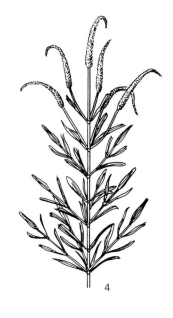

4

1, 3 *Equisetites muensteri*✱, Trias inférieur (Rhétien), Franconie (RFA). Poche de feuilles soudées longue de 4,5 cm (**3**) et moulage de cavité médullaire de 22,5 cm de long (**1**).

2 *Schizoneura paradoxa*✱, Trias moyen (Rhétien), France. Espèce européenne la plus courante et la mieux étudiée chez laquelle on a trouvé des cônes à sporanges. Longueur du fragment de roche : 13,5 cm.

T

Ptéridophytes (suite) : *Noeggerathiophytes*

Les Noeggerathiophytes constituent un groupe particulier de ptéridophytes réunissant les caractères des lycopodes, des prêles et des fougères. L'origine de ces plantes et encore mal connue. Le genre *Noeggerathia* (Noeggérathiales, Noeggérathiacées), est le représentant typique du groupe tout entier. On en trouve les espèces dans les sédiments carbonifères et permiens du centre et de l'ouest de l'Europe. Elles avaient un croissance buissonnante ou arbustive basse ; les rameaux latéraux se développaient en spirales sur le tronc et portaient des feuilles également disposées en spirales ; les rameaux latéraux, avec leurs feuilles, ressemblaient aux fougères (**4**) ; les feuilles avaient des formes ovales ou lancéolées et dentées au sommet ; les nombreuses nervures étaient régulièrement ramifiées. L'origine des feuilles (microphylles) rappelle celle des prêles, mais les organes de multiplication (cônes) montrent une ressemblance avec les lycopodes ; les sporophylles sont disposées en hélices mais les sporanges sont placés

1 *Noeggerathia foliosa✴*, Carbonifère supérieur (Westphalien), Lužná près de Rakovník (Tchécoslovaquie). Rameau latéral feuillu ; longueur des folioles : 25 mm environ. Feuilles cunéiformes ovales. Appartiennent à cette espèce les cônes décrits sous l'appellation *Noeggerathiostrobus bohemicus.*

2 *Noeggerathiostrobus bohemicus✴*, Carbonifère supérieur (Westphalien), Rakovník (Tchécoslovaquie). Cône incomplet ; longueur : 75 mm.

3 *Rhacopteris bipinnata*, Carbonifère supérieur (Westphalien), Lubná près de Rakovník (Tchécoslovaquie). Rameau feuillu ; longueur : 80 mm. Rappelle par son aspect la fronde des fougères.

3

sur la face supérieure, et non sur la face inférieure comme chez les fougères. Les grosses tiges ont des cicatrices allongées laissées par les axes latéraux.

Les cônes, longuement cylindriques et de grande taille (jusqu'à 15 cm de long), portent le nom de *Noeggerathiostrobus.* Sur le côté supérieur des sporophylles, se développaient en grand nombre sur les nervures des sporanges avec des spores mâles ou femelles. Les sporophylles femelles (mégasporophylles) et leurs mégaspores étaient rassemblées à la base du cône alors que les microsporophylles mâles se développaient à son extrémité. Les deux types de spores sont semblables à ceux des calamites dont il est très difficile de les distinguer.

On range parmi les Noeggérathiophytes les feuilles ou les rameaux feuillus (frondes) du genre cosmopolite *Rhacopteris* du Paléozoïque supérieur. En Europe, ils sont particulièrement communs dans le Carbonifère supérieur, à l'étage Westphalien. Frondes simples ou bipennées, à folioles cunéiformes visiblement non symétriques, divisées à leur extrémité en pointes étroites ; nombreuses nervures bifurquées. On ne connaît pas avec certitude les organes de reproduction de ces plantes et on les range pour cette raison dans le système artificiel des Sphénoptérides (à feuilles de fougères). Certaines découvertes montrent cependant qu'elles avaient des cônes semblables à ceux des Noeggerathiales.

4

Ptéridophytes (suite) : *Filicophytes (?)*

Les fougères (encore appelées, au sens large du terme, Filicophytes ou Filicinées), ont des tiges non articulées, souvent très réduites, sans bois secondaires, à grandes feuilles simples ou pennées, qui sont d'abord enroulées en spirale, le dos à l'extérieur. Les sporanges, disposés sur la face inférieure, renferment, chez certaines espèces des spores de même taille, chez d'autres des spores de tailles et de formes différentes. Les fougères proviennent à l'évidence des rhyniophytes. C'est un groupe très plastique qui a connu au cours de sa longue histoire géologique plusieurs périodes fastes et qui est aujourd'hui encore très richement représenté.

Le climat européen a été, au Dévonien, fortement influencé par diverses branches du courant équatorial. Au Dévonien inférieur et moyen, la végétation formait une couverture continue, surtout dans les zones littorales, et c'est pourquoi l'on trouve des fossiles de flore terrestre dans les sédiments marins de faible profondeur, mais aussi dans les dépôts continentaux d'origine lacustre d'Europe, d'Asie et d'Amérique du Nord.

Les espèces du genre *Pseudosporochnus* (Pseudosporochnales, Pseudosporochnacées), qui appartiennent peut-être aux filicinées, croissaient au Dévonien moyen et au début du Dévonien supérieur dans la zone littorale ; comme elles ne ressemblent pas beaucoup aux fougères, certains paléobotanistes préfèrent les ranger parmi les rhyniophytes. Elles sont caractérisées par un tronc de quelques dizaines de centimètres de hauteur, d'où partaient des branches se ramifiant dans la cime (**4**) ; les feuilles ne se développaient pas et la plante assimilait par la surface des branches. L'appartenance aux filicinées est suggérée par la disposition des branches et leur ramification.

Les espèces du genre *Protopteridium* (Protoptéridiales, Protoptéridiacées), largement répandues dans les sédiments du Dévonien moyen, ressemblent assez aux fougères. Mais là encore, les paléobotanistes sont divisés. Certains les rapprochent du genre *Rellimia,* chez lequel l'étude anatomique des thalles a révélé l'existence de bois secondaire ; ils les rangent en conséquence avec les ancêtres des gymnospermes. *Protopteridium* se présente sous l'aspect de buissons ou de petits arbres. Des branches principales partaient ensuite régulièrement ou non. On trouve assez rarement des rameaux terminaux aux feuilles enroulées en spirale ou à plusieurs sporanges en fuseau. L'enroulement en spirale de l'extrémité des rameaux est l'un des caractères justifiant le classement des protoptéridiés à côté des plus anciennes filicinées.

4

1, 2 *Protopteridium hostinense**, Dévonien moyen (Givétien), Srbsko (Tchécoslovaquie). Empreinte de rameaux dans un schiste sableux ; longueur : 9 cm (**1**) et 18 cm (**2**). Les rameaux bifurqués stériles sont localement très abondants et appartiennent vraisemblablement à plusieurs espèces de plantes.

3 *Pseudosporochnus verticillatus**, Dévonien moyen (Givétien), Srbsko (Tchécoslovaquie). Fragment de plante carbonisé ; longueur : 31 cm.

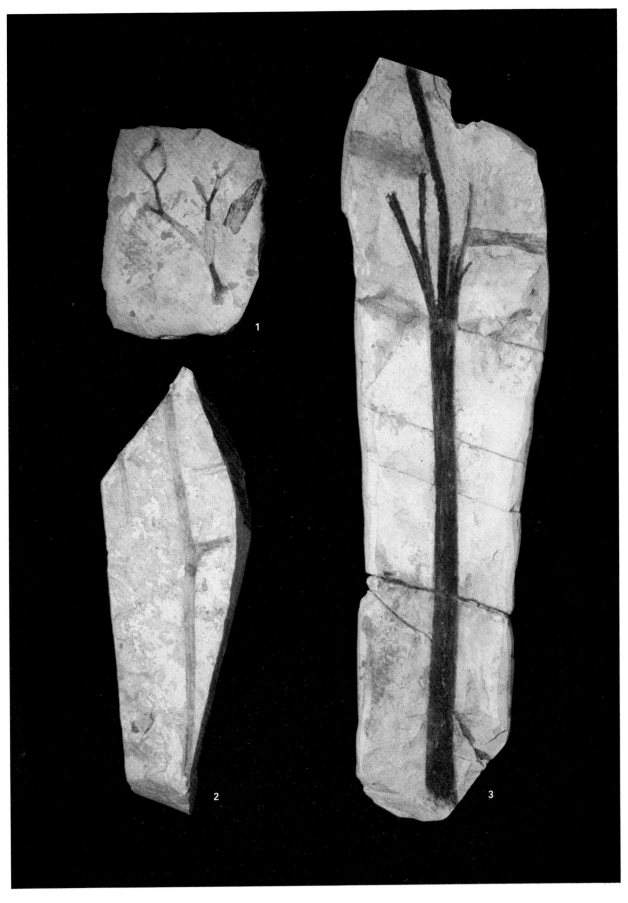

Ptéridophytes (suite) : *Filicophytes*

Les fougères véritables forment un élément important de la flore de la fin du Primaire, bien qu'elles ne soient pas aussi abondantes qu'on puisse le penser au premier abord. En effet, sont à exclure les « fougères à graines », d'aspect semblable, et dont l'acmé se place à la fin du Primaire. Dès le Carbonifère, les fougères s.s. (Filicales) ont connu une grande diversité avec des ports variés (formes herbacées, arborescentes, rampantes, grimpantes).

Certaines fougères possèdent des phyllophores, formations intermédiaires entre la tige et le pétiole des feuilles. Le genre *Corynepteris* (Zygoptéridales, Zygoptéridacées), fait partie des représentants caractéristiques de l'ordre et on le trouve en abondance dans les sédiments du Carbonifère supérieur de la province euro-américaine. Les tiges étaient rampantes, les phyllophores assez longs. Deux frondes de feuilles orientées dans le même plan partent alternativement sur les côtés de l'axe principal ondulé. Sur leurs axes latéraux venaient se fixer de petites feuilles asymétriques soudées par en dessous (**5**).

Le genre voisin *Desmopteris* comprend un petit nombre d'espèces que l'on trouve dans les dépôts du Carbonifère supérieur en Europe. Les pétioles portent de larges feuilles rubanées (**6**) s'écartant obliquement ou presque perpendiculairement vers les côtés. La base des feuilles est large.

C'est au Carbonifère que l'on trouve les représentants des fougères actuelles dont les descendants sont toujours très répandus. Ces

1 *Desmopteris longifolia,* Carbonifère supérieur (Westphalien), Nýřany (Tchécoslovaquie). Morceau de fronde à longues folioles rubanées d'environ 8 cm.

2 *Kidstonia heracleensis,* Carbonifère supérieur (Westphalien), Žebrák (Tchécoslovaquie). Fragment de fronde conservé dans un tuf sableux de 4,5 × 4,5 cm.

3 *Corynepteris angustissima,* Carbonifère supérieur (Westphalien), Radnice (Tchécoslovaquie). Fragment de fronde aux folioles très découpées. Dimensions de l'échantillon : 7 × 7 cm.

4 *Zeilleria haidingeri,* Carbonifère supérieur (Westphalien), Stradonice (Tchécoslovaquie). Fragment de fronde stérile ; largeur : 9 cm.

1

fougères ne formaient aucun phyllophore et leur structure anatomique est complexe. Dans la structure des faisceaux vasculaires se manifeste clairement la tendance allant de la protostélie (cylindre de bois entouré de liber) à la polystélie (système de faisceaux conducteurs apparemment indépendants). On trouve le genre *Kidstonia* (Osmundales, Kidstoniacées), dans les sédiments du Carbonifère supérieur d'Europe et d'Asie Mineure.

On range dans le genre *Zeilleria* (ordre des Polypodiales, mais famille non déterminée), très répandu dans les couches du Carbonifère européen, des fougères dont les feuilles stériles ont des folioles diversement découpées et s'attachent aux axes par une base rétrécie (type sphénoptérides) ou une base large (type pécoptérides). Sur les feuilles fertiles se trouvent dans le prolongement des nervures foliaires des amas sphériques (synangies) de sporanges soudés.

Ptéridophytes : *Filicophytes* (suite)

Comme les prêles et les lycopodes, les fougères étaient représentées à la fin du Primaire par des types arborescents. Mais leur épanouissement s'est produit en Europe plus tard que pour les deux premiers groupes, au début de l'installation d'un climat sec, à la fin du Carbonifère supérieur et au Permien inférieur. Les types arborescents les plus connus de fougères du Primaire, comme le genre *Psaronius* (Marattiales, Psaroniacées), sont encore représentés par quelques genres à l'époque actuelle, dans les zones tropicales et subtropicales. Ils ont plusieurs traits anatomiques propres. L'évolution des faisceaux vasculaires tendait au passage d'une structure protostélique à une structure polystélique. D'un autre côté, la formation des sporanges à partir d'un groupe de cellules et non d'une seule est un caractère ancien.

Les fougères du genre *Psaronius* croissaient à la fin du Primaire dans tout l'hémisphère Nord et en abondance dans le centre et l'ouest de l'Europe. Les représentants géologiquement les plus récents sont du Trias inférieur. Ces végétaux atteignaient 10 m de haut environ. La longue tige se terminait par une cime de grandes feuilles très divisées (**3**). Structure interne du tronc caractéristique : dans le tissu parenchymatique fondamental se trouvaient des faisceaux vasculaires en disques, courbés en fer à cheval ou de diverses autres façons sur la section transversale du tronc, et qui s'amplifiaient comme des cornets ; un grand manteau de racines aériennes entourait le tronc, maintenu plusieurs fois plus gros que le tronc lui-même ; la partie interne de ce manteau se trouvait dans le tissu parenchymateux et la partie externe

3

1

1 *Psaronius* sp., Carbonifère supérieur (Westphalien), Radnice (Tchécoslovaquie). Fragment de tronc carbonisé ; diamètre : 11 cm. Les troncs se trouvent souvent dans leur position de vie originelle.

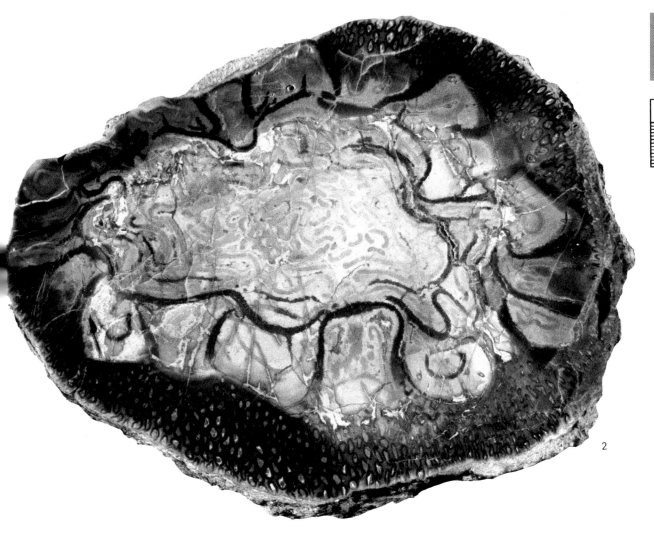

2 *Psaronius bibractensis,* Carbonifère supérieur (Stéphanien), Nová Paka (Tchécoslovaquie). Coupe transversale polie du tronc ; diamètre : 15 cm. Ce gîte fossilifère est l'un des plus connus d'Europe centrale.

formée de racines aériennes libres constituait une enveloppe épaisse. La racine principale étant faible, cette épaisse enveloppe contribuait à accroître la stabilité générale et la solidité du tronc et concourait aussi à l'alimentation de la plante.

Les troncs fossilisés sont souvent silicifiés ou dolomitisés. Dans des conditions de fossilisation favorables, les différentes tissus ont été progressivement imprégnés et remplacés par de la silice ou du carbonate, de sorte que les détails de la structure anatomique ont été conservés. Sur des sections polies, on voit très bien les rubans correspondant aux faisceaux vasculaires, ainsi que les coupes circulaires ou elliptiques de la partie interne du manteau de racines aériennes. En règle générale, les racines libres sont cassées. A la surface du tronc, débarrassée de son manteau de racines aériennes, on observe les cicatrices ovales des frondes tombées. Comme chez toutes les plantes arborescentes, les troncs se présentent séparés des autres organes. La connaissance de la structure interne des troncs n'est pas une base suffisante pour mettre au point un système naturel de classification.

« *Psaronius* » est, dans une certaine mesure, un terme cumulatif pour les fougères à structure anatomique décrite ci-dessus et englobe certainement un grand nombre de genres. La même situation existe pour les frondes stériles de *Psaronius* qui seront étudiées plus loin.

Ptéridophytes : *Filicophytes* (suite)

Les feuilles stériles qui ressemblent aux feuilles de fougères font partie des fossiles végétaux les plus courants. Certains types de feuilles ont une répartition stratigraphique limitée, d'où leur utilisation en stratigraphie et la nécessité d'en établir une classification. Dès 1822, le paléontologue Brongniart a mis au point un système de noms et de classement des feuilles à aspect de fougères. Ce classement, qui a été perfectionné par la suite, s'appuie sur la forme des feuilles, l'aspect de leurs nervures et leur manière de s'attacher à l'axe. Cette nomenclature ne constitue pas un système biologique naturel, car les taxons décrits rassemblent sous le même nom générique des espèces peu apparentées. On les appelle des génomorphes, c'est-à-dire des genres de formes. C'est la seule possibilité de pouvoir travailler avec ces restes végétaux.

Les grandes frondes de feuilles, extraordinairement découpées, appartiennent aux Psaroniacées. Folioles libres ou partiellement soudées sur les côtés, avec des bords droits ou ondulés, arrondis devant ; insertion sur l'axe par une large base ; nervure principale imparipennée (**5**). On rassemble ces formes dans l'ensemble des Pécoptéridées et les frondes de feuilles stériles prennent le nom générique de *Pecopteris*.

Chez bon nombre de Pécoptéridées, on trouve à côté des feuilles stériles, des feuilles sporangifères que l'on a alors la possibilité de leur comparer. Ces découvertes peuvent être placées dans des genres naturels. Les fougères du genre *Asterotheca* (Marattiales, Psaroniacées), existaient à la fin du Primaire et au Trias. Beaucoup d'espèces de ce genre ont une importance stratigraphique.

Les frondes du genre voisin *Acitheca* appartiennent aux sédiments du Primaire supérieur en Europe et dans le Caucase. Nervures latérales des folioles divisées ; sporanges allongés, soudés à la base.

Les feuilles de type pécoptéride et le port arborescent sont les caractères de certains représentants de l'ordre très plastique des Polypodiales. Les fougères du genre *Dactylotheca* largement répandues au Carbonifère et au Permien en Europe, ont des frondes de feuilles imparipennées, à grandes écailles paires près de la base, sevant à la protection des jeunes frondes ; les grands sporanges sont fixés individuellement sur les nervures secondaires.

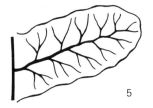

5

1 *Asterotheca aspidioides,* Carbonifère supérieur (Westphalien), Rakovník (Tchécoslovaquie). Fragment de fronde carbonisé ; dimension de l'échantillon : 11 × 7,5 cm.

2 *Dactylotheca plumosa*✱, Carbonifère supérieur (Westphalien), Rakovník (Tchécoslovaquie). Fragment de fronde de 11 cm de long.

3 *Acitheca polymorpha*✱, Carbonifère supérieur (Stéphanien), Slaný (Tchécoslovaquie). Fragment de fronde ; taille de l'échantillon : 12 × 6 cm.

4 *Pecopteris arborescens,* Carbonifère supérieur (Stéphanien), Slaný (Tchécoslovaquie). Extrémité de fronde de 8 cm de long.

C

Ptéridospermes

Spermaphytes : *Ptéridospermes*

Les « fougères à graines » font partie des plantes les plus connues de la fin du Primaire. Ce sont les plus anciennes phanérogames (ou spermaphytes), dont on trouve des restes dès le Dévonien. Au Secondaire, ces plantes sont devenues plus rares et elles se sont éteintes à la fin du Crétacé. L'existence de ce groupe de plantes a longtemps échappé aux spécialistes à cause de leurs ressemblances avec les vraies fougères. On ne comprenait pas pourquoi certaines fougères ne portaient pas de sporanges. Ce n'est qu'à la fin du XIXᵉ siècle qu'on a élucidé le mystère, avec l'étude anatomique détaillée de la structure des tiges puis la découverte de graines (comme chez toutes les autres plantes gymnospermes) qui n'étaient pas cachées dans un ovaire.

Les Ptéridospermes, qui sont donc considérées comme des fougères gymnospermes, étaient des plantes ligneuses buissonnantes, arborescentes ou lianescentes. Leurs feuilles étaient grandes, très divisées, l'extrémité étant enroulée sur la plante jeune, comme chez les vraies fougères. Les organes reproducteurs étaient portés par des pédoncules ramifiés ou situés à l'extrémité des frondes. Les fougères à graines ont connu leur plus grand épanouissement et leur plus grande extension au Carbonifère supérieur où on les trouvait dans des zones climatiques diverses des deux hémisphères. Au cours du Permien, elles ont été peu à peu refoulées par des types de gymnospermes plus évolués.

Les lianes du genre *Mariopteris* (Lyginodendrales, Marioptéridées), sont courantes dans le Namurien et le Westphalien d'Europe. Grandes

1 *Mariopteris leharlei,* Carbonifère supérieur (Westphalien), Ottweiler (Sarre, RFA). Longueur de l'échantillon : 110 mm environ.

2 *Sphenopteris laurenti,* Carbonifère supérieur (Westphalien), Kladno (Tchécoslovaquie). Fragment d'une fronde ; longueur du spécimen : 90 mm.

3 *Medullosa* sp., Permien inférieur, Hilbersdorf (Saxe, RDA). Diamètre : 130 mm. Le bois secondaire est régulièrement développé.

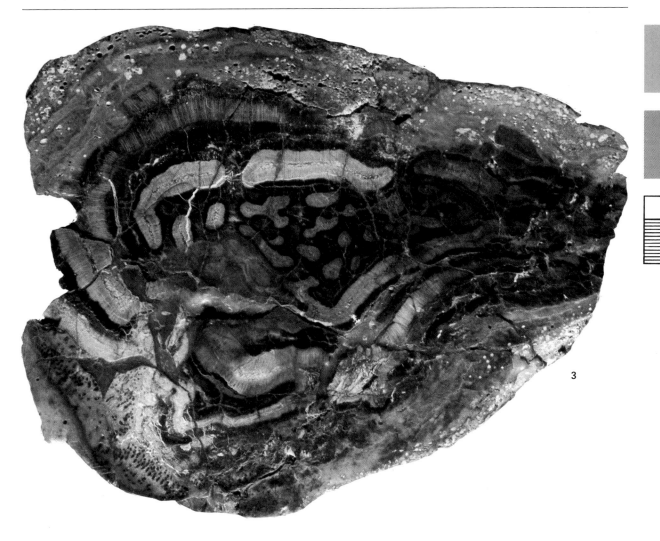

3

5

feuilles disposées en hélices, pourvues d'un long pétiole divisé par voie dichotomique ; bras externes plus courts que les bras internes, tous imparipennés. Les pennes et pinnules étaient ovales ou largement lancéolées, grossièrement dentées sur le bord (**4**).

Pour beaucoup de fougères à graines, on ne connaît que les frondes qui n'ont aucun caractère permettant de les ranger avec certitude dans tel ou tel groupe taxinomique. On les classe donc dans le système artificiel des genres de formes. Le terme générique *Sphenopteris* concerne des feuilles appartenant soit à des fougères vraies, soit à des fougères à graines. Beaucoup d'espèces sont stratigraphiquement importantes. On les trouve au Carbonifère et au Permien.

La structure interne du tronc des fougères à graines a été un des premiers éléments utilisés par les distinguer des vraies fougères. Leur structure est protostélique ou polystélique, très compliquée chez les représentants les plus récents mais toujours avec un bois secondaire très développé. *Medullosa* est un genre artificiel très large, à structure polystélique des troncs (**5**). Les frondes correspondantes ont été désignées comme *Neuropteris, Alethopteris, Odontopteris, Callipteris,* etc., que l'on rassemble dans l'ordre des Médullosales.

Ptéridospermes

Spermaphytes : *Ptéridospermes* (suite)

Les feuilles rapportées au genre de forme *Alethopteris* appartiennent dans l'ensemble à des fougères à graines. On les trouve couramment dans le Carbonifère supérieur et le Permien inférieur d'Europe et d'Amérique du Nord. Leurs frondes sont très divisées, les folioles ont une grande base à laquelle elles sont en général reliées par une large bordure. Les nervures sont subdivisées : d'une nervure principale bien marquée partent alternativement des nervures latérales simples ou bifurquées.

Les folioles du type *Neuropteris* se trouvent dans les sédiments du Carbonifère inférieur au Permien inférieur, surtout dans l'hémisphère Nord. Ce sont des fougères à graines dont les grandes frondes sont subdivisées par voie dichotomique, folioles relativement grandes, arrondies ou en languettes, attachées à une base très étroite ou à un court pétiole ; nervures pennées.

3

1 *Neuropteris heterophylla**, Carbonifère supérieur (Westphalien), Radnice (Tchécoslovaquie). Extrémité d'une fronde de 9 cm de long dont les folioles se différencient progressivement. Dans cette espèce, on a trouvé des graines attachées sur les frondes.

4

2 *Alethopteris decurrens,* Carbonifère supérieur (Westphalien), Eschweiler, près d'Aix-la-Chapelle (RFA). Fragment de fronde ; longueur : 8 cm.

3 *Callipteridium trigonum,* Carbonifère supérieur (Stéphanien), Ledce près de Plzeň (Tchécoslovaquie). Fragment de fronde ; longueur : 9 cm. Les nervures des feuilles sont bien visibles.

4 *Callipteris conferta*,* Permien inférieur (Autunien), France. Fragment de fronde ; longueur : 15 cm environ. Espèce caractéristique à folioles de type *Pecopteris,* répandue dans tout l'hémisphère Nord. Stratigraphiquement importante, caractéristique de l'étage Autunien.

Les fougères à graines du genre *Callipteridium* sont caractéristiques de la fin du Carbonifère supérieur (Stéphanien) de l'hémisphère Nord. Elles ont des côtes en zig-zag d'où partent alternativement des frondes deux fois imparipennées. Un caractère intéressant est la présence fréquente de frondes latérales sur les côtes principales ; folioles de type Pecopteris à nervures pennées.

Les *Callipteris* se trouvent dans les dépôts du Carbonifère supérieur et du Permien des deux hémisphères. Leurs grandes frondes, pennées ou palmées, portent des folioles de type *Pecopteris* à nervures pennées. Un caractère remarquable est le feuillage des côtes sur lesquels se développent parfois d'autres frondes.

Gymnospermes

Spermaphytes (suite) : *Gymnospermes*

Des restes intéressants de gymnospermes se sont conservés de la fin du Paléophytique, c'est-à-dire du Carbonifère supérieur et du Permien inférieur en Europe, en Amérique du Nord et en Asie. Ils ont été désignés d'après le nom du genre *Dicranophyllum* (le plus répandu et le plus riche en espèces), comme plantes dicranophylles. Les *Dicranophyllum* (Dicranophyllales, Dicranophyllacées), proprement dits étaient des buissons, ou peut-être des arbres peu ramifiés, qui portaient des feuilles sur toute la longueur des branches ou seulement à leur extrémité ; feuilles longues, étroites, plusieurs fois subdivisées, ou fendues une seule fois, ou même non divisées. La forme des folioles est différente non seulement selon l'espèce mais aussi suivant l'âge des individus. Chez l'espèce-type du genre *(Dicranophyllum gallicum),* il a été établi que les jeunes folioles ne sont pas divisées et que les anciennes sont deux fois bifurquées ; nervures en général peu marquées, simples et parallèles. Au cours de la phylogenèse, les feuilles de dicranophylles se sont simplifiées jusqu'à devenir étroitement linéaires ; la disposition en hélice des feuilles sur les branches donne aux rameaux l'aspect de conifères ; ces feuilles croissaient sur des coussinets. On connaît également les organes reproducteurs de quelques espèces ; les cônes mâles simples, ovoïdes, se développaient à l'aisselle des feuilles ; les organes femelles ont un aspect de tiges ramifiées, les ovules pouvant être concentrés près de la base des feuilles. Les dicranophylles proviennent vraisemblablement des fougères à graines et certains spécialistes les considèrent comme le groupe originel des conifères.

On ne connaît pas la structure interne des dicranophylles. Il est certain qu'il s'agissait de plantes ligneuses (on trouve des branches relativement fortes) et les empreintes de branches révèlent une moelle très développée. On remarque les coussins losangiques allongés sur les rameaux, rappelant les coussins de certains lycopodes comme les *Lepidodendron.* Après la chute de la feuille, il restait une petite trace dans la partie supérieure du coussinet, avec l'empreinte du faisceau vasculaire.

1 *Dicranophyllum* sp., Carbonifère supérieur (Westphalien), Lubná près de Rakovník (Tchécoslovaquie). Très longue foliole conservée dans un grès ; longueur de l'échantillon : 24 cm.

2 *Dicranophyllum* sp., Carbonifère supérieur (Westphalien), Kladno (Tchécoslovaquie). Empreinte de rameau feuillu de 8 cm de long.

3 *Dicranophyllum domini,* Carbonifère supérieur (Westphalien), Lubná près de Rakovník (Tchécoslovaquie). Fragment carbonisé de rameau aux coussinets bien visibles ; longueur : 13 cm.

C

Gymnospermes

Spermaphytes : *Gymnospermes* (suite)

Les cordaïtes sont des gymnospermes de la fin du Primaire, arborescents et d'aspect assez uniforme. Elles ont connu leur plus grand développement dans les régions à climat tempéré comme celui qui régnait sur la Sibérie actuelle ou sur le précontinent austral. Toutefois, on les trouvait couramment dans la zone tropicale d'alors qui s'étendait sur la plus grande partie de l'Europe et de l'Amérique du Nord. Les cordaïtes doivent leur nom au naturaliste tchèque du XIXe siècle A. Corda. Elles avaient un tronc droit, de plus de 10 m de haut, terminé par une cime étalée. Elles étaient fixées dans le sol mou par un système radiculaire très développé surtout latéralement (**5**). Les feuilles des cordaïtes étaient simples, en aiguilles ou en rubans, longuement lancéolées ou ovales, avec des nervures parallèles, sans nervure médiane. Au premier abord, elles rappellent les feuilles des monocotylédones. Des cônes unisexués se développaient à l'aisselle des feuilles.

Les représentants typiques du groupe tout entier, appartenant au genre *Cordaites* (Cordaïtales, Cordaïtacées), avaient, au Carbonifère et au Permien, une extension cosmopolite. Les feuilles dures, caduques sous le climat tempéré, offraient toutes les conditions d'une bonne

1 *Cordaites borassifolius**, Carbonifère supérieur (Westphalien) Stradonice (Tchécoslovaquie). Fragment de feuille dans une pellicule charbonneuse ; longueur de l'échantillon ; 29 cm. La feuille de fougère au bord de la roche appartient à l'espèce *Eurhacopteris elegans*.

2 *Cordaianthus* sp., Carbonifère supérieur (Westphalien), Kotíkov (Tchécoslovaquie). Partie supérieure de cône long de 8 cm et base d'une feuille de cordaïte.

3 *Cordaicarpus* sp., Carbonifère supérieur (Westphalien), Stradonice (Tchécoslovaquie). Graine carbonisée ressemblant à une noisette arrondie ; longueur : 1,5 cm environ.

4 *Artisia* sp., Carbonifère supérieur (Westphalien), Stradonice (Tchécoslovaquie). Moule de cavité médullaire avec ses cloisons ; longueur : 9 cm.

1

5

conservation. Leur variété est grande, de nombreux types sont stratigraphiquement caractéristiques et là encore les spécialistes ont adopté la solution provisoire du genre de forme (feuilles du type cordaïtes). On parvient à établir des liens de parenté réelle, en particulier par l'étude des cuticules des feuilles (membranes minces élastiques à la surface, formées par la cutine), qui montre la forme des cellules superficielles, la répartition des pores, etc.

On donne le nom générique de *Cordaianthus* aux cônes de cordaïtes qui ont un axe principal droit à écailles protectrices sur deux rangs ou en spirales, à l'aisselle desquelles se développaient de petits cônes portant des sporophylles avec des ovules ou des sacs à pollen.

Cordaicarpus est l'un des nombreux noms donnés à des graines de cordaïtes. Ces graines sont arrondies ou cordiformes, leur section transversale est très plate. Les embryons ne s'y développaient probablement qu'après leur chute dela plante-mère.

Enfin, les troncs des cordaïtes avaient un bois secondaire très développé et une écorce comprimée. Souvent on les distingue à peine des autres troncs de conifères et on leur donne le nom commun d'araucarites. Pour les cordaïtes, la moelle et les cloisons, bien visibles sur les moules de la cavité médullaire désignées sous le nom d'*Artisia*, sont caractéristiques.

Gymnospermes

Spermaphytes : *Gymnospermes* (suite)

On connaît les ginkgoales depuis le Permien inférieur. Ces plantes étaient particulièrement abondantes au Secondaire dans la zone tempérée de l'hémisphère Nord. Actuellement, il n'en existe qu'une seule espèce qui vit dans le sud-est de la Chine (*Ginkgo biloba,* « l'arbre aux quarante écus »). Ce sont des plantes ligneuses arborescentes se développant en épaisseur et à cimes très ramifiées. Chez les types les plus anciens, les feuilles étaient sessiles, bifurquées, à nervures parallèles ; chez les types les plus récents, elles sont pétiolées, plates, à nervures palmées. Les organes reproducteurs des plantes fossiles sont peu connus. Chez le Ginkgo, les sporophylles mâles sont groupés en châtons et les ovules croissent généralement par deux sur des feuilles transformées. Si l'on généralise ce qui l'on sait des ginkgos, on peut dire que les plantes de ce groupe formaient des germes dormants qui ne commençaient à se développer qu'après la chute de la graine de la plante-mère.

On trouve les plantes voisines du ginkgo dans les sédiments du Trias supérieur dans le monde entier. On les trouve même aux latitudes les plus extrêmes, comme dans la terre de François-Joseph, au Groenland ou en Patagonie. Pendant leurs cent cinquante millions d'années d'existence, ces plantes n'ont pas connu de modifications importantes :

1 *Sphenobaiera digitata,* Permien supérieur, Mansfeld (RFA). Empreinte de feuille ; dimensions du fragment de roche : 16 × 7 cm. Les feuilles des plus anciennes ginkgoales étaient profondément découpées.

2 *Ginkgo adiantoides* (à gauche, feuille de hêtre *Fagus pliocenica*), Néogène (Pliocène moyen), Spišské Podhradie (Tchécoslovaquie). Longueur de la feuille : 8 cm. Les feuilles de cette espèce très répandue au Tertiaire ne peuvent être, sans une étude détaillée, distinguées des feuilles de ginkgo actuel. Ce fossile des travertins du Pliocène de Slovaquie fait partie des derniers fossiles de ginkgo trouvés en Europe.

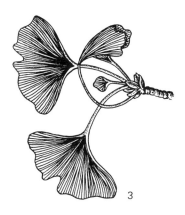

(la dernière espèce encore vivante est donc une relique, un « fossile vivant »). Le plus souvent on trouve des feuilles, de forme très variable ; typiquement, elles sont larges et cunéiformes, lobées à la pointe et ont un long pétiole (**3**). Elles sont peu utilisables en stratigraphie.

Le genre *Sphenobaiera* (Ginkgoales, Sphénobaieracées), est un représentant cosmopolite des plus anciennes ginkgoales. Son extension stratigraphique va du Permien inférieur au Crétacé inférieur. Les feuilles croissant sur des rameaux latéraux raccourcis (brachyblastes) sont découpées en segments rubanés à nervures parallèles. Dans l'évolution des plantes de ce groupe, on observe une tendance vers l'unification de la forme du limbe, semblables à celui des ginkgos actuels.

 **Gymnospermes**

Spermaphytes : *Gymnospermes* (suite)

Au Secondaire, tout comme à la fin du Primaire, une grande partie de l'Europe se trouvait dans la zone tropicale. Le climat aride des débuts du Trias est devenu humide par suite de l'abondance des chutes de pluie. La flore de l'Europe a beaucoup de traits communs avec la flore du sud et du sud-est de l'Asie et sert de base avec elle à la délimination de la province paléophytogéographique indo-européenne. Les cycadophytes y croissaient en abondance à côté des coniférophytes. Elles sont apparues au Carbonifère supérieur puis se sont divisées en deux branches d'évolution indépendantes, les cycadales et les bennettitales. Les cycadales vivent de nos jours dans les zones tropicales et subtropicales ; les bennettitales, plus spécialisées et paléontologiquement plus intéressantes, sont connues avec certitude depuis le Trias et se sont éteintes à la fin du Crétacé.

Les bennettitales sont des plantes ligneuses atteignant 3 m de haut. Les troncs sont souvent très courts, cylindriques, en tonneau ou hémisphériques, non ramifiés ou à peine, terminés par un panache de grandes feuilles rappelant la cime des fougères arborescentes ou des palmiers. La structure interne des troncs est monostélique, la moelle volumineuse, le bois secondaire formant plusieurs cylindres concentriques, l'écorce est mince, portant à la surface les pétioles persistants des feuilles. Les organes reproducteurs rappellent par leur structure les

1 *Pterophyllum jaegeri,* Trias supérieur, Lunz am See (Autriche). Feuilles et folioles d'une longueur maximale de 6 cm.

2 *Zamites suprajurensis,* Jurassique supérieur (Tithonique), Salzhemmendorf, Hanovre (RFA). Feuille et folioles longues d'environ 5 cm.

3 *Cycadeoidea* sp., Crétacé supérieur (Cénomanien), Slaný (Tchécoslovaquie). Fragment de tronc silicifié long de 9 cm aux verticilles floraux bien visibles.

Cr

J

T

fleurs des angiospermes, ce qui a amené certains paléobotanistes à des considérations sur les relations dans l'évolution des deux groupes de plantes. Fleurs très nombreuses, hermaphrodites, sessiles (sans pédoncule) et axillaires (situés dans l'angle formé par la tige et un rameau ou une feuille). L'arrangement des différentes parties de ces fleurs est semblable à celui des fleurs de magnolias actuels. Les graines nues, ovoïdes, ont jusqu'à 10 mm de long.

Les représentants typiques du groupe sont les plantes du genre *Cycadeoidea* (Cycadeoideales, Cycadeoideacées). Elles poussaient abondamment au Jurassique supérieur et au Crétacé dans l'hémisphère Nord. Les gros troncs non ramifiés rappellent le fruit de l'ananas. Les grandes feuilles épaisses sont imparipennées (**4**).

Des bennettitales, on trouve le plus souvent les feuilles épaisses, classées selon le système des genres de forme. Les feuilles désignées sous le nom générique de *Pterophyllum* se trouvent dans les sédiments du Trias au Crétacé. Elles sont particulièrement communes dans les sédiments du Trias supérieur d'Europe et d'Amérique du Nord.

Les feuilles du genre *Zamites* ont la même extension géographique et stratigraphique que celles du genre *Pterophyllum*. Mais elles sont largement ovales (elles vont se rétrécissant vers le pétiole et vers la pointe).

Gymnospermes

Les conifèrest sont la classe de gymnospermes la plus évolée et la plus diversifiée. Leurs représentants fossiles ne diffèrent guère, dans leur structure anatomique, des conifères actuels ; ils exisent depuis le Carbonifère supérieur. L'aridification progressive du climat au cours du Permien et du Trias inférieur a favorisé les conifères (en même temps que d'autres groupes de gymnospermes) par rapport aux fougères qui dépendent beuacoup plus dans leur cycle de reproduction d'un milieu humide. Le Secondaire a connu un grand épanouissement des conifères. Ce n'est que par suite de la conquête rapide de la terre ferme par les angiospermes au Crétacé supérieur que leur extension a été freinée.

Les conifères sont des plantes ligneuses richement ramifiées, en général arborescentes, à feuilles sessiles ou à courts pétioles, à nervure unique, et persistantes chez la majorité d'entre elles. Les cônes sont mâles ou femelles. Les grains de pollen ont habituellement des sacs aériens caractéristiques qui facilitent leur dissémination par le vent.

Le genre *Lebachia* (Lébachiales, Lébachiacées), renferme quelques-uns des types de conifères les plus anciens, caractéristiques du Carbonifères supérieur et du Permien inférieur d'Europe et d'Amérique du Nord. Ce sont de grands arbres à bois secondaire très développé, aux branches disposées en verticilles et étalées ensuite, à chaque verticille, sur un seul plan ; les branches sont couvertes de feuilles aciculaires souvent bifurquées à l'extrémité et retroussées (3). Les cônes les plus petits sont formés de sporophylles mâles disposées en hélices sur l'axe ; plus gros, les cônes femelles ont l'axe principal couvert d'écailles dispossées également en hélice, et il en sort des rameaux fertiles à écailles stériles et sporophylles femelles.

Parmi les restes de conifères fréquemment découverts, on trouve des rameaux feuillus, des cônes et des morceaux de troncs souvent silicifiés. Leur détermination précise est souvent impossible. Du point de vue taxinomique, le caractère des vaisseaux est important mais, dans de nombreux cas, cela ne suffit pas pour dire avec certitude que le fragment examiné appartient aux conifères ou aux cordaïtes. Beaucoup de troncs du Carbonifère et du Permien appartiennent au genre *Lebachia* pour lequel le grand développement de la moelle est caractéristique. La structure générale du bois de ces arbres répond aux caractères du bois des araucarias actuels et, dans la pratique, les découvertes de ce type sont désignées couramment, comme des araucarites. La désignation *Dadoxylon* s'applique indifféremment aux bois de ces deux groupes de gymnospermes, les conifères et les cordaïtes.

3

1 *Lebachia hypnoides,* Permien inférieur, Lodève (France). Rameau carbonisé de 9 cm. Lebachia est plus connu sous le nom de *Walchia,* terme aujourd'hui réservé pour désigner les rameaux stériles.

2 *Dadoxylon* sp., Permien inférieur (Autunien), Studenec près de Nová Paka (Tchécoslovaquie). Section du tronc silicifié ; diamètre : 14 cm.

Gymnospermes

Spermaphytes : *Gymnospermes* (suite)

Les plantes de la famille des Taxodiacées poussaient en abondance avec d'autres coniférophytes au Crétacé. Les représentants de cette famille survivent dans le sud-est de l'Asie et en Amérique du Nord. Ce sont des buissons ou des arbres et l'on compte parmi eux les plus grands arbres du globe, les séquioas, qui poussent aujourd'hui en Californie et atteignent 100 mètres de haut.

Les conifères du genre *Cunninghamites* (Cupressales, Taxodiacées), du Crétacé, répandus en Europe, atteignaient une vingtaine de mètres de haut. Leur aspect rappelle les plantes du genre *Cunninghamia* qui poussent de nos jours en Chine et dans l'île de Taïwan. Les feuilles sont longuement linéaires, les cônes cylindriques ont des écailles terminées par une tête quadrangulaire avec une excroissance épineuse au milieu.

On trouve les fossile du genre voisin *Geinitzia* dans les dépôts du Crétacé d'Europe et d'Amérique du Nord. Ce genre a été décrit d'après les cônes femelles qui sont ovoïdes ou en cylindres courts, avec des écailles terminées par des têtes à quatre ou six angles ; les feuilles aciculaires sont courtes.

Au Tertiaire, une grande partie de l'Europe, à l'exception des régions septentrionales, se trouvait dans la zone tempérée chaude ou dans la zone subtropicale. Le climat n'était pas stable mais connaissait de

1 *Cunninghamites elegans,* Crétacé supérieur (Cénomanien), Peruc (Tchécoslovaquie). Fragment de rameau d'environ 9 cm de long. Espèce caractéristique du Crétacé supérieur.

2 *Geinitzia cretacea,* Crétacé supérieur (Sénonien), Březno près de Louny (Tchécoslovaquie). Schiste avec empreinte d'un rameau de 6,5 cm de long. On a jadis confondu cette plante avec les séquoias par suite de la forme des cônes.

1

2

3

4

3 *Pinus oviformis,* Néogène (Miocène inférieur), Břešťany près de Bílina (Tchécoslovaquie). Cône à peine déformé de 8 cm de long, conservé dans une concrétion ferreuse.

4 *Glyptostrobus europaeus,* Néogène (Miocène inférieur), Břešťany près de Bílina (Tchécoslovaquie). Rameau avec des cônes ; longueur : 5 cm environ.

grandes variations de température, avec une tendance générale vers le refroidissement. C'est pourquoi on trouve dans la végétation des éléments subtropicaux mais aussi des éléments de la zone tempérée. Les marais où se formait le charbon sont caractéristiques du Tertiaire. Les couches de houille se sont formées à partir de la végétation croissant sur place mais souvent aussi, dans une mesure décisive, à partir de restes végétaux apportés par les crues.

On compte parmi les plantes houillères, des vestiges du genre *Glyptostrobus* (Cupressales, Taxodiacées), connu depuis le Crétacé supérieur. Au Miocène, ce conifère était largement répandu dans l'hémisphère Nord ; aujoud'hui, une seule espèce survit dans le sud-est de la Chine. Les espèces fossiles croissaient dans les marais en compagnie des aulnes, des saules et des érables.

On trouve également le genre *Pinus* (Pinales, Pinacées), dans les sédiments du Miocène. On peut suivre l'évolution des espèces de ce genre depuis le Crétacé supérieur dans tout l'hémisphère Nord, en partie dans la zone tropicale. Le nombre d'espèces de pins était considérable à l'Oligocène et au Miocène en Europe. Le refroidissement du Pléistocène, fatal à un grand nombre de plantes exotiques d'Europe, a eu pour conséquence une chute considérable du nombre des espèces.

Angiospermes

Spermaphytes (suite) : *Angiospermes*

On a trouvé les plus anciens représentants des angiospermes dans les sédiments du Crétacé inférieur. Leurs évolution a été exceptionnellement rapide. Au cours de vingt-cinq à trente millions d'années, elles se sont exceptionnellement diversifiées et ont recouvert la Terre entière. La rupture dans la composition des associations végétales est si marquée que la limite entre le Crétacé inférieur et le Crétacé supérieur est aussi la limite entre l'ère des gymnospermes et celle des angiospermes. Le caractère principal des angiospermes est que les ovules sont enfermés dans l'ovaire (feuille femelle fertile soudée). Les oeufs se transforment en graines enfermées dans un fruit qui résulte de la modification des parois de l'ovaire. On ne connaît pas encore vraiment l'origine des angiospermes.

Les magnolias (Magnoliales, Magnoliacées), font partie des angiospermes les plus anciennes. Les découvertes de fossiles proviennent de la fin du Crétacé inférieur des deux hémisphères. Aujourd'hui, les magnolias croissent surtout dans les zones tropicales et subtropicales des deux Amériques, en Inde et en Malaisie, aux Philippines et en Océanie.

Les *Aralia* (Araliales, Araliacées) fossiles ont vécu dans l'hémisphère Nord depuis le Crétacé inférieur. On les trouve aujourd'hui dans les régions tropicales et subtropicales de l'Amérique du Nord et de l'Asie. Ces plantes sont très voisines des lierres *(Hedera)*. Elles sont arborescentes, buissonnantes ou herbacées, souvent grimpantes ou épineuses. Les feuilles alternes sont entières ou composées, imparipennées.

On trouve des feuilles des espèces du genre *Platanus* (Hamamélidales, Platanacées), à partir du Crétacé inférieur dans l'hémisphère Nord. Elles sont lobées, les lobes sont grossièrement dentés, le limbe près du pétiole cunéiforme ; les nervures sont palmées (**6**).

Le genre *Credneria* groupe des plantes très proches des platanes. Elles sont abondantes dans les sédiments crétacés de l'hémisphère Nord. La base élargie de la feuille est caractéristique (**7**).

Les plantes herbacées les plus diverses étaient représentées dans la flore du Crétacé mais étaient moins susceptibles de se fossiliser que les plantes ligneuses. On trouve dans le genre *Dewalquaea* (Renonculales, Renonculacées), des renonculacées anciennes dont les empreintes se rencontrent dans les sédiments de différents endroits d'Europe et d'Asie. Ces plantes se sont éteintes au début du Paléogène. On les compare aux hellébores actuelles. La feuille composée est formée de trois à cinq folioles dentées ou entières, imparipennée et se développant à l'extrémité d'un long pétiole commun.

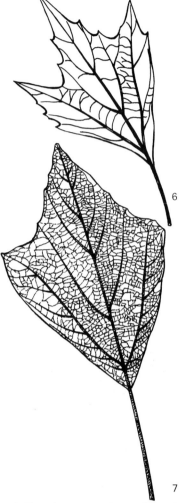

6

7

1 *Dewalquaea coriacea,* Crétacé supérieur (Cénomanien), Vyšehořovice (Tchécoslovaquie). Argile avec empreinte de feuille longue de 2 cm environ.

2 *Aralia kowalewskiana,* Crétacé supérieur (Cénomanien), Vyšehořovice (Tchécoslovaquie). Longueur de la feuille : 12 cm environ. Cette feuille palmée compte sept lobes.

3 *Platanophyllum laeve,* Crétacé supérieur (Cénomanien), Vyšehořovice (Tchécoslovaquie). Empreinte de feuille incomplète ; longueur : 11 cm environ.

4 « *Magnolia* » *amplifolia,* Crétacé supérieur (Cénomanien), Vyšehořovice (Tchécoslovaquie). Empreinte de feuille ; longueur : 12 cm. Au début du Quaternaire, les magnolias poussaient aussi en Europe.

5 *Credneria bohemica,* Crétacé supérieur (Cénomanien), Vyšehořovice (Tchécoslovaquie). Empreinte de feuille ; longueur : 23 cm environ.

Cr

Spermaphytes : *Angiospermes* (suite)

Les angiospermes du Tertiaire sont proches des angiospermes actuelles, mais la composition spécifique indique un climat européen dans l'ensemble plus chaud. Les paléobotanistes ont pu établir un tableau objectif grâce aux analyses palynologiques, c'est-à-dire par l'étude des pollens fossiles dont la résistance a permis la conservation.

Les plantes ligneuses du genre *Dryophyllum* (Fagales, Fagacées), voisines des chênes, poussaient abondamment à la fin du Crétacé et au Tertiaire dans l'hémisphère Nord.

Les plantes du genre *Cercidiphyllum* (Cercidiphyllales, Cercidiphyllacées) sont connus depuis le Crétacé supérieur. Au Tertiaire, on les trouvait surtout dans la zone tempérée de l'hémisphère Nord. Elles survivent aujourd'hui au Japon et en Chine. Ce sont des arbres dont les feuilles sont ovales ou cordiformes, à nervation palmée, dont les nervures principales se recourbent en arc vers la pointe. On trouve des feuilles très bien conservées dans les diatomites, sédiments composés surtout des tests siliceux des diatomées qui trouvaient des conditions particulièrement favorable dans les petits lacs contenant suffisamment de silice (provenant par exemple des produits volcaniques).

On connaît les platanes, répandus surtout dans l'hémisphère Nord, depuis le Crétacé supérieur. Les feuilles de ces arbres vigoureux, caractéristiques par l'exfoliation de leur écorce, sont en général palmatilobées. *Platanus neptuni* (Hamamélidales, Platanacées), est une exception car ses feuilles sont elliptiques ou lancéolées avec une nervation pennée caractéristique.

Les feuilles de l'érable *Acer* (Sapindales, Acéracées), sont parmi les fossiles végétaux du Tertiaire les plus souvent rencontrés. Les nombreuses découvertes en Europe montrent ses relations étroites avec les types du Nord de l'Amérique, de l'est de l'Asie et du Bassin méditerranéen.

Enfin, les *Comptonia* (Myricales, Myricacées), voisins des ciriers *(Myrica),* faisaient partie des buissons communs à la fin du Tertiaire européen. Ils survivent aujourd'hui dans la zone tempérée chaude de l'Amérique du Nord.

1 *Comptonia acutiloba,* Néogène (Miocène inférieur), Břešťany près de Bílina (Tchécoslovaquie). Argile avec empreinte de feuille, longue de 8 cm.

2 *Dryophyllum furcinerve,* Paléogène (Eocène supérieur), Žitenice près de Litoměřice (Tchécoslovaquie). Longueur de la feuille : 6 cm. Représentant important des plantes subtropicales à feuilles entières, surtout coriaces (« flore à dryophylles »).

3 *Acer tricuspidatum,* Néogène (Miocène inférieur), Břešťany près de Bílina (Tchécoslovaquie). Argile avec empreinte de feuille, longue de 4 cm.

4 *Cercidiphyllum crenatum,* Paléogène (Oligocène supérieur), Bechlejovice près de Děčín (Tchécoslovaquie). Diatomite avec feuille de 5 cm de long. La diatomite porte des bandes caractéristiques. Les bandes claires sont composées presque exclusivement de tests de diatomées, les bandes sombres comportant une plus grande quantité de matières organo-détritiques.

5 *Platanus neptuni,* Paléogène (Oligocène moyen), Suletice près de Ústí nad Labem (Tchécoslovaquie). Diatomite avec empreinte de feuille de 7 cm de long. Il est difficile de distinguer cette espèce de *P. kerri* qui n'a été découverte que vers les années 30 de ce siècle sur le territoire du Laos.

Spermaphytes : *Angiospermes* (suite)

Les sols humides des forêts du Miocène en Europe étaient abondamment couvertes de ciriers. Les plus anciennes découvertes de feuilles du genre *Myrica* (Myricales, Myricacées), ont été faites dans les sédiments du Crétacé inférieur. Au Tertiaire, les ciriers croissaient dans les deux hémisphères. On trouve les représentants actuels de ces buissons ou arbustes aromatiques dans les zones tempérées chaudes ou subtropicales d'Europe, d'Amérique du Nord, d'Afrique, etc. Sous les tropiques, on les trouve en altitude. Les feuilles de ciriers sont exceptionnellement variées dans leur forme dentées ou entières, à nervation pennée.

Les *Nyssa* (Cornales, Nyssacées), étaient un élément important des forêts « houillères » du Miocène. On trouve les restes fossiles des ces arbres vigoureux dès le Paléogène. Les nyssas ne poussent aujourd'hui que dans l'est de l'Amérique du Nord ainsi que dans l'est et le sud-est de l'Asie, sur les restes d'une aire d'extension jadis continue. Ils ont de 20 à 40 m de haut. Les grandes feuilles simples, alternes, sont souvent concentrées à l'extrémité des branches ; elles sont entières ou ont quelques dents grossières (**6**).

On connaît le genre *Alnus* (Bétulales, Bétulacées), depuis le Paléogène. Les aulnes étaient et sont toujours très communs, surtout dans l'hémisphère Nord. Leurs feuilles sont ovales, lancéolées ou sublancéolées, au bord en dents de scie et à nervation pennée.

Daphnogene (Laurales, Lauracées), est un genre du Tertiaire aujourd'hui éteint, semblable au cannelier *(Cinnamomum).* Les feuilles de ces plantes ligneuses étaient entières, larges ou étroites, aux nervures latérales inférieures particulièrement longues, touchant presque à la pointe ; les autres nervures pennées sont courtes et c'est pourquoi ces feuilles sont dites du type trinervé.

Le genre-type voisin *Laurus,* le laurier, est connu avec certitude depuis le Paléocène. Les lauracées ont été très abondantes à l'Oligocène et au Miocène. Il en subsiste aujourd'hui deux espèces dans le Bassin méditerranéen et dans les îles Canaries. Les feuilles sont entières, largement lancéolées, à nervation pennée. Les formes fossiles sont rapportées au genre *Laurophyllum.*

1 *Daphnogene polymorpha,* Néogène (Miocène inférieur), Břešťany près de Bílina (Tchécoslovaquie). Longueur de la feuille : 5 cm environ. Type à feuilles larges.

2 *Alnus julianiformis,* Néogène (Miocène inférieur), Břešťany près de Bílina (Tchécoslovaquie). Argile avec empreinte de feuille, longue de 5 cm.

3 *Myrica hakeifolia,* Néogène (Miocène inférieur), Břešťany près de Bílina (Tchécoslovaquie). Empreinte de feuille de 7 cm de long.

4 *Nyssa haidingeri,* Néogène (Miocène inférieur), Břešťany près de Bílina (Tchécoslovaquie). Longueur de la feuille : 13 cm.

5 *Laurophyllum pseudoprinceps,* Néogène (Miocène inférieur), Břešťany près de Bílina (Tchécoslovaquie). Empreinte de feuille de 9 cm de long.

 **Angiospermes**

Spermaphytes : *Angiospermes* (suite)

A la fin du Tertiaire, au Pliocène, un nouveau refroidissement s'est produit en Europe. Cette modification climatique a été bien marquée par les changements de la couverture végétale dans le centre de l'Europe. La végétation thermophile a rapidement régressé, tandis que se développaient steppes arborées et steppes herbacées proprement dites. Les travertins qui se sont formés autour des sources d'eaux riches en calcium fournissent des documents précieux sur la végétation de cette époque. Ces roches, très poreuses, renferment des restes animaux (surtout des coquilles de mollusques gastéropodes) et portent des empreintes de diverses parties de plantes. On y trouve aussi les empreintes de végétaux des régions vallonnées à l'intérieur des massifs où les conditions de fossilisation sont en général peu favorables et qui sont habituellement peu connus.

Par exemple, on trouve des *Parrotia* (Hamamélidales, Hamamélidacées), dans le travertins du Pliocène des régions montagneuses d'Europe centrale. Ces plantes ligneuses basses sont apparues en

1 *Parrotia fagifolia,* Néogène (Pliocène moyen), Spišské Podhradie, Dreveník (Tchécoslovaquie). Empreinte de feuille dans un travertin ; longueur de la feuille : 5,5 cm.

2 *Fagus pliocaenica,* Néogène (Pliocène moyen), Spišské Podhradie, Dreveník (Tchécoslovaquie). Empreinte de feuille de 7,5 cm de long. Il est difficile de distinguer cette espèce de l'espèce actuelle *F. orientalis.*

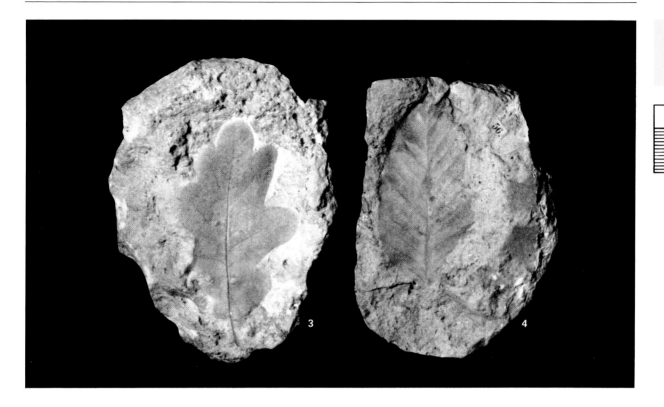

3 *Quercus roburoides,* Néogène (Pliocène moyen), Spišské Podhradie, Dreveník (Tchécoslovaquie). Empreinte de feuille de 9 cm de long. Bien que les chênes supportent les climats froids, ils appartiennent à leur origine à une végétation thermophile.

4 *Carpinus grandis,* Néogène (Pliocène moyen), Spišské Podhradie, Dreveník (Tchécoslovaquie). Empreinte de feuille de 7,5 cm de long.

Europe au cours de l'Oligocène ; leurs feuilles sont subovales, crénelées-dentées à la base ; la nervation est pennée. Une seule espèce existe encore dans le nord de l'Iran et au Caucase.

Le hêtre *Fagus* (Fagales, Fagacées), est un élément important de la flore arcto-tertiaire, abondamment répandu dans les zones froide et tempérée de l'hémisphère Nord. On le trouve déjà dans les sédiments du Crétacé supérieur. Dans les forêts de feuillus mixtes, il était souvent l'arbre le mieux représenté. Les feuilles sont ovales, à bord ondulé et denté et à nervation pennée.

De la même famille, les chênes *(Quercus),* poussaient déjà au Crétacé inférieur et surtout dans l'hémisphère Nord. C'est un genre riche en espèces : il en existe plus de 500 actuellement. La diversité de formes des feuilles de chêne est également considérable. A côté des types caractéristiques à lobes tronqués, on trouve des feuilles fortement dentées ou épineuses, souvent assez étroites. Leur détermination précise exige en général une étude de la cuticule.

Le charme *Carpinus* (Bétulales, Bétulacées), pousse en Europe depuis le Paléocène. Il est très répandu dans tout l'hémisphère Nord mais son aire d'extension principale se trouve dans l'est et le sud-est de l'Asie. La parcellisation de cette aire, continue à l'origine, résulte des forts refroidissements des périodes glaciaires du Quaternaire. Les feuilles sont ovales ou largement lancéolés, avec souvent une extrémité étirée ; le bord des feuilles est denté, la nervation pennée.

113

Protozoaires

Rhizopodes : *Foraminifères*

On range dans le règne indifférencié des Protistes des organismes microscopiques eucaryotes et unicellulaires, au mode d'alimentation autotrophe, hétérotrophe ou mixotrophe. Beaucoup d'entre eux fabriquent une coquille (ou test) microscopique. Seules, quelques espèces de protozoaires du groupe des Foraminifères (sous-classe ou ordre selon les auteurs) ont des coquilles assez grandes pour être visibles à l'oeil nu. Ces tests forment parfois une partie importante des roches sédimentaires.

Les Foraminifères ont des tests généralement calcitiques, translucides (hyalins) ou non (porcelanés). Les tests agglutinés (c'est-à-dire formés de grains de sable, de paillettes de mica ou d'autres matériaux collés) et cornés (chitinoïdes) sont moins abondants. Ils peuvent comporter une seule loge (uniloculaires) ou plusieurs loges (pluriloculaires) de formes variées. Les coquilles enroulées sont évolutes (les spires ne font que se toucher) ou involutes (les spires se réouvrent). Les cloisons séparant les loges sont perforées et les lignes par lesquelles elles se rattachent à la muraille externe du test sont les sutures. La surface des coquilles est couverte de côtes longitudinales ou transversales, de grains, de protubérances, d'épines, de plissotements, de carènes, de réseaux ou de

1 *Fusulina cylindrica*✳, Carbonifère supérieur, Garnitzenhöhe près de Pontafel (Italie). Longueur de la coquille : environ 5 mm. Banc de calcaire à fusulines altéré. Par suite de leur rapide évolution phylogénétique, de leur grande extension et de leurs nombreux gisements, les fusulines constituent d'excellents fossiles stratigraphiques.

2 *Nodosaria bacillum*, Miocène, Moravie du Sud (Tchécoslovaquie). Longueur du plus grand test : 11 mm. La forme macrosphérique est caractérisée par une grande loge initiale. Espèce toujours vivante, qui constitue un benthos mobile dans les parties profondes de la zone continentale des mers chaudes.

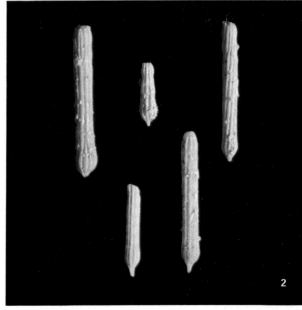

granulations. Les tentacules sortent de la coquille par un grand nombre de petites ouvertures (d'où le nom : *foramen* = ouverture) ou d'orifices. La forme des orifices permet de distinguer les espèces semblables.

Le genre *Nodosaria* (Nodosariida, Nodosariidae) est un genre cosmopolite qui existait au Dévonien mais qui n'a été abondant qu'au Mésozoïque et au Cénozoïque. Les animaux ont une coquille calcaire finement poreuse formée d'un rang droit de loges sphériques séparées par des étranglements. Les sutures sont perpendiculaires à l'axe de la coquille. L'orifice est en étoile. La coquille est habituellement costulée longitudinalement, rarement lisse.

Les Fusulines et notamment le genre *Fusulina* (Fusulinida, Fusulinidae) ont été abondants dans les mers chaudes du Permocarbonifère du monde entier à l'exception de l'Australie et de l'Antarctide. La coquille involute, fusiforme évoque un grain de blé. Elle a des parois à plusieurs couches de structure complexe. Les septums poreux sont ondulés et sur une coupe de la coquille ils forment des lignes en zigzags (**4**). Les orifices forment dans la partie équatoriale de la coquille un tunnel en spirale bordé d'épaississements sur les côtés, les chomates.

Le genre voisin *Pseudoschwagerina* se trouve dans les dépôts du Permien inférieur en Europe, en Asie, en Afrique du Nord et en Amérique du Nord. Test sphérique de grande taille, à paroi épaisse. Cloisons modérément et irrégulièrement ondulées.

3 *Pseudoschwagerina extensa,* Permien inférieur (Saxonien), Alpes de Carinthie (Autriche). Plus gros tests : 8 mm. Coupe mince de calcaire à schwagérines avec coupes transversales de tests. Les représentants du genre étaient abondants dans les mers tropicales peu profondes.

Ng

P

C

Protozoaires

Rhizopodes : *Foraminifères* (suite)

Les Foraminifères sont des animaux marins. La plupart des espèces se trouvent dans le benthos, peu dans le plancton. Elles se déplacent à l'aide de pseudopodes avec lesquels elles capturent également les diatomées *(Bacillariophyceae)* et autres micro-organismes. Chez les foraminifères, l'alternance des générations à reproduction sexuée et non sexuée est caractéristique. Une espèce peut présenter deux (dimorphisme) ou trois (trimorphisme) types de tests. Ces derniers se distinguent en général par leur taille et par celle de la loge initiale (prolocula) rarement par leur forme. La forme sexuée (macrosphérique, c'est-à-dire à grande prolocula) a une coquille petite, alors que la forme non sexuée (microsphérique, à petite prolocula) a une coquille plus grande.

Les foraminifères du genre *Nummulites* (Nummulitida, Nummuliti-dae) habitaient les mers chaudes de l'Eurasie et de l'Amérique centrale du Paléocène à l'Oligocène. Leurs tests, en général de grande taille (jusqu'à 12 cm), lenticulaires ou discoïdes, sont fortement involutes et à nombreux tours. Les nombreuses loges ont en coupe transversale la forme d'un V retourné ; elles communiquent par un système de canaux (5). Les parois poreuses sont renforcées par des colonnettes qui forment des verrues à la surface des coquilles. Il n'y a habituellement pas d'orifice.

Les Assilines (en particulier le genre voisin *Assilina*), ont la même extension que les Nummulites mais elles n'ont vécu que du Paléocène inférieur jusqu'à l'Eocène. La coquille, partiellement évolute, comporte moins de spires, les cloisons sont rayonnantes, le centre est déprimé.

1 *Assilina spira,* Paléogène (Eocè-ne), Nice (France). Diamètre du test : 8 mm. Le test, fendu dans le plan équatorial, se distingue diffi-cilement de ceux du genre *Num-mulites*. On la reconnaît facile-ment en coupe transversale ou d'après la forme extérieure.

4 *Actinocyclina furcata,* Paléogè-ne (Eocène supérieur), La Vanade (France). Diamètre du plus grand test : 12 mm.

2 *Nummulites* cf. *irregularis,* Paléogène (Eocène moyen), Gebedjie (Bulgarie). Diamètre du plus grand test : 25 mm. Formes microsphériques, fendues dans le plan équatorial. Les test de nummulites ressemblent à des pièces de monnaie d'où leur nom (latin *nummulus* = pièce de monnaie).

3 *Nummulites lucasanus,* Paléogène (Eocène moyen), Zakopane (Pologne). Diamètre : 6 mm. Formes macrosphériques, en général en coupe transversale. Les pyramides égyptiennes sont constituées de calcaire nummulitique semblable.

Le caractère commun des foraminifères du groupe des Orbitoïdés est constitué par la coquille discoïde, formée de quelques couches de grandes loges équatoriales et de nombreuses couches de petites loges qui les bordent des deux côtés. Quelques loges particulièrement grandes forment le stade initial de la coquille au milieu de la couche équatoriale.

Actinocyclina (Orbitoidida, Discocylinidae), de l'Eocène est un genre cosmopolite à coquille finement lenticulaire, à la surface verruqueuse et au centre bombé (**6**). Du centre vers les bords courent les côtes radiales de multiples loges latérales. La plus grande des deux loges initiales sphériques enveloppe complètement la petite.

117

Spongiaires

Spongiaires : *Démosponges* et *Hyalosponges*

Les éponges (embranchement des Porifères) sont les plus simples des animaux aquatiques pluricellulaires fixés. Leur corps ne comporte que deux feuilles embryonnaires, l'ectoderme et l'endoderme. Entre les deux, se trouve la mésoglée gélatineuse, qui sécrète un squelette de spicules. Le corps a la forme d'un sac aux parois poreuses. Des pores et des canaux mènent à la cavité gastrique qui débouche à l'extérieur par un orifice d'excrétion, l'oscule. La cavité gastrique est tapissée d'un épithélium digestif formé de cellules à collerette flagellée, les choanocytes. Le mouvement des flagelles fait pénétrer l'eau par les pores et, après capture de la nourriture microscopique, la rejettent par l'oscule. La forme des parois donne naissance à trois types de structures : 1. ascon : corps en forme de sac ; 2. sycon : parois plissées ; 3. leucon : les plis sont plissés à leur tour, de sorte que les choanocytes sont enfermés entre les plis dans des loges. Des canaux inhalants mènent des pores aux choanocytes et, de là, des canaux exhalants conduisent l'eau jusqu'à la cavité gastrique transformée en canal d'excrétion. La classification des Spongiaires repose sur les caractères des spicules et sur la forme externe ; on distingue trois classes (Démosponges, Hyalosponges et Calcisponges), parfois quatre (Sclérosponges en plus). Les représentants des trois premières classes sont plus ou moins abondants du Cambrien à nos jours, avec un maximum au Paléozoïque inférieur et au Mésozoïque. Le dernier petit groupe est morphologiquement quelque peu différent et n'est apparu qu'à l'Ordovicien.

Le plus grand nombre d'éponges appartient aux Démosponges. Leur squelette est constitué de spicules d'opale ou de filaments cornés, parfois des deux. Parois en général épaisses, de type leucon. Parmi les

1 *Hydnoceras bahtense,* Dévonien supérieur (Frasnien), New York (États-Unis). Hauteur : 15,5 cm. Le squelette en entonnoir aux parois minces était fixé dans les sédiments par un faisceau de longs spicules à l'extrémité inférieure. Il y avait des touffes de spicules au sommet des bosses creuses.

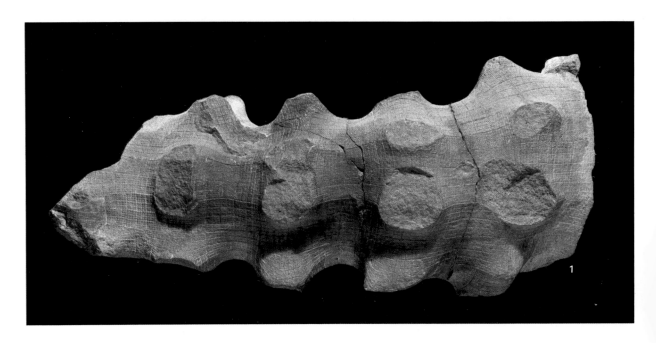

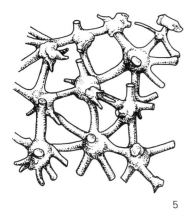

5

2 *Runia runica*＊, Silurien (Ludlowien), Lejškov près de Zdice (Tchécoslovaquie). Hauteur du fragment de coquille du céphalopode : 2,5 cm. Les différentes lignes de forage représentent probablement plusieurs attaques consécutives de la coquille.

3, 4 *Astylospongia praemorsa*＊, Ordovicien, Gotland (Suède). Dessus (**3**) et côté (**4**). Diamètres : 3,2 à 3,4 cm. Grâce à leur forme sphérique et à leur squelette siliceux, les *Astylospongia* sont très résistantes. C'est pourquoi on les trouve souvent dans les dépôts glaciaires du nord de l'Allemagne et en Pologne.

3

4

fossiles, les éponges de l'ordre des Lithistides (squelette réticulé, spicules allongés et soudés, et aux prolongements irréguliers nommés desmes – **5**) sont très importantes.

Les éponges euro-américaines du genre *Astylospongia* (Lithistida, Astylospongiidae) ont vécu à l'Ordovicien et au Silurien. L'extérieur est couvert de fins oscules et parcouru de stries.

Des éponges foreuses fossiles, il ne reste que les couloirs et loges creusés par elles. Leur forme dépend souvent du substrat. *Runia* (Hadromerida, Clionidae), l'une des plus anciennes traces connues de forage d'éponges (Silurien de Tchécoslovaquie), est d'abord rectiligne puis fourchue.

Dans la classe des Hyalosponges, *Hydnoceras* (Lyssakida, Dictyospongiidae) se trouve dans le Dévonien et le Carbonifère nord-américain et français. Ce genre est de forme octognale en coupe transversale. Sur les arêtes, il porte plusieurs rangs de bosses pointues émoussées. Les spicules siliceux soudés à trois axes se sont décomposés et ont laissé à la surface un réseau épais de stries orthogonales.

 **Spongiaires**

Spongiaires : *Démosponges* (suite)

Le corps de l'éponge est soutenu par un squelette intérieur composé soit de filaments entrelacés faits de spongine, soit de spicules anorganiques, calcaires ou siliceux, les sclérites. Ceux-ci sont parfois libres dans la mésoglée, parfois soudés, quelquefois reliés par la spongine et formant un solide squelette réticulé. Ils résultent de la sécrétion de certaines cellules (scléroblastes) le long du filament organique axial dont il reste, dans les spicules, un fin canalicule.

D'après la taille, on divise les spicules en macrosclérites (habituellement 0,1 à 3 mm, mais pouvant atteindre jusqu'à 3 mètres), qui forment le squelette proprement dit, et en microsclérites (0,01 à 0,1 mm de long), qui arment la mésoglée gélatineuse. Les spicules ont des formes très diverses, il en existe plusieurs dizaines de types. En principe, on les divise en spicules à axe unique (monaxones), à trois rayons (triactines), à trois axes (triaxones), à quatre axes (tétraxones) ou plus (polyaxones), ou sans axe (ils sont alors irréguliers ou sphériques).

Les monaxones constituent la forme de spicules la plus répandue chez les éponges aussi bien calcaires que siliceuses. On trouve également les deux sortes chez les tétraxones. Les triactines sont caractéristiques des éponges calcaires (Calcisponges) et les triaxones des éponges à squelette siliceux (Hyalosponges). Ces spicules forment généralement des squelettes réticulés. Les polyaxones et les autres formes sont abondan-

1 *Cnemidiastrum rimulosum,* Jurassique supérieur (Malm), Roning (RFA). Hauteur : 5 cm. La profonde cavité centrale aux stries verticales, dans laquelle débouchent les canaux exhalants, caractérise le genre.

2 *Verruculina crassa,* Crétacé supérieur (Turonien), Nottlingen près de Hanovre (RFA). Hauteur de l'exemplaire 4,5 cm. Les nombreux apopores du côté interne aux rebords surélevés sont caractéristiques des squelettes du genre aux formes variées.

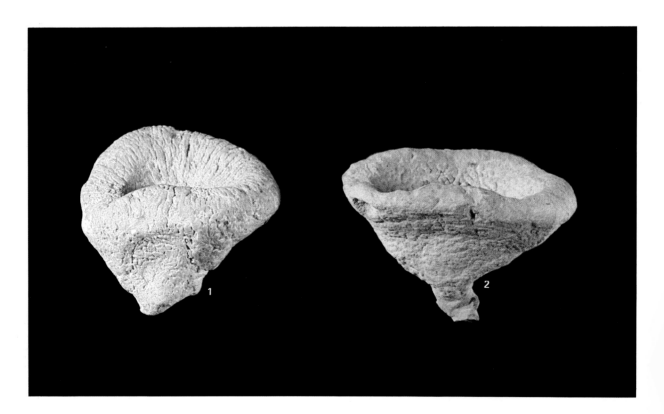

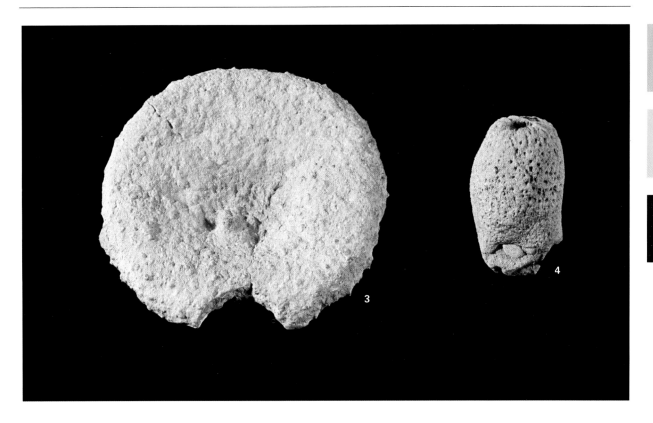

3 *Hyalotragos rugosum,* Jurassique supérieur (Malm), Streitberg (RFA). Diamètre : 7,3 cm.

4 *Cylindrophyma milleporata*∗, Jurassique supérieur (Malm), Blaubeuren (RFA). Hauteur : 4,2 cm. Forme souvent des groupes.

tes surtout chez les éponges paléozoïques où elles naissent souvent de la soudure de types simples.

Les éponges européennes du genre *Cnemidiastrum* (Lithistida, Cnemidiastridae) ont vécu de l'Ordovicien au Jurassique. Elles ont un squelette à paroi épaisse, cylindrique ou largement cupulaire. Les spicules sont des rhizoclones (desmes radiculaires) aux prolongements émoussés.

Les représentants du genre *Verruculina* (Lithistida, Verruculinidae), sont abondants au Crétacé, un peu moins dans le Tertiaire européen. Ils ont des squelettes aux parois épaisses, de forme hélicoïdale, cupulaire ou discoïde, avec parfois un court pédoncule. Les spicules sont de petits rhizoclones fourchus.

Les éponges plates du genre *Hyalotragos* (Lithistida, Hyalotragosidae) proviennent du Jurassique supérieur européen et constituent un élément important des falaises calcaires à éponges (Spongitenkalk) du Malm allemand. Le côté externe est finement poreux, recouvert d'une couche plissée concentrique. Le côté supérieur porte de fins apopores (débouché des canaux exhalants). Les rhizoclones sont grands et ramifiés.

Les éponges du genre *Cylindrophyma* (Lithistida, Cylindrophymatidae), du Jurassique supérieur européen, ont un squelette cylindrique aux parois épaisses avec une cavité gastrique tubulaire profonde atteignant la base. Elles adhèrent au substrat par une large base. La face externe porte de nombreux ostioles (pores des canaux inhalants).

121

Spongiaires : *Démosponges* (suite)

Les éponges vivent fixées (seules les larves sont mobiles) ; ce sont exclusivement des animaux aquatiques, surtout marins. Seules, quelques espèces de la famille des Spongillidés ont pénétré dans les eaux douces. Toutes les éponges actuelles vivent entre l'équateur et les pôles, de la zone du ressac à des profondeurs atteignant 6000 m. Pour chaque groupe il existe une certaine dépendance vis-à-vis de la profondeur. Les Calcisponges sont les plus abondantes jusqu'à environ 90 m de profondeur, les Démosponges entre 100 et 350 m, les Hyalosponges de 500 à 1000 m. L'influence du climat est moins sensible, même si la plupart des ordres sont plus riches en espèces sous les tropiques. Seules, les éponges cornées de la classe des Démosponges ne se trouvent que dans les eaux chaudes peu profondes. Beaucoup d'éponges exigent un fond solide rocheux ou sableux et ne supportent pas l'eau trouble. Le mouvement des eaux a une influence marquée sur les éponges et influence souvent leur forme. En eau calme, les éponges sont cupuliformes ; en eau courante elles sont encroûtantes. Plus on descend, plus nombreuses sont les éponges dont le squelette garde une forme constante et plus s'accroît leur diversité. De même se diversifient les modes de fixation dans un sol mou et les possibilités de conserver une certaine hauteur pour éviter d'absorber les impuretés en même temps que l'eau ; on trouve toutes sortes de formes depuis les longs et minces pédoncules à prolongements rhiziformes jusqu'aux grands spicules évoquant des pilotis.

Dans un milieu favorable, on peut trouver un très grand nombre d'éponges, une grande variété d'espèces. Les falaises à éponges fossiles du Jurassique supérieur en pays de Bade-Wurtemberg ou du Crétacé supérieur en France en sont un exemple. Elles ont vécu dans des mers tropicales vers 100 mètres de profondeur à l'époque de l'épanouissement maximal des éponges. On ne connaît pas de groupements semblables dans les mers actuelles.

Le genre *Jereica* (Lithistida, Jereicidae) (**4**), du Crétacé supérieur d'Allemagne, a un squelette cylindrique ou cupuliforme sur un pied court, développé à partir d'un disque basal. Des canalicules d'évacuation verticaux débouchent dans un spongocèle (cavité gastrique) peu profond. Les grands rhizoclones ramifiés sont courbes.

Les éponges du genre *Siphonia* (Lithistida, Phymatellidae), du Crétacé ou du Tertiaire en Europe ou en Australie, ont un squelette en forme d'oeuf ou de poire et un long pied mince fixé par des prolongements rhiziformes, les rhizoïdes. Les canaux exhalants, incurvés, débouchent dans un spongocèle étroit et profond.

Proche de la précédente, *Thecosiphonia* est une éponge européenne du Crétacé et du Tertiaire ; squelette ovale ou piriforme à pédoncule mince ; spongocèle peu profond. Elle se distingue du genre *Siphonia* par de grands spicules (desmes).

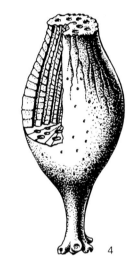

4

1 *Siphonia tulipa*, Crétacé (Albien supérieur), Blackdown (Angleterre). Hauteur du corps de l'éponge sans le pédoncule : 3,7 cm. On aperçoit un fragment du long et mince pédoncule et l'orifice d'un spongocèle étroit. Cette éponge évoque une tulipe d'où son nom spécifique.

2 *Jereica multiformis*, Crétacé supérieur (Sénonien), Misburg près de Hanovre (RFA). Hauteur : 15 cm. Le squelette a une forme cupulaire caractéristique, avec un court pédoncule dont la partie inférieure est cassée.

3 *Thecosiphonia* sp., Crétacé supérieur (Sénonien), Oberg près de Halberstadt (RDA). Hauteur avec le pédoncule : 23 cm. Les eaux calmes relativement profondes de la mer allemande du Crétacé supérieur constituaient le biotope de ces éponges.

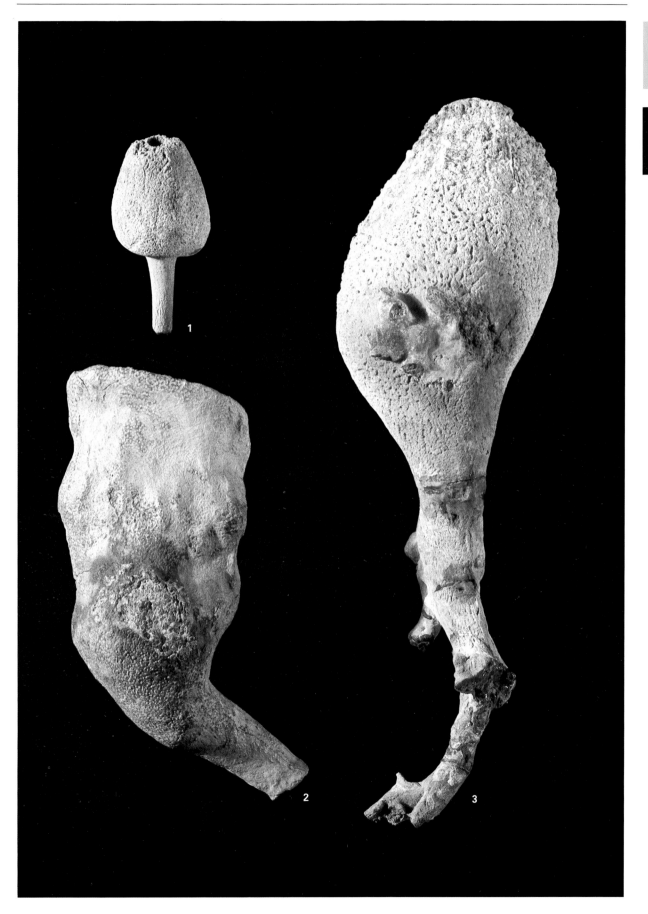

Spongiaires

Spongiaires : *Démosponges* et *Hyalosponges* (suite)

On trouve les éponges du genre *Hallirhoa* dans les dépôts du Crétacé supérieur européen. Elles sont voisines de celles du genre *Siphonia*.

Les Hyalosponges sont généralement du type leucon, à large spongocèle à parois minces. Le système canalifère est simple. Le squelette est constitué de spicules d'opale à trois axes (triaxones = hexactines) ; la spongine est complètement absente. Les spicules sont parfois libres dans la mésoglée, mais ils sont le plus souvent soudés par leurs extrémités en un réseau à trois dimensions évoquant un échafaudage. Ce type de squelette est également caractéristique de l'ordre des Lychniskides auquel appartiennent la plupart des Hyalosponges fossiles. L'ordre doit son nom au fait que les rayons des spicules sont reliés, à l'endroit de leur croisement, par de courtes cloisons obliques dont les formes évoquent les anciennes lanternes domestiques (*lychnos* = lanterne). Les Lychniskides sont apparus au Jurassique, ont été très nombreux au Crétacé, puis ont diminué ensuite rapidement. Ils sont peu nombreux à l'époque actuelle. On ne les trouve qu'en Europe.

Ventriculites (Lychniskida, Ventriculitidae) est l'un des genres les mieux représentés au Crétacé moyen et supérieur. Le squelette

1 *Lopanella depressa*✱, Crétacé supérieur (Turonien inférieur), Zbyslav (Tchécoslovaquie). Hauteur du spécimen : 5,5 cm. Forme abondante dans les sédiments d'eaux littorales peu profondes du Turonien inférieur de Bohême.

2 *Hallirhoa costata*✱, Crétacé supérieur (Turonien), Nogent-le-Rotrou (France). Diamètre : 7 cm. Observer les très profonds spongocèles et les lobes caractéristiques du corps de l'éponge.

3 *Ventriculites radiatus*＊, Crétacé supérieur (Sénonien), Wiltshire (Grande-Bretagne). 11,5 cm dans sa plus grande dimension. Partie inférieure de l'éponge enfermée dans une concrétion siliceuse. On aperçoit parfaitement les stries concentriques verticales de la paroi externe et la base pointue du squelette. Les rhizoïdes sont cassés.

4 *Coeloptychium agaricoides*＊, Crétacé supérieur (Sénonien), Allemagne. Diamètre : 7,8 cm. Côté supérieur du squelette dont la forme en parapluie est caractéristique. On aperçoit les plis rayonnants et les fins apopores dans les sillons.

a généralement la forme d'un cornet, plus rarement celle d'un disque déprimé ; les parois sont minces. Des prolongements ramifiés partent de la base pointue. Calice caractérisé par des ondulations transversales en zigzag dues aux profondes stries verticales courant alternativement sur l'extérieur et l'intérieur.

Les espèces européennes et nord-américaines du genre *Coeloptychium* (Lychniskida, Coeloptychidae), du Crétacé supérieur, ont un squelette en forme de champignon ou de parapluie et un pied court et mince (**5**). La face inférieure est divisée par des stries profondes en plis rayonnants portant de grands ostioles. La face supérieure semblable, moins creusée, porte dans les sillons de fins apopores.

On trouve les éponges du genre *Lopanella* (Dictyida, Pleurostomatidae) dans les dépôts des eaux peu profondes du Crétacé supérieur d'Europe centrale. Squelettes à parois épaisses, en forme de coupe ou de disque avec un gros pédoncule court ; faces externe et interne couverte de pores minuscules ; hexactines reliées par les pointes et formant une structure solide.

125

Spongiaires (suite) : *Calcisponges*

On range dans la classe des Calcisponges les éponges au squelette formé de spicules de calcite, en général librement répartis dans la mésoglée. Ils se dispersent fréquemment après la mort de l'animal. Les diactines, les triactines (en forme d'Y ou de T) et les tétractines sont les types de macrosclérites les plus courants. Il n'y a pas de microsclérites. La forme extérieure des éponges calcaires est très diversifiée. Seules parmi toutes les éponges, elles conservent chez l'adulte les types de structures simples ascon et sycon. Elles existent depuis le Cambrien et ont été surtout abondantes du Trias au Crétacé. Au Tertiaire, elles ont commencé à diminuer.

Les espèces du genre *Stellispongia* (Pharetronida, Stellispongidae) ont vécu du Permien au Crétacé en Europe, en Afrique du Nord et en Amérique du Sud. Elles forment des touffes bulbeuses d'individus hémisphériques ou en forme de massue, parfois même cylindriques. L'oscule peu profond et les apopores étroits sont en étoile ou rayonnants.

Les éponges du genre *Elasmostoma* (Pharetronida, Elasmostomatidae) se trouvent dans les dépôts jurassiques et surtout crétacés d'Europe. Leur forme irrégulière est feuilletée, hélicoïdale ou en entonnoir. Le dessous est finement poreux, le dessus est recouvert d'une couche lisse à nombreux oscules peu profonds.

Les squelettes du genre *Raphidonema* (Pharetronida, Lelapiidae), du Trias au Crétacé d'Europe, ont une forme d'entonnoir ou de vase. La surface externe est rude, bosselée, poreuse ; la surface interne lisse, avec de nombreux apopores.

Les éponges du genre *Perodinella* (Pharetronida, Discocoeliidae), ont vécu du Trias au Crétacé supérieur dans les mers européennes peu profondes. Leurs squelettes cylindriques à cloison épaisse forment souvent par bourgeonnement des colonies nombreuses, parfois ramifiées en arbrisseau. Les spongocèles, en tubes étroits et profonds, vont jusqu'à la base du squelette. La surface externe est finement poreuse.

Enfin, le genre *Porosphaera* (Pharetronida, Porosphaeridae), du Crétacé européen, rassemble les éponges à squelette généralement petit (quelques milimètres) sphérique ou ovoïde. La surface porte de fines épines et des pores. L'oscule est très étroit et profond.

1 *Porosphaera globularis**, Crétacé supérieur (Santonien), Kent (Grande-Bretagne). Diamètre 1,6 cm. Vue latérale. Vraisemblablement la plus grande espèce du genre *Porosphaera*.

2 *Perodinella furcata*, Crétacé supérieur (Cénomanien), Essen, Rhénanie-Westphalie (RFA). Hauteur de la colonie : 3 cm. Vue de dessus de la colonie comptant plus de 10 invidus. Elle s'est formée par bourgeonnement latéral et ramification. Chaque individu n'est souvent visible que par son oscule.

3 *Raphidonema stellatum*, Crétacé supérieur (Cénomanien), Essen, Rhénanie-Westphalie (RFA). Hauteur du fragment : 22 cm. Sur la surface interne, on aperçoit un tube du ver *Glomerula gordialis*.

4 *Elasmostoma* sp., Crétacé inférieur (Néocomien), Achim (RFA). Hauteur : 1,4 cm. Petit exemplaire à un seul oscule.

5 *Stellispongia glomerata*, Jurassique supérieur (Malm), Nattheim (RFA). Hauteur de la touffe : 3 cm. Espèce abondante dans les associations coralliennes d'eau peu profonde des zones climatiques chaudes du Jurassique européen.

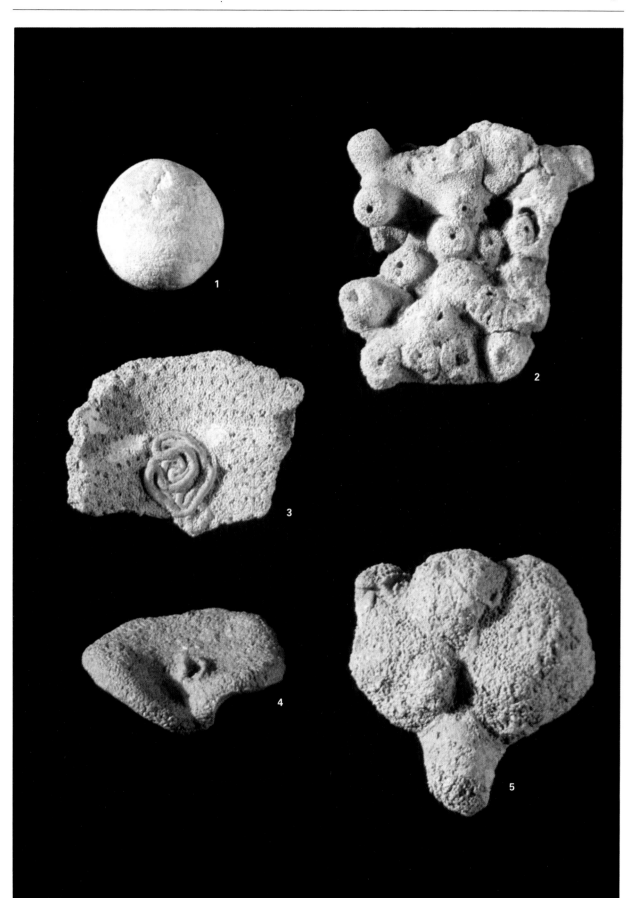

Cr

J

P

Archéocyathes, ? Cnidaires

Archéocyathes et Conulaires

ARCHÉOCYATHES : métazoaires marins exclusivement fossiles. Squelette interne formé de deux cônes emboîtés, séparés par un intervalle et reliés par des cloisons verticales (septums), parfois par d'autres formations (synapticules ou tissu alvéolé), tous ces éléments abondamment perforés. Le squelette était fixé sur le fond par un disque basal ou par des excroissances lamelleuses de la pointe.

Les archéocyathes sont apparus au Cambrien inférieur et ont disparu dès le Cambrien supérieur. Ils habitaient des mers chaudes peu profondes dans lesquelles ils ont formé les premiers récifs de l'histoire de la Terre (falaises fossiles pouvant atteindre 800 m de haut). On en trouve en Sibérie, en Mongolie, en Australie, en Amérique du Nord et dans le nord-ouest de l'Afrique, isolément aussi dans le sud-ouest de l'Europe, dans le sud et le sud-est de l'Asie.

Le genre cosmopolite *Coscinocyathus* (Coscinocyathida, Coscinocyathidae) a des calices en cône ou en cylindre à double paroi poreuse, à septums épais ajourés dans les intervalles (**4**).

4

CONULAIRES : parmi les Cnidaires, aux côtés des Hydrozoaires et des Anthozoaires, figure la classe des Scyphozoaires à laquelle appartiennent les méduses et peut-être les conulaires. La symétrie de type 4 y est caractéristique, ainsi que les stades de polype fixé et de méduse flottant librement. Les conulaires ont une mince coquille chitino-phosphatée, pyramidale, de section quadrangulaire ou octogonale. Des lobes triangulaires se trouvent à l'extrémité large (buccale). Sur chaque paroi, court un septum longitudinal (accompagné parfois de deux septums latéraux), formant extérieurement une ligne, une strie ou une fente médiane. De fines stries transversales ornent aussi la coquille. Les bosses nées du croisement des lignes longitudinales et transversales lui donnent l'aspect d'une toile.

La plupart des conulaires étaient fixées au fond par le côté étroit, certains nageaient, le sommet vers le haut, grâce au mouvement des lobes situés près de la bouche. Les conulaires ont vécu du Cambrien au Trias. Certains auteurs rapprochent plutôt les conulaires des stomocordés, en particulier des ptérobranches et des graptolites.

Le genre *Pseudoconularia* (Conulariida, Conulariidae) (**5**), de l'Ordovicien et du Silurien d'Europe et d'Amérique, a des coquilles atteignant 30 cm de long, à section quadrangulaire, s'élargissant selon un angle de 20 à 25°. Les parois sont légèrement concaves avec un filet central et des stries sur les angles. De petites bosses en rangées longitudinales dessinent une délicate sculpture.

Le genre voisin *Anaconularia* est un genre européen répandu à l'Ordovicien moyen. Les coquilles pyramidales légèrement enroulées et les angles vifs non striés sont caractéristiques de ce genre.

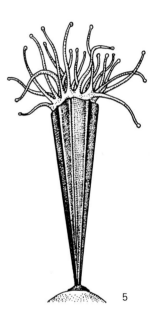

5

1 *Pseudoconularia grandissima**, Ordovicien moyen (Caradocien), Vráž près de Beroun (Tchécoslovaquie). Fragment de coquille écrasé ; hauteur 6,5 cm.

2 *Anaconularia anomala**, Ordovicien moyen (Llandeilien), Drabov près de Beroun (Tchécoslovaquie). Hauteur de la coquille : 6,5 cm.

3 *Coscinocyathus* sp., Cambrien inférieur, Sibérie (U.R.S.S.). Calcaire à archéocyathes montrant des coupes transversales altérées des calices. Le calice rond, en bas, a un diamètre de 1,4 cm.

Cnidaires

Hydrozoaires : *Stromatopores*

Les stromatopores sont des animaux marins coloniaux ayant vécu du Cambrien au Crétacé. On les considère traditionnellement comme des cnidaires de la classe des Hydrozoaires. Cependant, depuis la découverte à la Jamaïque en 1970 de quelques stromatopores vivants semblables à des éponges cornées (Sclérosponges), le doute est permis. On n'a pas réussi à assimiler certains éléments de la structure des stromatopores à ceux du squelette des éponges. Le squelette calcaire (cenosteum) aux formes variées des stromatopores se compose de nombreuses lamelles horizontales superposées (lamines). Les lamines sont abondamment reliées par des piliers verticaux arrondis (pilae). La partie inférieure du squelette est couverte d'une épithèque coriace ridée. La surface du squelette est lisse, compte tenu des nombreuses petites bosses formées par l'extrémité des piliers, ou verruqueuse. Sur les verrues on trouve souvent des formations en étoile (astrorhizes), avec un canalicule vertical en leur milieu.

Les stromatopores vivaient exclusivement dans la mer, en général dans les eaux chaudes peu profondes. On les trouve habituellement en colonies massives au Paléozoïque, ils ont abondamment concouru à l'édification des falaises récifales. La forme de la colonie dépendait en partie du milieu : sur un fond dur, elle était en disque épais, sur un fond mou en disque mince. Dans la zone soumise à l'action des vagues, vivaient des formes en disques épais, dans les eaux calmes des formes en arbustes ramifiés. Beaucoup d'espèces sont importantes pour la stratigraphie.

Les espèces du genre cosmopolite *Actinostroma* (Stromatoporida, Actinostromidae) ont vécu du Cambrien au Carbonifère. Colonies en forme de disques, de bulbes ou de boules, avec épithèque et lamines

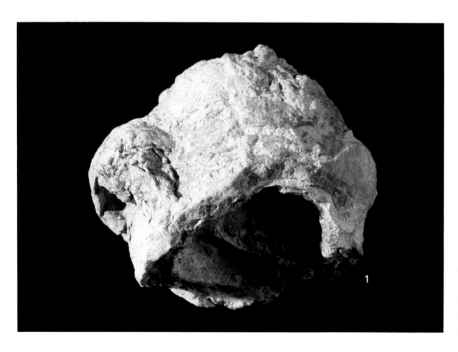

1 *Densastroma* cf. *pexisum*, Silurien inférieur, (Wenlockien), Körpklint (Gotland, Suède). Diamètre du spécimen : 4,7 cm. La colonie sphérique s'est développée à travers la coquille d'un gastéropode, *Euomphalopterus alatus,* qui lui sert de substrat solide et l'empêche de s'enfoncer dans le fond meuble.

2 *Actinostroma vastum,* Dévonien inférieur (Praguien), Koněprusy (Tchécoslovaquie). Hauteur du fragment : 10,5 cm. Surface externe d'un fragment de colonie, avec ses petites verrues. On trouve fréquemment des chaînes de petits récifs construits par cette espèce et ayant bien résisté à l'action des vagues.

3 *Amphipora ramosa*,* Dévonien moyen (Givétien), Josefov près de Blansko (Tchécoslovaquie). Lame polie de calcaire à amphipores. Dimension des rameaux recristallisés : environ 4 à 5 mm. Les amphipores sont un important fossile du Dévonien moyen en Europe. Ils abondaient à proximité des récifs coralliens dans les lagunes.

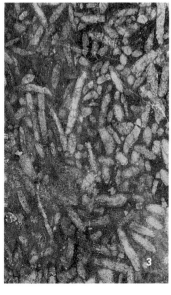

4

2

3

cohérentes. Les longs piliers ont créé une structure réticulée caractéristique du genre. Surface finement verruqueuse, à petites astrorhizes.

Dans la même famille, le genre *Densastroma* se trouve dans le Silurien balte. Habituellement de petites colonies bulbeuses (**4** – coupe transversale) se sont développées sur des objets solides sur un fond mou.

Les espèces du genre cosmopolite *Amphipora* (Stromatoporida, Idiostromidae), ont vécu du Silurien au Permien, peut-être jusqu'au Jurassique. Les colonies en buissons ramifiés se composent de minces rameaux cylindriques. Le squelette est réticulé avec un canal axial bien marqué et, juste sous la surface, une couche alvéolaire. Il n'y a pas d'astrorhizes.

Cnidaires

Anthozoaires : *Tabulés*

Parmi les Cnidaires, les Tabulés constituent un groupe très spécial d'Anthozoaires coloniaux du Paléozoïque. Leurs corallites sont en effet caractérisés par la présence de planchers. Ils ont vécu du Cambrien au Permien, en colonies de formes variées (encroûtantes, discoïdes, sphériques, ramifiées), composées de corallites cylindriques ou coniques à paroi mince parfois perforées, et protégées à la base par une couche calcaire commune (holothèque). A l'intérieur des corallites, les planchers sont bien développés. Par contre, les septums verticaux rayonnants sont absents ou atrophiés. Les colonies se multipliaient par bourgeonnement.

Les favosites ont existé dans le monde entier de l'Ordovicien moyen au Permien. Leurs colonies ont généralement la forme de disque, de coussins ou de boules, elles sont plus rarement ramifiées. Les corallites tubulaires ont une section polygonale irrégulière, à parois minces et

1, 2 *Squameofavosites kukuk,* Dévonien inférieur (Zlichovien-Emsien), Prague-Klukovice et Prague-Zlíchov (Tchécoslovaquie). Dimensions des colonies hémisphériques : 2,2 à 3,8 cm. A la base de la plus petite colonie, existe une holothèque concentrique ridée avec un prolongement en cornet de la partie la plus ancienne du corail.

3 *Pachyfavosites polymorphus,* Dévonien moyen (Eifélien), Gerolstein (RFA). Hauteur du fragment de la colonie discoïde : 5,1 cm. On voit sur la cassure les parois des corallites, les planchers, les fines épines septales et les petits pores dans les parois.

4 *Aulopora serpens**, Dévonien moyen (Couvinien), Gerolstein (RFA). Une partie de la colonie couvrant la partie inférieure du stromatopore. Diamètre vertical de la colonie : 6 cm.

5 *Pleurodictyum problematicum**, Dévonien inférieur (Emsien), Oberstadtfeld (RFA). Dimension de la plus grande colonie : 2,7 cm. Fossile abondant dans les faciès sableux du Dévonien inférieur. Dans le quartzite à grains fins, il n'en subsiste que le remplissage sédimentaire des corallites et des pores. On distingue bien le tube d'un ver de l'espèce *Hicetes innexus*.

nombreux planchers horizontaux. Les septums sont réduits à des épines ou à des écailles. D'après la morphologie des corallites, on peut diviser les favosites en une trentaine de genres voisins dont *Pachyfavosites*.

Squameofavosites (Favositida, Favositidae), est un genre qui va du Silurien supérieur au Dévonien inférieur. Il présente des corallites de dimensions variées, à parois relativement minces, à écailles septales (squamulae) au lieu d'épines, à grands pores et très nombreux planchers.

Dans une famille voisine (Favositida, Micheliniidae), *Pleurodictyum* est un corail ayant vécu du Silurien supérieur au Dévonien moyen dans le monde entier, formant de petites colonies lenticulaires, fixées habituellement sur le tube d'un ver du genre *Hicetes*. Ses grands corallites prismatiques ont des parois épaisses, très poreuses. Les septums ont la forme de bosses ou de rangées d'épines. Les planchers sont habituellement absents.

Le genre cosmopolite *Aulopora* (Auloporida, Auloporidae) a formé, de l'Ordovicien au Permien, des colonies rampantes ou recouvrantes de corallites en cornets, aux parois épaisses. Les planchers, souvent incomplets, n'existent qu'à la base des corallites.

⅄ Cnidaires

Anthozoaires : *Tabulés* (suite)

Les colonies coralliennes discoïdes ont eu leur extension maximale dans les mers chaudes et peu profondes du Silurien au Dévonien où elles ont formé avec les stromatopores et les algues d'importants récifs coralliens. Au sommet des récifs vivaient les formes aplaties et, dans les fissures, les lagunes et sur les pentes, les formes ramifiées ou recouvrantes. Les formes en boules et en coussins et les touffes de syringopores se développaient dans les eaux calmes à fond souvent vaseux. Les tabulés, sauf exception, préféraient un milieu peu profond d'eau courante et à lente sédimentation calcaire. Les trouvailles fréquentes de colonies isolées, souvent retournées, dans un milieu inhabituel, s'expliquent par un transport post-mortem, le squelette étant soulevé par les gaz dus à la décomposition.

Les coraux du genre cosmopolite *Syringopora* (Auloporida, Syringoporidae), ont vécu de l'Ordovicien supérieur au Permien inférieur. Les touffes de corallites cylindriques étroits, aux parois épaisses, étaient reliées irrégulièrement par des tubes horizontaux. Planchers en entonnoirs, septums en rangées d'épines.

Les colonies du genre cosmopolite *Catenipora* (Heliolitida, Halysitidae) de l'Ordovicien et du Silurien, sont formées de corallites en tubes elliptiques, disposés en palissades, en rangs irréguliers se dispersant

1 *Syringopora serpens*, Silurien inférieur (Wenlockien), Dudley (Grande-Bretagne). Largeur de la colonie : 10,5 cm. Les espaces entre les corallites sont remplis de sédiments mais peuvent être aussi recouverts de stromatopores. On considérait jadis ces formations comme des stromatopores du genre *Caunopora*.

2 *Barrandeolites bowerbanki*∗, Silurien inférieur (Wenlockien), Amerika près de Mořina (Tchécoslovaquie). Plus grande largeur de la colonie : 8 cm. Abondant dans les biostomes coralliens se développant dans les eaux peu profondes du Wenlockien de Bohême auprès d'une île volcanique. Les couleurs vives sont dues au mélange de cendres volcaniques dans les sédiments.

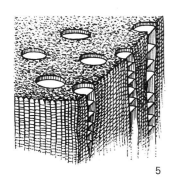
S

3 *Heliolites interstictus,* Silurien inférieur (Llandovérien supérieur), Visby, Gotland (Suède). Plus grande dimension de la colonie : 7,5 cm.

4 *Catenipora escharoides*✳, Silurien inférieur (Llandoverien supérieur), Gotland (Suède). Largeur du fragment de la colonie : 8,5 cm.

5

puis se reliant à nouveau. Les planchers sont épais, les septums en fore d'épines.

Les *Heliolites* (Heliolitida, Heliolitidae) sont des coraux à distribution mondiale de l'Ordovicien moyen au Dévonien moyen. Leurs colonies massives (**5** – section d'une partie de la colonie) présentent deux types de tubes : les corallites larges, cylindriques, à septums épineux et planchers relativement peu nombreux, et des tubes prismatiques étroits à planchers épais, secrétés par un tissu de jonction (coenenchyme).

Autre genre particulier : *Barrandeolites* (Chaetetida, Tiverinidae). Par suite de la structure simple de la colonie faite de tubes étroits sans planchers, la position des chététidés dans la systématique n'est pas claire. Les colonies discoïdes du genre *Barrandeolites,* du Silurien européen, se composent de corallites polygonaux étroits, comprimés latéralement. Le genre, quoique abondant, n'est pas bien défini.

135

Cnidaires

Anthozoaires (suite) : *Rugueux*

Parmi les Anthozoaires, les Rugueux (autrefois appelés Tétracoralliai-res) sont un groupe important caractéristique du Paléozoïque, dont le corallite présente à l'état adulte quatre septes disposés en croix, plus grands, mieux visibles que les autres. L'animal vivait dans la partie supérieure déprimée (calice). La base du corallite était comblée par des dissépiments formant un réseau alvéolaire et obturée par des planchers.

Ces coraux sont apparus à l'Ordovicien moyen pour s'éteindre au Permien supérieur. Ce sont les ancêtres des Scléractiniaires (ou Madréporaires), c'est-à-dire de nos coraux actuels.

Palaeocyclus (Cystiphyllida, Palaeocyclidae), du Silurien d'Europe et d'Amérique, présente des corallites en bouton (**12**) aux septes bien visibles sur toute la longueur.

Les espèces du genre *Goniophyllum* (Cystiphyllida, Goniophyllidae), du Silurien européen et américain, ont des corallites pyramidaux aux parois épaisses, des septum en forme de petites bosses. La calice est fermé par 4 plaques mobiles triangulaires. Ces plaques constituent un phénomème inhabituel chez les coraux et n'existent que chez les représentants de cette famille de rugueux dits operculés.

C'est le cas de *Calceola,* genre cosmopolite du Dévonien, en forme de pantoufle, dont les corallites aux parois épaisses sont légèrement recourbés vers le haut. Les septums forment dans le calice peu profond des bourrelets bien visibles. L'opercule semi-circulaire constitue un caractère typique.

On trouve les petits corallites discoïdes du genre *Microcyclus* (Stauriida, Hadrophyllidae) dans les sédiments du Dévonien moyen d'Europe, d'Amérique du Nord et d'Afrique. Les septums sont longs. Le côté inférieur, recouvert d'une épithèque, est plat.

Les espèces du genre *Phaulactis* (Stauriida, Lykophyllidae), du Silurien, à distribution pratiquement mondiale, ont des corallites coniques. Les septums, longs et minces, sont cachés dans les dissépi-ments et les tabulae, de sorte qu'ils ne forment dans le calice peu profond que des bourrelets épineux. L'épithèque est striée verticale-ment et possède des excroissances irrégulières rhiziformes.

12

1, 2, 3 *Palaeocyclus porpita*✳, Si-lurien inférieur (Llandovérien su-périeur), Gotland (Suède). Dimen-sion du plus grand corallite, face inférieure tournée vers le haut (**2**) : 1,4 cm.

4, 5 *Goniophyllum pyramidale*✳, Silurien inférieur (Wenlockien) Dudley (Grande-Bretagne). Coral-lite en vues : apicale (**4**) et latérale (**5**) ; hauteur : 2,4 cm.

6, 7, 8 *Microcyclus eifliensis*, Dé-vonien moyen (Eifélien), Prüm (RFA). Dimension du plus grand corallite, face inférieure tournée vers le haut (**7**) : 1,5 cm. Par comparaison avec le genre *Pa-laeocyclus,* on a ici un exemple de convergence morphologique chez des espèces non apparentées, pro-voquée par des conditions de vie semblables. La petite taille et la forme plate ont permis la fixation sur un substrat friable.

9 *Phaulactis cyathophylloides*✳, Silurien inférieur (Wenlockien), Irevik, Gotland (Suède). Corallite : hauteur 3,6 cm.

10, 11 *Calceola sandalina*✳, Dé-vonien moyen (Eifélien), Eifel (RFA). Corallite évoquant une pan-toufle (**11**) : hauteur 2,5 cm ; oper-cule (**10**). Fossile stratigraphique important.

 **Cnidaires**

Anthozoaires : *Rugueux* (suite)

Ecologiquement, l'ensemble de ces coraux s'adaptait assez facilement. Les petites formes solitaires en particulier ont pu vivre dans des eaux assez profondes et fraîches. Toutefois les colonies massives ont toujours été limitées à des mers chaudes, peu profondes et propres. Les diverses espèces ont souvent formé des tapis répartis en zones sur les terrasses peu profondes ou sur les pentes des récifs coralliens, de sorte que l'on peut déterminer d'après elles la profondeur des récifs et leur éloignement du rivage. Par suite de leur grande diversité spécifique et de leur mode de vie fixé, ces coraux conviennent parfaitement pour délimiter les provinces paléobiogéographiques et pour déterminer les positions relatives des continents, de l'Ordovicien moyen au Carbonifère. Grâce à la réduction du nombre d'espèces en direction du pôle, on peut déterminer également les différentes zones climatiques (à l'exception de la zone polaire). Finalement, il est même possible de suivre le ralentissement progressif de la rotation de la terre autour de son axe en comptant les rides d'accroissement quotidiennes sur l'épithèque de ces coraux. De l'Ordovicien au Carbonifère, leur nombre, au cours d'une année, fléchit de 412 à 390. Cette observation a été confirmée dans d'autres groupes, par exemple chez les mollusques.

1, 2 « *Amplexus* » *hercynicus,* Dévonien supérieur (Frasnien), Adorf (RFA). Fragments de corallites ; hauteur : 3,2 à 5,5 cm. Les *Amplexus* forment les calcaires à amplexus dans les dépôts dévoniens d'Europe.

3 *Dohmophyllum cyathoides,* Dévonien supérieur (Eifélien), Eifel (RFA). Corallites : 5,6 cm de diamètre ; vue apicale : calice plat peu profond avec petit creux médian.

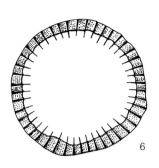

6

D

Aux coraux du genre *Dohmophyllum* (Stauriida, Ptenophyllidae), du Dévonien d'Eurasie et d'Australie, appartiennent de grands corallites coniques à nombreux septes longs et minces enroulés au milieu d'un calice peu profond. De petits dissépiments emplissent les intervalles entre les septes et, dans la partie centrale des planchers.

Le genre « *Amplexus* » (Stauriida, Amplexidae), du Dévonien et du Carbonifère, existe à peu près dans le monde entier. Les corallites tubulaires, courbés, à paroi mince, ont des septes nombreux et courts (**6** — section transversale). Les représentants caractéristiques du genre n'apparaissent qu'au Carbonifère.

Les coraux cosmopolites du genre *Cyathophyllum* (Stauriida, Cyathophyllidae), du Dévonien, sont grands et coniques, solitaires ou coloniaux. Les colonies massives sont faites de corallites à septes nombreux et minces dont les principaux atteignent presque le centre. Un large dissepimentarium délimite un creux dans le calice plat.

Le genre cosmopolite *Hexagonaria* (Stauriida, Disphyllidae), du Dévonien, forme des colonies massives dont les corallites présentent un bord calicinal hexagonal (d'où le nom du genre). Les nombreux septes épaissis n'atteignent pas toujours le centre et sont reliés par un large dissepimentarium. Un creux étroit et profond existe dans le calice.

4 *Cyathophyllum dianthus**, Dévonien moyen (Givétien), Čelechovice na Hané (Tchécoslovaquie). Largeur de la colonie : 6,1 cm. Forme relativement rare dans les récifs coralliens du Dévonien moyen. Ces colonies ne comportent en général que quelques individus.

5 *Hexagonaria hexagona**, Dévonien supérieur (Frasnien), Senzeilles (Belgique). Longueur de la colonie : 8,1 cm.

4

5

Cnidaires

Anthozoaires (suite) : *Scléractiniaires*

Les scléractiniaires (ou madréporaires) sont des coraux post-paléozoïques, exclusivement marins, coloniaux ou rarement solitaires, à squelette calcaire externe formé surtout de septes. Ceux-ci sont disposés en cycles de 6, 12, 24, etc., de sorte qu'il est possible de distinguer d'après leur taille les septes du premier, du second et des ordres suivants. Les septes du premier ordre (habituellement dans l'axe des corallites) fusionnent en formant un pilier (columelle). L'épithèque est rarement bien développée. Les zones septales des ordres suivants constituent la muraille externe. Les corallites ont des formes très variées (cylindres, cônes, ou disques). De même, les colonies qui se forment par bourgeonnement sont très polymorphes (discoïdes, hémisphériques, sphériques ou ramifiées). Les corallites sont séparés dans la colonie par de minces cloisons ou bien s'interpénètrent. Toutes les parties du squelette sont composées de microscopiques faisceaux de cristaux de carbonate de calcium, souvent poreux. Ils peuvent être compacts et, dans certains genres, ils ont même consolidés par des dépôts calcaires supplémentaires, les stéréomes. Presque tous les coraux qui ont vécu du Trias moyen à nos jours font partie des scléractiniaires qui forment l'essentiel des Hexacoralliaires.

Les représentants du genre *Dimorphastrea* (Scleractinida, Synastraeidae), du Jurassique supérieur et du Crétacé, proviennent d'Eurasie et d'Afrique du Nord. Les colonies massives de corallites sans cloisons ont des septes qui fusionnent de façon caractéristique, rappelant les lignes de force d'un champ magnétique.

Le genre cosmopolite *Stylina* (Scleractinida, Stylinidae), a vécu du Trias supérieur au Crétacé. Les colonies massives ou à ramifications épaisses se composent de petits corallites non jointifs, surélevés, aux septes bien développés et à petites columelles.

Les coraux du genre *Montlivaltia* (Scleractinida, Montlivaltiidae) ont vécu du Trias au Crétacé dans le monde entier. Ils ont habituellement de grands corallites solitaires en forme de cornes, de cônes ou de cylindres (**5** – vue dans le calice). La columelle est habituellement absente. L'épithèque, quand elle est développée (elle protège les corallites de l'ensevelissement par les sédiments), résulte de la fusion des dissépiments marginaux.

Dans la même famille, les scléractiniaires du genre cosmopolite *Thecosmilia*, du Trias et du Crétacé, forment des colonies fasciculées de grands corallites non jointifs du type de *Montlivaltia*.

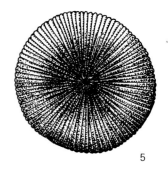

5

1 *Dimorphastrea concentrica,* Jurassique supérieur (Malm), Blaubeuren (RFA). Largeur du fragment de la colonie : 4,8 cm.

2 *Thecosmilia trichotoma*,* Jurassique supérieur (Malm), Sirchingen (RFA). Longueur de la colonie : 7 cm. Les *Thecosmilia* ont été abondants dans les récifs coralliens du Jurassique supérieur. Leurs colonies constituent un échantillon des divers types de bourgeonnements.

3 *Stylina delabechii,* Jurassique supérieur (Malm), Sirchingen (RFA). Hauteur du fragment de la colonie : environ 11 cm. Espèce abondante dans les récifs du Jurassique supérieur. Le genre *Stylina* fait partie des Hexacoralliaires les plus anciens.

4 *Montlivaltia lessneuri,* Jurassique supérieur (Malm), Le Havre (France). Corallite : hauteur 7 cm.

Cnidaires

Anthozoaires : *Scléractiniaires* (suite)

Les scléractiniaires sont apparus au Trias moyen, dérivant vraisemblablement de plusieurs groupes de Rugueux (origine polyphylétique). Il en découle une extrême diversité dans le développement de chaque rameau évolutif. Chez certains se trouvent modifiées la compacité ou la complexité des structures, la disposition des septes et des columelles ; chez d'autres, la paroi simple de l'épithèque s'est compliquée ; chez d'autres enfin sont apparus des types et des formes divers de colonies. Cette variété explique en partie le succès biologique des scléractiniaires.

Les coraux du genre *Cyclolites* (Scleractinida, Cyclolitidae), ont vécu du Crétacé à l'Eocène en Eurasie, en Afrique du Nord et dans la région des Caraïbes. Ils ont de grands corallites elliptiques ou hémisphériques à base plate. Les septes très nombreux (jusqu'à 1200), minces et perforés, sont reliés par des synapticules. Le creux du calice a la forme d'un sillon.

Le genre *Aspidiscus* (Scleractinida, Funginellidae) du Crétacé supérieur est connu en Eurasie et en Afrique. Les colonies arrondies, hémisphériques, ont une bordure étroite et une base plate. Les calices sont formés par bourgeonnement et donnent naissance à des crêtes radiales.

Les coraux du genre européen *Rennensismilia* (Scleractinida, Placosmiliidae), du Crétacé supérieur à l'Eocène, ont des corallites coniques, fortement comprimés latéralement. La structure interne est semblable à celle du genre *Montlivaltia*.

Le genre cosmopolite *Actinastrea* (Scleractinida, Astrocoeniidae) existe depuis le Trias supérieur. Il forme de petites colonies à corallites polygonaux, aux septes principaux compacts et septes latéraux lamellaires. La columelle est bien développée.

Les représentants européens et nord-américains du genre *Dictuophyllia* (Scleractinida, Faviidae), du Crétacé supérieur à l'Oligocène, ont des colonies massives, d'étroites rangées de corallites méandriformes, séparées par des épaississements thécaux surélevés. Les septes sont parallèles.

Les coraux du genre *Thamnasteria* (Scleractinida, Thamnasteriidae) ont vécu pratiquement dans le monde entier depuis le Trias jusqu'au Crétacé. Les colonies massives forment des corallites peu distinctement séparés, aux septes minces et granuleux.

1 *Cyclolites ellipticus*✱, Crétacé supérieur (Sénonien), Gosau (Autriche). Plus grande dimension des corallites : 5,4 cm. Espèce abondante et caractéristique des calcaires de Gosau.

2 *Aspidiscus cristatus,* Crétacé supérieur (Cénomanien), Batna (Algérie). Colonie : 5 cm de diamètre.

3 *Rennensismilia complanata,* Crétacé supérieur (Sénonien), Gosau (Autriche). Hauteur des corallites : 4 cm. Sur la face externe des corallites, on aperçoit les bandes d'accroissement annuel.

4 *Actinastrea decaphylla,* Crétacé supérieur (Sénonien), Gosau (Autriche). Plus grande dimension de la colonie ; 3,8 cm.

5 *Dictuophyllia konincki,* Crétacé supérieur (Sénonien), Gosau (Autriche). Largeur du fragment de la colonie : 7,1 cm.

6 *Thamnasteria* cf. *media,* Crétacé supérieur (Sénonien), Gosau (Autriche). Hauteur du fragment de la colonie ramifiée : 6 cm.

Cr

 **Cnidaires**

Anthozoaires : *Scléractiniaires* (suite)

Les madréporaires ont remplacé écologiquement les tabulés et les rugueux. Les représentants les plus anciens ont concouru exclusivement à la formation de récifs (polypiers hermatypiques). Au Jurassique seulement sont apparues les formes ahermatypiques, en général solitaires, appartennant principalement à la famille des Caryophylliidae et qui ont commencé à pénétrer progressivement dans les eaux froides (2 à 3 °C, profondes jusqu'à 6000 m) et obscures de la mer. L'extension des coraux s'est alors considérablement augmentée, les types initiaux constructeurs de récifs ne pouvant vivre que dans des eaux chaudes, peu profondes, bien éclairées, salées et pures, soumises à l'influence des vagues leur assurant l'apport de nourriture et d'oxygène et l'élimination des particules sédimentaires.

Les espèces du genre *Oculina* (Scleractinida, Oculinidae), ont vécu du Crétacé à l'Actuel en Europe, en Amérique du Nord et en Australie. Elles forment des colonies ramifiées aux corallites plutôt dispersés dans un « tissu d'emballage » compact (cenosteum). Les septes sont épais et peu nombreux, la columelle verruqueuse.

Dans la même famille, les coraux du genre *Madrepora* forment des colonies ramifiées. Dans chaque petit corallite, 6 à 12 septes sont répartis plus ou moins régulièrement dans l'épais cénoste et emplis de stéréome (formation calcaire développée à la place des dissépiments). Le pilier est en champignon quand il n'est pas absent. Les madrépores sont nombreux dans les récifs coralliens actuels. On trouve les premiers à l'Eocène.

On trouve des représentants du genre *Turbinolia* (Scleractinida, Turbinoliidae) de l'Eocène à l'Oligocène en Europe, en Afrique et dans

1 *Oculina crassiramosa,* Néogène (Pliocène), Sicile. Hauteur du fragment de la colonie ramifiée : 2,5 cm.

2 *Turbinolia sulcata*∗, Paléogène (Eocène moyen), Nesle (France). Hauteur du plus grand corallite : 0,9 cm.

3 *Caryophyllia clava,* Néogène (Pliocène), Palerme (Italie). Hauteur des corallites fixés sur le tube d'un ver : 1, 7 cm.

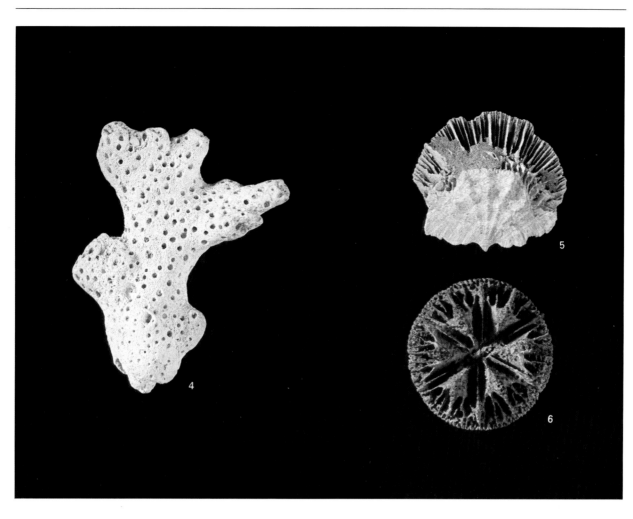

4 *Madrepora solanderi,* Paléogène (Eocène), Anvers (Belgique). Hauteur du fragment de la colonie ramifiée : 4,6 cm.

5 *Flabellum tuberculatum,* Néogène (Miocène moyen), Peelgebied près de Beeringen (Hollande). Hauteur des corallites : 2,5 cm.

6 *Stephanophyllia imperialis,* Néogène (Miocène), Anvers (Belgique). Corallite : 2,6 cm de diamètre.

les deux Amériques. Ils ont de petits corallites coniques à 24 septes et une paroi poreuse entre des côtes (**7**). Ils vivaient entre 150 et 500 mètres de profondeur.

Le genre *Caryophyllia* (Scleractinida, Caryophylliidae), comprend les plus anciens scléractiniaires ahermatypiques, ceux qui se sont le mieux adaptés à des conditions de vie défavorables. On les trouve depuis le Jurassique supérieur jusqu'à nos jours. Les corallites sont coniques, à côtes très marquées, le pilier verruqueux.

Les coraux du genre *Flabellum* (Scleractinida, Flabellidae), ont des corallites en coins ou en éventails fortement aplatis, à bord postérieur surélevé. L'épithèque bien marquée, ondulée radialement, est épaissie à l'intérieur par le stéréome. Les septes compacts sont nombreux, le pilier souvent absent. C'est un genre important qui ne forme pas de récifs et qui, de la fin de l'Eocène à nos jours, s'est rapidement répandu dans toutes les mers.

On trouve les représentants du genre euro-asiatique *Stephanophyllia* (Scleractinida, Micrabaciidae), depuis l'Eocène. Les corallites hémisphériques à base plate se composent de septes réticulés poreux et de synapticules.

Bryozoaires

Bryozoaires

Les bryozoaires, ou « animaux-mousses », sont de petites créatures coloniales fixées, vivant surtout dans les mers, plus rarement dans les eaux douces. Leurs restes les plus anciens datent de l'Ordovicien inférieur. Il en existe environ 25 000 espèces.

Les bryozoaires du genre *Monotrypa* (Trepostomata, Trematoporidae), connus dans les sédiments de l'Ordovicien au Permien de l'hémisphère Nord, ont formé des colonies massives, hémisphériques, bulbeuses ou discoïdes. Les zoariums étaient libres ou se développaient sur les coquilles de divers invertébrés, en particulier des gastéropodes : la relation pouvait être utile aux deux espèces ; les zoariums massifs des bryozoaires offraient aux gastéropodes une protection efficace, tandis que la forme arrondie de la coquille et les mouvements des gastéropo-

1, 2 *Polyteichus* sp. (**1**) et *Polyteichus novaki*✱, (**2**), Ordovicien moyen (Caradocien), Prague-Michle (Tchécoslovaquie). Dimension du grand zoarium : 3,1 cm. Pour l'espèce *P. novaki,* qui était abondante sur le fond sablo-argileux des mers peu profondes, le groupement des lamelles en forme d'étoiles à trois branches est caractéristique.

3 *Monotrypa kettneri,* Ordovicien moyen (Caradocien), Prague-Řeporyje (Tchécoslovaquie). Zoarium en coussin fendu longitudinalement, large de 6,7 cm, aux zoécies s'écartant en rayons ; les parois des zoécies sont ondulées, les orifices ont un contour polygonal.

des augmentaient la circulation de l'eau dans les colonies de bryozoaires, favorisant ainsi l'apport de nourriture.

Les bryozoaires du genre voisin *Polyteichus* répandus dans les sédiments de l'Ordovicien européen, ont des colonies discoïdes. Zoécies et tubes interstitiels (mésopores) débouchent sur le côté faiblement convexe des colonies, qui présente en son milieu une ou plusieurs lamelles caractéristiques. La forme en disque du zoarium témoigne de toute évidence, d'une adaptation à la vie sur un substrat mou.

Bryozoaires

Bryozoaires (suite)

Les bryozoaires à opercule (Cryptostomes) étaient particulièrement abondants au Paléozoïque. Zoariums formant des expansions réticulées dont les branches sont réunies par des piliers (dissépiments) ou bien se recourbent et se rejoignent en formant des anastomoses, laissant ainsi entre elles de nombreuses ouvertures allongées en forme de poire (fenestrules) ; zoécies allongées en forme de poire ou de trompe ménageant un vestibule devant l'orifice ; à la base de cet orifice se développait à l'intérieur une cloison, l'hémiseptum ; les zoariums comportent également des tubes interstitiels pourvus ou non d'épines (acanthopores et mésopores).

Fenestella (Cryptostomata, Fenestellidae), que l'on trouve dans des sédiments de l'Ordovicien au Permien du monde entier, sont l'un des bryozoaires à opercule les plus courants. Zoarium à structure réticulée régulière ; branches réliées par de courts piliers sans zoécies ; logettes disposées sur chaque branche en deux rangées séparées par un double alignement de granules ; colonie flabelliforme, fixée au substrat par une base pédonculée **(4)**. *Fenestella* se trouve surtout dans des dépôts carbonatés peu profonds ; ce genre occupait aussi bien les eaux calmes que celles agitées par les vagues.

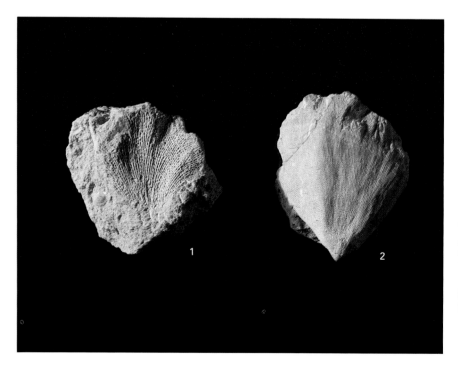

1 *Fenestella exilis,* Dévonien inférieur (Zlichovien), Prague-Zlíchov (Tchécoslovaquie) Partie de zoarium conservée dans un calcaire jaunâtre altéré ; longueur : 4,5 cm. Cette espèce vivait au milieu des récifs coralliens.

2 *Hemitrypa tenella,* Dévonien inférieur (Zlichovien), Prague-Zlíchov (Tchécoslovaquie). Fragment de zoarium ; longueur : 3 cm.

3

3 *Isotrypa acris,* Dévonien infé-rieur (Praguien), Koněprusy (Tché-coslovaquie). Largeur : 7 cm. Comme pour les autres bryozoai-res, une larve du plancton s'est fixée sur un support solide et a donné naissance à toute une colonie. Dans le cas présent, le support était un élément de crinoï-de, visible au centre de la partie abîmée du zoarium.

Comme le précédent, le genre *Hemitrypa* présente une vaste exten-sion géographique et stratigraphique. Zoarium en entonnoir, formé de deux couches ; la couche inférieure est revêtue par une superstructure épineuse jouant probablement un rôle protecteur ; les ouvertures de la superstructure coïncident avec les orifices des zoécies de la couche inférieure.

La ressemblance des zoariums chez les bryozoaires appartenant à la famille des Fénestellidés, dont la forme a été fortement influencée par les mouvements de l'eau, ne permet pas de les déterminer facilement avec précision si l'on ne connaît pas les détails de leur structure interne. Il faut des coupes orientées avec précision. Les squelettes forment un réseau ouvert traversé par les courants d'eau. Le genre *Isotrypa,* que l'on trouve en Europe, en Amérique du Nord et en Asie, forme des colonies réticulées en entonnoir, dont la superstructure présente un arrangement tel, avec des expansions vigoureuses connectées par des dissépiments, que les deux faces externe et interne sont pratiquement identiques ; les orifices sont disposés en rangée sur le côté externe des branches porteur de carènes granuleuses.

149

Bryozoaires *(suite)*

Des associations particulièrement riches de bryozoaires à opercule ont vécu sur les bords et à l'intérieur des récifs coralliens. Dans les faciès à récifs du Silurien au Dévonien existent couramment dans le monde entier des bryozoaires du genre *Semicoscinium* (Cryptostomata, Fenestellidae). Colonies en entonnoir dont les faces externe et interne sont notablement différentes ; orifices des zoécies placés sur le côté externe des branches ; elles y sont disposées en deux rangées que sépare une grande carène granuleuse et flexueuse ; les branches sont reliées par des piliers ou s'anastomosent ; côté externe réticulé, avec des fenestrules en losange.

Chez un grand nombre d'invertébrés, on remarque une croissance en spirale des coquilles ou des squelettes. Chez les bryozoaires où ce mode de croissance est inhabituel, le genre *Archimedes* constitue un exemple remarquable. Le zoarium dressé, enroulé en spirale (**6**), est fortement calcifié ; les branches latérales réticulées à une seule couche, structurées comme chez *Fenestella,* sont développées en spirale à partir d'un axe central massif. Ces bryozoaires vivaient en populations denses, à faible profondeur, protégés de l'action des vagues. Les individus des différents « étages » filtraient l'eau du courant descendant acheminé le long de l'axe spiralé et capturaient les particules alimentaires, telles que des algues unicellulaires.

Au Permien, les bryozoaires operculés se sont éteints rapidement. Dans la famille des Fenestellidées, du genre cosmopolite *Polypora* (Ordovicien-Trias inférieur) a été localement abondant. Zoariums en entonnoir, semblables à ceux des fenestelles, mais plus massifs et pourvus de fortes branches portant chacune plus de deux rangs de zoécies, débouchant également sur les dissépiments.

4

6

1, 2 *Archimedes* sp., Carbonifère inférieur, Fox Trap, Colbert County (Alabama, États-Unis). Zoarium légèrement déformé ; longueur du plus grand individu : 4 cm. Pour ces bryozoaires, on ne retrouve le plus souvent que les axes centraux en hélice.

3 *Semicoscinium sacculus,* Dévonien inférieur (Praguien), Koněprusy (Tchécoslovaquie). Zoarium ; longueur : 4 cm.

4 *Polypora ehrenbergi,* Permien supérieur (Zechstein), Pössneck (RDA). Fragment de zoarium ; longueur : 1,2 cm. Provient de calcaires récifaux.

P

C

D

5 *Acanthocladia anceps**, Permien supérieur, Pössneck (RDA). Fragment de zoarium ; longueur maximale : 1,2 cm. Cette espèce vivait également en bordure ou à l'intérieur des récifs coralliens du Permien supérieur.

On trouve les bryozoaires du genre *Acanthocladia* (Cryptostomata, Acanthocladiidae), dans des sédiments du Carbonifère supérieur et du Permien du monde entier. Leurs colonies ont une ramification caractéristique : à partir de grosses branches droites ou légèrement courbées, poussent, à écartements réguliers, des branches latérales sans dissépiments ; zoécies disposées sur trois rangs ou plus.

Bryozoaires (suite)

L'ordre des Cyclostomes constitue le groupe le moins spécialisé. Apparu à l'Ordovicien inférieur, il a connu son acmé au Crétacé, puis a décru jusqu'à nos jours. Les zoariums très polymorphes sont de simples tubes à paroi poreuse dont l'orifice reste ouvert.

Les représentants du genre *Berenicea* (Cyclostomata, Diastoporidae), connus du Trias à nous jours, sont les plus courants des bryozoaires à ouverture arrondie. Des formes très semblables, probablement dapparentées et souvent présentés sous le même nom générique, sont connues depuis l'Ordovicien. Zoariums encroûtants, à couche unique, arrondis, lobés ou flabelliformes.

La répartition stratigraphique des bryozoaires du genre *Ceriopora* (Cyclostomata, Heteroporidae), va du Trias au Miocène. On les connaît en Europe, en Amérique du Nord et en Asie. Zoariums (**6**) ramifiés ; longues zoécies cylindriques ou prismatiques, cloisonnées.

Les bryozoaires du genre *Entalophora* (Cyclostomata, Entalophoridae), ont vécu du Jurassique jusqu'à nos jours où ils occupent

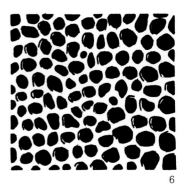

6

1 *Entalophora heros,* Crétacé supérieur (Cénomanien), Kutná Hora (Tchécoslovaquie). Fragments de zoariums isolés ; longueur : jusqu'à 1 cm.

2 *Corymbopora* sp., Crétacé supérieur, France. Fragments de zoariums ramifiés ; longueur maximale : 0,9 cm. L'extrémité des branches était occupée par des ovicelles (gonozoïdes modifiés servant à l'incubation des oeufs).

3 *Osculipora plebeia,* Crétacé supérieur (Turonien), Kamajka près de Čáslav (Tchécoslovaquie). Deux fragments de zoariums. Longueur du plus grand zoarium ramifié : 1,6 cm.

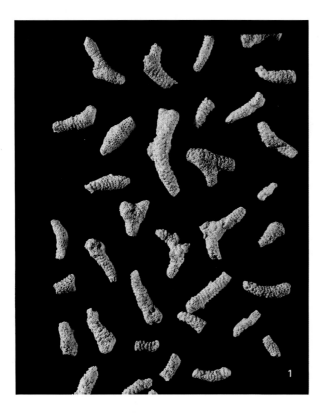

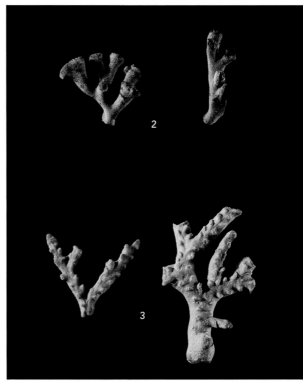

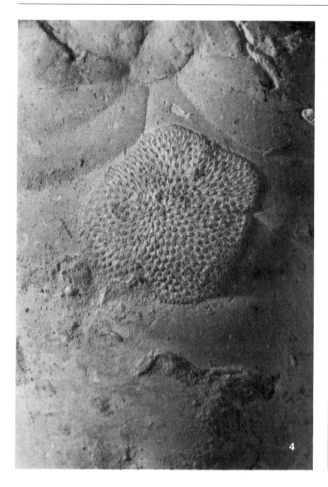

Cr

J

4 *Berenicea* sp., Jurassique moyen (Bathonien), Bradford (Grande-Bretagne). Le zoarium d'une dimension maximale de 1,1 cm. Croît sur le calice d'un crinoïde du genre *Apiocrinus*.

5 *Ceriopora* sp., Jurassique supérieur, France. Fragment de zoarium ramifié ; diamètre des petites branches : 1,2 cm.

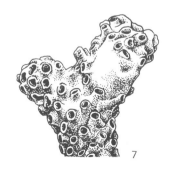

7

pratiquement toutes les mers à l'exception des mers arctiques. Les espèces fossiles se trouvent en Europe et en Amérique du Nord. Zoariums (**7**) dressés, cylindriques, ramifiés ; l'orifice des zoécies se trouve sur tout le pourtour des branches.

Parmi les bryozoaires à orifice arrondi du Crétacé, ceux du genre *Osculipora* (Cyclostomata, Cytididae), du Crétacé supérieur, sont les plus courants. Leurs longues zoécies tubuleuses dressées forment des faisceaux dont les orifices se trouvent à l'extrémité des rameaux latéraux.

Les bryozoaires du genre fossile et actuel *Corymbopora* (Cyclostomata, Corymboporidae), existent depuis le Crétacé. Zoariums ramifiés, branches largement séparées, à extrémité plate ou arrondie ; on trouve sur le pourtour des colonies de nombreux pores, vestiges d'anciennes zoécies.

Bryozoaires

Bryozoaires (suite)

Les bryozoaires de la classe des Gymnolèmes ont des zoécies operculées. Les cheilostomes en constituent un ordre important. Ils sont apparus au Crétacé probablement même au Jurassique, et sont les plus évolués des bryozoaires. Ils se sont rapidement diversifiés et sont, de loin, les plus nombreux dans les mers actuelles. Leurs colonies sont en général calcaires, exceptionnellement cornées ou membraneuses. Ils sont encroûtants ou libres, de formes diverses. Les courtes zoécies sans cloisons transversales sont accolées et reliées par de fines ouvertures. Chez beaucoup d'espèces, seuls les bords des zoécies se sont calcifiés ; des parties membraneuses, il ne reste à l'état fossile que de grandes ouvertures (opésies). Les mouvements du polypide sont commandées par un système hydrostatique, grâce aux espaces ménagés entre la cuticule et la paroi calcaire (sacs de compensation) : quand ces organes se remplissent ou se vident, le polypide sort ou rentre dans la zoécie.

Les *Onychocella* (Cheilostomata, Onychocellidae), qui vivent de nos jours dans les mers tropicales et subtropicales, sont connus au moins depuis le Crétacé en Europe, en Amérique du Nord et en Afrique du Nord. Zoariums encroûtants, zoécies arrondies ou hexagonales, opésies trifoliées.

1 *Lunulites goldfussi,* Crétacé supérieur (Sénonien), Rügen (RDA). La dimension du plus grand zoarium vu par dessous est de 4 mm.

2 *Discoporella umbellata**, Néogène (Miocène), Beeringen, Haarlem (Hollande). Zoariums vus par dessous et par dessus ; plus grande dimension : 9 mm.

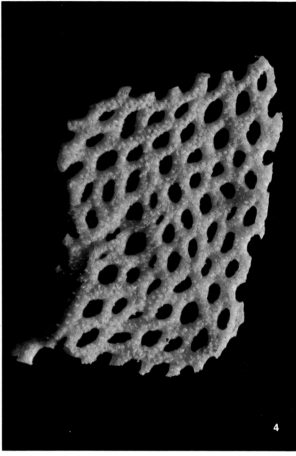

3 *Onychocella* sp., Crétacé supérieur, Meudon (France). Zoarium, plus grande dimension : 1,6 cm, développé sur un échinoderme du genre *Echinocorys*. A côté du zoarium, est fixée la valve ventrale du brachiopode *Ancistrocrania parisiensis*.

4 *Retepora* sp., Néogène (Miocène), Italie. Fragment de zoarium ; longueur : 1 cm.

5

Les bryozoaires vivant librement sur le substrat ont souvent des colonies en forme de disque ou de coupe. Tel est le cas du genre *Lunulites* (Cheilostomata, Lunulitidae), que l'on trouve dans les sédiments du Crétacé et de l'Eocène en Europe et en Amérique du Nord. Les zoécies sont disposées en rangées rayonnantes qui se dédoublent sur les bords de la colonie.

Les bryozoaires du genre *Discoporella* (Cheilostomata, Cupuladriidae), forment des colonies semblables par la forme à celles du genre *Lunulites*. Les représentants fossiles (les plus anciens proviennent du Miocène) existent dans diverses parties de l'Europe, les récents dans la mer Méditerranée et l'océan Atlantique. Ils rencontrent les conditions les plus favorables dans les zones tropicales et subtropicales, entre 30 et 100 mètres de profondeur, dans une eau légèrement mobile. Les zoécies ont de nombreux pores et deux opésies arrondies.

Le genre *Retepora* (Cheilostomata, Reteporidae), est connu de l'Eocène à l'époque actuelle. Les branches du zoarium réticulé ne forment pas d'anastomose et croissent à partir d'une base élargie ; les zoécies ont des ouvertures arrondies, sous lesquelles existe un orifice en fente (**5**). C'est par lui que s'ouvre à l'extérieur le sac de compensation.

Brachiopodes

Brachiopodes : *Inarticulés*

Les brachiopodes inarticulés (classe *Inarticulata*) sont apparus dès le Cambrien et vivent encore dans les mers actuelles. Leurs valves chitinophosphatées ne sont reliées que par des muscles. Le lophophore n'est pas soutenu par un brachiosquelette. Le tube digestif se termine par un orifice anal.

Les brachiopodes du genre *Lingula* (Lingulida, Lingulidae), vivent dans le monde entier depuis l'Ordovicien. Ce sont des animaux typiquement littoraux et sublittoraux. Ils vivent à l'intérieur de sédiments sableux dans de profonds terriers verticaux, ancrés par un long pédoncule rétractile (**9**).

Obolus (Lingulida, Obolidae), est un genre cosmopolite que l'on trouve dans les sédiments du Cambrien moyen à l'Ordovicien supérieur. Les deux valves chitinophosphatées sont légèrement bombées et portent de fines lignes d'accroissement concentriques.

Orbiculoidea (Acrotretida, Discinidae), a vécu de l'Ordovicien au Permien dans le monde entier. La coquille chitinophosphatée peu épaisse a une valve ventrale conique ou légèrement convexe.

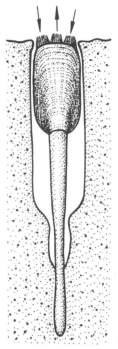

9

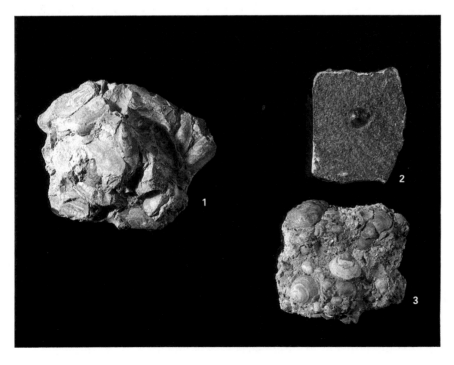

1 *Lingula* sp., Crétacé supérieur (Cénomanien), Langenau, près de Daufig (RDA). Grès empli de coquilles de lingules d'environ 1,5 cm. Les lingules sont des « fossiles vivants » qui n'ont pratiquement pas changé en 450 millions d'années. Les lingules tolèrent un abaissement de la salinité, comportement très rare chez les Brachiopodes.

2 *Orbiculoidea intermedia*, Dévonien inférieur (Lochkovien), Kosoř (Tchécoslovaquie). Longueur de la coquille : 7 mm.

3 *Obolus appolinis*∗, Ordovicien inférieur, Iru (Estonie, U.R.S.S.). Grès à *Obolus*. Longueur des plus grandes valves : environ 1 cm.

10

Cr

D

O

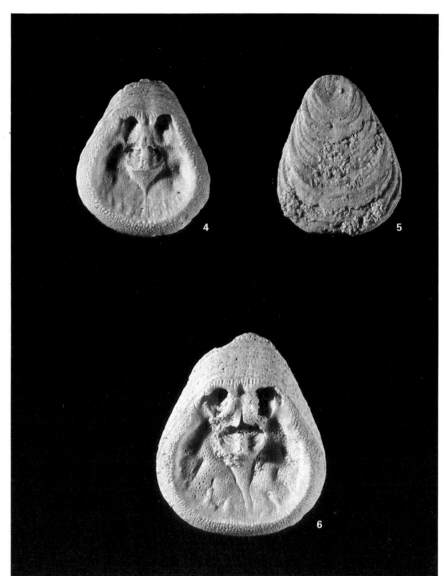

4, 5, 6 *Crania antiqua,* Crétacé supérieur (Sénonien), Ciply (Belgique). Valves ventrales ; longueur de la plus grande : 1,7 cm. Sur le côté interne des valves (**4, 6**) on voit nettement le bord renforcé et deux paires de grandes empreintes musculaires.

7, 8 *Isocrania costata,* Crétacé supérieur (Sénonien), Ciply (Belgique). Valves ventrales ; longueur : 7 mm. Sur le côté interne (**7**), on remarque en particulier la paire postérieure d'empreintes musculaires. Les empreintes de la paire antérieure (près du centre de la valve) sont petites.

7

8

Crania (Acrotretida, Craniidae), est un genre cosmopolite que l'on trouve du Crétacé jusqu'à nos jours. La coquille aux parois épaisses est calcaire. La forme de la valve ventrale est adaptée au substrat sur lequel elle est cimentée ; la valve dorsale est généralement conique.

Voisin du précédent, le genre *Isocrania* a vécu au Crétacé supérieur en Europe, en Asie et en Afrique. Les deux valves sont largement coniques et ornées de côtes rayonnantes (**10**). Ces brachiopodes vivaient dans la zone littorale. Ils n'étaient fixés au substrat que par une très petite base. Dans les stades ultérieurs de leur développement, ils vivaient librement et leur stabilité était facilitée par la forme générale de la coquille.

Brachiopodes

Brachiopodes : *Articulés* [Cambrien et Ordovicien]

Les Brachiopodes articulés (classe des *Articulata*) forment une branche plus évoluée que les inarticulés, bien qu'ils soient également apparus au début du Paléozoïque. Ils ont connu leur acmé au Dévonien et ne représentent plus qu'un élément mineur dans la faune marine actuelle.

L'histoire de leur classification retrace la prise en compte de nombreux caractères par les taxinomistes, les uns concernant les parties molles (pédoncule, lophophore), les autres la coquille (charnière, brachiosquelette, position de l'orifice pédonculaire, structure du test, etc.).

Parmi les articulés, l'ordre des Orthides est apparu le premier au Cambrien et s'est éteint au Permien inférieur. Dans ce groupe, les coquilles ne sont que légèrement convexes, portent de fines côtes rayonnantes et possèdent une charnière très large. Les représentants du genre *Pompeckium* (Orthida, Bohemiellidae), sont connus dans les sédiments des eaux très peu profondes du Cambrien moyen de Bohême. Les deux valves sont à peu près aussi convexes l'une que l'autre. La valve dorsale est légèrement creuse au milieu. Les côtes superficielles sont simples, parfois ramifiées, les lignes d'accroissement concentriques peu marquées.

On trouve *Eodalmanella* (Orthida, Dalmanellidae), dans les sédiments de l'Ordovicien inférieur d'Europe centrale. Les petites coquilles ont une valve dorsale moins convexe que la valve ventrale, le bord de la charnière se prolonge en courtes ailes aiguës à l'extrémité. Les côtes sont disposées en faisceaux. Ces animaux vivaient sur un fond argileux dans un milieu à faible courant.

Les brachiopodes du genre *Drabovia* (Orthida, Draboviidae), ont été largement répandus en Europe et en Afrique du Nord. On les trouve dans les dépôts de l'Ordovicien moyen. Valves convexes, la ventrale plus que la dorsale ; contour de la coquille elliptique. La surface de la coquille est côtelée, les côtes disposées en faisceaux. Ces brachiopodes occupaient les fonds sableux peu profonds à eau suffisamment oxygénée.

1, 2 *Eodalmanella socialis**, Ordovicien moyen (Llanvirnien), Osek, près de Rokycany (Tchécoslovaquie). Moules internes conservés dans une concrétion d'abord calcaire puis silicifiée. Longueur de la plus grande valve : 7 mm.

3 *Drabovia redux**, Ordovicien moyen (Caradocien), Beroun (Tchécoslovaquie). Moule interne de valve ventrale conservé dans la silice avec de nombreux fragments de carapaces de trilobites. Longueur de la valve : 1,3 cm.

4 *Pompeckium kuthani**, Cambrien moyen, Skryje (Tchécoslovaquie). Fragment gréseux de 10 cm de large, empli de coquilles limonitisées. Ces brachiopodes vivaient dans des eaux très peu profondes de la zone sublittorale et peut-être même littorale.

Brachiopodes : *Articulés* (suite) [Ordovicien]

Clitambonites (Orthida, Clitambonitidae), est un genre eurasiatique important de l'Ordovicien inférieur et moyen. Valve dorsale faiblement convexe, valve ventrale très convexe, coupée transversalement à l'arrière. Sur le côté postérieur de la valve ventrale, entre le sommet et la charnière, se trouve une zone triangulaire caractéristique pour beaucoup de groupes de brachiopodes. Cette zone se divise en deux secteurs latéraux (interarea) séparés par une ouverture centrale triangulaire (delthyrium). Chez *Clitambonites,* le delthyrium s'obturait progressivement depuis la ligne cardinale jusqu'au crochet de la grande valve, ne laissant qu'un petit orifice pour le passage d'un pédoncule atrophié. Les ornementations superficielles des valves font penser à un revêtement de tuiles.

Les brachiopodes du genre *Euorthisina* (Orthida, Euorthisinidae), sont abondants dans les sédiments de l'Ordovicien inférieur d'Europe, d'Afrique du Nord et d'Amérique du Sud. Les deux valves sont légèrement convexes.

1, 2, 3 *Clitambonites squamata,* Ordovicien moyen (Caradocien), Kohtla-Järve (Estonie, U.R.S.S). Vues interne des valves dorsales (**1**) et ventrale (**2**). Coquille (**3**). Largeur ; 2,7 cm. A l'intérieur de la valve ventrale, on distingue bien la cavité spondyliale s'appuyant sur un septum médian.

4, 5, 6 *Porambonites aequirostris,* Ordovicien moyen (Caradocien), Kohtla-Järve (Estonie, U.R.S.S). Vues ventrale (**4**), antérieure (**5**) et latérale (**6**). Largeur de la plus grande coquille : 2,6 cm. Les *Porambonites* vivaient en position verticale (sommet de la coquille vers le bas).

Après celui des orthides, les pentamérides constituent l'ordre le plus ancien des brachiopodes articulés. Leur extension stratigraphique va du Cambrien moyen au Permien supérieur. Les coquilles sont généralement fortement convexes, la charnière est courte. Dans la partie postérieure de la valve ventrale, se trouve un spondylium (formation squelettique en liaison avec les muscles).

Les représentants du genre *Porambonites* (Pentamerida, Porambonitidae), ont une distribution mondiale dans les sédiments de l'Ordovicien inférieur au Silurien inférieur. Coquille biconvexe, parfois convexo-plane (valve ventrale plate). Présence d'un sillon médian sur la face externe de la grande valve.

Dans l'ordre des Rhynchonellides, représenté de l'Ordovicien à nos jours, les coquilles sont biconvexes étroites vers l'arrière et présentent une ligne cardinale courbe. Le brachiosquelette est réduit à des excroissances simples (crura). Les brachiopodes du genre *Rostricellula* ont vécu à l'Ordovicien moyen et supérieur ; on les trouve aujourd'hui dans de nombreux endroits de l'hémisphère Nord. Coquille grossièrement costulée ; sillon bien marqué sur la valve ventrale et bourrelet sur la valve dorsale.

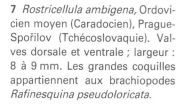

7 *Rostricellula ambigena,* Ordovicien moyen (Caradocien), Prague-Spořilov (Tchécoslovaquie). Valves dorsale et ventrale ; largeur : 8 à 9 mm. Les grandes coquilles appartiennent aux brachiopodes *Rafinesquina pseudoloricata.*

8 *Euorthisina moesta*★, Ordovicien inférieur (Llanvirnien), Prague-Šárka (Tchécoslovaquie). Moule de la valve ventrale ; largeur : 3,3 cm. L'espèce habitait les eaux de la plate-forme littorale.

Brachiopodes : *Articulés* (suite) [Silurien]

Au Silurien, des brachiopodes d'allures et de tailles diverses vivaient dans des milieux marins très variés. Les coquilles du genre cosmopolite *Conchidium* (Pentamerida, Pentameridae), que l'on connaît déjà dans les sédiments de l'Ordovicien supérieur, ont atteint de grandes dimensions. Les deux valves sont fortement convexes, la partie sommitale de la valve ventrale dépasse largement le sommet de la valve dorsale. La charnière est très courte, la commissure faiblement ondulée. La surface des valves est grossièrement costulée. *Conchidium* vivait dans les eaux agitées, peu profondes. L'animal était fixé au substrat par un pédoncule. Il s'est éteint au Dévonien inférieur.

Dans la même famille, les représentants du genre *Gypidula* ont vécu du Silurien inférieur au Dévonien supérieur, à peu près dans le monde entier. Valve ventrale bombée, valve dorsale concave, commissure antérieure affectée par un léger sinus. Surface des valves lisse ou costulée. Ces animaux vivaient surtout dans les eaux peu profondes. Ils étaient fixés dans leur jeunesse par un pédoncule ; mais celui-ci s'atrophiait au cours de l'ontogenèse en même temps qu'un épaississe-

1, 2, 3 *Gypidula galeata,* Silurien inférieur (Wenlockien), Gotland (Suède). Largeur de la plus grande coquille : 2,5 cm. Valve dorsale en vue latérale (**2**), valve ventrale (**3**). Ces brachiopodes vivaient dans des eaux peu profondes de la zone tropicale.

4, 5 *Meristina tumida,* Silurien inférieur (Wenlockien), Dudley (Grande-Bretagne). Valve ventrale (**4**) montrant un organisme commensal fixé (cornulite), des coraux et des bryozoaires. Vue antérieure de la coquille (**5**). Largeur du plus grand spécimen : 4,5 cm.

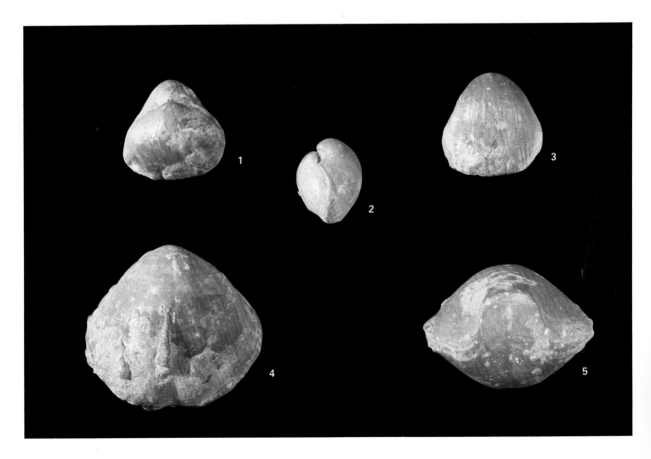

6

6 *Conchidium* sp., Silurien supérieur (Ludlowien), Grande-Bretagne. Amas de coquilles. Largeur des valves : jusqu'à 5 cm.

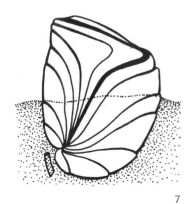

7

ment de la coquille dans la région postérieure en assurait la stabilisation dans une position favorable.

Dans l'ordre des Spiriférides, le brachiosquelette est typiquement spiralé. Selon les groupes, les pointes des spirales coniques se font face au milieu de la coquille (croissance centripète du lophophore) ou sont au contraire en position latérale (croissance centrifuge).

Les *Meristina* (Spiriferida, Meristellidae), sont des brachiopodes cosmopolites que l'on trouve du Silurien inférieur au Dévonien inférieur. Coquille biconvexe du grande taille, non costulée et pourvue d'une commissure antérieure fortement courbée. La partie sommitale (umbo) de la valve ventrale est très courbée, l'orifice du pédoncule n'existe que chez les jeunes individus et disparaît complètement chez les plus âgés. Sur une coupe longitudinale de la coquille, on voit nettement le renforcement de la paroi de la valve ventrale dans la zone umbonale (**7**). Ce renforcement maintenait la coquille de l'animal adulte, en partie enfoui dans les sédiments, dans une position verticale. Les *Meristina* occupaient avant tout les eaux peu profondes à proximité des récifs coralliens. On les trouve parfois en amas.

163

Brachiopodes

Brachiopodes : *Articulés* [Silurien] (suite)

On trouve les brachiopodes du genre *Atrypa* (Spiriferida, Atrypidae), dans les sédiments du Silurien inférieur au Dévonien supérieur du monde entier. La coquille arrondie a une valve brachiale (dorsale) plus convexe que la valve pédonculaire (ventrale). L'ornementation superficielle se compose de côtes radiaires et de stries d'accroissement (**13**). Les individus adultes étaient libres, vivant souvent sur un substrat mou.

Le genre *Dayia* (Spiriferida, Dayiidae), du Silurien supérieur au Dévonien inférieur en Europe, en Asie et en Afrique du Nord, est caractérisé par une petite coquille lisse à valve ventrale fortement convexe et valve dorsale légèrement déprimée sur le devant.

Le genre *Cyrtia* (Spiriferida, Cyrtiidae), fait partie des Spiriférides du Silurien et du Dévonien à distribution mondiale. La coquille, lisse, est caractérisée par une valve ventrale pyramidale et une valve dorsale

1 *Dicoelosia biloba*∗, Silurien inférieur (Wenlockien), Djupvik, Gotland (Suède). Coquilles complètes ou valves isolées. Largeur de la plus grande coquille : 5 mm.
Dicoelosia verneuiliana (les deux plus grandes coquilles), Silurien inférieur (Wenlockien), Snackgärdbaden, Gotland (Suède). Largeur : 7 à 8 mm.

2, 3, 4 *Dayia bohemica*∗, Silurien supérieur (Pridolien), Prague-Řeporyje (Tchécoslovaquie). Coquille en vues : ventrale (**2**), dorsale (**3**) et latérale (**4**). Largeur des coquilles : 1 cm. Espèce du Silurien très importante, formant par endroits des bancs calcaires.

5, 6, 7 *Cyrtia exporrecta*∗, Silurien inférieur (Wenlockien), Dudley (Grande-Bretagne). Coquille en vue postérieure, avec l'orifice du pédondule bien apparent (**5**), en vues ventrale (**6**) et antérieure (**7**). Largeur de la plus grande coquille : 2,6 cm.

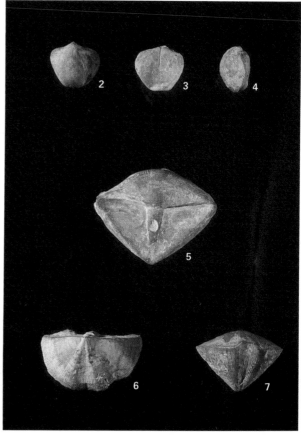

8, 9 *Leptagonia depressa,* Silurien inférieur (Wenlockien), Gotland (Suède). Coquille, face ventrale (**8**) et face dorsale (**9**). Largeur du plus gros individu : 2,5 cm.

10 *Atrypa* sp., Dévonien moyen, Söttenich (RFA). Valve dorsale abîmée ; largeur : 2,8 cm, découvrant le brachiosquelette spiralé.

11, 12 *Atrypa reticularis*✱, Silurien inférieur (Wenlockien), Dudley (Grande-Bretagne). Coquille, face dorsale (**11**) et ventrale (**12**). Largeur de la plus grande coquille : 2,5 cm.

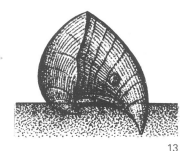

13

légèrement convexe. Les animaux restaient fixés toute leur vie au substrat par un pédoncule. La grande zone triangulaire entre le sommet de la valve ventrale et la charnière augmentait la stabilité de la coquille (**13**).

Le genre *Dicoelosia* (Orthida, Dicoelosiidae), englobe de petits brachiopodes à distribution mondiale ayant vécu de l'Ordovicien supérieur au Dévonien inférieur. La coquille présente un sillon sur chaque valve et deux grands lobes vers l'avant. On trouve ces animaux le plus souvent dans des sédiments finement grenus. Ils vivaient fixés par un pédoncule sur les coquilles d'autres invertébrés ou sur des thalles algaires.

Dans l'ordre des Strophoménides, les coquilles sont en général plano- ou concavo-convexes, plus rarement biconvexes, le foramen pédonculaire rarement décelable chez l'adulte. On y trouve les plus grandes coquilles (jusqu'à 30 cm chez certains *Productus*).

Leptagonia (Strophomenida, Leptaenidae), a vécu du Silurien inférieur au Carbonifère inférieur. La coquille d'abord plate s'est courbée en genou dans les stades ultérieurs.

Brachiopodes : *Articulés* (suite) [Dévonien]

Beaucoup de brachiopodes ont vécu en bordure des récifs coralliens. Les représentants du genre *Strophonella* (Strophomenida, Strophonellidae), à distribution mondiale, sont connus au Silurien et au Dévonien inférieur. La valve dorsale des jeunes individus était creuse, la valve ventrale convexe, mais au cours de la croissance la convexité changeait de sens.

Les représentants du genre *Cymostrophia* (Strophomenida, Stropheodontidae), récoltés dans des sédiments européens du Dévonien, ont de grandes et de larges coquilles. Chez certaines espèces, on trouve des épaississements concentriques sur la partie plate des deux valves.

Dans le genre *Parachonetes* (Strophomenida, Chonetidae) et tous les genres du même groupe, les coquilles sont concavo-convexes. Présence d'épines creuses sur l'arrière des coquilles : on leur attribue une fonction sensorielle. Certains Chonétidés avaient probablement la faculté de nager. Le genre *Parachonetes* a une distribution mondiale dans les couches du Dévonien inférieur et moyen.

Le genre *Merista* (Spiriferida, Meristellidae) est représenté dans les couches du Dévonien inférieur et du Dévonien moyen, en Europe, en Amérique du Nord et en Amérique du Sud. Les deux valves sont convexes, lisses, avec un épaississement dorsal et un sillon ventral.

Stenorhynchia (Rhynchonellida, Rhynchotrematidae), du Dévonien d'Europe et d'Amérique du Nord a un aspect de Rhynchonellide caractéristique. Les coquilles jeunes sont plates, celles des adultes hautes avec une selle et un lobe apparents sur le devant.

Dans le genre *Eoglossinotoechia* (Rhynchonellida, Uncinulidae), et tous ceux de la famille des Uncinulidés, les coquilles sont d'abord plates puis se bombent en grandissant. La liaison des valves forme sur le devant un pli dentelé. L'ornementation se compose de côtes arrondies, de baguettes séparées par des sillons étroits d'où sortent, chez de nombreuses espèces, de longues épines.

1, 2 *Merista herculea*✱, Dévonien inférieur (Praguien), Koněprusy (Tchécoslovaquie). Faces ventrale (**1**) et dorsale (**2**). Largeur de la plus grande coquille : 3,5 cm.

3, 4, 5 *Stenorhynchia nympha*✱, Dévonien inférieur (Praguien), Koněprusy (Tchécoslovaquie) ; coquille en vues ventrale (**3**), antérieure (**4**) et dorsale (**5**). Largeur de la plus grande coquille : 1,5 cm.

6, 7, 8 *Eoglossinotoechia sylphidea,* Dévonien inférieur (Praguien), Koněprusy (Tchécoslovaquie). Vues ventrale (**6**), latérale (**7**) et antérieure (**8**). Largeur de la plus grosse pièce : 1,9 cm.

9 *Cymostrophia stephani,* Dévonien inférieur (Praguien), Koněprusy (Tchécoslovaquie). Valve ventrale ; largeur : 5,2 cm.

10 *Strophonella bohemica,* Dévonien inférieur (Praguien), Koněprusy (Tchécoslovaquie). Valve dorsale ; largeur : 6 cm. Vivait librement sur le fond de la mer.

11 *Parachonetes verneuili,* Dévonien inférieur (Praguien), Koněprusy (Tchécoslovaquie). Valve ventrale ; largeur : 4,3 cm. Épines indistinctes. L'espace pour le corps était très limité.

D

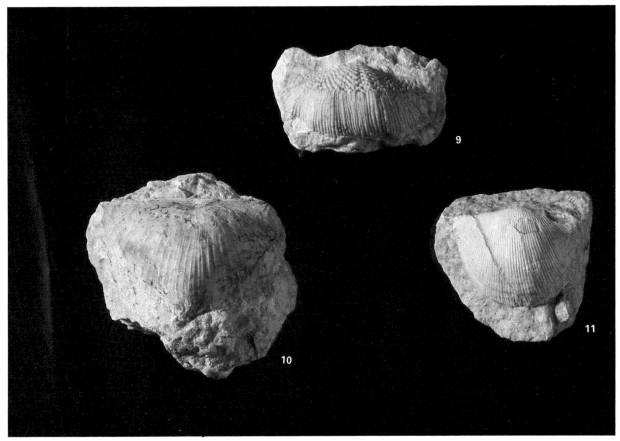

Brachiopodes

Brachiopodes : *Articulés* [Dévonien] (suite)

Les Térébratulides constituent l'ordre le plus récent et actuellement le plus nombreux des brachiopodes. Son histoire commence au Dévonien inférieur. Les coquilles ressemblent à certains atrypides, dont les térébratules dérivent vraisemblablement. Leur brachiosquelette n'est pas spiralé mais forme deux boucles plus ou moins compliquées.

Stringocephalus (Terebratulida, Stringocephalidae), est un genre important cantonné dans le Dévonien moyen du monde entier. Ses grandes coquilles lisses ont une partie umbonale fortement incurvée, avec de grandes interareas et un foramen pédonculaire bien visible. On les trouve dans les sédiments des récifs coralliens, des lagunes et des

1, 2 *Stringocephalus burtini*✳, Dévonien moyen (Eifélien), Paffrath (RFA). Vue interne de la valve ventrale, avec un septum médian (développé également sur la valve dorsale) (**1**) ; coquille entière en vue dorsale (**2**). Largeur du spécimen : 6,5 cm.

3 *Cyrtospirifer* sp., Dévonien supérieur (Frasnien), Cerfontaine (Belgique). Vue dorsale ; largeur : 7 cm. On distingue bien les interareas de la valve ventrale et l'orifice du pédoncule.

4 *Xystostrophia umbraculum*✳, Dévonien moyen (Givétien), Mühlemosald, Gerolstein (RFA). Vue dorsale ; largeur : 4,4 cm. Espèce caractéristique du Dévonien moyen de la Province rhénane.

5

5 *Acrospirifer primaevus*＊, Dévonien inférieur (Siegénien), Seifen (RFA). Moule limonitisé de valve dorsale ; largeur : 5,5 cm. L'espèce habitait le fond sableux des mers peu profondes. Fossile stratigraphique.

mers assez profondes. La forte convexité de la coquille, concourait au maintien de la stabilité de l'animal.

Acrospirifer (Spiriferida, Delthyrididae), est un genre cosmopolite du Dévonien inférieur. Coquilles biconvexes de grande taille, fortement costulées. Cavité unmbonale de la valve ventrale renforcée par des dépôts de calcite. C'est par cette partie alourdie de la coquille que l'animal vivant était partiellement enfoncé dans les sédiments meubles (**6**).

Le genre *Cyrtospirifer* (Spiriferida, Cyrtospiriferidae), d'extension mondiale, est caractérisé par ses coquilles particulièrement larges. L'extension stratigraphique va du Dévonien supérieur au Carbonifère inférieur. Coquille biconvexe, à sillon ventral et bourrelet dorsal.

Dans le genre *Xystostrophia* (Strophomenida, Meckellidae), du Dévonien moyen d'Europe, les coquilles de grande taille ont une valve ventrale légèrement convexe près du sommet, légèrement concave par la suite. La valve dorsale est convexe. Entre le sommet et la charnière, il existe sur les deux valves des interarea bien développées. L'orifice pédonculaire est fermé. Ces animaux reposaient sur le fond et pouvaient probablement nager à la manière des pectens actuels, bord cardinal en avant, en faisant battre rapidement leurs valves et provoquant ainsi l'expulsion de l'eau hors de la cavité brachiale.

6

Brachiopodes : *Articulés* (suite) [Carbonifère et Permien]

Dans les associations de brachiopodes du Primaire, les Strophoménides de la surfamille des Productacés avait une place prééminente. Leur morphologie est remarquable. On y trouve les plus gros individus connus, par exemple ceux des genres *Titanaria* et *Gigantoproductus,* dont les coquilles mesuraient plus de 35 cm ; leurs coquilles avaient régulièrement une valve ventrale convexe et une valve dorsale concave. Ces brachiopodes ne possédaient pas de pédoncule et vivaient en général non fixés à l'état adulte. Ils possédaient des épines régulièrement disposées servant à la stabilisation des coquilles et à la protection contre l'envasement. Dans le genre *Dictyoclostus* (Strophomenida, Dictyoclostidae), du Carbonifère inférieur européen, les coquilles étaient munies de fines épines développées par petits groupes à la surface des valves et alignées le long de la charnière.

1, 2 *Dasyalosia goldfussi**, Permien supérieur (Zechstein), Trebnitz (RDA). Valves dorsale (**1**) et ventrale (**2**) ; largeur : 2,1 cm.

3, 4, 5 *Horridonia horrida**, Permien supérieur (Zechstein), Gera (RDA). Vues postérieure (**3**), ventrale (**4**) et dorsale (**5**) ; largeur de la plus grande coquille : 4,2 cm.

6 *Muirwoodia* sp., Permien, Salt Range (Inde). Moule de la valve dorsale, avec quelques signes caractéristiques de la superfamille des Productadés : septum médian et, latéralement près du sommet, deux paires d'empreintes musculaires. Le lophophore était vraisemblablement fixé aux grandes structures nodales. La surface papilleuse atteste l'existence de courtes épines intérieures dont on ne connaît pas la fonction. Largeur des spécimens : 4 cm.

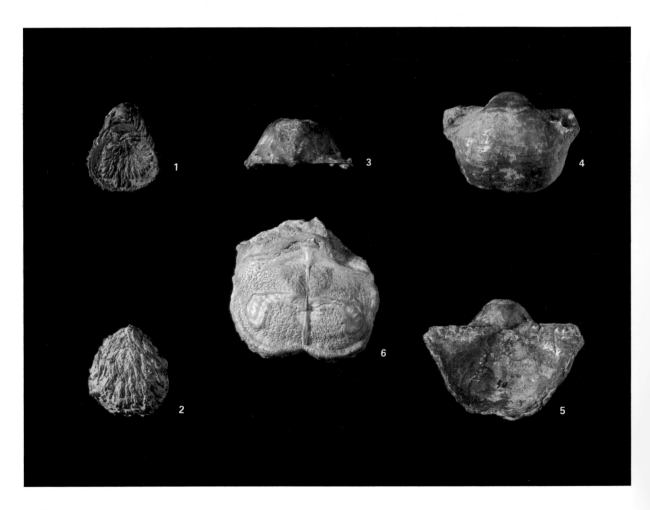

P

C

7, 8 *Dictyoclostus semireticula-tus**, Carbonifère inférieur (Viséen), Dublin (Irlande) et Clitheroe (Angleterre). Valves ventrales ; largeur : 6 cm. Vues postérieure (**7**) et dorsale (**8**). Les fines épines sont cassées.

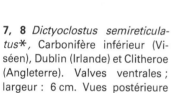

Le genre voisin *Horridonia* a vécu au Permien, en Europe en zone arctique, en Asie et en Australie. Coquilles, de taille moyenne ou grande, avec une valve ventrale fortement convexe et une valve dorsale légèrement concave. Longues épines disposées surtout le long de la charnière et sur les parties postéro-latérales plates de la coquille (**9**).

La fin du Permien a été marquée par la plus grande crise qu'aient connue les brachiopodes au cours de leur histoire qui a duré plus de 580 millions d'années. La majorité des Strophoménides se sont éteints et, avec eux, les derniers représentants des ordres Pentamérides et des Orthides.

Les coquilles des *Dasyalosia* (Strophomenida, Strophalosiidae), du Permien supérieur européen ont un aspect peu habituel : valve ventrale modérément convexe, dorsale plate ou légèrement concave, surface des deux valves abondamment dotée d'épines vermiformes. Il semble qu'une certaine quantité de détritus se déposait sur la face dorsale, masquant ainsi l'animal ; seul était visible le bord des valves sortant du substrat.

9

171

Brachiopodes

Brachiopodes : *Articulés* (suite) [Trias]

Entre le Primaire et de Secondaire, un grand nombre de groupes d'animaux se sont éteints massivement. Parmi eux, beaucoup de brachiopodes : ils sont extrêmement rares dans les dépôts du Trias inférieur du monde entier. Ils n'ont recommencé à proliférer qu'au cours du Trias moyen. C'est le cas des espèces du genre *Punctospirella* (Spiriferida, Spiriferinidae). La commissure antérieure des valves forme en général une selle très marquée et un lobe. L'ornementation superficielle comporte des lamelles de croissance et de fines aiguilles creuses rayonnant à partir du sommet, formant un petit angle avec la surface de la coquille.

On trouve au Trias les derniers Spiriférides, parmi lesquels les espèces du genre *Tetractinella* (Spiriferida, Athyrididae), très répandues en Europe. Les petites coquilles forment sur l'avant des lobes costulés. Les Tétractinelles ressemblent beaucoup au Térébratules du Jurassique supérieur du genre *Cheirothyris.* Les coquilles des deux genres constituent de bons exemples de convergence adaptative (ressemblance morphologique résultant du même mode de vie). On suppose que les exroissances à l'avant des coquilles protégeaient le bord très lobé du manteau qui assurait, entre autres, une fonction sensorielle.

Le genre *Rhaetina* (Terebratulida, Dielasmatidae), est un représentant des Térébratules du Trias supérieur, connu en de nombreux lieux d'Europe et d'Asie. Coquille de taille moyenne ou grande, biconvexe, lisse, portant sur la valve dorsale deux plis séparés par un sillon médian ; présence d'un grand foramen pédonculaire. Ces animaux se tenaient en position dressée, fixés par le pédoncule, une partie de l'umbo partiellement enfouie dans le substrat (**10**). Ils vivaient à proximité ou à l'intérieur des récifs coralliens, parfois aussi dans les zones profondes.

Les brachiopodes du genre *Halorelloidea* (Rhynchonellida, Dimerellidae), appartiennent au Trias supérieur d'Europe et d'Asie. Coquilles ovales, valves dorsales plus convexes que les ventrales, lisses ou irrégulièrement costulées ; les deux valves portent des sillons médians opposés.

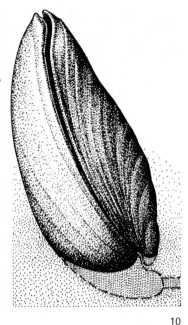

10

1, 2 *Tetractinella trigonella**, Trias moyen, Štítnik (Tchécoslovaquie). Coquille en vues : dorsale (**1**) et ventrale (**2**). Largeur de la plus grande coquille : 1,2 cm. Se trouve aussi bien dans le Trias germanique et alpin.

3, 4, 5 *Halorelloidea rectifrons**, Trias supérieur (Norien), Silická Brezová (Tchécoslovaquie). Coquille en vues : dorsale (**3**), antérieure (**4**) et ventrale (**5**). Largeur du plus grand spécimen : 1,8 cm. En dehors des Carpates occidentales, se trouve surtout dans les Alpes.

6, 7, 8 *Rhaetina gregaria**, Trias supérieur (Rhétien), Hindelang (RFA). Coquille en vue frontale (**6**), ventrale (**7**) et dorsale (**8**).

9 *Punctospirella fragilis**, Trias moyen, Wurtzbourg (RFA). Amas de coquilles dans un calcaire coquillier ; largeur de la plus grande coquille : 1,9 cm.

Brachiopodes

Brachiopodes : *Articulés* (suite) [Jurassique]

Les Pentamérides se sont éteints au Dévonien ; la fin du Paléozoïque (Permien) a marqué la disparition des Orthides et la mise à mal des Strophoménides et des Spiriférides qui s'éteindront définitivement au Jurassique. Seuls, deux grands ordres d'Articulés ont poursuivi leur extension jusqu'à nos jours : les Rhynchonellides et les Térébratulides.

Chez la plupart des Rhynchonellides, la coquille présente les caractères suivants : costulation très habituelle, d'où résulte un tracé denticulé de la commissure ; présence fréquente d'un pli souvent accusé dans la partie antérieure de cette commissure ; ligne cardinale petite et courbe ; foramen pédonculaire réduit. Le tracé denticulé de la commissure permettait, à entrebâillement égal des valves, la circulation d'un plus grand volume d'eau par rapport aux commissures rectilignes. En outre, son dessin uniplissé induisait des courants d'entrée et de sortie.

Les représentants du genre *Homoeorhynchia* (Rhynchonellida, Rhynchonellidae), du Jurassique inférieur et moyen d'Europe, ont une coquille sensiblement triangulaire. La valve dorsale forme sur le devant une avancée médiane bordée de quelques petites côtes qui se perdent vers le sommet.

1, 2 *Torquirhynchia inconstans*✴, Jurassique supérieur (Kimméridgien), Nattheim (RFA). Coquille, vues ventrale (**1**) et frontale (**2**). Largeur du plus gros spécimen : 3,5 cm. Les structures concentriques de la région umbonale résultent de la silicification de la coquille.

3, 4, 5 *Homoeorhynchia acuta*✴, Jurassique inférieur (Domérien), Kostelec près de Považská Teplá (Tchécoslovaquie). Coquille en vues : dorsale (**3**), latérale (**4**) et frontale (**5**). Largeur de la plus grande valve : 1,8 cm. Espèce importante pour le Domérien.

6, 7, 8 *Cirpa fronto*, Jurassique inférieur, Rudno (Tchécoslovaquie). Coquille en vues : dorsale (**6**), antérieure (**7**), face ventrale (**8**). Largeur de la plus grande coquille : 1,7 cm. La valve dorsale ne forme au milieu qu'un petit pli.

9 *Rhynchonelloidella varians*, Jurassique moyen (Bathonien), RFA. Calcaire micritique plein de coquilles. Largeur du plus grand spécimen : 1,3 cm.

9

10, 11 *Prionorhynchia quinqueplicata,* Jurassique inférieur (Domérien), Kostelec près de Považská Teplá (Tchécoslovaquie). Coquille en vues ventrale (**10**) et frontale (**11**). Largeur du plus grand spécimen 3 cm.

10

11

Les coquilles des représentants du genre *Cirpa* (Rhynchonellida, Wellerellidae), trouvées dans le Jurassique inférieur d'Europe et d'Asie Mineure, sont uniplissées. Des côtes très marquées atteignant le sommet constituent la décoration.

Le genre voisin *Prionorhynchia* est répandu dans les sédiments du Jurassique inférieur d'Europe et d'Asie. Les coquilles pentahédriques (cinq faces) sont de grande taille, avec une commissure droite ou uniplissée. Le sommet de la coquille est très petit, fortement recourbé.

Autre genre voisin, *Rhynchonelloidella,* du Jurassique moyen et supérieur. Coquilles uniplissées, ornée de nombreuses côtes aiguës.

Dans la même famille encore : *Torquirhynchia.* Les coquilles des brachiopodes, à l'exception parfois des formes fixées par cimentation, ont normalement une symétrie bilatérale. Les espèces du genre *Torquirhynchia* font partie des exceptions (Jurassique supérieur). Leurs coquilles sont triangulaires et portent à la surface de nombreuses côtes très marquées. Les moitiés droite et gauche des coquilles sont comme tournées l'une vers l'autre.

Brachiopodes

Brachiopodes : *Articulés* [Jurassique] (suite)

Au cours du Jurassique, les Térébratulides ont pris l'avantage sur les Rhynchonellides et l'ont conservé jusqu'à nos jours. Les térébratules typiques ont une coquille globuleuse, lisse, pourvue d'un grand foramen pédonculaire, d'une ligne cardinale courbe et d'une commissure droite ou plissée. Mais certaines formes sont lisses, planes, etc. En raison de leurs formes très variées, les Térébratulides sont en fait souvent très difficiles à déterminer avec précision si l'on n'observe pas certains détails de la structure interne de la coquille.

Le genre *Zeilleria* (Terebratulida, Zeilleridae), des sédiments du Jurassique inférieur d'Europe, possède une coquille lisse, plus large que longue (transverse), formant un éventail à quatre côtes ; le bord antérieur est ainsi festonné, mais la commissure reste droite.

Les coquilles du genre *Loboidothyris* (Terebratulida, Tchegemithyrididae), se trouvent dans les sédiments européens du Jurassique moyen et supérieur. Les deux valves sont convexes et lisses, la commissure plissées ou sulciplissée (un sillon dans le pli), le foramen pédonculaire bien ouvert.

1, 2 *Ismenia pectunculoides**, Jurassique supérieur (Tithonique), Sontheim (RFA). Côtés ventral (**1**) et dorsal (**2**) ; largeur de la plus grande coquille : 1,5 cm.

3, 4 *Zeilleria quadrifida*, Jurassique inférieur (Domérien), Kostelec près de Považská Teplá (Tchécoslovaquie). Coquille en vues : ventrale (**3**) et dorsale (**4**). Largeur de la plus grande coquille : 1,8 cm. Espèce caractérisée par un bord antérieur tétralobé.

5, 6, 7 *Zeilleria (?) humeralis*, Jurassique supérieur, Petersberg, près de Goslar (RFA). Vues dorsale (**5**), ventrale (**6**) et latérale (**7**) ; largeur de la plus grande coquille : 1,5 cm.

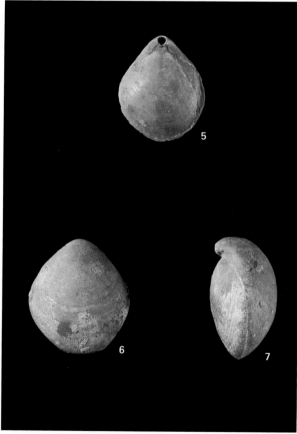

176

8 *Antinomia,* sp., Jurassique supérieur, Trente (Italie). Moule interne de la coquille du côté dorsal ; largeur : 4,3 cm. On distingue bien à la surface les canaux du manteau (sinus palléaux).

9, 10, 11 *Loboidothyris subselloides,* Jurassique supérieur (Kimméridgien), France. Coquilles en vues : dorsale (**9**), ventrale (**10**) et latérale (**11**). Largeur de la plus grande : 2,6 cm.

Genre voisin : *Zeilleria,* du Jurassique supérieur européen. Coquille biconvexe commissure droite ou plissée, crochet très courbé à grand orifice pédonculaire.

L'ornementation costulée de certaines térébratules est particulièrement accusée, par exemple chez les espèces du genre *Ismenia* (Terebratulida, Dallinidæ), du Jurassique supérieur européen. Les coquilles sont plus larges que longues, la valve ventrale est plus convexe que la valve dorsale.

Genre apparemment très différent : *Antinomia* (Terebratulida, Pygopidae), du Jurassique supérieur et du Crétacé inférieur d'Europe et de la province arctique. La morphologie des Pygopidés manifeste une tendance vers la séparation aussi parfaite que possible des courants d'eau inhalants et exhalants : entrée dans la cavité brachiale par les côtés du bord antérieur de la coquille et sortie par une profonde entaille médiane ou par un orifice.

Les *Antinomia* ont une coquille triangulaire à petit foramen pédonculaire. Les moules internes montrent le tracé des canaux du manteau, prolongements ramifiés du coelome qui acheminaient les produits du métabolisme vers la zone de croissance du manteau. Ils jouaient aussi probablement, un rôle dans la respiration.

177

 **Brachiopodes**

Brachiopodes : *Articulés* (suite) [Crétacé]

Au Crétacé, les Rhynchonellides habitaient surtout les mers peu profondes du plateau continental. Les jeunes étaient toujours fixés par un pédoncule, souvent sur des coquilles ou des débris coquilliers de divers invertébrés. Plus tard, chez beaucoup d'espèces, le pédoncule s'étant atrophié, les coquilles ont reposé librement sur le fond, légèrement enfouies dans le substrat meuble.

Les coquilles des Rhynchonellides sont en général petites ou de taille moyenne. Dans les espèces du genre *Peregrinella* (Rhynchonellida, Dimerellidae), du Crétacé inférieur d'Europe et d'Amérique du Nord, elles étaient exceptionnellement grandes, leur largeur dépassant 10 cm. Ces brachiopodes ont un aspect qui rappelle des Rhynchonellides du Paléozoïque comme *Plagiorhynchia* ou même certains Pentamérides. La coquille est arrondie, sans pli médian ni sillon. La valve ventrale est beaucoup plus creuse que la valve dorsale et possède un crochet massif

9

1, 2 *Cretirhynchia plicatilis*∗, Crétacé supérieur (Sénonien), Brighton (Sussex, Grande-Bretagne). Coquille en vues : dorsale (**1**) et frontale (**2**) ; largeur : 2,1 cm. La courbure de la partie antérieure de la commissure est nettement asymétrique.

3, 4, 5 *Orbirhynchia cuvieri,* Crétacé supérieur (Turonien), Hitchin (Grande-Bretagne). Coquille en vues : dorsale (**3**), latérale (**4**) et frontale (**5**) ; largeur de la plus grande coquille : 1,7 cm.

6 *Peregrinella peregrina*∗, Crétacé inférieur (Néocomien), Châtillon (France). Coquille en vue dorsale ; largeur : 7 cm. Un des plus grands Rhynchonellidés.

7, 8 *Cyclothyris difformis,* Crétacé supérieur (Cénomanien), Wilmington (Grande-Bretagne). Coquille en vues : ventrale (**7**) et dorsale (**8**) ; largeur de la plus grande : 3,1 cm. Les coquilles sont remarquablement larges.

6

7

8

très courbé. La liaison des valves est droite. La surface des coquilles est grossièrement côtelée (**9**), rappelant l'ornementation des pectens (coquilles Saint-Jacques).

Nombre de brachiopodes ont été conservés dans la craie, sédiment calcaire caractéristique des eaux peu profondes du Crétacé. La craie blanche, insuffisamment consolidée, renferme un très grand nombre de coquilles de coccolithes et de foraminifères. On trouve les brachiopodes du genre *Orbirhynchia* (Rhynchonellida, Wellerellidae), dans les couches de craie du nord-ouest de l'Europe. Leurs coquilles sont petites, la commissure légèrement plissée, les côtes arrondies des crêtes vers le crochet.

Les brachiopodes du genre *Cyclothyris* (Rhynchonellida, Rhynchonellidae), du Crétacé européen, ont de larges coquilles à bourrelet médian peu prononcé sur la valve dorsale ; commissure antérieure plissée, crochet de la valve ventrale fortement recourbé.

Le genre voisin *Cretirhynchia,* du Crétacé supérieur du nord-ouest de l'Europe, a des coquilles de taille moyenne, biconvexes lisses ou finement costulées ; bourrelet peu marqué sur la valve dorsale ; commissure antérieure uniplissée, de forme caractéristique (pli rectangulaire, en créneau).

Brachiopodes

Brachiopodes : *Articulés* [Crétacé] (suite)

A la fin du Paléozoïque (Carbonifère, Permien) sont apparues de petites formes dont on ne connaît pas très bien l'origine ; certains auteurs pensent qu'elles dérivent des Strophoménides. On en a fait un groupe à part, l'ordre des Thécidéides, dont l'apogée se situe au Crétacé. Il existe encore deux genres dans les mers actuelles : *Lacazella* en Méditerranée et *Thecidellina* surtout dans le Pacifique. Principales caractéristiques : coquille de petite taille (quelques millimètres, et jusqu'à 2 cm au Crétacé), fixée au substrat par cimentation de la grande valve ; brachiosquelette simple ou au contraire de forme très compliquée, avec de nombreux replis ; valve brachiale s'ouvrant à 90° par rapport à la ventrale (alors que les autres brachiopodes ne font qu'entrebâiller leurs coquilles) ; incubation des embryons dans une poche spéciale.

Le genre *Thecidea* (Thecideida, Thecideidae), du Crétacé d'Europe (« mer de la craie ») est plutôt singulier dans le groupe, en raison de caractères très particuliers liés à son mode de vie : coquille presque plate en forme de pièce de monnaie, finement ornementée de papilles (d'où le nom de l'espèce-type) ; présence d'un foramen pédonculaire

1 *Thecidea papillata**, Crétacé supérieur (Maastrichtien), Maestricht (Hollande). Coquilles et valves isolées ; longueur : 6 à 7 mm.

2, 3, 4 *Magas geinitzi*, Crétacé supérieur (Turonien), Malnice près de Louny (Tchécoslovaquie). Coquille en vues : dorsale (2), latérale (3) et ventrale (4). Longueur des coquilles : 7 à 8 mm.
L'orifice pédonculaire est dissimulé sous le crochet recourbé de la coquille.

5, 6, 7 *Terebrirostra lyra**, Crétacé supérieur, (Cénomanien), Le Havre (France). Coquille en vues : ventrale (5), dorsale (6) et latérale (7). Longueur de la plus grande coquille : 24 mm.

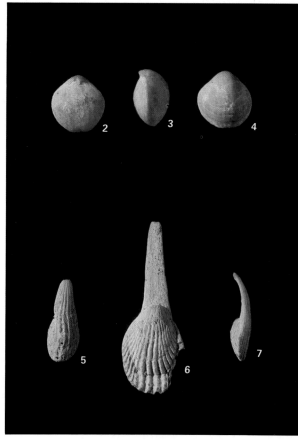

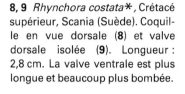

8, 9 *Rhynchora costata*✱, Crétacé supérieur, Scania (Suède). Coquille en vue dorsale (**8**) et valve dorsale isolée (**9**). Longueur : 2,8 cm. La valve ventrale est plus longue et beaucoup plus bombée.

10, 11 *Trigonosemus elegans*✱, Crétacé supérieur (Sénonien), Ciply (Belgique). Coquille en vues : dorsale (**10**) et ventrale (**11**). Longueur de la plus longue coquille : 3 cm. Le très petit orifice pédonculaire est au sommet de la coquille et, entre lui et la ligne charnière, existe un grand espace triangulaire avec une interarea et un delthyrium obturé par des plaques calcaires (symphitium).

chez le jeune, qui vivait fixé à des thalles algaires, tandis que l'adulte reposait librement sur la vase du fond ; brachiosquelette présentant un septum ramifié très régulièrement.

Genre *Terebrirostra* (Terebratulida, famille incertaine) : ces animaux du Crétacé d'Europe occidentale ont une coquille de taille moyenne, biconvexe, et un crochet caractéristique, démesurément allongé sur la valve ventrale.

Genre *Rhynchora* (Terebratulida, Terebratellidae), du Crétacé supérieur d'Europe. Coquille allongée, biconvexe, ornée de belles côtes rayonnantes bifurquées et de quelques stries d'accroissement concentriques ; très large foramen pédonculaire.

Les coquilles du genre voisin *Magas* proviennent du Crétacé supérieur d'Europe. Valve ventrale convexe, valve dorsale presque plate stries d'accroissement concentriques, crochet de la valve ventrale très recourbé, commissure antérieure droite ou légèrement déprimée sur le côté ventral (sillon).

Les représentants du genre voisin *Trigonosemus* se trouvent dans les couches du Crétacé supérieur d'Europe et d'Asie. Les coquilles, ont des parois épaisses et se caractérisent par une valve ventrale très convexe dont le crochet dépasse beaucoup la valve dorsale, peu convexe ou plate. La commissure est affectée par un sillon.

Brachiopodes : *Articulés* (suite) [Crétacé et Cénozoïque]

Les représentants du genre *Pygites* (Terebratulida, Pygopidae), et autres Pygopidés du Jurassique supérieur et du Crétacé inférieur sont connus dans diverses parties de l'Europe, du Nord de l'Afrique et de l'Arctide. Coquille de forme bizarre : pourvue chez les jeunes de deux lobes antérieurs, ceux-ci se rapprochaient au cours de la croissance, délimitant ainsi un grand orifice central ovale, caractéristique.

On trouve les térébratules du genre *Gibbithyris* (Terebratulida, Gibbithyrididae), dans les couches du Crétacé supérieur européen. Leurs coquilles sont biconvexes. La valve ventrale est plus bombée que la valve dorsale. La commissure est droite ou légèrement plissée. L'umbo à petit orifice pédonculaire est fortement recourbé vers l'avant (**8**).

1, 2 *Gibbithyris semiglobosa,* Crétacé supérieur (Turonien), Douvres (Grande-Bretagne). Coquille en vues : dorsale (**2**) et latérale (**1**) ; longueur de la plus grande coquille : 3,1 cm. Brachiopode caractéristique de la craie.

3, 4 *Terebratulina chrysalis,* Crétacé supérieur (Sénonien), Lüneburg (RFA). Faces dorsale (**3**) et ventrale (**4**) ; longueur de la plus longue valve : 1,9 cm. L'un des brachiopodes vivants le plus répandus.

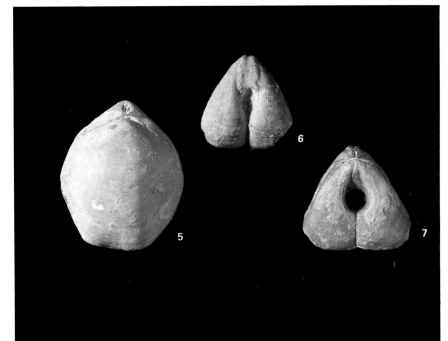

5 *Terebratula ampulla,* Néogène (Pliocène), Italie. Coquille du côté dorsal ; longueur : 4,5 cm. La partie umbonale de la valve dorsale est encroûtée par un bryozoaire.

6, 7 *Pygites diphyoides* ,* Crétacé inférieur (Néocomien), Štramberk (Tchécoslovaquie). Vues ventrale (**6**) et dorsale (**7**) ; longueur de la plus grande coquille : 3,6 cm.

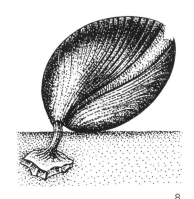

Terebratulina (Terebratulida, Cancellothyrididae), est un genre cosmopolite que l'on trouve depuis le Jurassique supérieur jusqu'à nos jours. La coquille est de petite taille, faiblement biconvexe, finement costulée et ornée de stries d'accroissement concentriques, avec un foramen pédonculaire bien visible, une commissure antérieure droite. Les térébratulines actuelles vivent à différentes profondeurs dans des eaux chaudes ou froides : Certaines espèces supportent de grandes différences de température ou de profondeur. Elles se fixent au substrat par un pédoncule lacinié à son extrémité.

Au Tertiaire, les brachiopodes ne formaient plus, tout comme à l'époque actuelle, qu'un élément peu important du benthos. Ce déclin a été influencé par le développement des mollusques lamellibranches qui avaient le même mode de vie mais qui, à beaucoup d'égards, étaient mieux équipés. La supériorité des mollusques repose entre autres sur une plus grande mobilité, sur la capacité de nombreuses espèces à vivre à l'intérieur du substrat et sur la parfaite séparation des courants inhalants et exhalants.

Les représentants les plus caractéristiques des térébratules, notamment les espèces du genre *Terebratula* (Terebratulida, Terebratulidae), se trouvent dans les dépôts du Miocène et du Pliocène du Sud de l'Europe. Coquilles de taille moyenne ou grande, ovales ou à contour pentagonal arrondi, biconvexes ; commissure plissée ou sulciplissée ; crochet massif, légèrement courbé, troué par un grand foramen pédonculaire (**9**).

Mollusques

Amphineures : *Polyplacophores* et *Monoplacophores*

Les polyplacophores représentent, parmi les mollusques, une branche d'évolution indépendante. Le corps plat, ovale, à symétrie bilatérale est couvert d'un manteau. La tête, portant une bouche et dépourvue d'yeux et d'antennes, est peu distincte du large pied. Le dos est couvert de huit, parfois sept plaques calcaires se recouvrant comme des tuiles. Les plaques antérieures (céphalique) et postérieures (caudale) sont semi-circulaires, les autres sont allongées latéralement. Toutes sont pourvues d'excroissances articulées (à l'exception de la plaque céphalique) et d'une carène médiane plate. Les individus actuels vivent dans toutes les mers, surtout dans la zone littorale, fixés par le pied à un substrat solide dont ils arrachent les algues à l'aide de leur radula. On trouve leurs fossiles en petit nombre à partir du Cambrien supérieur.

Le genre *Helminthochiton* (Neoloricida, Lepidopleuridae), est connu de l'Ordovicien inférieur au Carbonifère en Europe et en Amérique du Nord. Il porte d'épaisses plaques bombées et lisses avec une carène dans l'axe longitudinal. La plaque caudale est presque circulaire avec une excroissance terminant la carène. Les plaques centrales sont subquadratiques et les becs des carènes sont orientés vers l'arrière (**4**).

Les monoplacophores sont des mollusques primitifs, exclusivement marins, à symétrie bilatérale. Le dos est couvert d'un test calcaire dont le sommet pointu est orienté vers l'avant. Ils sont très importants du point de vue de l'évolution : c'est en effet parmi leurs représentants du Cambrien et de l'Ordovicien qu'il faut probablement chercher les ancêtres de la plupart des classes de mollusques. La découverte, en 1955, d'un monoplacophore vivant *(Neopilina galatheae)* par l'expédition danoise *Galathea* de recherches sous-marines, a de ce fait éveillé un très grand intérêt. Les représentants fossiles ne sont connus pour le moment que dans les dépôts, en eaux peu profondes du Paléozoïque ancien.

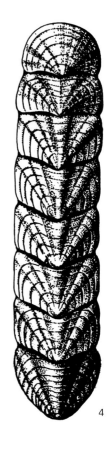

4

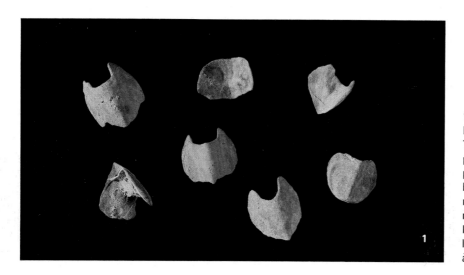

1 *Helminthochiton priscus,* Carbonifère inférieur (Tournaisien), Tournai (Belgique). Longueur de la plus grande plaque : 1,9 cm. Sur la plaque céphalique (au milieu, en bas), on distingue les empreintes musculaires tournées côté inférieur vers le haut. La plaque caudale dont les prolongements articulés sont cassés, est en haut à gauche.

2 *Drahomira rugata,* Silurien supérieur (Pridolien), Slivenec (Tchécoslovaquie). Moule interne de la coquille avec des empreintes musculaires bien apparentes ; longueur : 16 mm. Les représentants de ce genre plutôt rare habitaient le fond meuble des mers siluriennes peu profondes.

3 *Archinacella ovata,* Ordovicien inférieur (Llanvirnien), Osek près de Rokycany (Tchécoslovaquie). Longueur de la coquille la plus grande : 11 mm. Les *Archinacella,* qui habitaient des mers relativement peu profondes (200–300 m) de l'Ordovicien tchèque, étaient sans doute les Monoplacophores les plus communs.

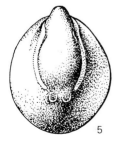

Les rares représentants du genre *Archinacella* (Archinacellida, Archinacellidae), se trouvent dans l'Ordovicien inférieur et le Silurien inférieur d'Europe et d'Amérique du Nord. Ils ont une coquille petite, convexe, avec un crochet en forme de bec. Les empreintes musculaires, à l'exception de la paire anale, sont fusionnées dans une bande en fer à cheval bordant le crochet (**5**).

Le genre *Drahomira* (Tryblidiida, Tryblidiidae), du Silurien supérieur européen a des coquilles en forme de cuiller à l'avant, au crochet à peine marqué. La surface extérieure est ondulée par des plis concentriques. Sept paires d'empreintes musculaires allongées, en général ovales, sont une caractéristique du genre.

Mollusques

Gastéropodes : *Prosobranches* [Ordovicien]

Les gastéropodes sont des mollusques marins dulcicoles ou terrestres apparus au début du Paléozoïque. Le genre le plus ancien est la petite *Aldanella* du Cambrien inférieur de Sibérie.

La coquille des gastéropodes est formée d'une seule valve, habituellement conique, enroulée en spirale. Elle est en général dextrogyre : ce qui signifie que, lorsqu'elle est posée apex en haut et ouverture en bas vers l'observateur, cet orifice se trouve à droite. La coquille commence par une partie larvaire (protoconque) et compte un certain nombre de tours complets (sur 180°). Le dernier tour est le plus grand, l'ensemble des autres tours forme la spire. Les tours sont séparés par une suture. L'espace conique ménagé dans l'axe de l'enroulement sur la face inférieure (base) constitue l'ombilic. Sur l'ouverture de la coquille, on distingue une lèvre externe ou labre, une lèvre accolée au tour précédent (lèvre interne ou pariétale) et un axe d'enroulement creux, la columelle. Chez les formes aquatiques, l'ouverture présente deux encoches (ou sinus) ; l'une, située à la limite des lèvres externe et columellaire, correspond au débouché d'un canal conduisant l'eau aux branchies (siphon) ; l'autre, située dans la partie supérieure de l'ouverture, marque l'extrémité de l'appareil digestif (encoche anale). La surface des coquilles est ornée de stries et de granulations en disposition spiralée (longitudinale) et axiale (transversale).

Les bellérophontidinés (sous-ordre des Bellerophontidina) constituent un très ancien groupe de gastéropodes qui ont vécu du Cambrien inférieur au Trias inférieur. Ils se caractérisent par une coquille non

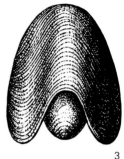

3

1 *Sinuites sowerbyi,* Ordovicien moyen (Llanvirnien), Prague-Šárka (Tchécoslovaquie). Moule interne, environ 2 cm de diamètre. Groupe de sept spécimens conservés dans une concrétion siliceuse. Comme il s'agit de moules internes, l'ornementation superficielle de la coquille n'est pas visible.

1

2 *Tropidodiscus pusillus,* Ordovi-cien moyen (Llanvirnien), Prague-Vokovice (Tchécoslovaquie). Mou-les internes, environ 5 mm de dia-mètre. Une partie de l'empreinte d'un autre gastéropode de grande taille, dont l'ornementation exter-ne a été conservée, appartient à l'espèce *Sinuites sowerbyi.*

typique à symétrie bilatérale, enroulée en spirale plate. L'un des plus anciens est *Sinuites* (Archaeogastropoda, Sinuitidae), répandu à l'Ordo-vicien dans tout l'hémisphère Nord. Coquille assez grande, comprimée sur les côtés, débouchant du côté externe (dorsal) des spires dans une carène émoussée et ovalisée ; ouverture pourvue sur le côté dorsal d'un large lobe sinusal (**3**).

Les espèces du genre *Tropidodiscus* (Archaeogastropoda, Bellero-phontidae), sont sans doute les plus nombreuses du sous-ordre précédent. On les trouve dans l'hémisphère Nord, de l'Ordovicien supérieur au Dévonien. Coquilles de petite taille spire haute, de section triangulaire, ombilic large, échancrure anale étroite ; des stries décrois-santes très fines ornent ces coquilles.

187

 **Mollusques**

Gastéropodes : *Prosobranches* (suite) [Silurien et Dévonien]

La division des gastéropodes en sous-classes et ordres repose sur l'anatomie des parties molles du corps. La morphologie des coquilles n'est prise en compte qu'au niveau de la famille, du genre et de l'espèce.

Les coquilles du genre *Spirina* (Archaeogastropoda, Craspedostomatidae), des dépôts du Silurien moyen au Dévonien moyen en Europe, n'ont que quelques spires presque planes. Vers l'orifice, elles s'élargissent rapidement et les bords de l'ouverture sont évasés (**5**). L'ombilic est souvent empli par un épaississement de la lèvre interne (cal).

Les *Oriostoma* (Archaeogastropoda, Oriostomatidae), sont connus du Silurien supérieur au Dévonien supérieur en Europe et en Amérique du Nord. Coquille basse aux spires peu nombreuses de section circulaire, ornée de côtes spiralées écailleuses ; petites côtes axiales moins

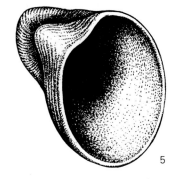

1 *Spirina tubicina,* Silurien supérieur (Ludlovien), Prague-Jinonice (Tchécoslovaquie). Diamètre de la coquille : 3,8 cm. Les coquilles aux côtes très marquées et s'élargissant brutalement sont caractéristiques de ces nombreux gastéropodes du Silurien.

2 *Oriostoma dives,* Silurien supérieur (Pridolien), Prague-Podolí (Tchécoslovaquie). Moule interne montrant des fragments de la coquille partiellement conservée ; diamètre : 5 cm.

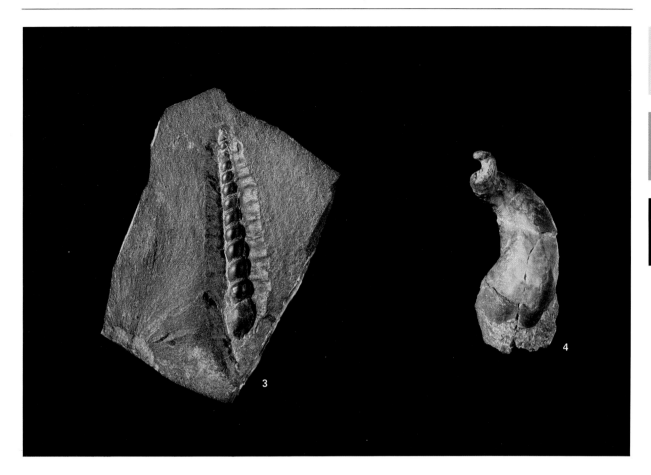

3 *Stylonema solvens,* Dévonien inférieur (Lochkovien), Kosoř (Tchécoslovaquie). Moule interne ; hauteur ; 5,5 cm. Par suite de leur grande fragilité, les coquilles de *Stylonema* (et des Loxonématidés en général), ne figurent qu'en fragments dans les collections.

4 *Orthonychia anguis,* Silurien supérieur (Pridolien), Zadní Kopanina (Tchécoslovaquie). Moule interne ; hauteur : 5 cm. L'ondulation irrégulière des stries d'accroissement est visible sur les restes de la coquille. Une des plus belles espèces du genre *Orthonychia.*

6

caractéristiques ; ombilic assez étroit. On trouve souvent des opercules arrondis, épais (**6**).

Les gastéropodes du genre cosmopolite *Orthonychia* (Archaeogastropoda, Platyceratidae), ont vécu du Silurien au Permien inférieur. Coquilles à enroulement lâche, en forme de capuchon ; la coupe transversale donne un cercle parfois ondulé ; la surface lisse de la coquille ne porte que de fines stries d'accroissement en général irrégulièrement ondulées. De nombreuses espèces du genre ont vécu fixées sur les calices des crinoïdes dont elles consommaient les excréments. L'ondulation du bord des coquilles et de leur ornementation résulte de leur adaptation à la surface inégale de ces calices (conformité au substrat).

Les espèces du genre *Stylonema* (Mesogastropoda, Loxonematidae), du Silurien et du Dévonien inférieur, ont de grandes coquilles coniques minces composées d'un grand nombre de spires ; ouverture ovale avec une encoche siphonale large et peu profonde ; surface de la coquille lisse ou ornée de fines stries d'accroissement.

 **Mollusques**

Gastéropodes : *Prosobranches* (suite) [Dévonien]

Les espèces du genre *Praenatica* (Archaeogastropoda, Platycerati-dae), d'Europe et d'Amérique du Nord sont des fossiles abondants dans les dépôts du Silurien et surtout du Dévonien inférieur. Le grand élargissement du dernier tour recouvrant en partie les tours plus anciens est une caractéristique de leurs coquilles qui prennent une forme presque hémisphérique, en capuchon. Ces espèces se tenaient souvent au voisinage des récifs coralliens ; il n'est pas exclu qu'elles aient recherché, comme d'autres platycératidés, des peuplement de cri-noïdes.

Les belles coquilles du genre *Tubina* (Archaeogastropoda, Tubinidae), sont abondantes dans les calcaires du Dévonien inférieur du centre de la Bohême. Elles sont librement enroulées en spirale presque plate, les tours ne se touchent pas ; la coquille s'élargit fortement près de

1 *Tubina armata*✱, Dévonien in-férieur (Praguien), Koněprusy (Tchécoslovaquie).   Diamètre : 2,3 cm. Les longues épines creu-ses qui terminaient les côtes spira-lées sont brisées.

2 *Turbonitella subcostata,* Dévo-nien moyen (Givétien), Paffrath (RFA). Hauteur de la coquille : 3 cm. Les coquilles sont en général bien conservées grâce à l'épais-seur de la paroi.

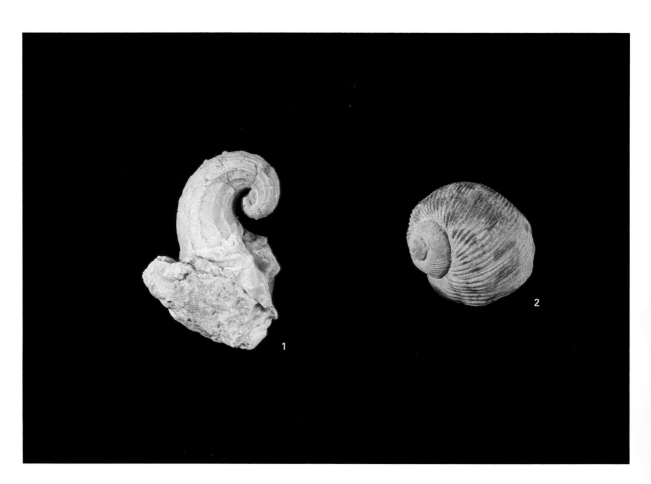

l'ouverture, rappelant un hélicon ; les tours ont une section carrée aux angles arrondis. Ils sont ornés de côtes spiralées caractéristiques, combinées avec de nombreuses stries axiales moins caractéristiques. Les côtes spiralées s'achèvent du côté externe par de longues épines creuses (**5**). Les *Tubina* vivaient sur les flancs des récifs coralliens et sur les biostromes (tapis constitués par des stratifications de coraux, de stromatopores, et de brachiopodes, de crinoïdes et autres organismes), se nourrissant, de toute évidence, des très nombreuses algues de cette biocénose.

Le genre *Turbonitella* (Archaeogastropoda, Neritopsidae) date du Carbonifère inférieur. Sa coquille spiralée tronconique, dépourvue d'opercule, porte de très fines pustules.

On trouve les espèces du genre *Ianthinopsis* (Mesogastropoda, Subulitidae), dans les couches du Dévonien moyen et du Permien moyen d'Amérique et d'Eurasie. Coquilles presque sphériques ou fusiformes ; tours bombés, le dernier particulièrement grand ; ouverture ovale, pointue vers le haut, avec une échancrure siphonale en bas (siphonostome) ; partie columellaire massive possédant un pli ; stries d'accroissement caractéristiques.

3 *Praenatica gregaria,* Dévonien inférieur (Praguien), Koněprusy (Tchécoslovaquie). Diamètre : 3,5 cm. Stries d'accroissement caractéristiques. La couleur noire du fossile est due à une substance charbonneuse de la couche externe (périostracum), qui devait être colorée sur le gastéropode vivant.

4 *Ianthinopsis arculatus,* Dévonien moyen (Givétien), Paffrath (RFA). Hauteur : 5,7 cm. Les coquilles à paroi épaisse bien conservées témoignent d'un existence en eau peu profonde.

 **Mollusques**

Gastéropodes : *Prosobranches* (suite) [Dévonien et Carbonifère]

Les gastéropodes dérivent des monoplacophores. L'organisation relativement simple des organes du corps des monoplacophores n'a cessé de se perfectionner. Le résultat de ce processus est une torsion des organes internes qui apparaît chez les gastéropodes plus évolués. L'agrandissement du sac viscéral a entraîné d'une part la modification de la forme des coquilles qui sont devenues longuement cylindriques, d'autre part l'enroulement de la coquille vers l'avant en spirale plate. Ce n'est pas un désavantage pour une vie planctonique ou nectonique. Mais, pour un mode de vie benthique auquel parviennent la majorité des gastéropodes après le stade larvaire planctonique, cette coquille ne convient pas. Comme la masse des viscères, elle doit se tenir en position verticale pour ne pas gêner la tête où se trouvent les centres nerveux, les organes sensoriels et l'appareil buccal. En tournant dans le sens contraire à celui des aiguilles d'une montre, la coquille arrive à l'arrière du pied sur lequel elle peut reposer : elle ne le gêne en rien et l'animal peut la traîner simplement derrière lui. La torsion entraîne également la disparition de la symétrie bilatérale du corps et le passage de l'enroulement en spirale plate à un enroulement en hauteur. Seules, quelques espèces de gastéropodes ont une coquille cylindrique à symétrie bilatérale.

1 *Bellerophon striatus,* Dévonien moyen (Givétien), Paffrath (RFA). Diamètre : 2,5 cm. Côté extérieur de l'enroulement. On voit la sélénizone caractéristique et les bosses d'accroissement.

2 *Bellerophon* cf. *hiulcus,* Carbonifère inférieur, Tournai (Belgique). Diamètre : 2 cm. Ouverture de la coquille. Le tour de l'ouverture est abîmé mais on voit l'étroit sinus.

3 *Euomphalus pentagulatus**, Carbonifère inférieur, St. Doulaghs (Irlande). Diamètre : 4,8 cm. On trouve ces coquilles dans les sédiments des mers chaudes peu profondes souvent à proximité de biostromes ou de récifs coralliens.

De ce point de vue, les bellerophontidés constituent un groupe intéressant. Leur coquille à symétrie bilatérale s'enroule en spirale plate. Ils se sont éteints au Trias et l'on ne connaît pas les parties molles de leur corps. La clé du problème est le sinus situé au milieu du côté externe de l'ouverture (ce sinus manque chez les monoplacophores). C'est un sinus anal comme chez tous les archéogastéropodes ; en outre, chez les bellérophontidés du genre *Knightites,* existent des échancrures siphonales en position latérale. Ceci montre la position des branchies et de l'orifice anal à l'avant, au-dessus de la tête.

Les espèces du genre cosmopolite *Bellerophon* (Archaeogastropoda, Bellerophontidae), ont vécu du Silurien au Permien inférieur. Les coquilles sont de taille moyenne, sphériques, ouverture retournée en une bordure mince ; le sinus forme une fente étroite. Les bellérophons vivaient dans les mers peu profondes et se nourrissaient de plantes.

Les espèces du genre cosmopolite *Euomphalus* (Archaeogastropoda, Euomphalidae), ont vécu du Silurien au Permien mais ont été particulièrement abondantes au Carbonifère. Coquilles discoïdes de grande taille, enroulées en spirales très basses ; section du tour pentagonale arrondie avec, du côté supérieur, une carène caractéristique ; suture profonde ; ombilic très large, peu profond.

🐚 Mollusques

Gastéropodes : *Prosobranches* (suite) [Jurassique]

4

Certains gastéropodes possèdent une coquille à symétrie bilatérale, cylindrique et de section ovale, forme acquise en zone littorale rocheuse. Ce milieu a fourni aux organismes de nombreux avantages : abondance d'oxygène et de lumière, arrivée constante de nourriture. Mais la force destructrice des vagues et du ressac est un désavantage. L'un des moyens de la surmonter est de se fixer à un substrat solide, par exemple un rocher. La perte de la mobilité provoque l'atrophie de divers organes et une simplification générale de la structure du corps. C'est ainsi que les *Patella* ressemblent un peu aux ancêtres des gastéropodes, les monoplacophores. Cette ressemblance toutefois n'est qu'externe ; conformément à une loi de l'évolution (loi d'irréversibilité de Dollo), aucun organisme ne peut retourner à un stade d'évolution déjà parcouru. Chez les patellidés, la dissymétrie subsiste dans la structure des parties molles ; certains possèdent même une protoconque enroulée.

Les espèces du genre *Scurriopsis* (Archaeogastropoda, Acmaeidae), connues en Europe et en Afrique du Nord, font partie des plus anciens patellidés. Elles apparaissent dès le Trias moyen et s'éteignent à la fin du Jurassique. Leur coquille à paroi épaisse est assez grande, en cylindre bas obalisé ; surface presque lisse, ornée de fines stries concentriques et radiaires.

Les espèces du genre *Symmetrocapulus* (Archaeogastropoda, Symmetrocapulidae), ont vécu au Jurassique et peut-être au Crétacé inférieur en Europe. Elles ont également des coquilles en cylindre bas ovalisé ; mais elles sont assez grandes, avec un apex enroulé asymétriquement vers l'avant (**4**).

On trouve le plus souvent les grandes coquilles à paroi épaisse du genre *Purpuroidea* (Mesogastropoda, Purpurinidae), dans les dépôts du Jurassique moyen et supérieur européen ; on les trouve également au Trias et au Crétacé. Le dernier tour est grand et gonflé ; les côtes spiralées sont peu marquées et la partie supérieure présente une rangée de grosses épines émoussées ; l'ouverture a une grosse lèvre externe, une partie columellaire basse et lisse, un canal siphonal large et court.

1 *Scurriopsis hettangensis,* Jurassique inférieur (Hettangien), Hettingen (RFA). Longueur de la coquille : 2,8 cm. La forme cylindrique basse à symétrie bilatérale résulte de la fixation en zone littorale.

2 *Symmetrocapulus rugosus*,* Jurassique moyen (Bathonien), Minchinhampton (Grande-Bretagne). Longueur : 2,3 cm. L'espèce est également connue sous le nom de *S. tessoni*. La coquille est très abîmée et on ne voit pas la protoconque spiralée.

3 *Purpuroidea morrisea*,* Jurassique moyen (Bathonien), Minchinhampton (Grande-Bretagne). Hauteur 6,8 cm. Les coquilles massives caractérisent souvent des mollusques marins d'eau peu profonde.

 **Mollusques**

Gastéropodes : *Prosobranches* [Jurassique] (suite)

Les représentants de la vieille famille des Pleurotomariidés ont des coquilles à base plate, discoïdales ou cylindriques, avec une longue échancrure anale dans la partie supérieure de la lèvre externe. Ces animaux sont des « fossiles vivants ». Ils existent depuis le Trias, ils ont été abondants au Jurassique et au Crétacé, et on les trouve aujourd'hui (rarement) dans les profondeurs de l'océan. Comme beaucoup d'autres mollusques anciens, ils ont d'abord occupé les eaux peu profondes, puis la concurrence des gastéropodes plus évolués les a repoussés dans le milieu défavorable des eaux profondes. L'exil vers les profondeurs a touché beaucoup d'autres organismes, invertébrés ou vertébrés, et le problème des refuges en eau profonde fait partie des questions passionnantes de la paléontologie.

Les gastéropodes du genre *Obornella* (Archaeogastropoda, Pleurotomariidae), répandus en Europe au Jurassique, ont des coquilles cylindriques à basses ou lenticulaires à base convexe et ombilic étroit ; échancrure anale courte et étroite, recouvrant une sélénizone renflée, lisse (**6**).

Les coquilles tronconiques du genre cosmopolite *Bathrotomaria*, du Jurassique et du Crétacé, ont une base convexe et un ombilic étroit. La

6

1 *Obornella plicopunctata**, Jurassique moyen (Bajocien), Bayeux (France). Diamètre : 2,5 cm. L'ornementation caractéristique de la coquille est interrompue près du bord extérieur des tours.

2 *Bathrotomaria reticulata**, Jurassique supérieur (Oxfordien), Popilany (Pologne). Diamètre : 3 cm. L'ouverture de la coquille est cassée, la courte échancrure anale n'est donc pas visible. Sur la cassure étincelle la couche nacrée bien conservée, caractéristique de l'ordre des Archéogastéropodes.

3 *Trochalia pyramidalis,* Jurassique supérieur (Kimméridgien), Hildesheim (RFA). Hauteur de la coquille : 8,4 cm. L'ouverture de la coquille est brisée. L'animal vivait souvent au voisinage des récifs coralliens.

4 *Pyrgotrochus conoideus,* Jurassique moyen (Bajocien), Bayeux (France). Hauteur : 3 cm. Pour les espèces du genre *Pyrgotrochus* vivant en eau douce, la coquille conique à carène bosselée et sélénizone peu marquée est caractéristique.

5 *Eucyclus capitaneus,* Jurassique inférieur (Toarcien), La Verpillière (France). Hauteur : 3,4 cm. La couleur brun-rouge de la coquille est due à l'oxyde de fer abondant dans la roche.

sélénizone forme près du bord externe du tour aplati une carène, et la section est pentagonale. Le sinus est court.

Toujours de la même famille, les gastéropodes du genre *Pyrgotrochus,* ont vécu dans le monde entier, du Jurassique au Crétacé moyen. Coquille tronconique à la base plane, ombilic caché, le côté externe du dernier tour se termine par une carène bordée d'une rangée axiale de tubercules.

Les gastéropodes du genre *Eucyclus* (Archaeogastropoda, Amberleyidae), ont vécu du Trias à l'Oligocène en Europe et en Amérique. Leurs coquilles à paroi épaisse, en tronc de cône relativement effilé et aux tours arrondis, sont ornées de quelques alignements spiralés, de tubercules.

On trouve les coquilles lisses, et très allongées des *Trochalia* (Mesogastropoda, Nerineidae), dans les sédiments du Jurassique moyen au Crétacé inférieur de l'hémisphère Nord. Le profil des nombreux tours est bombé.

197

Gastéropodes :
Prosobranches (suite) et *Opisthobranches* [Crétacé]

Les espèces du genre cosmopolite *Leptomaria* (Archaeogastropoda, Pleurotomariidae), ont vécu du Jurassique moyen au Crétacé supérieur. Leurs coquilles sont en cônes bas ou discoïdes ; tours ovales aplatis ; très long sinus au milieu du côté supérieur de la lèvre externe ; marquée ; ornementation réticulée.

Chez les Nérinées, de nombreux genres ont des coquilles allongées aux tours coniques semblables et réguliers. Pour une détermination précise, il est donc nécessaire d'effectuer une coupe transversale pour découvrir l'organisation de plis dessinés sur les parois internes des tours.

Les *Plesioptygmatis* (Mesogastropoda, Nerineidae), ont de grandes coquilles dont l'ombilic étroit est couvert par un prolongement de la partie inférieure interne du tour. La cavité interne du tour, en forme de losange, présente quatre plis spiralés. La surface de la coquille est lisse, avec de fines stries d'accroissement.

Les coquilles du genre *Torquesia* (Mesogastropoda, Turritellidae), du Crétacé européen, sont fines, très longues, à ouverture ovale, et comptent de nombreux tours. Le côté externe des tours et le profil de la coquille sont presque droits.

Les gastéropodes de la sous-classe des Opisthobranches, manifestent une tendance à la réduction, voire même à la disparition de la coquille. C'est pourquoi peu d'espèces fossiles se sont conservées, bien que les plus anciennes datent du Carbonifère. Les coquilles sont en général sphériques, ovales ou fusiformes, avec un petit nombre de tours. Le dernier d'entre eux recouvre parfois complètement les précédents. L'ouverture est étroite, élargie vers le bas sans échancrure (holostome).

Aux Opisthobranches, sont aujourd'hui rapportées de petites formes planctoniques constituant l'ordre des Ptéropodes, parmi lesquels, le *Tentaculites* dont nous reparlerons plus loin.

Les individus du genre *Trochactaeon* (Tectibranchiida, Actaeonellidae), du Crétacé de l'hémisphère Nord, ont de grandes coquilles massives, ovales ou fuselées. Le dernier tour recouvre presque entièrement les tours précédents. L'ouverture est étroite, élargie en bas. La lèvre interne comporte trois plis.

1 *Leptomaria seriogranulata,* Crétacé supérieur (Turonien), Prague-Bílá Hora (Tchécoslovaquie). Moule interne ; diamètre : 6,8 cm. Le fragment de roche près de l'ouverture recouvre un long sinus anal.

2 *Plesioptygmatis buchi,* Crétacé supérieur (Turonien), Gosau (Autriche). Hauteur : 10 cm. Sur la coupe longitudinale, on voit les plis internes de la coquille et les excroissances en crochet de l'ouverture recouvrant l'ombilic.

3 *Torquesia cenomanensis,* Crétacé supérieur (Cénomanien), Korycany (Tchécoslovaquie). Hauteur : 8,5 cm. Cette espèce était herbivore et vivait dans les mers peu profondes du Crétacé de l'Europe centrale et occidentale. On la trouve souvent en colonies.

4 *Trochactaeon conicus,* Crétacé supérieur (Turonien), Gosau (Autriche). Hauteur : 10 cm. On observe sur la coupe la dissolution progressive des plis columellaires et des parois internes. Ce phénomène se produisait du vivant de l'animal et diminuait le poids de la coquille.

Gastéropodes : *Prosobranches* (suite) [Cénozoïque]

Les *Theodoxus* (Archaeogastropoda, Neritidae), habitent depuis l'Oligocène les cours d'eau et les eaux saumâtres des baies marines et des deltas dans le monde entier. Ils ont de petites coquilles ; le dernier tour, qui recouvre en grande partie les tours précédents, est hémisphérique sur le dos, aplati sur le ventre ; l'ouverture en demi-cercle comporte un sillon anal (**6**) ; la lèvre interne est large, avec un cal lisse, sans dents ; la surface de la coquille est brillante, avec un motif coloré souvent conservé sur les coquilles fossiles ; cette ornementation est si variable qu'il est difficile de trouver deux coquilles semblablement décorées.

Les couleurs des coquilles des mollusques se trouvent dans la couche organique externe de la coquille, le périostracum, formé de nombreuses petites couches de conchioline. Celle-ci soude les deux couches calcaires principales suivantes, la couche prismatique et la couche nacrée. Après la mort de l'animal, la conchioline se décompose, la coquille blanchit et devient poreuse. Chez certaines espèces de mollusques, il arrive couramment que les couleurs pénètrent la couche voisine pendant la vie de l'animal ; le motif se conserve alors sur les coquilles

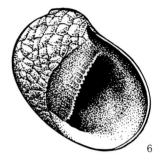

1 *Theodoxus pictus*, Néogène (Miocène supérieur), Třebovice (Tchécoslovaquie). Hauteur de la plus grande coquille : 7 mm. Ces animaux vivaient par milliers dans les eaux saumâtres des baies marines du Miocène.

2, 3 *Diodora* sp., Néogène (Miocène), France. Longueur : 3,2 cm. Côté interne (2), côté externe (3). On observe à l'intérieur la forme caractéristique du cal qui borde l'orifice anal, le bord dentelé de la coquille et l'empreinte musculaire en ruban.

4 *Calliostoma podolica*, Néogène (Miocène supérieur), Mallersdorf (RFA). Hauteur de la coquille : 1,9 cm.

5 *Neritopsis asperata*, Néogène (Miocène supérieur), Bassin de Vienne (Autriche). Diamètre : 2,2 cm.

fossiles et les couleurs bigarrées originelles donnent par carbonisation divers tons bruns et noirs.

Les espèces du genre cosmopolite *Diodora* (Archaeogastropoda, Fissurellidae), ont des coquilles enroulées, en forme de cône bas, aplati sur les côtés. Sous le sommet de la coquille, on trouve un orifice ovale, bordé à l'intérieur par un gros cal. Le tube anal passait par cette ouverture. Les *Diodora* vivaient dans des eaux peu profondes sur les rivages rocheux. Les plus anciens exemplaires datent du Crétacé supérieur.

Le genre européen *Calliostoma* (Archaeogastropoda, Trochidae), est connu depuis le Miocène. Les coquilles, moyennement grandes, ont une forme conique et une base aplatie ; ouverture arrondie, partie columellaire droite et lisse ; ombilic étroit ; coquille épaisse, côtes externes granulées ; intérieur nacré. L'animal vit dans des eaux peu profondes près des rivages. Il est herbivore et se nourrit d'algues microscopiques.

Les *Neritopsis* (Archaeogastropoda, Neritopsidae), vivent dans le monde entier depuis le Trias. Ils ont des coquilles épaisses, sphériques, dont le dernier tour est fortement élargi ; la suture entre les tours est profonde ; ouverture presque circulaire, lèvre externe épaisse, portant de petites côtes à l'intérieur ; lèvre columellaire bombée, sans dents.

Gastéropodes : *Prosobranches* [Cénozoïque] (suite)

La plupart des gastéropodes font partie de l'ordre des Mésogastéropodes. Les premières espèces sont apparues à l'Ordovicien, elles ont atteint leur plus grand épanouissement au Secondaire et elles se sont maintenues jusqu'à l'époque actuelle. Elles ont des coquilles hautement spiralées, caractéristiques, chez lesquelles apparaît et se prolonge progressivement un canal siphonal. Les coquilles de certains genres très spécialisés ont une forme en capuche non enroulée. La couche nacrée est mince ou absente. L'opercule est généralement corné, plus rarement calcaire. Ces gastéropodes vivent dans la mer, dans les eaux douces et même sur la terre ferme.

Les espèces du genre cosmopolite *Tympanotonos* (Mesogastropoda, Potamididae), connu depuis le Crétacé supérieur, ont des coquilles coniques à base plane (**6**). Les côtes spiralées abondamment granulées constituent la décoration. La côte supérieure est habituellement très développée.

Le genre *Terebralia* (même famille), a la même extension stratigraphique et géographique que le genre précédent. Les coquilles sont assez semblables ; la différence réside dans la forme de l'ouverture, dans les plis columellaires ovalisés et dans les tubercules des côtes, plus grossiers et aplatis. Les épaississements sont ceux des anciennes ouvertures qui, au cours de la croissance de la coquille, se sont formées à chaque nouveau tour.

Les gastéropodes du genre cosmopolite *Turritella* (Mesogastropoda, Turritellidae), existent depuis le Crétacé. Ils ont été le plus abondant au Tertiaire. Les coquilles, de tailles diverses, sont turriculées avec un grand nombre de tours bombés. Les nombreuses côtes spiralées constituent l'ornementation. Les rides d'accroissement sont visibles et constituent une caractéristique importante pour la systématique.

Les représentants du genre *Melanopsis* (Mesogastropoda, Melanopsidae), vivent dans le monde entier depuis le Crétacé supérieur. Le dernier tour de la coquille est grand, avec une carène ovale à la partie supérieure. L'ouverture est étroite avec un canal anal en fente et une large échancrure siphonale. La surface de la coquille est lisse avec de petites stries d'accroissement.

Enfin les *Tulotoma* (Mesogastropoda, Viviparidae), sont de petits Prosobranches ayant vécu du Paléocène à nos jours dans tout l'hémisphère Nord. Ils se distinguent des autres genres de la famille par des coquilles épaisses et deux carènes.

6

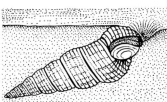

7

1 *Tympanotonos margaritaceum,* Paléogène (Oligocène), Bassin de Vienne (Autriche). Hauteur de la coquille : 4,2 cm. Espèce européenne courante, très abondante et pouvant constituer localement des roches (lumachelles).

2 *Tulotoma notha,* Néogène (Pliocène), Nova Gradiska (Yougoslavie). Hauteur : 2,7 cm. Coquilles caractéristiques des sédiments de bassins d'eau douce ou de baies à eau saumâtre.

3 *Terebralia bidentata,* Néogène (Miocène supérieur), Grussbach (RFA). Hauteur de la coquille : 4,5 cm.

4, 7 *Turritella terebralis,* Néogène (Miocène inférieur), Bordeaux (France). Hauteur de la coquille : 14,5 cm (**4**). Gastéropode marin, herbivore (**7** — Reconstruction d'un spécimen vivant).

5 *Melanopsis martiniana,* Néogène (Miocène), Bzenec (Tchécoslovaquie). Hauteur : 4,7 cm. On trouve cette espèce en grande quantité dans les dépôts d'eau saumâtre du Tertiaire récent.

Gastéropodes : *Prosobranches* [Cénozoïque] (suite)

Il découle de la comparaison des gastéropodes avec les autres mollusques qu'ils sont un des groupes les plus anciens et les mieux armés. Ils sont les seuls à s'être développés dans tous les milieux. Ils vivent dans la mer jusqu'à 5000 mètres de profondeur, dans les eaux saumâtres ou douces, sur la terre ferme jusqu'à 6000 mètres d'altitude, en régions chaudes ou froides, dans les marais comme dans les déserts. On trouve parmi eux des herbivores, des carnivores et des parasites, des espèces inoffensives ou venimeuses (parfois même dangereuses pour l'homme). De nombreux gastéropodes terrestres peuvent survivre longtemps dans des conditions très défavorables, sans eau ni nourriture. De tous les mollusques, les gastéropodes sont également les plus riches en espèces. On a décrit jusqu'à présent environ 105 000 espèces vivantes et près de 20 000 espèces fossiles. En font partie des formes minuscules, à peine visibles (par exemple, *Hydrobia* ou *Vertigo*), mais aussi des formes géantes. Parmi les espèces vivantes, la plus grande coquille est celle de *Syrinx aruanus,* des mers tropicales d'Australie, longue de 55 cm ; parmi les espèces fossiles, le record est détenu par *Campanile giganteum* (Mesogastropoda, Cerithiidae). Les coquilles des espèces de ce genre européen qui vit depuis le Crétacé, mesurent plus de 50 cm et sont longuement turriculées (**7**). Elles ont un grand nombre de tours bas, aplatis en haut et sur les côtés, à suture caractéristique. Le dernier tour est grand avec une base bombée.

Les gastéropodes du genre européen de l'Eocène, *Serratocerithium* (même famille), ont des coquilles de taille moyenne ; les tours à section polygonale, ont au sommet une carène caractéristique ornée de tubercules pointus ; sous la carène, alternent des côtes spiralées, granulées, plus ou moins caractéristiques.

Les espèces du genre cosmopolite *Calyptraea* (Mesogastropoda, Calyptraeidae), existent depuis le Crétacé. Elles ont des coquilles en capuchon aux parois minces et à petit nombre de tours. Le dernier tour est très élargi et sa lèvre externe forme tout le bord de la coquille.

Les espèces du genre *Hipponyx* (Mesogastropoda, Hipponycidae), d'extension mondiale depuis le Crétacé supérieur jusqu'au Miocène, ont des coquilles épaisses en forme de capuchon, crochet en bec orienté vers l'arrière ; ouverture ovale ; à l'intérieur, on observe une impression musculaire en fer à cheval. Les diverses espèces vivaient fixées.

7

1 *Campanile giganteum*∗, Paléogène (Eocène moyen), Bassin parisien (France). Longueur du fragment de coquille : 19 cm.

2 *Serratocerithium serratum,* Paléogène (Eocène moyen), Grignon (France). Hauteur de la coquille : 6,7 cm. On distingue bien la morphologie de l'ouverture qui, avec le profil des tours et l'ornementation, est très importante chez les Cérithidés.

3, 4 *Calyptraea muricata,* Néogène (Miocène moyen), Grund (Autriche). Diamètre des coquilles : 27 à 28 mm. Vue de l'extérieur (**3**) et de l'intérieur (**4**). A l'intérieur de la coquille, on observe la partie ventrale réduite du tour, ressemblant à une plaque basale spiralée. La réduction de la coquille résulte du mode de vie peu mobile de l'animal.

5, 6 *Hipponyx cornucopiae*∗, Paléogène (Eocène moyen), Bassin parisien (France). Hauteur des coquilles : 4,4 à 5,7 cm. La surface externe de la coquille (**6**) est très usée, envahie par des algues calcaires et percée de nombreux petits trous dus à une éponge, *Cliona*. On observe à l'intérieur de la coquille l'empreinte musculaire en fer à cheval (**5**).

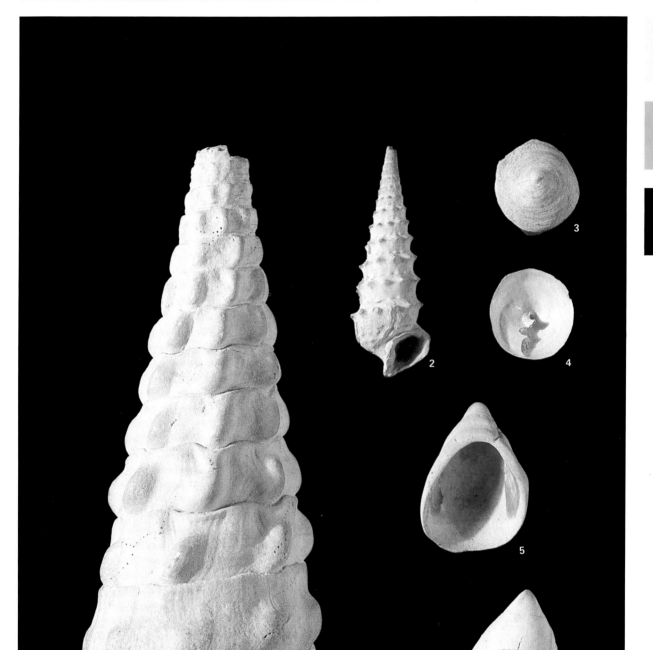

Ng

Pg

Mollusques

Gastéropodes : *Prosobranches* [Cénozoïque] (suite)

Les gastéropodes du genre cosmopolite *Rimella* (Mesogastropoda, Rostellariidae), qui existent depuis le Crétacé supérieur, ont de petites coquilles fusiformes. Ouverture ovale, avec une large échancrure siphonale et un long canal anal étroit courant jusqu'à l'apex de la coquille (**8**) ; ornementation formée par des côtes transversales.

Les nombreuses espèces du genre *Mesalia* (Mesogastropoda, Turritellidae), vivent depuis le Crétacé supérieur dans les mers de l'hémisphère Nord. Elles ont de petites coquilles turriculées à tours arrondis et ouvertures ovales.

Les espèces du genre *Bayania* (Mesogastropoda, Pseudomelaniidae), ont existé en Europe à l'Eocène. Elles ont de petites coquilles turriculées à ouverture piriforme. L'ornementation est visible en particulier sur les tours supérieurs.

Les espèces du genre *Aporrhais* (Mesogastropoda, Aporrhaidae), se sont répandues dans le monde entier depuis le Crétacé supérieur. Elles ont prospéré jusqu'à nos jours. Elles ont des coquilles fusiformes de taille moyenne ; la lèvre externe de l'ouverture se prolonge par quatre lobes pointus dont le supérieur est soudé à la coquille. Les lobes supérieur et inférieur sont le prolongement des canaux anal et siphonal. L'ornementation réticulée s'efface progressivement sur les lobes.

L'ouverture de la coquille des gastéropodes cosmopolites du genre *Drepanocheilus* (même famille), qui ont vécu du Crétacé supérieur au Pliocène, ne se prolonge que par deux lobes, un lobe siphonal court et un lobe anal long, courbé vers le haut.

Les coquilles du genre *Zonaria* (Mesogastropoda, Cypraeidae), sont petites, très brillantes et, pour les espèces récentes, très colorées. Elles ressemblent un peu à des prunes, le dernier tour recouvrant complètement les précédents. L'ouverture est une fente dentelée. On trouve ces mollusques dans les mers chaudes du monde entier depuis le Miocène jusqu'à nos jours.

Trivia (Mesogastropoda, Eratoidae), est un genre cosmopolite dont les espèces existent depuis l'Eocène. Les petites coquilles rappellent par leur forme les coquilles du genre *Cypraea* mais elles sont côtelées transversalement.

8

1 *Rimella fissurella*✳, Paléogène (Eocène moyen), Bassin parisien (France). Hauteur de la coquille : 1,5 cm.

2 *Mesalia abbreviata*, Paléogène (Eocène moyen), Grignon (France). Hauteur de la coquille : 1,5 cm.

3 *Bayania lactea*✳, Paléogène (Eocène moyen), Grignon (France). Hauteur de la coquille : 1,5 cm.

4 *Aporrhais pespelecani*✳, Néogène (Pliocène), Monte Nuovi (Yougoslavie). Hauteur de la coquille : 3,9 cm. L'ouverture lobée rappelle la tête d'un pélican.

5 *Zonaria lanciae*, Néogène (Miocène), Lapugy (Roumanie). Longueur de la coquille : 2,6 cm. Toutes les espèces de la famille, les Cypraeidés, ont des coquilles épaissies par un cal. Celui-ci est sécrété par les lobes du manteau qui recouvrent l'extérieur de la coquille.

6 *Trivia dorsolaevigata*, Paléogène (Oligocène), Europe. Longueur de la coquille : 1,7 cm. Côté ventral.

7 *Drepanocheilus speciosus*, Paléogène (Oligocène moyen), Cothen (RFA). Hauteur de la coquille : 3,5 cm. Les espèces de la famille vivent habituellement enfouies dans la vase. Elles se nourrissent de restes organiques (détritus) qu'elles absorbent par le siphon dans la cavité du manteau.

Gastéropodes : *Prosobranches* [Cénozoïque] (suite)

Le dernier tour de la grande coquille piriforme des gastéropodes du genre cosmopolite *Ficus* (Mesogastropoda, Ficidae), recouvre les tours plus anciens. L'ouverture est très large et s'allonge vers le bas en un long canal siphonal droit. La coquille mince a une ornementation réticulée dans laquelle les côtes spiralées l'emportent parfois. Les espèces de ce genre ont une extension stratigraphique qui va du Paléocène à l'actuel.

Les coquilles lisses, à paroi épaisse, presque hémisphériques, avec un énorme dernier tour, sont caractéristiques du genre *Natica* (Mesogastropoda, Naticidae), qui existe depuis le Crétacé. L'ombilic est large, recouvert partiellement ou totalement par un cal. Ce cal se compose de trois bosses, une grande intermédiaire et deux latérales presque indiscernables. Toutes les espèces de cette famille sont carnassières. Elles se nourrissent de mollusques dont elles percent les coquilles de

1 *Ficus reticulata,* Néogène (Pliocène), Sicile (Italie). Hauteur de la coquille : 5,4 cm.

2, 3 *Natica millepunctata,* Néogène (Pliocène), Italie. Hauteur des coquilles : 26 à 30 mm. Les deux coquilles portent un motif coloré. On observe sur la plus petite (**3**) la forme de l'ouverture et le cal ombilical typique. La partie supérieure porte une ouverture pour le forage d'autres coquilles.

4 *Tenagodes anguinus*, Néogène (Pliocène), Italie. Hauteur de la coquille : 7,3 cm. L'enroulement irrégulier de la coquille résulte du mode de vie fixe et de la spécialisation alimentaire (planctophage).

5 *Vermetus arenaria**, Néogène (Miocène supérieur), Bassin de Vienne (Autriche). Diamètre : 6 cm.

6 *Phalium saburon,* Néogène (Miocène supérieur), Bassin de Vienne (Autriche). Hauteur de la coquille : 4,8 cm. La coquille lisse et brillante, avec de fines côtes uniquement sur la partie inférieure, près du canal siphonal, est caractéristique du sous-genre *Cassidea* dans lequel on range cette espèce.

leur radula ou qu'elles attaquent avec une sécrétion acide. Le cannibalisme est assez fréquent.

Les espèces du genre *Phalium* (Mesogastropoda, Cassididae), existent dans le monde entier depuis l'Eocène. Leur coquille est ovale et pointue, le dernier tour est grand. L'ouverture est allongée en poire, large, avec un profond canal siphonal courbé et une étroite échancrure anale. La lèvre externe de l'ouverture a une bordure caractéristique. La lèvre pariétale engendre un cal étendu. Chez certaines espèces, la coquille porte des côtes spiralées plates et des bosses.

On connaît les espèces du genre *Tenagodes* (Mesogastropoda, Vermetidae), depuis le Trias et leur distribution est mondiale. La coquille est tubulaire, d'abord enroulée en spirale libre puis irrégulièrement vermiforme. Une échancrure profonde et étroite recouvre une sélénizone caractéristique. La surface de la coquille est lisse ou costulée. Toutes les espèces de la famille se nourrissent de plancton qu'elles capturent avec des fils de bave visqueux.

Le genre voisin *Vermetus,* existe en Europe depuis le Miocène. La coquille se fixe à des objets solides sur le fond ; elle a la forme d'un tube pelotonné. La surface externe est couverte de côtes longitudinales granuleuses, et de stries d'accroissement. Les coquilles ressemblent à des tubes de vers *(Vermes, Serpula).* Elles s'en distinguent cependant par des dimensions plus grandes, par l'ornementation et par la structure du test.

Mollusques

Gastéropodes : *Prosobranches* [Cénozoïque] (suite)

Dans l'ordre des Néogastéropodes, les coquilles sont toujours plus ou moins prolongées par un canal siphonal. L'opercule est corné, sans structure spiralée ; il existe depuis le Crétacé supérieur et il a atteint son plus grand développement au Tertiaire.

L'extension stratigraphique du genre *Cancellaria* (Neogastropoda, Cancellariidae), va du Miocène à l'Actuel, sa distribution est mondiale. Les coquilles de taille moyenne, épaisses, ont un dernier tour fortement renflé. La grande ouverture est ovale, avec une échancrure anale et un étroit canal siphonal. Des côtes axiales se croisent à la surface de la coquille avec des côtes spiralées.

Les espèces du genre cosmopolite *Nassarius* (Neogastropoda, Nassidae), existent depuis l'Eocène. Elles ont de larges coquilles fusiformes, à tours bombés. Le dernier d'entre eux, grand, est cylindrique ou sphérique ; l'ouverture est ovale ; l'échancrure anale est faiblement marquée ; le canal siphonal est orienté vers l'arrière. La mince lèvre

1 *Cancellaria cancellata,* Néogène (Pliocène moyen), Sicile (Italie). Hauteur de la coquille : 3,1 cm.

2 *Nassarius clathratus,* Néogène (Pliocène), Astigione (Italie). Hauteur de la coquille : 32 mm. On remarque la ressemblance externe avec les espèces du genre *Cancellaria.* La différence la plus visible réside dans l'aspect de l'ouverture.

Ng

Pg

3 *Baryspira glandiformis,* Néogène (Miocène supérieur), Mikulov (Tchécoslovaquie). Hauteur de la coquille : 4,3 cm. Espèce morphologiquement remarquable et abondante. La coquille est recouverte d'une couche calleuse brillante si épaisse que les sutures entre les tours ne sont pas visibles.

4 *Pterynotus tricarinatus,* Paléogène (Eocène moyen), Grignon (France). Hauteur de la coquille : 4,5 cm. Pour tous les Muricidés, caractéristique : les épaississements varicosés de la coquille (ce sont les anciens bords épaissis de l'ouverture). Dans le genre *Pterynotus,* ils se répètent tous les 120°, et forment trois bordures aliformes sur le pourtour de la coquille.

externe de l'ouverture est costulée à l'intérieur ; la lèvre columellaire est droite, courte, sans pli ; l'ornementation, très caractéristique, est formée de petites côtes très accusées.

On trouve les gastéropodes du genre *Baryspira* (Neogastropoda, Olividae), dans les sédiments marins du monde entier depuis l'Oligocène. Leurs coquilles ovales en pointe, sont recouvertes d'une forte couche calleuse brillante. Ce cal est excrété par les lobes du manteau qui recouvre extérieurement la coquille. L'ouverture ovale allongée a une profonde échancrure siphonale.

La famille des Muricidés est caractérisée par ses coquilles à épines fort décoratives. Elle regroupe des espèces carnivores qui percent les coquilles des autres mollusques. Mais les ouvertures ainsi percées n'ont pas la bordure typique de celles des Naticidés. Les épines des coquilles sont une barrière contre l'attaque d'autres mollusques perforants. Les espèces du genre *Pterynotus* (Neogastropoda, Muricidae), sont cosmopolites et existent depuis l'Eocène. Leurs petites coquilles, épaisses forment un disque pyramidal à trois faces.

Gastéropodes : *Prosobranches* [Cénozoïque] (suite)

On connaît les gastéropodes du genre *Tudicla* (Neogastropoda, Vasidae), depuis le Crétacé supérieur jusqu'à nos jours. On les trouve dans le monde entier. Ils ont des coquilles discoïdes à tours anguleux fortement aplatis. Le dernier tour est grand et s'achève par un canal siphonal très marqué. L'ouverture est grande, largement ovale. La surface externe présente deux carènes s'achevant en épines.

Les coquilles de taille moyenne du genre carnivore *Fusinus* (Neogastropoda, Fusidae), qui existe depuis le Crétacé supérieur, sont fusiformes, avec un dernier tour de grande taille. L'ouverture est ovale, allongée, pointue vers le haut. La surface de la coquille est couverte de nombreuses petites côtes spiralées qui se croisent avec des plis axiaux, peu marqués. On trouve en général les coquilles du genre *Fusinus* dans les roches argileuses formées par sédimentation dans les parties profondes de la mer.

Les gastéropodes du genre *Volutospina* (Neogastropoda, Volutidae), existent depuis le Crétacé et se répartissent dans le monde entier. Ils ont des coquilles largement fusiformes, de taille moyenne, dont le dernier tour est grand et cylindrique. L'ouverture est allongée, avec une échancrure anale et un large canal siphonal.

Les coquilles cylindriques de toutes les espèces de la famille des Conidae (Neogastropoda) sont très semblables à première vue. Les espèces récentes portent de beaux motifs colorés et sont très recherchées par les collectionneurs.

Les espèces du genre *Lithoconus* (Neogastropoda, Conidae), connu depuis l'Eocène, à distribution mondiale, n'ont qu'un très court cylindre formé par les tours. Les parois du dernier tour sont légèrement bombées.

Le genre voisin *Leptoconus* (Neogastropoda, Conidae) est également répandu dans le monde entier. Il existe depuis le Crétacé supérieur. Les coquilles de taille moyenne ont une forme cylindrique relativement large. Toutes les espèces de ce genre sont carnivores et chassent les petits animaux à l'aide d'une épine en forme de harpon (**6**), née d'une modification de la radula et reliée à une glande venimeuse.

6

1 *Fusinus longirostris*, Néogène (Miocène supérieur), Baden (Autriche). Hauteur de la coquille : 4,5 cm. Le long canal siphonal est remarquable. Près de la moitié de ce canal est cassé dans l'exemplaire représenté.

2 *Tudicla rusticula*, Néogène (Miocène moyen), Grund (Autriche). Hauteur de la coquille : 8,3 cm.

3 *Volutospina rarispina*, Néogène (Miocène supérieur), Kienberg (Tchécoslovaquie). Hauteur de la coquille 4,2 cm. On remarque la petit nombre d'épines faiblement développées dans la partie supérieure du tour. Ce caractère explique le nom de l'espèce.

4 *Lithoconus mercati*, Néogène (Miocène supérieur), Kienberg (Tchécoslovaquie). Hauteur de la coquille : 4,1 cm. La coupe montre l'organisation interne de la coquille à columelle caractéristique. Beaucoup d'espèces de la famille des Conidés réduisent le poids de leur coquille par une dissolution progressive de la paroi des tours internes.

5 *Leptoconus diversiformis*, Paléogène (Eocène moyen), Grignon (France). Hauteur de la coquille : 4,1 cm.

 **Mollusques**

Gastéropodes : *Pulmonés* [Cénozoïque]

Les gastéropodes terrestres ou secondaires aquatiques, à minces coquilles holostomes, sans opercule, font partie de la sous-classe des Pulmonés. De nombreuses espèces ont des coquilles fortement ou totalement réduites. Certaines espèces terrestres produisent en période de sécheresse ou de froid des opercules provisoires (épiphragmes) qui ferment la coquille. Ces gastéropodes existaient déjà au Carbonifère mais ils ne sont abondants qu'à partir du Tertiaire. L'ordre des Basommatophores englobe surtout des formes aquatiques dont les yeux se trouvent à la base d'une seule paire de tentacules.

Les petites coquilles des mollusques du genre *Gyraulus* (Basommatophora, Planorbidae) n'ont qu'un petit nombre de tours et sont en général enroulées en spirale presque plate. Le profil du tour et la forme de l'ouverture sont plus ou moins ovales, avec parfois une ou deux carènes. Les espèces de ce genre vivent dans des eaux douces dormantes, en particulier dans les lacs et marais de l'hémisphère Nord, depuis le Miocène inférieur.

Les nombreuses espèces du genre *Galba* (Basommatophora, Limnaeidae), sont apparues au Jurassique et vivent de nos jours dans tout l'hémisphère Nord. La coquille fine et lisse est fusiforme, avec un dernier tour ovale de grande taille. La suture est fortement oblique par rapport à l'axe de la coquille. Les diverses espèces vivaient et vivent encore dans de petits lacs envahis par la végétation ou dans des marais.

Les escargots (Stylommatophora) sont caractérisés par la présence de deux paires de tentacules, les yeux étant placés à la pointe de la seconde. Tous sont terrestres et leur extension stratigraphique va du Crétacé supérieur à l'Actuel.

Les plus anciennes espèces du genre européen *Helix* (Stylommatophora, Helicidae) existent depuis l'Oligocène. Elles ont des coquilles presque sphériques avec un petit nombre de tours parcourus souvent de bandes sombres spiralées.

1 *Galba subpalustris,* Néogène (Miocène supérieur), Velká Lípa (Tchécoslovaquie). Hauteur de la coquille : 2,5 cm. Espèce courante dans les sédiments calcaires d'eau douce.

2 *Helix insignis,* Néogène (Miocène supérieur), Steinheim (RFA). Hauteur de la coquille : 2,6 cm. Les découvertes de gastéropodes terrestres des périodes antérieures au Quaternaire sont relativement rares. Il n'y a que peu de possibilités de recouvrement sédimentaire sur la terre ferme. Dans le cas présent, il s'agit d'une coquille tombée à l'eau.

3 *Gyraulus trochiformis,* Néogène (Miocène supérieur), Steinheim (RFA). Diamètre de la coquille : environ 0,7 cm. La forme des coquilles très variable, depuis le disque plat jusqu'au cylindre bas. Certains individus ont été décrits comme espèces indépendantes.

4 *Pupilla loessica,* Quaternaire (Pleistocène), Prague-Bulovka (Tchécoslovaquie). Hauteur des coquilles : 0,2 à 0,3 cm. Espèce abondante dans le loess d'Europe centrale. L'espèce voisine *P. muscorum,* porte une petite dent sur la lèvre pariétale.

Ouverture semi-circulaire, à bordure étroite ; ombilic mince, parfois recouvert par un cal.

Les minuscules coquilles des mollusques terrestres du genre *Pupilla* (Stylommatophora, Pupillidae), que l'on trouve dans l'hémisphère Nord depuis le Pliocène, font penser à de petits cocons ; tours bombés en nombre réduit ; ouverture elliptique à bordure étroite, ombilic en fente mince (**5**).

Mollusques

Bivalves : *Paléotaxodontes*

Les mollusques bivalves (Bivalvia) sont des mollusques aquatiques dont le corps à symétrie bilatérale est composé d'un sac digestif, d'un pied rétractile, de branchies en nombre pair et de deux lobes du manteau reliés sur le dos qui sécrètent une coquille calcaire à deux valves. Ils n'ont ni tête, ni mâchoires, ni radula. Les valves sont liées et articulées par une charnière comportant des dents et des fossettes sur les deux valves. Elles s'ouvrent par un ligament qui les unit côté dorsal et se ferment par de puissants muscles à l'avant et à l'arrière du corps.

Les mollusques de la sous-classe des Paléotaxodontes ont des coquilles à valves semblables, une charnière taxodonte simple (avec des rangs de petites dents à peu près semblables), un ligament externe de part et d'autre du sommet des valves et deux muscles adducteurs à peu près de même taille. L'intérieur de la coquille est nacré.

Le genre *Nucula* (Nuculida, Nuculidae) (**7**), répandu dans le monde entier depuis le Crétacé supérieur, a deux petites valves dont les crochets sont orientés vers l'arrière (forme opisthogyre).

Les mollusques du genre cosmopolite *Nuculana* (Nuculida, Nuculani-

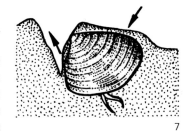

7

1, 2 *Nucula margaritacea*, Néogène, Grèce. Hauteur des valves : 1,1 cm. Sur le côté interne de la valve (**2**), on voit la charnière taxodonte caractéristique divisée par le résilifère (fossette du ligament interne appellé résilium).

3 *Nuculana deshayesiana*, Paléogène (Oligocène), Flörsheim près de Mayence (RFA). Hauteur de la valve gauche : 1,3 cm. Fossile fréquent dans l'Oligocène moyen, conservé dans les sédiments argileux.

4 *Synek antiquus**, Ordovicien supérieur (Ashgillien), Lejškov près de Zdice (Tchécoslovaquie). Longueur des valves : 2,2 cm. Vue externe de la coquille, valves écartées, conservées dans un schiste argileux. Espèce caractéristique des eaux calmes, profondes.

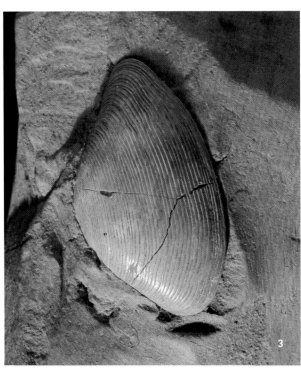

dae), connus du Trias à l'Actuel, ont de petites valves allongées vers l'arrière. Ligne palléale pourvue d'un petit sinus.

Le genre ordovicien *Ctenodonta* (Nuculida, Cnenodontidae), est connu en Europe et en Amérique du Nord. Les crochets tournés vers l'avant (forme prosogyre) se trouvent dans la moitié antérieure. Le ligament est situé en avant et en arrière des crochets (forme amphidète).

Les représentants du genre ordovicien d'Europe *Synek* (Nuculida, Malletiidae), ont des valves à crochet émoussé, repoussé vers l'avant. La charnière à ligament externe et ligne palléale courbe a de très petites dents.

Le genre *Synek,* créé par J. Barrande est considéré comme synonyme du genre *Palaeoneilo* Hall et Whitefield.

De larges valves symétriques à crochet pointus situés presque au milieu de la face supérieure, que l'on trouve dans les dépôts de l'Ordovicien inférieur, appartiennent aux espèces du genre européen *Babinka* (Venerida, Babinkidae). La charnière est encore réduite à deux petites dents divergentes ; ou la rapporte au type hétérodonte. Entre les impressions des muscles adducteurs antérieur et postérieur, se trouvent quatre petites impressions musculaires pédieuses. La ligne palléale n'a pas de sinus. Ce genre dérive peut-être des monoplacophores.

5 *Babinka prima∗,* Ordovicien moyen (Llanvirnien), Osek près de Rokycany (Tchécoslovaquie). Hauteur du moule interne de la valve droite : 1,5 cm. On observe sur le moule, bien conservé dans une concrétion siliceuse, de petites empreintes musculaires sous le crochet. Elles sont considérées comme un vestige des structures observées chez les monophacophores.

6 *Ctenodonta bohemica,* Ordovicien inférieur (Llanvirnien), Černá Hůrka près de Starý Plzenec, (Tchécoslovaquie). Longueur de la valve gauche : 1,4 cm. Moule interne des valves brisées qui laissent voir les petites dents de la charnière taxodonte. La coquille est disposée bord antérieur vers le bas.

4

6

 **Mollusques**

Bivalves : (suite) *Cryptodontes* et *Ptériomorphes* [Silurien]

La naissance et l'origine de la classe des bivalves est une question encore incomplètement éclaircie.

Le lamellibranche le plus ancien est-il *Fordilla troyensis,* fossile énigmatique du Cambrien inférieur de New York, dont certains auteurs pensent qu'il s'agit plutôt d'un crustacé Phyllopode ? Il a de petites coquilles ovales, aplaties sur les côtés, avec une ornementation concentrique, un ligament simple, une charnière et des empreintes musculaires du type bivalve. On suppose que les bivalves se sont développés dans le Cambrien inférieur à partir du genre *Myona* dont le bord dorsal de la coquille univalve se serait décalcifié ; il en aurait résulté un ligament souple et par suite une coquille bivalve ; ce ligament aurait permis au mollusque de fermer étroitement les valves et de chercher sa nourriture en fouissant plus efficacement que *Rostrocon-chia,* autre genre primitif. Par voie de conséquence, on constate que parmi les quelques lamellibranches les plus anciens actuellement connus (*Fordilla* et *Lamellodonta* du Cambrien, *Babinka* de l'Ordovicien inférieur, *Cycloconcha* et *Lyrodesma* de l'Ordovicien moyen), il existe de grandes différences dans la forme des coquilles. Ce phénomène résulte du développement rapide de ces mollusques. Toutes les observations faites jusqu'ici conduisent à l'idée que les coquilles de ces genres étaient élaborées à partir de deux centres de calcification.

La sous-classe des Cryptodontes est un groupe polyphylétique rassemblant des bivalves paléozoïques à coquille équivalve très mince, double empreinte musculaire, charnière sans dents ou taxodonte et ligament externe.

1 *Praecardium primulum*✻, Silurien supérieur, Prague-Podolí (Tchécoslovaquie). Valve droite ; hauteur : 2,5 cm.

2 *Panenka bohemica,* Silurien supérieur, Lochkov (Tchécoslovaquie). Valve droite ; hauteur : 3,8 cm. Le genre *Panenka* fait partie des quelques dizaines de genres de bivalves auxquels Barrande a donné de jolis noms tchèques. Ces noms, créés avant que soient fixées les règles de nomenclature, sont toujours valables.

3 *Cardiolita bohemica**, Silurien supérieur, Lochkov (Tchécoslovaquie). Hauteur de la plus grande valve : 2,1 cm. Groupe de valves dans un calcaire à orthocères. A gauche, coquille du céphalopode *Calocyrtoceras cognatum*.

Le genre *Praecardium* (Praecardiida, Praecardiidae), du Silurien et du Dévonien, est connu en Europe et en Amérique du Nord. Les coquilles bombées, à crochets courbés et pointus, prosogyres, portent un petit nombre de côtes radiaires plates, séparées par de larges sillons également plats ; la charnière taxodonte porte de petites dents.

Les lamellibranches du genre voisin *Panenka* vivaient au Silurien et au Dévonien en Europe et en Amérique du Nord. Ils ont une grande coquille bombée, largement ovale, à très nombreuses côtes radiales et crochets prosogyres.

Au Silurien, vivaient en Europe et en Amérique du Nord des lamellibranches du genre *Cardiolita* (Arcida, Cardiolidae), de la sous-classe des Ptériomorphes. Ils ont des coquilles bombées à crochets prosogyres sous lesquels existe une grande area. Les nombreuses côtes radiaires se croisent avec de larges stries d'accroissement et forment une décoration en treillis caractéristiques (**4**).

4

219

Bivalves : *Cryptodontes* et *Ptériomorphes* (suite) [Dévonien]

Les représentants du genre *Antipleura* (Praecardiida, Antipleuridae), du Dévonien inférieur d'Europe centrale et d'Afrique, ont des coquilles à crochets très courbés et obliques qui donnent l'illusion de deux valves gauches ou de deux valves droites. Cette même disposition n'existe que chez le genre voisin *Dualina*. La ligne cardinale est courbée en S sous les crochets.

Le genre voisin *Hercynella,* du Silurien supérieur et du Dévonien inférieur, a connu une extension mondiale. Ses grandes coquilles aux parois minces, inégalement bombées, ont des crochets presque médians. Le contour quasi ovale est déformé plus ou moins par un pli caractéristique formant comme une petite aile pointue vers l'avant (**5**). Ces bivalves ont été considérés à l'origine comme des gastéropodes et l'on ignore toujours leur structure interne.

La sous-classe des Ptériomorphes rassemble des formes de bivalves hétéromyaires (= anisomyaires) et monomyaires, et parmi les isomyaires, (= homomyaires), l'ordre des Arcida. Il s'agit en général de types fixés à l'aide d'un byssus, ou soudés, avec une tendance à la réduction du pied et du muscle adducteur antérieur. Certains genres (par exemple de la famille des Pectinidés) peuvent être libres et même être capables de nager. Un description simple des Ptériomorphes est difficile en raison d'un extrême polymorphisme et de cas fréquents de convergence morphologique. Mais les nombreuses découvertes paléontologiques confirment souvent l'origine commune et la continuité des divers rameaux évolutifs. Les représentants de cette sous-classe existent depuis l'Ordovicien inférieur.

Le genre cosmopolite *Actinopteria* (Pteriida, Pterineidae), a existé du Silurien au Permien, mais il n'a été abondant qu'au Silurien et au Dévonien. Coquilles inéquivalves (valve gauche bombée et valve droite presque plane), crochets pointus repoussés vers l'avant, partie postérieure de la coquille étirée vers le haut en forme de grande aile pointue, la partie antérieure en forme de petite aile ovale, bord cardinal droit et long.

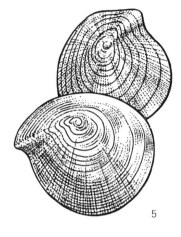

5

1 *Actinopteria migrans,* Dévonien inférieur (Lochkovien), Kosoř (Tchécoslovaquie). Valve gauche ; hauteur : 2,5 cm. La valve, fortement bombée, est écrasée sous la pression des roches (fêlure courante du crochet vers le bas). Genre commun caractéristique du Dévonien inférieur en Europe.

2, 3 *Antipleura bohemica*,* Dévonien inférieur (Lochkovien), Lochkov (Tchécoslovaquie). Hauteur du plus grand spécimen (moule interne) : 3,7 cm (**3**) ; vue de côté droit. Le moule de la petite coquille (**2**) est représenté vu du dessus, afin que l'on puisse voir les positions relatives caractéristiques des crochets des valves.

4 *Hercynella bohemica,* Dévonien inférieur (Lochkovien), Kosoř (Tchécoslovaquie). Valve droite et restes de coquille ; hauteur : 6,2 cm. La pièce est abîmée par de petites fissures emplies de calcite. L'inégalité caractéristique des valves (l'une plate, l'autre conique) permet d'envisager un mode de vie fixé.

 **Mollusques**

Bivalves (suite) : *Hétérodontes*

La coquille d'un mollusque lamellibranche possède sur chaque valve un crochet, habituellement tourné vers l'avant (formes prosogyres), quelquefois vers l'arrière (formes opisthogyres). Le ligament qui sert à l'ouverture des valves est soit externe, soit interne ; par rapport aux crochets, il peut être en avant (prosodète), de part et d'autre (amphidète) ou en arrière (opisthodète). La coquille se referme sous l'action de deux muscles (adducteurs), l'un à l'avant, l'autre à l'arrière, qui laissent sur les valves deux larges empreintes ; mais le muscle antérieur peut être réduit ou faire défaut : seule subsiste alors l'empreinte postérieure qui peut se déplacer vers le centre de la coquille. Le manteau qui tapisse entièrement l'intérieur des valves laisse sur celles-ci, à la périphérie, une empreinte caractéristique appelée ligne palléale. Chez les bivalves fouisseurs existent des siphons, tubes qui conduisent l'eau vers les branchies ; à leur passage, la ligne palléale est affectée par une invagination appelée sinus palléal (elle est alors dite sinupalliée).

1 *Megalodon cucullatus*✱, Dévonien moyen (Givétien), Paffrath (RFA). Hauteur de la valve gauche : 5,1 cm.

2 *Astarte ovoides,* Jurassique supérieur (Titonique), environs de Moscou (U.R.S.S.). Hauteur du spécimen (moule interne) : 4,1 cm. Le revêtement blanc est un vestige de la coquille altérée.

3 *Requienia ammonia*✱, Crétacé inférieur (Barrémien), Orgon (France). Hauteur de la coquille : 13 cm. Les animaux vivaient fixés, cimentés au substrat par la valve gauche ; sur la photographie, la partie aplatie est en haut à droite.

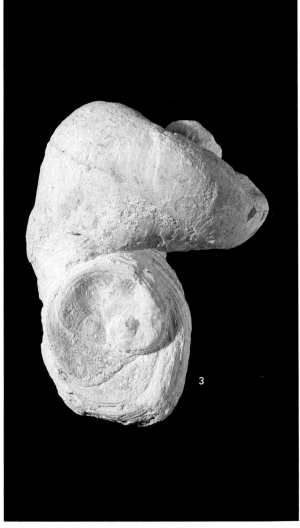

4, 5 *Diceras arietinum*＊, Jurassique supérieur (Oxfordien), Coulanges-sur-Yonne (France). Valve droite ; hauteur : 9,5 cm (**4**). La grande dent de la charnière, sur la valve gauche, est divisée par une fossette dentaire et flanquée en bas par une seconde dent. L'empreinte musculaire antérieure est en bas, la postérieure en haut (**5**).

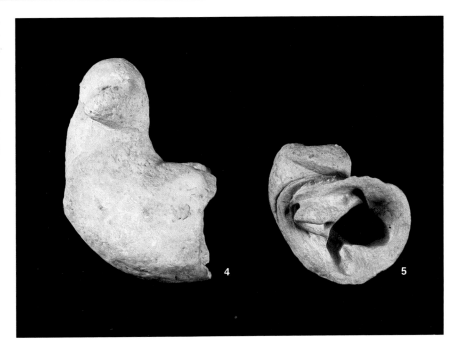

La sous-classe des Hétérodontes réunit des bivalves marins très souvent fouisseurs. Leur charnière est évidemment hérérodonte (dents peu nombreuses mais bien différenciées). On trouve deux empreintes musculaires (formes dimyaires) de même taille (homomyaires). La couche interne des valves est porcelainée, jamais nacrée.

Les mollusques cosmopolites du genre *Astarte* (Venerida, Astartidae), du Jurassique, ont des coquilles à crochet médian prosogyre. La charnière compte habituellement deux dents principales sur chaque valve, les dents latérales étant réduites ou absentes. Les représentants actuels vivent dans les mers froides, légèrement enfouis dans le sable ou la vase.

Avec les hippurites, nous abordons un groupe de bivalves très particulier, celui des Rudistes, qui ont connu un extraordinaire succès au Méosozoïque. On trouve les coquilles du genre *Megalodon* (Hippuritida, Megalodontidae), dans les couches du Dévonien au Trias du monde entier. Les valves bombées sont épaisses, à crochets prosogyres. La charnière est massive, le ligament externe. L'empreinte d'un seul adducteur est caractéristique. La ligne palléale n'a pas de sinus (elle est dite intégripalliée).

Les représentants du genre *Diceras* (Hippuritida, Diceratidae), du Jurassique supérieur européen et africain, ont de robustes coquilles dont les valves ont la forme de cornes spiralées (**6**). Ils sont parfois fixés au substrat par la valve droite, la plus grande. La valve gauche porte une charnière à une seule grande dent, la droite en porte deux. De chaque côté de la charnière, sont situées de profondes empreintes musculaires.

Les Rudistes du genre *Requienia* (Hippuritida, Requieniidae), ont vécu au Crétacé, partout dans le monde sauf en Asie. La valve gauche est grande, spiralée, la droite est plate, operculaire. La charnière est semblable à celle du genre *Diceras*.

6

Mollusques

Bivalves : *Hétérodontes* (suite) [Crétacé]

Parmi les Hétérodontes, les rudistes (ordre des *Hippuritida*), sont des bivalves extrêmement spécialisés apparus au Silurien avec les mégalodontes et développés à partir du Jurassique avec les hippurites, pour s'éteindre à la fin du Crétacé. Par suite de sa fixation dans une eau peu profonde, l'une des valves de la coquille s'est épaissie et allongée en forme de cône, résistant ainsi aux mouvements des vagues et éloignant l'ouverture du fond. Chez les formes évoluées, la coquille allégée jouait le rôle d'un couvercle. Les longues dents de la charnière s'opposaient à son arrachement. Dans les types spécialisés, la valve libre portait des ouvertures (oscules), ce qui permettait d'en réduire le poids. Les rudistes vivaient dans les mers tropicales et subtropicales, en milieu récifal. Plus tard, ils ont formé des « colonies », en tapis denses et étendus. Moins exigeants que les coraux, ils les ont remplacés dans les conditions plus difficiles. On les trouve dans divers types de roches calcaires, grès et marnes.

Les représentants du genre cosmopolite *Hippurites* (Hippuritida, Hippuritidae), du Crétacé supérieur, ont de grandes coquilles massives, coniques ou cylindriques. La valve droite a la forme d'un cône creux, la

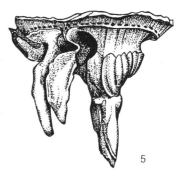

5

1 *Hippurites radiosus,* Crétacé supérieur (Maastrichtien), Charente (France). Valve droite ; hauteur : 11,5 cm. On aperçoit à l'intérieur et à l'avant les profondes fosses des dents 1 et 3 séparées par une arête ligamentaire ; à gauche, les deux piliers antérieur et postérieur avec la fosse du muscle postérieur. Le corps de l'animal était à droite, dans la cavité principale.

2 *Biradiolites cornupastoris,* Crétacé supérieur (Turonien), Dordogne (France). Hauteur de la coquille : 13,5 cm. Vue latérale.

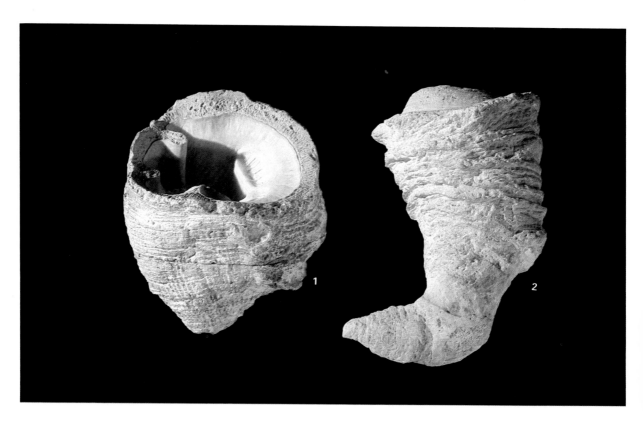

gauche forme un couvercle muni de deux grandes dents sphériques (**5** – vue de côté) qui correspondent à des fossettes de la valve droite. La surface externe porte des côtes longitudinales et montre trois sillons qui séparent les fosses et les attaches des muscles.

Biradiolites (Hippuritida, Radiolitidae), est un genre du Crétacé supérieur à distribution mondiale. La grande valve droite est massive, conique, souvent courbée ; la gauche forme couvercle. Les parois sont alvéolaires et le ligament postérieur est absent. La charnière est semblable à celle du genre *Hippurites.*

Toujours chez les hétérodontes, mais dans un tout autre groupe, les représentants du genre *Protocardia* (Venerida, Cardiidae), ont vécu du Trias supérieur au Crétacé en Europe, en Afrique et dans les deux Amériques. Les régions antérieure et médiane des valves portent des stries concentriques, tandis que l'arrière présente des côtes radiales. La ligne palléale a un petit sinus.

Les bivalves du genre européen et américain *Crassatella* (Venerida, Crassatellidae), ont des coquilles épaisses à crochet tourné vers l'avant. Charnière hétérodonte, avec une fossette résiliaire ; impressions musculaires larges, ligne palléale continue, sans sinus. Les crassatelles ont vécu du Crétacé supérieur au Miocène. Des formes voisines appartenant à la même famille vivent encore dans les mers actuelles.

3 *Protocardia hillana✳,* Crétacé supérieur (Cénomanien), Smrček (Tchécoslovaquie). Valve droite ; hauteur : 5,7 cm. Fossile caractéristique des dépôts marins sableux peu profonds du Cénomanien.

4 *Crassatella macrodonta,* Crétacé supérieur (Sénonien), Sankt-Gilgen (Autriche). Hauteur de la coquille : 3,7 cm. Surface externe de la valve droite.

Mollusques

Bivalves : *Hétérodontes* (suite) [Cénozoïque]

La plupart des bivalves sont marins et ne supportent pas les variations de salinité ou seulement dans une faible mesure. Seules, des espèces de quelques familles (Mytilidés, Cardiidés, Vénéridés, Mactridés), peuvent vivre dans les eaux saumâtres. Dans ces conditions moins favorables, leur coquille est plus petite, plus mince, peu sculptée. Mais la concurrence étant faible, le nombre des individus peut être très élevé.

De telles biocénoses, pauvres en espèces mais riches en individus, sont complétées par les réprésentants dulcicoles de certaines familles (Corbiculidés et Dreissenidés), capables à l'inverse de supporter une augmentation de la salinité. Peu nombreux sont les mollusques exclusivement dulcicoles (ils appartiennent à l'ordre des Unionidés et à la famille des Pisidiidés). L'eau douce dissolvant plus facilement les coquilles calcaires, ils ont habituellement un périostracum plus épais et la région des crochets est souvent désagrégée de façon caractéristique.

Le genre néogène européen *Lymnocardium* (Venerida, Lymnocardiidae), a des valves bombées à crochets prosogyres. Les dents latérales de la charnière sont bien développées, les cardinales plus petites. La ligne palléale est en général dépourvue de sinus. (**8** — Reconstruction d'un spécimen du genre voisin *Cardium*).

Megacardita (Venerida, Carditidae), a vécu de l'Oligocène à l'époque actuelle en Europe, en Afrique et en Australie. Coquilles massives,

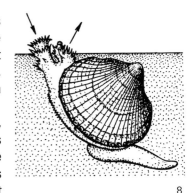

8

9

1, 2 *Lymnocardium vindobonense,* Néogène (Miocène moyen), Velké Bílovice près de Břeclav (Tchécoslovaquie). Hauteur des valves : 2 cm. Valve droite, extérieur (**1**) et intérieur (**2**). Espèce courante du Miocène d'Europe centrale, caractéristique des eaux saumâtres de golfes dessalés par les fleuves.

3 *Panopea menardi,* Néogène (Pliocène), Astigione (Italie). Hauteur de la coquille : 6,2 cm. Ces mollusques vivaient dans la zone littorale, profondément enfoncés dans les sédiments meubles. Ils possédaient de longs et puissants siphons dans une poche charnue pour laquelle un grand orifice existe dans la partie supérieure de la valve.

4, 5 *Megacardita jouanneti* *,* Néogène (Miocène supérieur), Graainfahrn, près de Vienne (Autriche). Hauteur de la grande valve : 4,8 cm. Extérieur (**4**) et intérieur (**5**) de la valve gauche. Espèce abondante dans les sédiments marins sableux d'eau peu profonde.

6 *Corbicula semistriata,* Paléogène (Oligocène), Miesbach, Oberbayern (RFA). Hauteur de la grande valve : 2 cm. Fossile caractéristique des marnes à *Cyrena* de l'Oligocène et des couches argileuses des bassins houillers allemands.

6

Ng

Pg

7 *Congeria subglobosa,* Néogène (Miocène supérieur), Brunn, près de Vienne (Autriche). Hauteur de la coquille : 7,1 cm. Vues de face, les valves liées évoquent un sabot de mouton. Habitait les eaux douces et saumâtres.

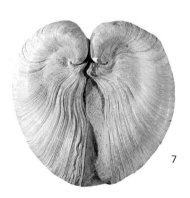

7

crochets prosogyres, dents cardinales bien développées, latérales souvent atrophiées, ligne palléale dépourvue de sinus.

Les bivalves du genre *Congeria* (Venerida, Dreissenidae), de l'Oligocène au Pliocène eurasiatique, ont des valves bombées aux parois épaisses et des crochets prosogyres ; ligne palléale continue ; un septum sépare l'empreinte du muscle adducteur antérieur des empreintes laissées par les muscles rétracteurs du pied.

Les espèces cosmopolites du genre *Corbicula* (Venerida, Corbiculidae), qui vivent depuis le Crétacé inférieur, ont des valves aux parois épaisses à grand crochet ovale. Ces espèces habitent les eaux douces, parfois les eaux saumâtres.

Les représentants du genre européen et nord-américain *Panopea* (Myoida, Hiatellidae), sont connus depuis le Crétacé jusqu'à nos jours. Ils ont de grandes coquilles, tronquées à l'arrière et largement béantes, avec des crochets discrets (**9**). La ligne palléale comporte un grand et large sinus.

 **Mollusques**

Bivalves : *Hétérodontes* [Cénozoïque] (suite)

Les coquilles des bivalves sont sécrétées par le bord et la face extérieure du manteau et comportent généralement trois couches. La couche extérieure mince (périostracum) est organique (conchioline) et protège les couches calcaires internes ; elle contient les pigments qui donnent leurs couleurs aux coquilles ; le périostracum est rarement à l'état fossile. La couche moyenne (ostracum) est fermée par des grains d'aragonite ou de calcite disposée en prismes perpendiculaires entre eux. La couche interne est habituellement la plus épaisse ; dans les types plus anciens, elle est nacrée, faite de nombreuses couches mines et horizontales constituées par des plaquettes d'aragonine, elle est brillante, non translucide, faite de nombreux rangs de lamelles d'aragonite disposées en biais les unes sur les autres ; elle peut être aussi faite

1 *Tellina interrupta,* Pleistocène, Barbados (France). Valve gauche ; hauteur : 3,7 cm.

2 *Costacallista papilionacea,* Néogène (Miocène), Turin (Italie). Valve droite ; hauteur : 3,3 cm.

3 *Solen vagina*,* Néocène (Pliocène), Astigione (Italie). Valve droite ; longueur : 12,7 cm. Un petit crochet dans le coin supérieur droit.

4 *Cordiopsis gigas,* Néogène (Miocène supérieur), Italie. Valve gauche ; hauteur : 10,5 cm. Une des plus grandes espèces de la famille des Vénéridés. Vivait enfouie dans le fond meuble des mers chaudes peu profondes.

5, 6 *Chama gryphoides,* Néogène (Miocène supérieur), Lapugy (Roumanie). Hauteur des valves : 7,5 cm. à 8,5 cm. Valves libres, droite (**5**) gauche (**6**). La surface externe est usée par le ressac et percée par des éponges du genre *Cliona* et des mollusques du genre *Lithophaga* (deux grands orifices).

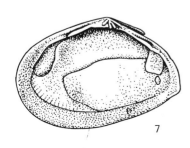

7

de calcite, mais structurée comme de la porcelaine (huître). Dans les régions chaudes, on trouve surtout des bivalves à coquille d'aragonite, dans les eaux froides, à coquille de calcite.

Le genre cosmopolite *Costacallista* (Venerida, Veneridae), est connu dans les mers chaudes peu profondes depuis le Paléocène. Le sinus palléal est large et pointu. Ces bivalves vivent enfouis et se nourrissent d'éléments organiques retenus par filtration de l'eau de mer.

Le genre voisin *Cordiopsis,* a vécu de l'Eocène au Miocène en Eurasie et en Afrique. Les valves épaisses, à grand crochets prosogyres, ont des stries d'accroissement très caractéristiques. Le sinus palléal est court et arrondi.

Les espèces de *Tellina* (Venerida, Tellinidae) sont connues depuis l'Oligocène. Elles vivent surtout dans les mers chaudes, profondément enfouies, et se nourrissent de détritus organiques, si bien que le sinus palléal est très profond (**7** – intérieur de la valve).

On trouve les représentants du genre *Chama* (Venerida, Chamidae), dans les mers chaudes d'Europe et d'Amérique depuis le Paléogène jusqu'à l'époque actuelle. Leur grosse coquille à crochets prosogyres est fixée au substrat par une valve qui peut être celle de droite comme celle de gauche. La valve libre est plus bombée.

On connaît le genre *Solen* (Venerida, Solenidae), eurasiatique et américain, depuis l'Eocène. Les valves longues, minces et lisses, forment un tube étroit ouvert à l'avant et à l'arrière. Les solens vivent profondément enfouis, la forme de la coquille étant déterminée par le puissant siphon.

229

Mollusques

Bivalves (suite) : *Ptériomorphes* [Carbonifère et Trias]

Le plan de symétrie bilatérale du corps des bivalves passe par le centre du corps, d'avant en arrière, c'est-à-dire entre les valves qui devraient en conséquence être de la même taille et de la même forme. Chez les représentants les plus évolués, les valves peuvent toutefois différer considérablement, non seulement par leur forme (une valve plate, une valve bombée, voire conique), mais aussi par leur taille et leur ornementation. La cause en est le plus souvent dans le mode de vie fixé, l'une des valves étant alors attachée au substrat par les filaments du byssus, soit par un ciment, la seconde jouant alors le rôle d'opercule. La fixation de la valve, droite ou gauche, ne résulte pas du hasard mais obéit à des lois. La valve fixée est toujours grande et plus bombée. Les formes inéquivalves existent aussi, quoique plus rarement, chez les espèces mobiles (par exemple les pectens) et des espèces fouisseuses, mais les différences de convexité restent faibles. Plus remarquables encore sont les cas où se produit un infléchissement ou une courbure hélicoïdale du plan de symétrie des valves qui sont alors fort dissembla-

1, 2 *Hoernesia socialis**, Trias moyen (Ladinien), Weimar (RDA). Hauteur des coquilles : 2,6 à 3 cm. Valve droite (1) et valve gauche (2). Espèce abondante, constituant souvent des lumachelles dans le Trias germanique.

3 *Posidonia becheri**, Carbonifère inférieur (Viséen), Nassau (RFA). Coquille désarticulée ; hauteur de la valve droite : 3,8 cm. Fossile abondant du faciès Culm du Carbonifère. Les schistes à posidonies jurassiques renferment l'espèce « *Posidonia* » *bronni*.

4 *Monotis salinaria*✻, Trias supérieur (Norien), Hallein (Autriche). Hauteur de la valve de gauche : 4 cm.

5 *Rhaetavicula contorta*✻, Trias supérieur (Rhétien), Nürtingen (RFA). Hauteur de la plus grande valve : 1,7 cm. Possible caractéristique du Rhétien du Trias germanique.

bles. Ce type est fréquemment réalisé chez les formes fixées. Les exemples de telles irrégularités se rencontrent dans presque tous les groupes de bivalves, mais la sous-classe des Ptériomorphes en est particulièrement riche.

Le genre eurasiatique *Hoernesia* (Pteriida, Bakevellidae), est connu du Trias au Jurassique moyen. Il a des coquilles inégalement bombées, tordues légèrement en hélice (**6**). La valve gauche est plus grande et presque plate.

On trouve les représentants du genre *Rhaetavicula* (Pteriida, Pteriidae), en Eurasie et en Amérique du Nord dans les dépôts du Trias supérieur. Ils ont de petites coquilles étroites, tordues en croissants de lune et en hélices avec une grande aile pointue sur l'arrière et une petite aile sur le devant. La valve gauche est plus grande et presque plate. et lisse.

Les mollusques du genre *Posidonia* (Pteriida, Posidoniidae), ont été répandus du Carbonifère au Jurassique à peu près dans le monde entier. Ils ont des coquilles plates sans aile, au crochet repoussé vers l'avant.

Le genre cosmopolite *Monotis* (Pteriida, Monotidae), du Trias supérieur, a des valves plates, légèrement inégales, avec un crochet repoussé vers l'avant ; l'aile postérieure est plus grande que l'aile antérieure.

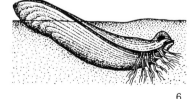

6

231

Bivalves : *Ptériomorphes* (suite) [Jurassique]

Beaucoup d'espèces de Ptériomorphes se fixent au substrat par un byssus, faisceau de filaments organiques. La glande à byssus de la face inférieure du pied sécrète un liquide qui fige rapidement dans l'eau pour former ces filaments. La glande débouche à l'extérieur par une fossette où le byssus s'accumule puis est mené par un sillon jusqu'à l'extrémité antérieure du pied, grâce auquel il est déposé à l'endroit utile. Seules quelques espèces de bivalves possèdent une glande à byssus. Cette glande ne fonctionne, chez la majorité d'entre elles, qu'au moment où la larve du plancton adopte un mode de vie benthique. De nombreuses formes qui se fixent par un byssus peuvent même à l'âge adulte, selon les besoins, rejeter ces filaments, changer de place et en former de nouveaux. Ce processus est particulièrement intéressant chez les moules (genre *Mytilus*), qui vivent dans la zone du ressac. Pour ne pas être emportées par les vagues, elles ne coupent que l'arrière du byssus tout en produisant à l'avant des filaments nouveaux ; elles se déplacent ainsi lentement. Chez certaines espèces, la fixation est permanente (par exemple dans le genre *Anomia*) ; les filaments se calcifient et forment une espèce de colonne solide. Chez les lamellibranches qui se fixent par un ciment, la glande à byssus ne sécrète que du carbonate de calcium. Certains lamellibranches, le genre *Lima* par exemple, édifient autour d'eux une sorte de nid filamenteux protecteur.

Les représentants du genre cosmopolite *Modiolus* (Mytilida, Mytilidae), sont connus depuis le Dévonien. Coquille bombée à parois minces

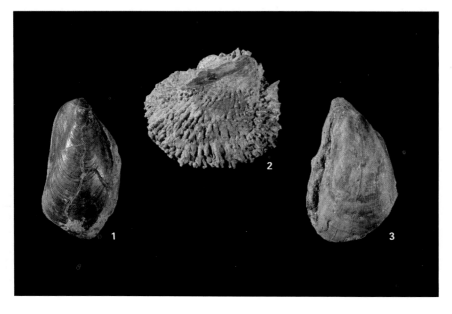

1 *Modiolus imbricatus,* Jurassique moyen (Bathonien), Grande-Bretagne. Valve gauche ; longueur : 4,7 cm.

2 *Plicatula tubifera,* Jurassique supérieur (Oxfordien), Villers-sur-Mer (France). Valve gauche ; hauteur : 4 cm. On aperçoit, près du crochet, la facette par laquelle la valve se fixe. La surface est parsemée de courtes épines creuses.

3 *Arcomytilus pectinatus,* Jurassique supérieur (Kimméridgien), Bléville (France). Valve gauche ; longueur : 5 cm. Les fines côtes radiales et le bord postérieur tronqué de la coquille (abîmé sur l'illustration) sont caractéristiques du genre *Arcomytilus*.

4 *Plagiostoma giganteum**, Jurassique inférieur (Lias inférieur), Degerloch (RFA). Valve gauche ; hauteur : 11 cm. Se distingue des genres caractéristiques de la famille des Limidés par ses coquilles lisses.

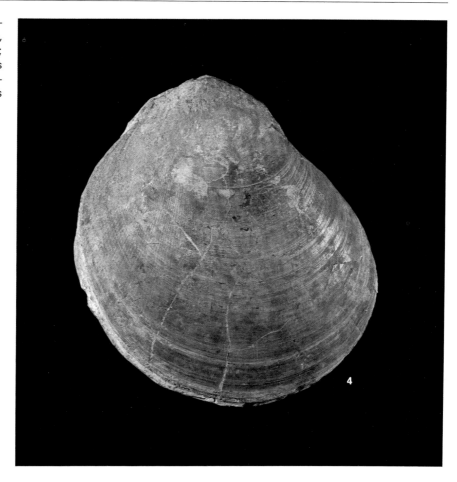

et lisses, crochets repoussés vers l'avant, aile antérieure à peine distincte, charnière dépourvue de dents (**5**). Dans cette coquille, près des crochets, existe une petite échancrure à byssus. Les représentants du genre vivent isolément dans la zone littorale. Ils se distinguent ainsi des moules du genre voisin *Mytilus* qui forment souvent des paquets abondants.

Les espèces du genre voisin *Arcomytilus,* du Jurassique à l'Eocène, se trouvent en Europe et en Afrique. Elles ont des coquilles à valves minces et bombées.

Les bivalves du genre *Plicatula* (Pteriida, Plicatulidae), vivent depuis le Trias moyen en Eurasie, en Afrique et en Amérique du Nord. La coquille est monomyaire, de forme irrégulière, avec des valves bombées ; elle est généralement fixée à un support solide par le crochet de la valve droite.

On trouve les bivalves du genre *Plagiostoma* (Pteriida, Limidae), dans les sédiments du Trias au Crétacé du monde entier. Ils ont de grandes valves peu bombées aux crochets pointus. Charnière ordinairement dépourvue de dents.

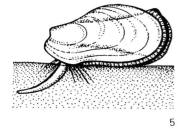

5

233

Bivalves : *Ptériomorphes* [Jurassique] (suite)

Les huîtres constituent un groupe très connu et très nombreux de lamellibranches. On sait peu de choses sur leur origine ; elles sont apparues au Trias supérieur et ont rapidement occupé toutes les mers à l'exception des mers polaires. Les genres les plus anciens, *Gryphaea* et *Liostrea,* des mers froides et *Lopha* des mers tropicales, témoignent de leur origine diphylétique.

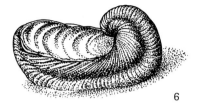

6

Toutes les huîtres sont des mollusques d'eau peu profonde et, à l'exception de la famille des Ostréidés, ne supportant pas les changements de salinité. De nos jours, elles habitent les eaux chaudes ; seuls les genres *Ostrea* et *Crassostrea* ont pénétré dans les eaux froides. Les huîtres vivent fixées, l'une des valves collée au fond sableux ou rocheux dans une eau courante et pure. Elles évitent les fonds vaseux et se fixent en cas de nécessité sur des objets surélevés. On les trouve habituellement en grandes quantités, certaines espèces formant des peuplements étendus, de véritables récifs bordiers (bancs d'huîtres).

Le genre *Gryphaea* (Pteriida, Gryphaeidae), de distribution mondiale, est connu du Trias supérieur au Jurassique. Valve inférieure (gauche) très épaisse, fortement bombée, avec un crochet enroulé caractéristique ; valve droite plate et petite, formant couvercle. La forme inhabituelle des coquilles traduit une adaptation à un fond meuble. La surface de fixation est peu étendue et le bord des valves parvient par une rapide croissance en hauteur à s'écarter de l'eau trouble du fond. Ainsi se dessine la forme spiralée de la valve inférieure qui repose ensuite sur le sédiment meuble, enfoncée par son propre poids. La stabilité est assurée par la paroi très épaisse de la partie umbonale de la valve inférieure (**6**). Cette forme des coquilles de gryphées apparaît indépendamment dans d'autres branches évolutives d'huîtres vivant souvent sur un fond sableux plus ferme. Elle permet de concurrencer les peuplements algaires continus qui s'opposent à la croissance des jeunes huîtres.

Les valves du genre voisin *Deltoideum,* du Jurassique moyen et supérieur d'Europe, sont très plates et plus hautes que larges. La valve droite ressemble à la gauche mais elle est plus petite. Le genre *Deltoideum* dérive vraisemblablement du genre *Gryphaea.*

Les huîtres du genre cosmopolite *Lopha* (Pteriida, Ostreidae), vivent depuis le Trias dans les zones tropicale et subtropicale. Elles ont des valves de même convexité, avec de grandes crêtes radiaires en forme de V retourné, en nombre caractéristique de chaque espèce. Ces crêtes relèvent le bord de la coquille au-dessus du fond et augmentent la surface filtrante de l'ouverture pour une même largeur.

1, 2, 3 *Gryphaea arcuata*,* Jurassique inférieur (Lias), Göppingen (RFA). Hauteur de la valve droite plate : 3,5 cm; valve gauche en position naturelle (**1**) ; valve droite (**2**) ; vue interne de la valve gauche (**3**).

4 *Deltoideum sowerbyanum*,* Jurassique supérieur (Kimméridgien), Le Havre (France). Deux valves gauches (inférieures) accolées. Hauteur de l'ensemble : 17 cm.

5 *Lopha marshi,* Jurassique moyen (Dogger moyen), Spaichingen (RFA). Valve droite ; hauteur : 8 cm. Espèce abondante du Jurassique moyen allemand.

Bivalves : *Ptériomorphes* (suite) [Crétacé]

Le mode de vie fixé des huîtres a conduit à une réduction totale du pied et a fortement influencé la forme des coquilles. En conséquence, la nécessité de protéger le pied a disparu, de même que l'adaptation des formes au mouvement et à l'allègement ; les coquilles tendent vers un contour ovale, car la symétrie radiaire est avantageuse pour les animaux fixés. Les huîtres cherchent un fond solide, sableux ou rocheux qui ne trouble pas l'eau ; c'est pourquoi on n'a pas vu apparaître dans ce groupe des formes coniques ou cylindriques comme chez les rudistes. Le développement des branchies, assurant la respiration et l'apport de la nourriture dans l'eau en circulation, a eu la même conséquence. La forme triangulaire des valves facilite cette activité ; l'un des angles est occupé par la charnière, les deux autres abritent les orifices pour l'entrée et la sortie de l'eau. L'extension des branchies a entraîné la croissance de la partie postéro-inférieure de la coquille jusqu'à donner, dans les cas extrêmes, une forme générale en demi-lune. Le muscle antérieur a disparu, le postérieur s'est renforcé ; la valve supérieure s'est amincie, donc allégée et s'est parfois réduite. La forme des valves est encore influencée par d'autres facteurs, comme par exemple une plus forte luminosité (les valves sont alors plus minces, plus compactes, plus costulées) ou l'entassement des individus qui ne permet pas aux valves de prendre une forme caractéristique.

Agerostrea (Pteriida, Ostreidae), est un genre du Crétacé supérieur de distribution mondiale. Les valves étroites au bord antérieur convexe s'agrandissent depuis le centre jusqu'au bord ; la partie arrière de la charnière est auriculée (développement d'un oreillette).

Les huîtres du genre voisin *Arctostrea* ont vécu au Crétacé dans toutes les mers du monde. Coquille étroite et allongée ; du haut peigne longitudinal que dessine la commissure partent obliquement des plis accentués qui se prolongent au bord des valves par de longues épines triangulaires.

8

1, 2 *Exogyra sigmoidea,* Crétacé supérieur (Cénomanien), Korycany (Tchécoslovaquie). Hauteur des valves droites : 3 à 3,5 cm. Extérieur (**1**) et intérieur (**2**). L'espèce est abondante dans les sédiments du ressac et des eaux peu profondes du Cénomanien. Les valves gauches sont moins fréquentes.

3 *Arctostrea carinata,* Crétacé supérieur (Cénomanien), Korycany (Tchécoslovaquie). Valve gauche ; hauteur : 6,8 cm.

4, 5 *Agerostrea ungulata**, Crétacé supérieur (Maastrichtien), Plateau d'Hammadah-al-Hamra (Libye). Hauteur des valves : 4,8 à 5,8 cm. Valve droite usée par le sable (**4**), intérieur de la valve gauche (**5**). Les valves altérées de cette espèce recouvrent des surfaces étendues dans certaines parties du Sahara.

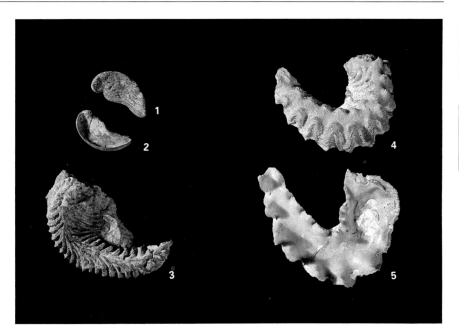

Exogyra (Pteriida, Gryphaeidae), est une petite huître du Crétacé européen. Valve droite (libre) étroite et plate, avec des crochets spiralés, et une carène radiale caractéristique, qui divise la valve en une partie antérieure abrupte et en partie postérieure large et inclinée. Valve gauche fixée au substrat par toute sa surface (**8**) ; bord interne des valves orné d'une ligne de petites bosses.

Dans la même famille, le genre *Rhynchostreon* du Crétacé supérieur d'Eurasie et d'Amérique du Nord a une valve gauche fortement convexe à carène ovale, crochet enroulé en bec et pli radial dans la partie postérieure. La valve droite est lamelleuse.

6, 7 *Rhynchostreon suborbiculatum**, Crétacé supérieur (Turonien), Malnice (Tchécoslovaquie). Hauteur des valves : 10 cm. Valve gauche avec bande colorée d'origine (**6**), moule interne de la valve droite sur le contenu de la coquille (**7**). L'espèce est connue sous l'ancien nom d'*Exogyra columba.*

Bivalves : *Ptériomorphes* [Crétacé] (suite)

Toujours chez les Ptériomorphes, la famille des Inocéramidés, est apparue au cour du Jurassique inférieur. Un développement rapide et une grande variabilité morphologique lui ont permis d'occuper les millieux les plus divers (surtout les eaux peu profondes) et de conquérir toutes les mers du Secondaire dans presque toutes les zones climatiques. A l'époque de son plus grand épanouissement (Crétacé supérieur), cette famille a constitué le groupe de bivalves le plus important du point de vue de son utilisation actuelle en stratigraphie. Elle remplit toutes les conditions pour fournir de bons fossiles stratigraphiques. Son évolution a été rapide, chaque espèce n'a eu qu'une courte durée de vie, caractérisant ainsi des biozones. Etant donnée sa grande extension géographique, elle permet de corréler des horizons même très éloignés. Les coquilles sont nombreuses de grande taille bien conservées, assez facilement déterminables. On les trouve dans des sédiments très divers, fins ou grossiers (argiles, grès, calcaires), ce qui en accentue encore l'avantage. Cette spécialisation rapide de la famille devant malheureusement signifier son extinction prochaine : les inocérames n'ont pas survécu à la crise écologique de la fin du Crétacé.

Les représentants du genre cosmopolite *Mytiloides* (Pteriida, Inoceramidae), ont existé au Jurassique et au Crétacé. Valves minces, légèrement convexes, à peine inégales, pourvues d'une oreillette basse postérieure ; bord cardinal court et droit, charnière sans dents. Les représentants de ce genre vivaient dans les mers chaudes peu profondes, sur des fonds sableux cohérents auxquels ils se fixaient par un byssus (**4**). Leur coquille plate, dressée sur le fond, fonctionnait comme un gouvernail que le courant tournait de telle façon que l'orifice

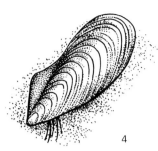

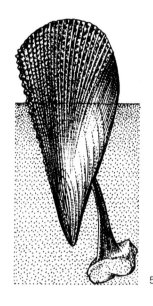

1 *Pinna quadrangularis,* Crétacé supérieur (Turonien), Hořice (Tchécoslovaquie). Hauteur de la coquille : 20,5 cm. Vue postérieure de la coquille légèrement déformée.

2 *Volviceramus involutus,* Crétacé supérieur (Coniacien inférieur), Štíty près de Šumperk (Tchécoslovaquie). Valve gauche enroulée ; diamètre : 11 cm. Fossile stratigraphique pour la partie terminale du Coniacien inférieur.

3 *Mytiloides labiatus*,* Crétacé supérieur (Turonien inférieur), Děčínský Sněžník (Tchécoslovaquie). Moule interne gauche ; longueur : 13 cm. Fossile stratigraphique du Turonien inférieur européen.

inhalant du manteau se trouvait orienté à contre-courant et l'orifice exhalant face au courant.

Dans la même famille, le genre *Volviceramus* appartient au Crétacé supérieur d'Europe et d'Amérique du Nord. Les grandes valves très inégales rappellent celles des huîtres du genre *Gryphaea.* Valve gauche (inférieure) lisse, très convexe et spiralée ; valve droite (supérieure) moyennement convexe, beaucoup plus petite et arrondie, avec des rides concentriques. Les représentants du genre vivaient dans les parties profondes et calmes des mers chaudes à fond argileux meuble, dans lequel s'enfonçait leur grosse coquille spiralée.

Les espèces cosmopolites du genre *Pinna* (Mytilida, Pinnidae), du Carbonifère à nos jours, ont de grandes coquilles cunéiformes à parois minces, à long crochet pointu, avec une crête radiale plus ou moins marquée dans l'axe longitudinal des valves. Ornementation constituée par des côtes radiaires parfois prolongées en épines. De nos jours, les représentants du genre *Pinna* vivent à demi enfouis dans les sédiments fixés par un byssus (**5**).

Bivalves : *Ptériomorphes* [Crétacé] (suite)

Les bivalves du genre *Spondylus* (Pteriida, Spondylidae), sont répandus depuis le Jurassique dans toutes les zones climatiques chaudes du monde. Belles coquilles à crochet triangulaire et fortement inéquivalves ; la valve droite qui sert habituellement à la fixation, s'allonge en bec avec une grande aréa triangulaire ; le bord de la charnière est droit, muni de petites ailes. La charnière possède toujours deux dents sur les côtés du résilifère. Les valves ne portent qu'une seule paire d'empreintes musculaires. Les côtes radiaires de la surface externe s'achèvent souvent en épines de longueurs et de formes diverses. Elles servent à maintenir le bord des coquilles le plus haut possible au-dessus du fond.

La stratigraphie et l'extension des espèces du genre *Lima* (Pteriida, Limidae), sont analogues à celles du genre précédent. Valves faiblement bombées, plus hautes que longues, avec de petites ailes ; bord de la charnière court et droit, aréa petite ; dents réduites ou absentes ; côtes radiaires, parfois écailleuses, constituant l'ornementation. Certaines espèces sont fixées par un byssus, d'autres reposent sans attache, d'autres se propulsent à la manière des pectens. Quelques rares espèces édifient, avec les filaments du byssus, des nids protecteurs complexes.

Les espèces du genre *Chlamys* (Pteriidae, Pectinidae), sont répandues depuis le Trias jusqu'à nos jours dans le monde entier. Coquilles inégalement convexes, la valve gauche l'étant généralement plus que la valve droite ; ailes très développées, l'antérieure étant plus grande et plus longue que la postérieure ; à l'extérieur, très nombreuses côtes radiaires et stries d'accroissement concentriques. *Chlamys muricatus* vivait fixé par un byssus dans des endroits protégés tels que fissures et crevasses, surplombs, peuplements d'algues, etc. Valves plates, sensiblement égales, grossièrement costulées ; ligne palléale droite, avec une longue aile antérieure et une échancrure caractéristique pour le byssus.

Dans la même famille, les bivalves du genre *Neithea* étaient, au Crétacé, répandus dans le monde entier. Valve droite très convexe avec un crochet enroulé, valve gauche plate, l'une et l'autre pourvues de petites ailes semblables ; charnière munie de deux dents sur les côtés du résilifère. Cette espèce de pectinidé fait partie des formes qui vivent fixées par un byssus, généralement sur un fond sableux ferme, non protégé. La coquille inéquivalve, l'échancrure bien marquée du byssus sont très caractéristiques.

1 *Spondylus spinosus,* Crétacé supérieur (Sénonien), Kent (Grande-Bretagne). Valve gauche portant quelques vestiges d'épines ; hauteur : 5 cm.

2 *Lima canalifera,* Crétacé supérieur (Sénonien inférieur), Haltern (RFA). Valve droite ; hauteur : 5,5 cm. Le spécimen repose sur la valve gauche de l'espèce *Chlamys muricatus,* laquelle a 9,5 cm de haut et des ailes brisées. Ces deux espèces vivaient généralement dans les endroits calmes et protégés.

3 *Neithea aequicostata*,* Crétacé supérieur (Cénomanien), Hájek près de Potštejn (Tchécoslovaquie). Hauteur de la valve droite la plus bombée : 78 mm. On voit clairement les différences entre les deux valves sur la coquille désarticulée.

Bivalves : *Ptériomorphes* (suite) [Cénozoïque]

De nombreux représentants de Pectinidés et de Limidés ont acquis la capacité de nager, assez inhabituelle chez les bivalves. Ils se sont développés à partir de formes fixées par un byssus. Leurs valves inégales, monomyares, avec une entaille pour le byssus sous l'oreille antérieure, en sont un témoignage. Quand ils nagent, les bivalves ferment plusieurs fois brutalement leurs valves ; l'eau est projetée hors de la cavité palléale au niveau des oreilles, en deux courants dirigés vers l'arrière. Ce mouvement alternatif d'ouverture et de fermeture des valves donne une nage heurtée rappelant un peu le vol du papillon. La distance que l'animal est capable de parcourir varie selon les espèces. En général, il s'agit d'un simple déplacement ou d'une fuite en cas d'attaque subite. Peu de bivalves sont capables de nager longtemps.

Parmi eux, les espèces du genre *Amussium* (Pteriida, Pectinidae), mollusques répandus du Miocène à nos jours, dans les mers tropicales et subtropicales d'Europe et d'Amérique du Nord. Valves très plates, minces, presque transparentes et auriculées. Elles nagent bien et vivent plutôt dans les eaux profondes et calmes.

Les espèces du genre voisin *Flabellipecten* d'Eurasie et d'Amérique du Nord, sont apparues au Miocène et vivent encore actuellement. Valves inégales, à crochet pointu et oreilles assez grandes ; valve droite bombée, valve gauche plate ou légèrement creuse (**9**).

Les mollusques du genre *Anadara* (Arcida, Arcidae), existent dans le monde entier depuis le Crétacé supérieur. Les valves ont des crochets enroulés et une ligne palléale droite. Sous les crochets, on trouve une aréa triangulaire et des stries en chevrons. La charnière est taxodonte. La forme arrondie des valves, qui distingue ce genre du genre *Arca,* résulte du mode de vie fouisseur (les autres espèces de la famille vivent habituellement fixées par un byssus dans les fentes des rochers ou abris analogues).

Les mollusques du genre *Glycymeris* (Arcida, Glycymerididae) ont une distribution mondiale et vivent depuis l'Eocène. Valves épaisses et bombées caractéristiques, aux petits crochets en forme de bec ; charnière constituée par une rangée de dents obliques latérales ; au milieu, sous le crochet, les dents manquent ou sont petites ; bord intérieur des valves dentelé.

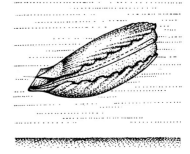

9

1, 2 *Anadara diluvii,* Néogène (Miocène inférieur), Bordeaux (France). Hauteur de la valve : 3,3 cm. Valve droite, extérieur (**1**), valve gauche, intérieur (**2**). Le genre semblable *Arca* a des valves plus allongées, des crochets poussés vers l'avant, des côtes grossières et l'extrémité de la longue ligne palléale pointue.

3, 4 *Glycymeris obovatus,* Paléogène (Oligocène moyen), Bassin de Mayence (RFA). Hauteur de la grande valve : 5,5 cm. Extérieur (**3**) et intérieur (**4**) de la valve gauche.

5, 6 *Amussium cristatum,* Néogène (Pliocène), Astigione (Italie). Hauteur de la grande valve (gauche) : 6,3 cm. Les valves sont très minces, renforcées à l'intérieur par des côtes radiales (**5**). Le côté externe reste lisse (**6**), facilitant le glissement.

7, 8 *Flabellipecten beudanti,* Néogène (Miocène) (inférieur), Bordeaux (France). Hauteur de la valve gauche (supérieure), plate : 5,1 cm (**7**). Les côtes aplaties et la convexité de la région médiane sur la valve droite (inférieure) témoignent qu'il s'agit d'une forme libre capable d'effectuer de petits parcours.

 **Mollusques**

Bivalves : *Ptériomorphes* [Cénozoïque] (suite)

Les bivalves n'ont ni tête, ni radula, ni mâchoire et la bouche, à l'extrémité antérieure du corps, sous le muscle adducteur antérieur, n'est pourvue que de lobes ou d'excroissances qui permettent de trouver et de saisir la nourriture. Comme ils sont peu mobiles, ils n'ont que peu de moyens pour se nourrir. La plupart d'entre eux sont des microphages filtreurs. Il s'agit de formes fixées, parfois en partie enfouies, qui capturent dans l'eau aspirée par les branchies des micro-organismes ou de fins détritus. Ils y sont aidés par les organes ciliés qui vont de la bouche à la base des branchies et en partie par les branchies elles-mêmes. D'autres sont limivores (mangeurs de boue) : ils fouillent plus ou moins activement dans les sédiments dont ils extraient, parfois par aspiration, à l'aide de prolongements du manteau ou d'un siphon inhalant, des restes organiques. Cette modalité dans la nutrition est fréquente parmi les espèces anciennes et primitives. Un groupe intéressant mais très réduit est celui des « prédateurs » (genre *Cuspidaria* par exemple). Ces chasseurs aspirent activement de menues proies vivantes (diverses larves de mollusques, d'échinodermes, de crevettes) attirées sur la couronne de tentacules qui entourent l'entrée du siphon et

1, 2 *Isognomon sandbergeri*, Paléogène (Oligocène moyen), Weinheim (RFA). Hauteur des valves : 17,5 cm. Extérieur de la valve gauche (**2**), intérieur de la valve droite (**1**). Sous le crochet, on voit la large échancrure du byssus.

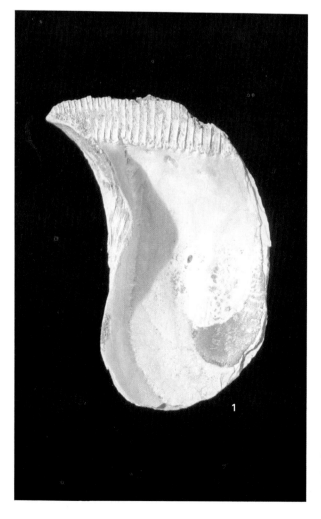

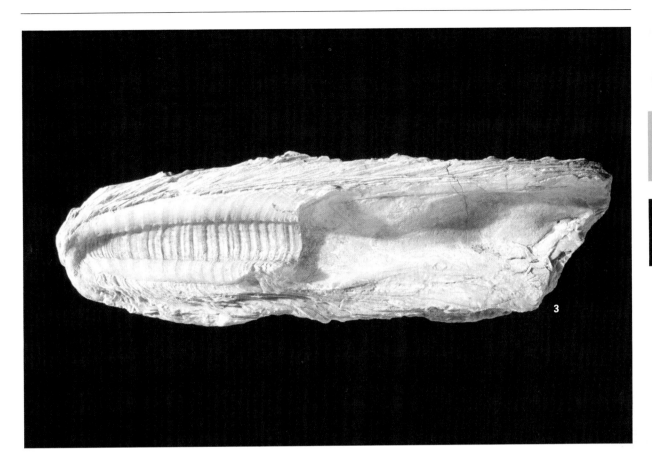

3 *Crassostrea longirostris,* Néogène (Miocène), Djebel Rasfah (Algérie). Hauteur de la partie supérieure de la valve droite : 25 cm. Sur le résilifère, on distingue bien les bandes d'accroissement annuelles qui permettent de déterminer l'âge de l'huître.

émerge des sédiments. Les animaux sont écrasés par les replis musculeux de la cavité palléale. Une adaptation peu commune est la capacité de digérer la cellulose qui s'est développée chez certains bivalves fouisseurs (genre *Teredo*). Ces mollusques creusent le bois avec le bord râpeux de leurs valves (très réduites) et se nourrissent partiellement ou totalement de sciure.

Le genre cosmopolite *Isognomon* (Pteriida, Isognomonidae), est connu depuis le Trias supérieur. Les valves épaisses, généralement grandes et plates, ont des crochets pointus orientés vers l'avant ; valve gauche un peu plus bombée que la droite, charnière sans dents, munie d'une aire ligamentaire à nombreux sillons verticaux. Les espèces actuelles ont des valves plus petites et plus minces que les espèces fossiles. La plupart des espèces du genre *Isognomon* vivent fixées par un solide faisceau de filaments du byssus dans des endroits abrités, en position horizontale ou verticale, le crochet partiellement enfoui (**4**). Ce sont des filtreurs typiques.

Les huîtres du genre cosmopolite *Crassostrea* (Pteriida, Ostreidae), existent depuis le Crétacé inférieur. Elles ont habituellement de très grandes coquilles de formes variées, en général minces, allongées en hauteur, à surface rugueuse, parfois costulées. L'impression musculaire se trouve tout près du bord postérieur de la valve, plus près du bord inférieur que de la charnière. Ce genre est géographiquement très étendu, certaines espèces supportent des températures très basses et de fortes variations de salinité.

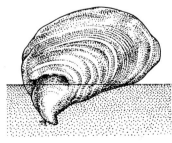

4

 **Mollusques**

Bivalves (suite) : *Paléohétérodontes*

On range dans la sous-classe des Paléohétérodontes, les bivalves marins ou d'eau douce à coquilles équivalves à bords étroitement jointifs et dont l'intérieur est généralement nacré. Ligament externe. Sous les crochets, existe un groupe de dents disposées radialement et formant la charnière. Les dents latérales manquent ou bien elles ne sont pas séparées des dents cardinales par un intervalle comme chez les bivalves hétérodontes.

Les espèces du genre *Schizodus* (Trigoniida, Myophoridae), du Permocarbonifère, répandues dans le monde entier, ont des valves lisses aux crochets repoussés vers l'avant, avec une carène ovale peu marquée dans la partie postérieure de la valve (**5**). La charnière se compose d'une grande dent centrale, d'une petite dent antérieure sur la valve gauche et d'une seule dent antérieure sur la valve droite.

Le genre *Myophoria* (même famille), provient du Trias d'Eurasie et d'Afrique du Nord. Les valves modérément bombées ont des crochets orientés vers l'avant ; dans la partie arrière se trouve une carène radiale

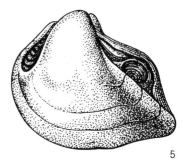

5

1, 2 *Myophoria kefersteini,* Trias supérieur (Carnien), Raibl (Italie). Petite coquille, vue de droite (**1**) ; plus grande coquille, vue d'arrière (**2**) ; hauteur : 4,5 cm.

qui forme sur le bord inférieur un prolongement arrondi. La charnière est semblable à celle du genre *Schizodus* (type schizodonte).

La famille des Trigoniidés, aujourd'hui presque éteinte mais jadis riche en espèces, s'est développée au Trias supérieur à partir d'ancêtres myophoridés qui avaient atteint leur acmé au cours du Trias. Au Jurassique, les trigoniidés étaient très abondants et formaient une partie importante de la faune des bivalves. Plus tard, leur conservatisme morphologique ne leur a pas permis de suivre l'évolution rapide de groupes plus modernes (Cardiidés, Pectinidés, Ostréidés, Vénéridés) ; ils se sont lentement éteints. Au cours du Tertiaire, l'extension de cette famille s'est trouvée limitée à la région australienne. A l'époque actuelle ne survivent que les espèces du genre *Neotrigonia* qui vivent dans les eaux relativement profondes des côtes orientales d'Australie et de Tasmanie.

On trouve des bivalves du genre *Scaphotrigonia* (Trigoniida, Trigoniidae), dans le Jurassique inférieur et moyen d'Europe et d'Amérique du Nord. Ils ont des coquilles épaisses, tronquées à l'arrière, aux crochets orientés vers le haut. La partie latérale aplatie des valves porte quelques côtes verticales bosselées et une rangée de bosses verticales sur le bord antérieur. La région postérieure est lisse, ornée seulement de quelques stries d'accroissement.

3 *Scaphotrigonia navis**, Jurassique moyen (Aalénien), Alsace (France). Hauteur de la coquille : 4,3 cm. Vue de gauche. Important fossile stratigraphique du Dogger inférieur.

4 *Schizodus schlotheimi,* Permien supérieur (Zechstein), Niederrodenbach (RFA). Moule interne de la valve droite ; hauteur : 2,2 cm. En association dans un fragment de calcaire avec les petits mollusques de l'espèce *Bakevellia antiqua.*

Mollusques

Bivalves : *Paléohétérodontes* (suite)

Les bivalves sont en général des animaux benthiques, vivant en étroite dépendance du fond sur lequel ils se déplacent librement en se traînant, ou y reposant simplement sans attache, ou fixés par un byssus, ou cimentés par l'une de leurs valves ; ils trouvent leur nourriture dans l'eau ou dans le substrat lui-même qu'ils fouissent s'il est meuble, qu'ils creusent s'il est dur, y ménageant à l'occasion un abri. Tous ou presque sont microphages ; la filtration de l'eau est assurée par les branchies qui l'aspirent dans la cavité palléale et l'en expulsent au moyen de siphons (inhalants et exhalants) situés dans la partie postérieure du corps. Plus l'animal est enfoui profondément, plus grands et plus longs doivent être les siphons et plus grand doit être l'orifice dans la partie postérieure du manteau, marquée par le sinus palléal. La taille du sinus est proportionnelle à la profondeur du fouissage. Beaucoup d'espèces ne fouissent que superficiellement, la partie antérieure de la coquille émerge des sédiments et le sinus est petit ; ces espèces sont en général mobiles et se déplacent dans le sédiment ; la vitesse du fouissage est importante dans la zone du ressac où les vagues enterrent ou déterrent sans cesse les mollusques ; les coquilles de ces formes sont en général épaisses, moyennement convexes, à ligament et charnière puissants ; les siphons sont courts, le sinus palléal petit. Les espèces qui s'enfouissent sous la surface du fond sont en général moins mobiles ; leurs valves sont ovales et aplaties, pourvues d'un ligament et d'une charnière puissants, mais avec un grand sinus palléal ; elles respirent par de longs siphons. Il existe des exception (par exemple, le genre *Lucina*) : l'animal creuse avec le pied un orifice au-dessus de lui. Les mollusques profondément

1, 2 *Trigonia interlaevigata,* Jurassique moyen, Bielefeld (RFA). Hauteur des coquilles : 6,4 à 7,1 cm. Côté (**2**) et arrière (**1**). Espèce abondante du Dogger européen.

3 *„Unio"* *inaequiradiatus,* Paléogène (Oligocène), Miesbach (RFA). Valve droite ; longueur : 14 cm. Espèce abondante dans les dépôts lacustres de l'Oligocène en Allemagne, où elle accompagne souvent les veines de charbon. Les crochets sont en général décomposés par l'action de l'eau douce.

enfouis sont en général immobiles ; ils ont des coquilles relativement minces et allongées, dotées d'une faible charnière et, sur le côté postérieur ou sur les deux côtés, de larges fentes livrant passage à un pied très développé et à de gros siphons. De nombreux mollusques taraudent les rochers calcaires et le bois. Ce creusement est soit mécanique (par action du bord antérieur denté des valves), soit en partie chimique (par corrosion sous l'action de sécrétions acides de glandes du manteau). La plupart de ces espèces passent toute leur vie dans le couloir ainsi creusé qu'elles ne peuvent plus abandonner.

Les espèces du genre cosmopolite *Trigonia* (Trigoniida, Trigoniidae), ont vécu du Trias moyen au Crétacé supérieur. Valves à crochets pointus, à carène radiale caractéristique dans la partie postérieure. La grande aire antérieure porte des plis concentriques séparés de la carène par une courbure radiale lisse. L'aire postérieure est étroite, avec des rangées de granulation résultant du croisement des côtes radiales et concentriques (**4** – charnière).

Les bivalves d'eau douce du genre *Unio* (Unioida, Unionidae), existent dans le monde entier depuis le Trias. Les coquilles sont très variables, avec souvent une ornementation caractéristique à l'arrière et au sommet. Ils ont une aile bien visible à l'arrière. Les parois comportent une couche nacrée et un fort périostracum. La charnière a deux dents principales et deux dents latérales sur la valve gauche, une principale et une latérale lamellaire sur la valve droite. Ce genre est aujourd'hui divisé en plusieurs genres et sous-genres indépendants.

4

Mollusques

Bivalves (suite) : *Anomalodesmates*

La sous-classe des Anomalodesmates (représentée depuis l'Ordovicien), rassemble des formes de bivalves, isomyaires, souvent béantes à l'arrière et comportant une couche nacrée interne. Le ligament est en général interne. La charnière est ténue, souvent sans dents. Les siphons sont bien développés.

Les espèces du genre *Grammysia* (Pholadomyida, Grammysiidae), du Dévonien, à distribution mondiale, ont des coquilles épaisses, convexes, à crochets prosogyres. La surface des valves est lisse avec des plis plats concentriques et deux sillons allant du crochet vers l'arrière. La charnière a deux ou trois petites dents. *Grammysia* est abondant dans les sédiments sableux des mers peu profondes du Dévonien.

Gresslya (Pholadomyiida, Ceratomyidae), est un genre cosmopolite du Jurassique. Les coquilles ont des crochets émoussés vers l'avant, le droit étant un peu plus haut que le gauche. La charnière n'a pas de dents mais des bosses. La ligne palléale a un profond sinus. Ces animaux vivaient profondément enfoncés dans le sédiment meuble et se nourrissaient de détritus organiques.

Les espèces du genre *Pholadomya* (Pholadomyida, Pholadomyidae), ont une extension stratigraphique qui va du Trias supérieur à nos jours et une distribution géographique mondiale. Grandes coquilles convexes à crochets larges, orientés vers le haut et repoussés vers l'avant ; valves bâillant à l'arrière ; ornementation à base de côtes concentriques qui se croisent dans la partie antérieure avec des côtes radiaires ; intersection marquée par des granulations ; charnière sans dents. Les espèces de ce genre ancien vivaient au Mésozoïque dans des eaux peu profondes. Plus tard, elles ont été repoussées dans des eaux profondes, moins favorables, où elles vivent actuellement.

Le genre cosmopolite *Goniomya* (même famille), est connu du Jurassique à L'Eocène. Valves minces, à crochets peu marqués repoussés vers l'avant ; surface ornée de côtes obliques en forme de large V ; charnière non connue. *Goniomya* est une forme profondément enfouie (**6**), aux siphons et au pied si fortement développés que des échancrures fixes se sont formées pour eux à l'avant et à l'arrière de la coquille.

Les espèces du genre *Pleuromya* (Pholadomyida, Pleuromyidae), étaient répandues dans le monde entier au Crétacé. Elles vivaient enfouies (**7**), dans les mers chaudes et peu profondes du Trias et du Crétacé. Valves convexes, à crochets dirigés vers le haut et repoussés vers l'avant ; charnière sans véritables dents ; sinus palléal profond.

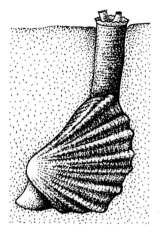

6

1 *Goniomya literata,* Jurassique moyen (Callovien), Popilany (Pologne). Hauteur de la coquille : 2,1 cm.

2 *Pleuromya jurassica,* Jurassique moyen (Bajocien), May-sur-Orne (Calvados, France). Hauteur de la coquille : 3,6 cm.

3 *Pholadomya lirata,* Jurassique moyen (Dogger), Doubs (France). Moule interne de la coquille ; hauteur : 7,1 cm.

4 *Grammysia hamiltonensis*,* Dévonien moyen (Eifélien), Daleiden (RFA). Hauteur de la coquille : 3,3 cm.

5 *Gresslya gregaria*,* Jurassique moyen (Bajocien), Eimen (RFA). Hauteur de la coquille : 4,4 cm.

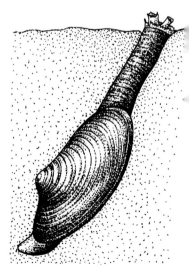

7

Mollusques

? Rostroconques

La coquille à deux valves s'est développée indépendamment chez certains groupes de mollusques, mais en dehors des bivalves, elle n'existe couramment que dans la classe des Rostroconques. En font partie les mollusques à symétrie bilatérale, à tête non séparée qui n'ont pas subi de torsion et possèdent une coquille larvaire univalve non enroulée. Au cours de la croissance, cette coquille devient bivalve avec une charnière non mobile ou soudée, sans dents ni ligaments. La coquille forme vers l'avant une excroissance aliforme à large fente constamment ouverte, souvent pourvue de côtes, de dents et de lamelles, par laquelle sortaient le pied et les tentacules filamentaires. A l'arrière, un rostre en tube recouvre les siphons. Les muscles qui laissent de grande empreintes servaient à sortir le pied et à fixer le sac viscéral. Il n'y a pas de muscles pour ouvrir ou fermer. La ligne palléale est continue, complétée dans la partie dorsale par de petites empreintes.

Cet ordre est à la limite des bivalves et des scaphopodes. Ils ont en commun des ancêtres proches du genre *Ribeiria.* Chez les bivalves, il s'est formé entre les valves un ligament et chez les scaphopodes, le manteau et la coquille se sont soudés en un tube étroit du côté ventral.

Les rostroconchidés ont existé du Cambrien au Permien. Ils vivaient dans la mer, en partie enfouis dans la vase, parfois fixés par un byssus, parfois se déplaçant à l'aide d'un pied. Des tentacules filamentaires leur permettaient de capturer la nourriture.

Le genre *Conocardium* (Rostroconchida, Conocardiidae), a une distribution mondiale de l'Ordovicien au Permien. La coquille bivalve, fortement bombée, a, dans sa partie antérieure élargie en aile, une fente ovale. L'arrière des valves épaisses se prolonge en rostre tubulaire étroit. Ce genre était abondant à la périphérie des récifs coralliens.

1, 2, 3 *Conocardium bohemicum,* Dévonien inférieur (Praguien), Konĕprusy (Tchécoslovaquie). Hauteur de la plus grande coquille : 2,2 cm. Noyau et restes de la coquille, valve gauche (**1**), arrière de la coquille (**2**), charnière vue de haut (**3**).

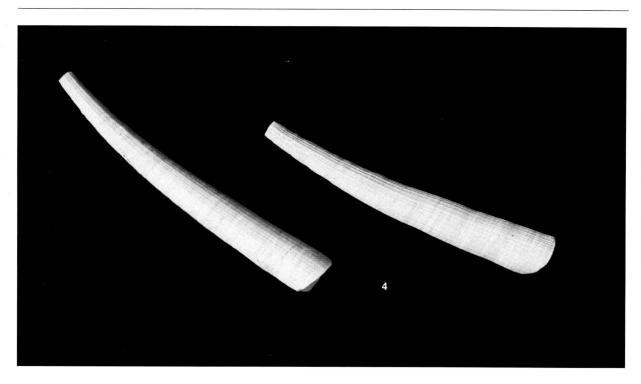

4 *Dentalium elephantinum**, Néogène (Miocène inférieur), Baden, près de Vienne, (Autriche). Longueur des coquilles : 6 à 6,2 cm.

? : Scaphopodes

Font partie de la classe des Scaphopodes, mollusques marins au corps allongé, à symétrie bilatérale, pied rétractile et tête rudimentaire sans yeux ni tentacules. Du côté ventral, le manteau soudé sécrète une longue coquille courbée, tubulaire, ouverte aux deux extrémités, s'élargissant progressivement et rappelant une défense d'éléphant. Ces scaphopodes habitent les parties profondes de toutes les mers et surtout les mers chaudes où ils vivent enfouis obliquement dans les sédiments meubles. Seule, apparaît à la surface l'extrémité étroite de la coquille (**5**). Par là sont rejetés les produits des échanges tissulaires et les produits sexuels. L'animal respire par toute la surface du corps. La nourriture (foraminifères et larves de mollusques) est capturée par une couronne de filaments (cataptacules). Les plus anciens scaphopodes sont connus depuis l'Ordovicien moyen. Certaines espèces sont toujours vivantes.

Les scaphopodes du genre cosmopolite *Dentalium* (Dentallida, Dentalidae), existent depuis le Crétacé inférieur. La coquille légèrement courbe (le côté dorsal est concave) apparaît en coupe transversale comme circulaire ou polyangulaire. La surface est côtelée longitudinalement, elle peut être lisse. L'orifice du côté étroit est souvent élargi par une fente ou une échancrure.

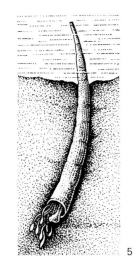

5

 # Mollusques

? : Hyolithes

La classe des Hyolithes est formée par des animaux marins à symétrie bilatérale, à coquilles minces, cylindriques, calcaires, triangulaires arrondies ou lenticulaires en coupe, avec parfois des septums dans la pointe. Le côté ventral de la coquille est aplati et forme une langue vers l'avant. L'ouverture a un opercule ovale incurvé à prolongements et petites dents sur le côté interne qui ont dû servir de soutiens aux parties molles. De longs prolongements en tube courbés vers l'arrière existent sur les flancs depuis l'ouverture qui pouvaient servir l'animal pour se déplacer (5). Nés au Cambrien inférieur, les hyolithes ont été abondants à l'Ordovicien et se sont éteints au Permien. Leur mode de vie est mal connu, ils devaient probablement faire partie du benthos mobile ou fixé. Leur nourriture devait être végétale.

Le genre *Maxilites* (Hyolithida, Hyolithidae), du Cambrien moyen européen, peut atteindre 10 cm de long ; ses coquilles cylindriques très courbes ont une section semi-elliptique. La languette du côté inférieur s'étend loin devant l'ouverture. L'opercule ovale a une charnière verticale, deux clavicules (plis disposés radialement) et de courtes excroissances de la charnière, se séparant à angle obtus.

? : Ptéropodes

Les Tentaculites forment une classe d'organismes marins éteints, probablement des mollusques, mais peut-être des annélides. Ces animaux ont de petites coquilles calcaires coniques, circulaires en coupe, à une ou plusieurs couches, parfois séparées par des septums. Les Tentaculites étaient probablement nectoniques, peut-être planctoniques dans les mers peu profondes. Leurs coquilles sont parfois très abondantes dans les schistes et les calcaires du Silurien et du Dévonien dans le monde entier.

Les espèces du genre *Tentaculites* (Tentaculitida, Tentaculitidae), ont de grandes coquilles coniques étroites, à paroi épaisse à plusieurs couches. Le sommet est pointu, l'intérieur divisé par des septums (6).

Le genre *Nowakia* (Dacryoconarida, Nowakiidae), à distribution mondiale, du Silurien supérieur au Dévonien supérieur, a de petites coquilles coniques minces, à angle apical relativement grand et loge embryonnaire. La surface est recouverte d'anneaux épais et de fines côtes longitudinales.

Les espèces du genre cosmopolite *Styliolina* (Dacryoconarida, Styliolinidae), ont de petites coquilles coniques, à paroi mince, sans septum. La loge embryonnaire est en capuche, la surface de la coquille est lisse.

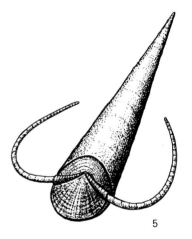

5

6

1, 2 *Maxilites maximus,* Cambrien moyen, Buchava près de Skryje (Tchécoslovaquie). Longueur de la coquille : 4,5 cm ; côté dorsal (**1**). Noyau, sur le morceau de roche, du côté interne de l'opercule de l'espèce *Maxilites robustus,* tête en bas. Le sillon à trois pointes est le creux pour la charnière, les excroissances et les clavicules (**2**).

3 *Nowakia cancellata*✶, Dévonien inférieur (Dalejien), Třebotov (Tchécoslovaquie). Coquilles costulées ; longueur : 6 mm.
Styliolina sp. Coquilles lisses, longueur 3 mm. On les trouve sur les faces des schistes à tentaculites, avec les espèces du genre *Nowakia,* mais habituellement en nombre plus restreint.

4 *Tentaculites raroannulatus,* Dévonien inférieur (Lochkovien), Bogdanovka, Podolie (U.R.S.S.). Longueur de la plus grande coquille : 14 cm. Coquilles de tentaculites entassées avec les petites valves des brachiopodes de l'espèce *Mutationella podolica.*

Mollusques

Céphalopodes : *Nautiloïdes* [Ordovicien et Silurien]

Apparus au Cambrien supérieur, les Nautiloïdes sont les Céphalopodes les plus anciens. Leur coquille droite, arquée ou enroulée, est un cône cloisonné ; elle et externe par rapport à l'animal. Celui-ci n'en occupe que la partie la plus récente (loge d'habitation), tout le reste formant le phragmocône. Les cloisons ont le galbe d'un verre de montre dont la convavité est tournée vers l'ouverture ; leur trace sur la paroi conique est une simple ligne circulaire (suture). La loge d'habitation est reliée à la loge initiale (protoconque, loge embryonnaire) par un siphon, tube membraneux qui traverse toutes les loges et toutes les cloisons ; sa position varie selon les groupes (ventral, central ou dorsal) ; à son passage, les cloisons se retroussent vers l'arrière en formant un goulot (col septal) ; ce squelette discontinu formé par les goulots siphonaux peut être complété par un échafaudage plus ou moins cohérent de spicules calcaires qui constitue une gaine continue entre les goulots (anneaux connectifs) ; on observe une grande variabilité dans l'allure des structures siphonales (droites ou incurvées, courtes ou allongées, minces ou épaisses). La fonction du siphon est de régulariser la pression du gaz occupant les loges (un gaz plus riche en azote que l'air chez le nautile actuel). L'ouverture circulaire de la chambre d'habitation présente une légère évagination : c'est le sinus hyponomique, marquant l'emplacement de l'hyponome, organe musculeux en forme d'entonnoir servant à l'expulsion de l'eau. Par convention, l'hyponome détermine le côté ventral de la coquille et l'ouverture de la loge d'habitation son côté antérieure. Selon les groupes, la courbure ou l'enroulement de la coquille peut se faire du côté dorsal ou du côté ventral ; si le sinus hyponomique est dans la concavité de la courbure, la coquille est dite endogastrique ; dans la convexité, exogastrique ; si le sinus hyponomique n'est pas visible, on considère par convention que le siphon (s'il n'est pas exactement central) est proche du bord ventral. Enfin au cours du développement de l'individu, la coquille peut être alourdie par des épaississements calcaires déposés sur les cloisons et pouvant combler les loges (dépôts caméraux).

L'ordre des Ellesmerocérides est le groupe originel de l'évolution des Nautiloïdes. A l'Ordovicien déjà, où la sous-classe a connu son plus grand épanouissement, les espèces de cet ordre étaient répandues dans le monde entier. Coquilles courtes (brévicônes), droites (orthocônes) ou arquées (cyrtocônes), chambres à air réduites, siphon le plus souvent ventral.

Le genre *Bathmoceras* (Ellesmerocerida, Bathmoceratidae), est connu à l'Ordovicien, dans le centre et le nord de l'Europe, en Chine et en Australie. Les larges anneaux connectifs ressemblent à des cornets emboîtés, dirigés vers l'ouverture (3).

A l'Ordovicien inférieur est apparu un nouvel ordre très évolué, celui des Orthocérides. Coquille droite ou légèrement courbé ; tube siphonal axial étroit, parfois élargi ; dépôts caméraux chez de nombreux genres. On trouve les individus du genre *Kionoceras* (Orthocerida, Orthoceratidae), dans les dépôts de l'Ordovicien au Carbonifère, en Europe, en Asie et en Amérique du Nord. Coquille à section circulaire, surface parcourue par des côtes longitudinales.

3

1 *Bathmoceras complexum**, Ordovicien moyen (Llanvirnien), Prague-Šárka (Tchécoslovaquie). Moule interne ; longueur : 14,5 cm. Pour ce genre, loges étroites et cônes emboîtés le long du siphon sont caractéristiques.

2 *Kionoceras doricum**, Silurien moyen (Ludlowien), Mořina (Tchécoslovaquie). Longueur de la coquille : 15,5 cm.

Céphalopodes : *Nautiloïdes* (suite) [Silurien]

La classification des Nautiloïdes s'appuie en premier lieu sur les caractères internes de la coquille (position et structure du siphon, dépôts caméraux). Cependant, bon nombre de genres et parfois même d'espèces peuvent être déterminés sur la base de la morphologie externe ; c'est le cas du genre silurien *Dawsonoceras* (Orthocerida, Dawsonoceratidae), à distribution mondiale. Les coquilles, ornées d'anneaux plus ou moins caractéristiques, peuvent atteindre jusqu'à 0,75 m de long.

Dans les mers chaudes du silurien européen, les Nautiloïdes très abondants pouvaient donner naissance à de grandes accumulations de coquilles (calcaires à orthocères). Ces coquilles sont souvent parfaitement orientées par le courant, de sorte que leurs axes longitudinaux sont parallèles. *Michelinoceras* (Orthocerida, Orthoceratidae), est un genre important répandu pratiquement dans le monde entier ; ses espèces ont vécu du Silurien au Trias. Les coquilles sont longicônes, grandes chambres à air, tube siphonal étroit et surface lisse (**6**).

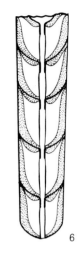

6

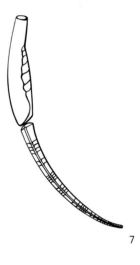

7

1 *Dawsonoceras annulatum**, Silurien supérieur (Ludlowien), Dudley (Grande-Bretagne). Longueur de la coquille : 13 cm. Espèce commune caractérisée par ses anneaux de croissance finement crénelés.

2, 3 *Octamerella callistomoides**, Silurien supérieur, Dvorce (Tchécoslovaquie). Longueur de la coquille : 8 cm, hauteur de l'ouverture : 5 cm. Les lobes servaient d'échancrure pour le passage des yeux, des tentacules et de l'hyponome (**2**). Moule interne vu de côté (**3**).

S

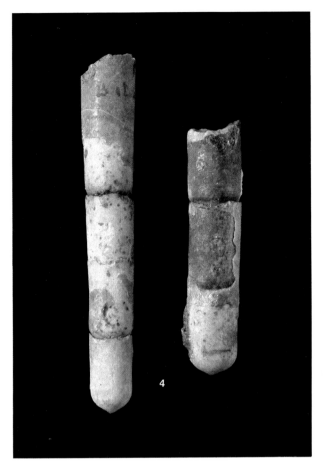

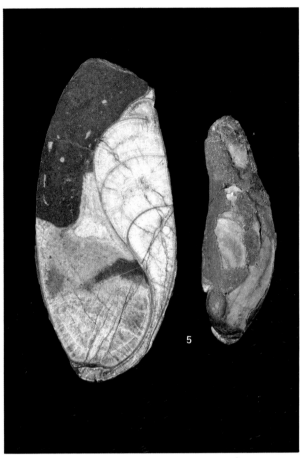

4 *Michelinoceras michelini**, Silurien supérieur (Ludlowien), Lochkov (Tchécoslovaquie). Fragments de deux moules internes de phragmocônes ; longueur : 7 et 4,5 cm. Le rapport entre la longueur des chambres à air et le diamètre de la coquille est un caractère utilisé dans la détermination des Nautiloïdes.

5 *Ascoceras bohemicum**, Silurien supérieur, Kosoř (Tchécoslovaquie). Longueur des coquilles : 11 et 7,5 cm. La coupe de gauche montre les cloisons courbées à l'intérieur de la coquille. Après la mort de l'animal, la chambre d'habitation a été envahie par des sédiments alors que les autres loges sont restées vides. Plus tard, elles ont été emplies par de la calcite gris-blanc provenant des solutions circulant dans la roche.

Les représentants d'un autre ordre (celui des Oncocerida), ont vécu de l'Ordovicien moyen au Carbonifère inférieur. Tube siphonal mince, anneaux connectifs souvent développés vers l'intérieur sous forme de plaquettes à disposition rayonnante. Certains genres ont une ouverture considérablement réduite et diversement modifiée. On pense que leurs représentants ne se nourrissaient que d'aliments fins. Les espèces du genre *Octamerella* (Oncocerida, Hemiphragmoceratidae), du Silurien d'Europe et d'Amérique du Nord, ont sur la coquille des côtes peu marquées et l'ouverture des individus adultes est divisée en huit lobes.

On trouve les Ascocérides dans les dépôts de l'Ordovicien et du Silurien d'Europe et d'Amérique du Nord.

Les jeunes coquilles sont rares. Les coquilles adultes sont par ailleurs incomplètes : une partie caduque du phragmocône s'en détache en effet, et il ne subsiste que quelques loges (de 4 à 7) entièrement recouvertes côté ventral par la chambre d'habitation. Il semble que les coquilles aient été bien adaptées à la nage (**7**).

Mollusques

Céphalopodes : *Nautiloïdes* [Silurien] (suite)

L'enroulement en spirale des coquilles a accru leur résistance mécanique. Pour autant si les tours ne se recouvrent pas complètement, il se trouve ménagé autour de l'axe un creux appelé ombilic. Lorsque l'enroulement du premier tour est imparfait, il se forme en son centre une ouverture ombilicale de taille variable. On trouve ce type de coquille évolué chez les Tarphycérides. Cet ordre a connu son plus grand épanouissement au cours de l'Ordovicien inférieur et s'est éteint à la fin du Silurien. Surface des coquilles généralement côtelée, tube siphonal doté de forts anneaux connectifs. On classe dans cet ordre, avec une certaine incertitude, le genre *Ophioceras* (Tarphycerida, Ophidioceratidae), courant dans les dépôts siluriens d'Europe et d'Amérique du Nord. Ouverture de la coquille lobée, côté extérieur (ventral) des tours faiblement courbé vers l'intérieur et bordé de deux plis bas (**4**).

Les Barrandéocérides sont morphologiquement et anatomiquement proches du seul groupe qui a survécu jusqu'à l'époque actuelle, l'ordre des Nautilidés. Leurs coquilles ont un tube siphonal à parois mince.

Exceptionnellement, le motif coloré original s'est conservé chez les mollusques du Primaire. Dans le genre *Peismoceras* (Barrandeocerida,

1 *Peismoceras pulchrum,* Silurien supérieur (Ludlowien), Prague-Butovice (Tchécoslovaquie). Diamètre de la coquille : 6,8 cm. Sur le phragmocône d'une coquille très bien conservée, on distingue nettement le motif coloré composé de bandes étroites, longitudinales, de couleur brune. Cette couleur résulte de la modification en cours de fossilisation des pigments colorés originels.

2 *Ophioceras rudens,* Silurien supérieur (Ludlowien), Prague-Butovice (Tchécoslovaquie). Moule interne entier et reste de coquille rappelant par sa forme les coquilles de certaines ammonites du Secondaire. Diamètre : 4 cm.

3 *Phragmoceras broderipi,* Silurien supérieur (Ludlowien), Beroun-Dlouhá hora (Tchécoslovaquie). Diamètre : 14 cm. Un individu presque complet avec des restes de coquille. L'ouverture en fente visible sur le côté interne du tour est prolongée par des lobes qui protégeaient l'hyponome.

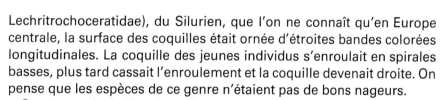

Lechritrochoceratidae), du Silurien, que l'on ne connaît qu'en Europe centrale, la surface des coquilles était ornée d'étroites bandes colorées longitudinales. La coquille des jeunes individus s'enroulait en spirales basses, plus tard cassait l'enroulement et la coquille devenait droite. On pense que les espèces de ce genre n'étaient pas de bons nageurs.

On rangeait jadis dans le genre *Phragmoceras* (Discosorida, Phragmoceratidae) de nombreux nautiloïdes morphologiquement semblables, à ouverture rétrécie et d'allures diverses. Ils sont aujourd'hui décrits sous différents noms génériques et appartiennent à deux ordres indépendants : les Oncocérides et Discosorides. Les Discosorides ont habituellement des coquilles à paroi épaisse, large tube siphonal (souvent avec des dépôts calcaires) et grands anneaux connectifs. On les trouve surtout dans les sédiments d'eau douce. Ils sont un élément important parmi les céphalopodes de l'Ordovicien et du Silurien ; ils se sont éteints à la fin du Dévonien. Les espèces siluriennes du genre *Phragmoceras* ont des coquilles fortement incurvées qui se dressent brusquement ; tube siphonal du côté interne du tour ; ouverture de la coquille, chez l'adulte, en forme de T (**5**). Ce genre a une extension analogue à celle du genre *Ophioceras.*

Mollusques

Céphalopodes : *Nautiloïdes* (suite) [Dévonien]

Au cours du Dévonien, les Oncocérides sont devenus le groupe le plus commun de Nautiloïdes. A côté des céphalopodes dont la coquille s'élargissait plus qu'elle ne s'allongeait (brévicône), se sont développés des céphalopodes à coquilles enroulées en spirale. On considère en dépit de nombreuses incertitudes, les Oncocérides comme les ancêtres des nautiles.

L'Europe centrale, au cours du Dévonien, se trouvait dans la zone équatoriale. Le climat était favorable pour le développement des récifs de coraux et de stromatopores, et celui de nombreux autres animaux, dont les céphalopodes. Certains d'entre eux étaient liés au faciès récifal, par exemple, *Ptenoceras alatum* (Oncocerida, Ptenoceratidae). Coquilles librement enroulées (**4**), tendance au déroulement ; ouverture ondulée, sinus hyponome présent, une paire d'yeux latéraux et un sinus peu profond sur le côté interne du tour ; sinus latéraux prolongés à intervalles réguliers par de longues excroissances aliformes qui freinaient la rapidité des mouvements ; tube siphonal côté externe. Les espèces du genre *Ptenoceras* se trouvent, en dehors de l'Europe, dans les sédiments du Dévonien inférieur de l'Amérique du Nord.

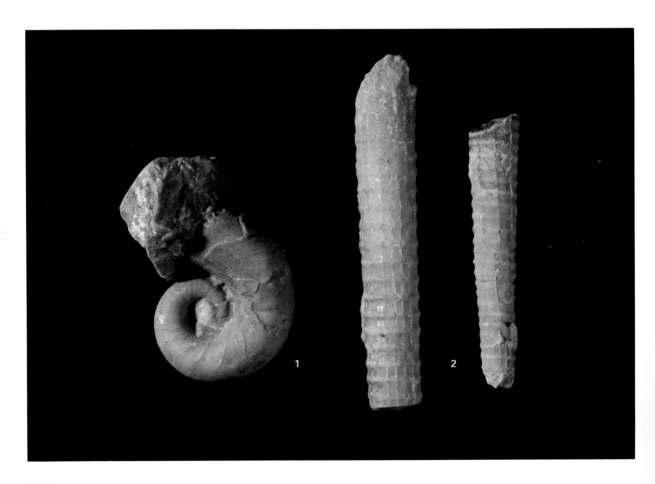

Les Orthocérides sont, avec les Nautilides, les seuls Nautiloïdes qui aient franchi la limite Primaire-Secondaire (les derniers représentants se sont éteints à la fin du Trias). On trouve en Europe, en Asie et en Amérique du Nord, beaucoup de céphalopodes du genre *Spyroceras* (Orthocerida, Pseudorthoceratidae), dans les dépôts du Silurien et du Dévonien. Coquilles progressivement élargies, à ornementation annulaire réticulée.

Les Nautilides sont l'ordre le plus évolué de la sous-classe des Nautiloïdes. Le *Nautilus* actuel en est le seul représentant vivant : coquille externe, quatre paires de branchies, un système nerveux relativement simple. Les représentants fossiles de l'ordre des Nautilides sont apparus au Dévonien inférieur et se sont différenciés presque aussitôt. *Hercoceras* (Nautilida, Rutoceratidae), est un des genres les plus anciens, décrit en Europe centrale. Il a une coquille curieusement structurée : en coupe transversale, tours fortement comprimés dorso-ventralement (forme trapézoïdale) ; les excroissances creuses de l'ouverture à allure d'épines, développées à la limite du flanc et du côté externe du tour, constituent un caractère important ; sutures presque droites, tube siphonal côté externe.

1 *Ptenoceras alatum* ✳, Dévonien inférieur (Praguien), Koněprusy (Tchécoslovaquie). Diamètre : 4 cm. On remarque sur la coquille les bosses et l'échancrure pour les yeux ; les excroissances aliformes de l'ouverture sont brisées.

2 *Spyroceras pseudocalamiteum*, Dévonien inférieur (Praguien), Koněprusy (Tchécoslovaquie). Longueur des coquilles : 5,5 à 6,6 cm. L'ornementation est bien conservée.

3 *Hercoceras mirum* ✳, Dévonien inférieur (Praguien), Prague-Hlubočepy (Tchécoslovaquie). Diamètre du moule interne : 12 cm.

Mollusques

Céphalopodes : *Nautiloïdes* (suite) [Carbonifère et Trias]

Le Paléozoïque supérieur est marqué par l'épanouissement des Nautiloïdes. On a décrit plus de cent genres, la plupart d'Europe, d'autres d'Amérique du Nord et d'Asie. Certains sont très répandus et riches en espèces, par exemple le genre *Liroceras* (Nautilida, Liroceratidae). Coquilles presque sphériques, tours recouvrants (type involute) à section transversale réniforme ; tube siphonal subcentral.

Le passage du Primaire au Secondaire ne se manifeste guère dans l'évolution des Nautiloïdes. Mais seuls quelques genres l'ont effectué. Le genre *Germanonautilus* (Nautilida, Tainoceratidae), du Trias, est connu en Europe, en Asie, en Afrique et en Amérique du Nord. Coquilles moyennement involutes, lisses ; tours larges, à section trapézoïdale (**6**) ; sutures à lobe externe (ventral) peu profond et larges lobes latéraux mieux accusés ; anneaux connectifs fortement bombés.

1 *Liroceras gavendi*✱, Carbonifère supérieur (Namurien), Ostrava-Poruba, (Tchécoslovaquie). Diamètre du moule interne : 7 cm.

2 *Germanonautilis bidorsatus*, Trias moyen (calcaire coquillier supérieur), RFA. Moule incomplet, légèrement déformé par la pression, avec suture incurvée sur les flancs. Diamètre : 6,5 cm.

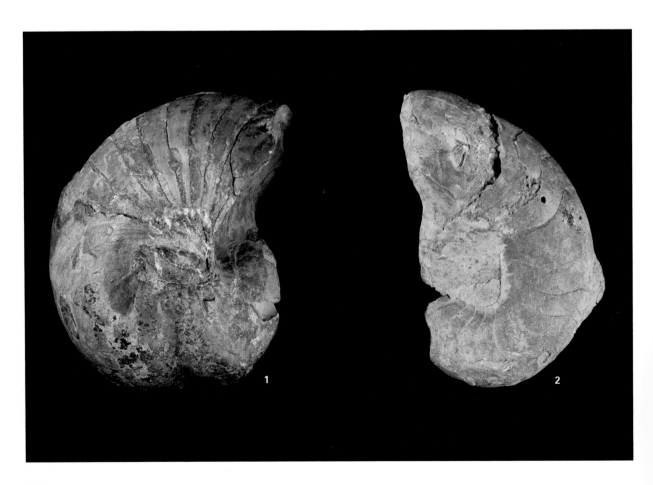

3 *Conchorhynchus* sp., Trias moyen (calcaire coquillier supérieur), RFA. Extrémités calcaires massives de mâchoires inférieures (conchorhynques).

4, 5 *Rhyncholites hirundo** , Trias moyen (calcaire coquillier supérieur), RFA. Taille, 20 à 28 mm. Vues dorsale (**2**) et latérale (**3**) de mâchoires supérieures isolées. (rhyncholites s.s.).

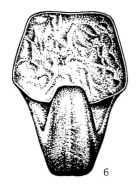

Les rhyncholites (du grec *runkhos* = bec et *lithos* = pierre) sont de petits fossiles calcaires en forme de bec de perroquet que l'on interprète, au moins pour certains d'entre eux, comme des mâchoires de Nautiloïdes. On y reconnaît les rhyncholites s.s. (« joue supérieure »), rappelant des fers de lance (avec une hampe et un capuchon) et les conchorhynques (« joue inférieure »), plus arquées, plus larges et plus profondes. Les mâchoires des céphalopodes actuels de la classe des Sépioïdes sont chitineuses, mais celles des Nautiloïdes (en fait le seul genre *Nautilus*) sont en partie calcaires. Après la mort de l'animal, elles sont en général séparées de la coquille : la découverte de rhyncholites à l'intérieur de la chambre d'habitation est exceptionnelle.

On suppose que *Rhyncholites hirundo,* et probablement *Conchorhynchus* retrouvé avec lui, appartiennent à l'espèce *Germanonautilus bidorsatus.* Les mâchoires étaient parfaitement adaptées à la chasse et au morcellement des proies. Les Nautiloïdes et d'autres groupes de mollusques avaient par ailleurs une radula bien développée formée de quelques petites dents disposées en ruban.

 **Mollusques**

Céphalopodes : *Nautiloïdes* (suite)

On trouverait difficilement, parmi les invertébrés marins actuels, un animal qui ait retenu autant l'attention que le *Nautilus,* dernier représentant vivant des céphalopodes tétrabranchiaux, à coquille externe. Le *Nautilus* est un « fossile vivant » que l'on trouve aujourd'hui dans des régions bien délimitées du Pacifique et de l'océan Indien, dans les zones subtropicales et tropicales, entre l'Asie du Sud-Est, l'Australie et l'archipel des Fidji. C'est un genre carnivore possédant 90 tentacules environ et se nourrissant surtout de crabes et d'organismes morts. Il vit entre 400 et 500 m de profondeur, dans des eaux dont la température ne dépasse pas 31 °C. Le plus ancien représentant fossile connu date de l'Oligocène.

Tous les Nautiloïdes du Jurassique se sont développés à partir du genre *Cenoceras* (Nautilida, Nautilidae), apparu à la fin du Trias, le seul à avoir franchi la limite entre le Trias et le Jurassique. Principaux caractères de la coquille : côté externe aplati, sutures à lobes externe et latéral peu profonds, fines ondulations longitudinales à la surface.

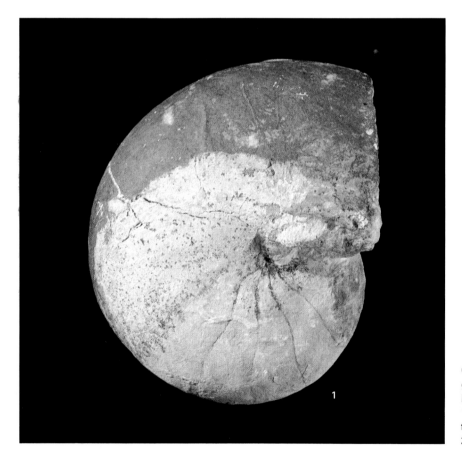

1 *Eutrephoceras sublaevigatum,* Crétacé supérieur (Turonien), Prague-Bílá Hora (Tchécoslovaquie). Diamètre du moule interne : 10,7 cm. Les coquilles peuvent atteindre une grande taille (jusqu'à 30 cm).

3 *Aturia aturi*✻, Néogène (Miocène), Italie. Diamètre : 22,3 cm. La forte ondulation des sutures, caractéristique de ce genre, est plutôt une exception chez les Nautiloïdes.

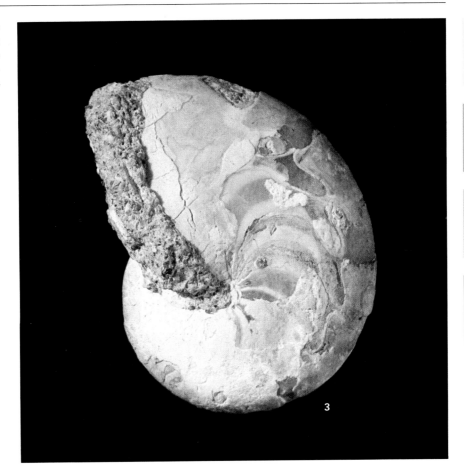

2 *Cenoceras lineatum,* Jurassique (Bathonien), Bade-Wurtemberg (RFA). Moule interne coloré par des oxydes de fer ; diamètre : 6,4 cm.

La coupure profonde entre le Secondaire et le Tertiaire, marquée par l'extinction massive de nombreux groupes d'organismes dont les ammonites et les bélemnites, n'est qu'à peine sensible dans l'évolution des Nautiloïdes. La plupart des genres du Crétacé ont vécu jusqu'au Paléogène. Parmi eux, l'important genre cosmopolite *Eutrephoceras* qui ne s'est éteint qu'au début du Néogène. En coupe transversale, les coquilles involutes lisses ont des tours largement réniformes, les sutures ne sont que faiblement ondulées et le canal siphonal étroit se trouve près de l'axe d'enroulement de la coquille.

Les Nautiloïdes se sont peu à peu éteints au cours du Tertiaire. Il est intéressant de noter que les derniers représentants fossiles du groupe tout entier ont été trouvés en Australie ou en Nouvelle-Zélande, c'est-à-dire dans des régions à proximité desquelles vivent la plupart des Nautiles actuels.

Le genre *Aturia* (Nautilida, Aturiidae), est un genre répandu au Tertiaire. Coquilles discoïdes lisses, tours largement recouvrants ; sutures à larges selles sur le côté externe, à lobe étroit et selle arrondie sur les flancs. Ce caractère existe également chez *Hercoglossa*, autre genre cosmopolite.

Céphalopodes (suite) : *Endocératoïdes* [Ordovicien]

Les Endocératoïdes constituent une sous-classe de céphalopodes cosmopolites qui n'ont vécu pratiquement qu'à l'Ordovicien. Leurs coquilles normalement droites s'élargissent très progressivement, atteignant parfois une très grande taille : on a trouvé en Amérique du Nord une coquille de céphalopode du genre *Endoceras* (Endocerida, Endoceratidae), longue de 9,5 mètres ! On peut estimer à une quinzaine de mètres la longueur totale de l'animal, compte tenu de son corps et de ses tentacules. Les Endocératoïdes se distinguent des Nautiloïdes surtout par la structure du canal siphonal. Dans un grand nombre de genres, ce canal s'élargissait fortement jusqu'à emplir presque entièrement le phragmocône. Il ne contenait pas seulement le filet nerveux siphonal comme chez les nautiloïdes, mais aussi une part importante du corps de l'animal. Une partie du canal siphonal était obturée peu à peu par des dépots calcaires formant des cônes emboîtés percés en leur sommet ou bien des lamelles rayonnantes.

Les Endocératoïdes n'étaient probablement pas de bons nageurs. On les trouve en général dans les dépôts d'eau douce. Par endroits, leurs coquilles se sont accumulées en grand nombre : dans les Pays baltes, on connaît les calcaires entièrement constitués par les restes d'une espèce autrefois baptisée *Endoceras vaginatum*, (aujourd'hui rapportée au genre *Lobocyclendoceras*).

Dideroceras est un genre voisin très abondant à l'Ordovicien inférieur et moyen. On le trouve en Scandinavie, dans les Pays baltes et en Amérique du Sud. Les caractères du genre apparaissent surtout sur les coupes longitudinales : longs goulots siphonaux (cols septaux) touchant deux chambres contiguës, large siphon près du bord ventral, présence d'endocônes.

Le genre *Cameroceras* (même famille), existe pratiquement dans le monde entier. On le trouve dans les sédiments de l'Ordovicien moyen et supérieur. Coquilles longicônes à sutures presque droites ; large canal siphonal près du bord ventral, cols septaux plus courts que dans le genre précédent.

1 *Dideroceras* sp., Ordovicien, Kinnekulle (Suède). Longueur : 8 cm ; coupe longitudinale. Aux bords du siphon, on voit les endocônes et les très longs cols septaux.

2 *Lobocyclenodoceras* sp., Ordovicien inférieur (Arénigien), Estonie (U.R.S.S.). Longueur du fragment du noyau du moule interne : 9,5 cm. Surface du canal siphonal. Dans les derniers stades de la croissance, la longueur des loges se réduisait souvent. On trouve parfois des Endocératoïdes au Mecklembourg : ils y ont été transportés par les glaciers continentaux.

3 *Cameroceras peregrinum*, Ordovicien moyen (Llanvirnien), Mýto (Tchécoslovaquie). Fragment : moule interne et siphon ; longueur : 8 cm. Le canal siphonal des Endocératoïdes est renforcé par des endocônes; il résiste donc mieux à la destruction et on le rencontre souvent isolément.

Mollusques

Céphalopodes (suite) : *Actinocératoïdes* [Silurien et Carbonifère]

A l'Ordovicien est apparu un groupe de céphalopodes, les Actinocératoïdes, formant une autre sous-classe. De même que chez les Orthocérides, les coquilles étaient droites ou faiblement incurvées, à surface le plus souvent lisse. Caractère important : la structure compliquée du siphon, muni d'un système de petits canaux internes. Il est très vraisemblable que ces animaux étaient de bons nageurs capables de maintenir leur coquille en position plus ou moins horizontale. La structure compliquée du siphon permet de suppose l'existence d'une régulation fine de la pression de gaz et du contenu liquide à l'intérieur des loges. Certaines espèces constituent de bons fossiles stratigraphiques. La sous-classe a connu son plus grand épanouissement à l'Ordovicien et au Silurien inférieur. Elle a été peu à peu repoussée à l'arrière-plan au cours du Dévonien et s'est éteinte au Carbonifère.

Les espèces du genre *Eushantungoceras* (Actinocerida, Armenoceratidae), ont une coquille droite, lisse, à loges étroites et sutures obliques ; large canal siphonal près de la paroi ventrale, renflé. On trouve ce genre dans les sédiments siluriens de l'Europe centrale, septentrionale et orientale et en Asie.

Les espèces du genre *Sactoceras* (Actinocerida, Sactoceratidae), que l'on trouve dans les sédiments siluriens d'Europe, d'Asie, du Groenland et d'Amérique du Nord, ont un canal siphonal relativement étroit. La coquille ressemble extérieurement à celle des Nautiloïdes. *S. pellucidum* est l'une des rares espèces de cette sous-classe ayant conservé son ornementation colorée.

L'un des derniers représentants (au Carbonifère) de la sous-classe Actinocératoïdes est le genre *Loxoceras* (Actinocerida, Loxoceratidae), que l'on trouve en Europe occidentale, centrale et orientale. La coquille large, comprimée dorsoventralement ; canal siphonal assez étroit, près du bord ventral ; sutures obliques formant des lobes sur le côté du canal siphonal. L'individu représenté nous révèle aussi la structure interne du siphon, y compris le petit canal étroit passant par le centre.

1 *Eushantungoceras pseudoimbricatum**, Silurien inférieur (Wenlockien), Gotland (Suède). Coupe longitudinale d'une partie du phragmocône. Longueur : 6,3 cm. Le très large siphon est empli de disques plats calcaires qui ont comprimé le cordon siphonal dans l'axe de la coquille.

2 *Sactoceras pellucidum*, Silurien supérieur (Ludlowien), Kosov près de Beroun (Tchécoslovaquie). Longueur de la coquille : 18 cm. Les bandes foncées longitudinales sont les restes du motif coloré originel. Les cas semblables sont très rares chez les fossiles du Primaire.

3 *Loxoceras breynii**, Carbonifère inférieur (Viséen), environs de Moscou (U.R.S.S.). Longueur du moule interne : 8 cm. Les structures en tube dans l'axe du siphon sont le contenu altéré des petits canaux. Ce mode de conservation n'est pas courant.

Céphalopodes : (suite) *Ammonoïdes* [Dévonien]

Peu de groupes d'invertébrés ont retenu l'attention des paléontologues et des collectionneurs comme celui des Ammonoïdes. Ses plus anciens représentants sont apparus au Dévonien inférieur. Pendant 300 millions d'années environ, ils ont constitué un des éléments dominants de la faune marine. Ils ont une grande importance en stratigraphie. La forme externe et la structure des coquilles sont proches de celles des coquilles des nautiloïdés. On suppose que les Ammonoïdes proviennent des Bactritoïdes, autres céphalopodes à coquilles droites ou arquées, dérivées de l'ordre des Orthocérides. Ammonoïdes paléozoïques et Bactritoïdes (Ordovicien-Permien), ont de nombreux caractères communs, tels que la forme ovoïde de la protoconque, un canal siphonal en position ventrale (côté externe sur les coquilles arquées ou enroulées), des sutures à lobe externe (ventral) et une coquille comprimée latéralement. On connaît des coquilles qui forment la transition au point de vue morphologique entre les coquilles orthocônes ou cyrtocônes des Bactritoïdes et les coquilles enroulées des Ammonoïdes. Ceux-ci ont connu leur première période d'épanouissement au Dévonien, mais c'est au Secondaire qu'ils ont eu leur apogée. Ils ont alors connu avec les Ammonites une exceptionnelle diversité et se sont adaptés aux

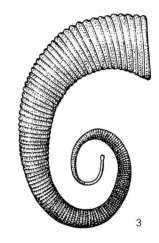

3

1 *Anetoceras hunsrueckianum*, Dévonien inférieur (Zlichovien), RFA. Diamètre : 7,5 cm ; fragment déformé. Coquille à tours non jointifs, caractéristique des formes les plus anciennes.

2 *Teicherticeras discordans**, Dévonien inférieur (Daléjien), Choteč (Tchécoslovaquie). Diamètre : 3 cm ; fragment déformé.

conditions les plus diverses que leur offrait le milieu marin. A la fin du Crétacé, le groupe tout entier s'est éteint. Les spécialistes en ont décrit plus de 10 000 espèces.

Les premiers Ammonoïdes connus sont classés dans la famille des Mimosphinctidés. Coquille à tours libres (**3**) ou joints, sutures très simples avec un lobe externe (ventral) plus exceptionnellement interne (dorsal). Le genre le plus connu, à grande extension géographique, est celui d'*Anetoceras* (Anarcestida, Mimosphinctidae), trouvé dans les sédiments du Dévonien inférieur en de nombreux endroits d'Europe et d'Asie, en Afrique du Nord et en Amérique du Nord. Tours de hauteur progressivement croissante ; surface ornée de côtes radiales ou obliques.

Avec les espèces les plus anciennes du genre *Anetoceras,* on trouve des Ammonoïdes plus évolués. Les coquilles sont évolutes et parfois les tours se recouvrent légèrement ; leurs sutures ont déjà un lobe interne (dorsal) bien marqué ; au début de la croissance, ces coquilles sont imparfaitement enroulées ; autour de l'axe d'enroulement s'est formée une grande ouverture ombilicale. De telles formes sont rapportées au genre voisin *Teicherticeras* à extension considérable.

Dans les schistes à tentaculites du bassin primaire du centre de la Bohême, on trouve en abondance *T. discordans* que l'on a découvert récemment dans les mêmes sédiments du sud de la Chine.

Céphalopodes : *Ammonoïdes* [Dévonien] (suite)

L'évolution des Ammonoïdes du Dévonien inférieur est allée vers un enroulement plus serré de la coquille que l'on constate même chez les individus les plus jeunes. La protoconque, d'abord elliptique, est devenue progressivement sphérique.

Au Dévonien moyen, est apparue la famille des Mimocératidés, à grande extension géographique, mais représentée par le seul genre *Gyroceratites* (Anarcestida, Mimoceratidae). Coquille discoïde, tours à section elliptique, côté externe aplati, côtes discrètes (**5**).

G. gracilis est l'espèce du genre la plus souvent rencontrée dans les milieux marins les plus divers d'Europe, d'Asie et d'Afrique du Nord.

Il faut chercher parmi les espèces du genre *Teicherticeras* les ancêtres de la famille des Agoniatitidés à laquelle tous les Anarcestides doivent vraisemblablement leur origine. Les Agoniatitidés ont une coquille discoïde à tours à peine recouvrants, ombilic large ou étroit, sutures à trois lobes (externe, latéral et interne). Le genre *Mimagoniatites* (Anarcestida, Agoniatitidae), appartient aux représentants les plus anciens de la famille. On le trouve dans les dépôts du Dévonien inférieur en Europe, en Afrique du Nord et en Asie, dans les types de sédiments

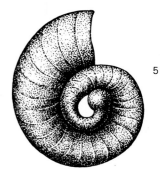

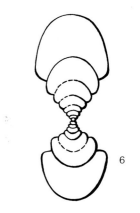

1, 2 *Gyroceratites gracilis**, Dévonien inférieur (Daléjien), Prague-Hlubočepy (Tchécoslovaquie). Moule interne d'un très grand individu (**1**) ; individu incomplet (**2**). Diamètre des coquilles : 5,6 et 2,7 cm.

D

3 *Mimagoniatites fecundus**, Dévonien inférieur (Daléjien), Bubovice (Tchécoslovaquie). Diamètre de la coquille : 47 mm. Coquille complète très bien conservée avec sa protoconque (coquille embryonnaire).

4 *Anarcestes plebeius**, Dévonien inférieur (Daléjien), Prague-Hlubočepy (Tchécoslovaquie). Moule interne du phragmocône formé par un calcaire altéré jaunâtre, aux sutures bien visibles sur les côtés. Diamètre : 3 cm.

marins les plus divers. Caractères distinctifs principaux : section transverse trapézoïdale, petite ouverture ombilicale.

La famille voisine des Anarcestidés présente une coquille caractéristique : grand nombre de tours, sutures trilobées ; les individus les plus anciens ont une coquille imparfaitement enroulée et l'orifice ombilical est visible. Ils sont apparus avant la fin du Dévonien inférieur, mais ils se sont aussitôt diversifiés et considérablement répandus.

Les céphalopodes du genre *Anarcestes* (Anarcestida, Anarcestidae), sont caractérisés par des coquilles discoïdes plus ou moins larges, à petit orifice ombilical (**6**). Ce type de coquille ne permettait pas à l'animal des mouvements rapides. Ses espèces sont répandues dans les sédiments du Dévonien inférieur de l'hémisphère Nord.

275

Mollusques

Céphalopodes : *Ammonoïdes* [Dévonien] (suite)

A la fin du Dévonien inférieur, les Ammonoïdes à coquilles imparfaitement enroulées ont été remplacées par des genres plus évolués dont les coquilles n'ont plus d'ouverture ombilicale. Le genre *Mimagoniatites* a été remplacé par le genre *Agoniatites* (Anarcestida, Agoniatitidae), qui a vécu sans modifications morphologiques caractéristiques jusqu'à la fin du Dévonien inférieur.

Les deux genres sont très semblables par la forme extérieure de la coquille, sa section transversale et son ornementation superficielle. Le genre *Agoniatites* a été récolté dans tous les continents à l'exception de l'Australie et de l'Antarctide. Certaines espèces ont connu une grande extension géographique, par exemple *A. inconstans* que l'on trouve dans les sédiments d'Europe et d'Amérique du Nord.

La famille des Pinacitidés s'est vraisemblablement séparée des Agoniatites avant la fin du Dévonien inférieur. Coquilles de formes variées, tours largement recouvrants, généralement aplatis sur le côté,

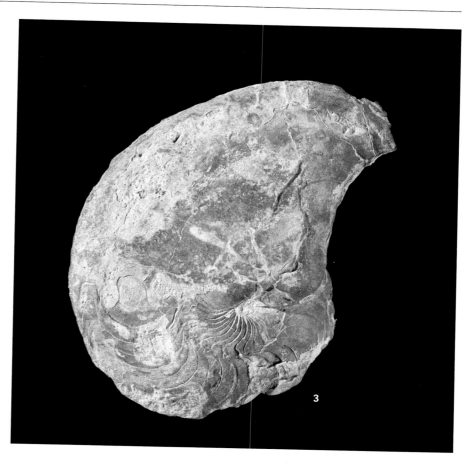

1 *Agoniatites inconstans,* Dévonien moyen (Givétien), Martenberg (RFA). Diamètre : 4,5 cm. L'exemplaire provient des minerais de fer sédimentaires déposés dans des eaux marines peu profondes.

2 *Cheiloceras subpartitum**, Dévonien supérieur (Famennien), Vápený près de Jitrava (Tchécoslovaquie). Deux moules pyritisés, probablement des microconques (coquilles mâles). Diamètre : 12 et 9 mm. Les macroconques (coquilles femelles) atteignaient en gros des dimensions deux fois plus grandes.

3 *Pinacites jugleri,* Dévonien moyen (Eifélien), Prague-Hlubočepy, (Tchécoslovaquie). Moule interne presque complet.

sutures plus complexes que celles des représentants de la famille précédente.

On reconnaît facilement les *Pinacites* (Anarcestida, Pinacitidae), d'après la coquille lisse lenticulaire, fortement involute, à hauteur des tours croissant rapidement. On les trouve dans les sédiments du début du Dévonien moyen en Europe, en Afrique du Nord, en Asie et en Amérique du Nord. Excellente adaptation à la nage.

Au Dévonien moyen, les Goniatites se sont également séparées des Anarcestidés ; elles ont vécu du Dévonien moyen jusqu'au début du Trias. Elles sont caractérisées par une coquille sphérique ou discoïde, des tours largement recouvrants et, à quelques exceptions près, par une ornementation peu marquée ; sutures plus complexes : lobes aigus, selles arrondies, le lobe externe étant divisé par la selle centrale en deux lobes. Le genre *Cheiloceras* (Goniatitida, Cheiloceratidae) du Dévonien supérieur, à distribution mondiale, a des coquilles lisses, lenticulaires ou subsphériques à ombilic masqué. On a observé dans ce genre, un dimorphisme sexuel manifesté par des différences de taille : grandes coquilles femelles à petite loge initiale (macroconques) et petites coquilles mâles à grande loge initiale (microconques).

Céphalopodes : *Ammonoïdes* [Dévonien] (suite)

Les Ammonoïdes de la famille des Clyméniidés se distinguent des autres Ammonoïdes par un canal siphonal situé sur le côté interne (dorsal) du tour. Ils ne sont apparus qu'au Dévonien supérieur. Ils ont évolué très vite et ont dépassé au cours de leur courte existence, en nombre et en espèces, tous les autres groupes d'Ammonoïdes de la même période. Ils forment localement les « calcaires à clyménies » que l'on trouve sur tous les continents. La principale difficulté concernant leur origine est la position du canal siphonal. Des coupes longitudinales pratiquées sur des coquilles embryonnaires (**4**) ont montré qu'à l'origine il était ventral, c'est-à-dire sur le côté externe du tour, comme chez les autres Ammonoïdes. Le passage au côté interne s'est effectué au niveau des trois premières loges. On pense que les clyménies se seraient différenciées à partir des Anarcestidés.

Le genre *Genuclymenia* (Clymeniida, Cyrtoclymeniidae), appartient aux types anciens, européens. La coquille discoïde porte latéralement de nombreuses côtes recoubées en s.

Dans la famille des Clyméniidés, les espèces sont caractérisées par des coquilles discoïdes à tours recouvrants, arrondis ou aplatis ; sutures plus simples que dans la famille précédente, avec seulement un lobe interne et un lobe latéral.

Le genre *Clymenia* (Clymeniida, Clymeniidae), qui donne son nom à l'ordre tout entier, n'est pas phylogénétiquement important et constitue une impasse dans l'évolution. Coquille lisse, tours à section ovale. En dehors de l'Europe, ce genre ne semble exister qu'en Australie.

Les coquilles enroulées des Ammonoïdes et des Nautiloïdes suivent une spirale logarithmique. Les wockluméries constituent l'une des quelques exceptions : leurs épaisses coquilles involutes, discoïdes ou sphériques, ont au moins quelques premiers tours à enroulement triangulaire. Surface de la coquille pratiquement lisse.

Wocklumeria (Clymeniida, Wocklumeriidae), est un genre européen et nord-américain, stratigraphiquement important. Les coquilles sont basses, la section des tours falciforme, l'ombilic assez large. L'enroulement triangulaire et les étranglements transversaux ne sont visibles que sur les tours les plus anciens (**5**).

4

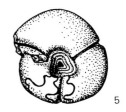

5

1 *Wocklumeria sphaeroides*＊, Dévonien supérieur (Famennien), Oberrödinghausen (RFA). Moule interne : 3,8 cm de diamètre. Très importante espèce stratigraphique du Dévonien supérieur.

2 *Genuclymenia frechi*＊, Dévonien supérieur (Famennien), Enkeberg près de Bredlar (RFA). Diamètre : 3,2 cm. Les côtes bien marquées de la surface ne sont pas habituelles chez les clyménies.

3 *Clymenia laevigata*＊, Dévonien supérieur (Famennien), Koestenberg (RFA). Diamètre du moule interne : 5,2 cm. Les individus atteignent d'assez grandes dimensions et participent à la formation de certains calcaires dits « calcaires à clyménies ».

Mollusques

Céphalopodes : *Ammonoïdes* (suite) [Carbonifère]

La plupart des Ammonoïdes du Dévonien se sont éteints à la fin du Primaire. Ce fut aussi le destin d'un grand nombre d'autres invertébrés marins. La cause en est à rechercher dans les plissements qui ont donné naissance à la chaîne varisque et sous l'influence desquels se produisirent de grandes modifications paléogéographiques. Mais, dès le Carbonifère inférieur, se produisit un nouvel épanouissement des goniatites. Leur évolution fut très rapide. Les goniatites font partie aujourd'hui des fossiles souvent récoltés à grande extension géographique. C'est en s'appuyant sur elles qu'a été élaborée la stratigraphie détaillée du Paléozoïque supérieur, du Dévonien moyen à la fin du Permien. Pour cette dernière période, les Ammonoïdes n'ont toutefois été abondants que très localement.

Le genre *Goniatites* (Goniatitida, Goniatitidae), rassemblait autrefois des espèces qui avaient peu de chose en commun. Il est aujourd'hui plus restreint, après éclatement en de nombreux autres. Il est caractérisé par des coquilles sphériques à ombilic étroit, ornementation longitudinale

1,2 *Goniatites crenistria,* Carbonifère inférieur (Viséen), Blackburn (Grande-Bretagne). Diamètre du moule interne : 4 et 1,5 cm. Côté latéral (**1**) et externe (**2**) du tour. Sur les moules des deux phragmocônes, l'allure des sutures de type goniatitique est très visible.

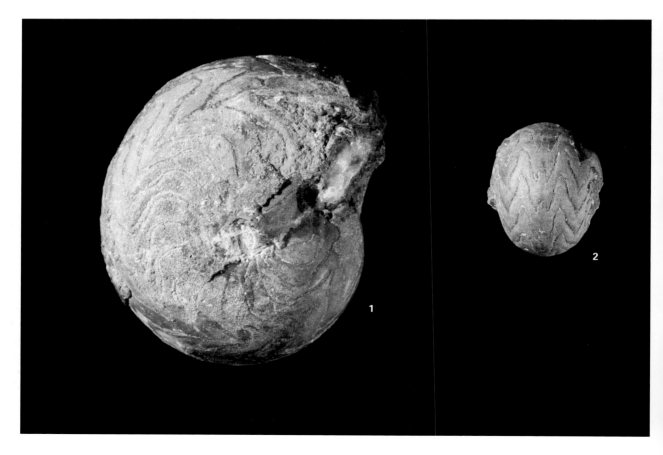

3 *Gastrioceras carbonarium,* Carbonifère supérieur (Namurien), Leek (Grande-Bretagne). Diamètre : 2,5 cm. Espèce à coquille discoïde épaisse ; ombilic large (masqué par du sédiment).

ou transversale peu marquée, mais importante pour la détermination des espèces. Il est limité au Carbonifère inférieur et présente une extension mondiale.

Les Gastriocératidés constituent une autre famille importante de goniatites. Les caractères communs sont un ombilic étroit, une ornementation superficielle réticulée dans les premiers tours, des côtes bien marquées ; côté externe, ces côtes se recourbent vers le sommet et forment un sinus.

Les coquilles du genre *Gastrioceras* (Goniatitida, Gastrioceratidae), présentent une plus grande diversité morphologique que dans le genre précédent ; elles sont subdiscoïdes à globuleuses et les côtes au bord de l'ombilic sont remarquables. Les larges coquilles des goniatites n'étaient pas très adaptées à une nage rapide. Il est vraisemblable que ces céphalopodes vivaient surtout près du substrat dans des mers peu profondes, à moins de 200 mètres. Leur répartition mondiale est due probablement aux plus jeunes individus qui flottaient dans les eaux avec le plancton et que les courants ont pu entraîner à de grandes distances.

 **Mollusques**

Céphalopodes : *Ammonoïdes* (suite) [Trias]

Vers la fin du Permien, la plupart des Ammonoïdes jusqu'alors représentés ont disparu. Dès le Trias inférieur cependant, le groupe a connu une nouvelle évolution. La majeure partie des genres triasiques appartiennent à la famille des Cératitides (dans l'ordre des Cératidés). Le trait caractéristique de cet ordre réside dans la forme de la suture dite cératitique. Une telle suture se distingue par des selles non divisées et par des lobes dentelés. *Ceratites* s. l. est le genre le mieux connu. Il est répandu dans les dépôts du Trias moyen européen. Ses espèces ont une coquille évolute à ombilic moyen, aux flancs et au bord externe plans. L'ornementation consiste en côtes grossières, simples ou dédoublées. Dans le cas des côtes dédoublées, on observe des tubercules à hauteur de la bifurcation ; une rangée de tubercules s'est développée à la limite du bord externe. Une lignée évolutive incomplète du genre *Ceratites* s.l. est présente dans le Muschelkalk supérieur d'Allemagne.

Les représentants de la famille des *Trachyceratidae* ont, sur la surface externe des tours, une cannelure bordée des deux côtés par une rangée de tubercules ou par une crête. Les côtes sont incurvées sur les côtés et portent de petits tubercules disposés en spirale.

1 *Ceratites pulcher,* Trias moyen (Ladinien), RFA. Moule interne aux lignes de suture de type cératitique bien visibles. Diamètre : 6,2 cm.

2 *Trachyceras aon*,* Trias supérieur (Carnien), Hallstadt (Autriche). Diamètre : 7,5 cm. Ornementation caractéristique formée de nombreux petits tubercules disposés en spirale.

3 *Monophyllites simonii,* Trias supérieur (Carnien), Hallstadt (Autriche). Diamètre : 10,2 cm. Appartient au groupe morphologique des *Phylloceras,* qui a gardé pendant toute son existence la forme caractéristique de la coquille à ornementation peu marquée.

Le genre *Trachyceras* est répandu dans les sédiments du Trias moyen et supérieur dans le monde entier. Coquilles fortement involutes à ombilic étroit ; tours à section trapézoïdale et surface externe costulée ; lignes de suture complexes, du type ammonitique (lobes et selles divisés). *T. aon* est un fossile stratigraphique de la base du Carnien.

Les premiers Phyllocératides sont apparus au début du Trias et ont vécu jusqu'au Crétacé supérieur. Ils ont en général des coquilles discoïdes minces, légèrement involutes, à section arrondie parfois des étranglements, une fine ornementation superficielle et des lignes de suture assez complexes, caractéristiques. Les Phyllocératides semblent avoir vécu vers 400−500 mètres de profondeur, c'est-à-dire plus bas que la majorité des autres Ammonoïdes.

Le genre *Monophyllites* (Phylloceratida, Ussuritidae), est répandu dans les sédiments du Trias moyen et supérieur du monde entier. Les coquilles ont les caractères typiques de l'ordre, les fines stries d'accroissement courbées en s.

Mollusques

Céphalopodes : *Ammonoïdes* [Trias] (suite)

Les Ammonoïdes du Trias ont des coquilles beaucoup plus variées que ceux du Permien. Le nombre d'espèces s'est rapidement accru au cours du Trias. On trouve au Trias supérieur un grand nombre de formes dites hétéromorphes, c'est-à-dire ayant des types de coquille inhabituels.

Les coquilles de certains représentants de la famille des Arcestidés rappellent par leur forme les goniatites du Primaire. La surface est généralement lisse, avec des étranglements périodiques, un ombilic étroit ou fermé ; lignes de sutures déjà très compliquées de type cératitique. Le nom de la famille dérive de celui du genre cosmopolite *Arcestes* (Ceratitida, Arcestidae), du Trias moyen et supérieur, représenté par plusieurs dizaines d'espèces, groupées en quelques sous-familles. Le genre *Arcestes* a les caractères de la famille tout entière.

Chez les Ptychitidés, la coquille des individus les plus jeunes est globuleuse, fortement involute et à ombilic étroit ; chez les individus

1 *Arcestes moisisovicsi,* Trias supérieur (Carnien), Röthelstein (Autriche). Moule interne globuleux des calcaires roses du Trias alpin. Diamètre : 4,9 cm.

2 *Flexoptychites gibbus,* Trias moyen (Ladinien), Bosnie (Yougoslavie). Moule interne discoïde ; diamètre : 9 cm. Sur la section d'une partie du phragmocône, les lignes de suture de type ammonitique sont bien visibles.

plus âgés, elle est discoïde, lisse ou costulée ; sutures de type cératitique.

Les *Flexoptychites* (Ceratitida, Ptychitidae), répandus dans le Trias moyen de la région alpino-himalayenne, ont à la surface quelques côtes basses qui, à la différence du genre *Ptychites,* voisin et très répandu, sont légèrement courbes.

Certains Ammonoïdes du Trias supérieur avaient de très grandes coquilles. Par exemple, les coquilles discoïdes de l'espèce *Pinacoceras metternichi* qui pouvaient atteindre 1,50 m de diamètre. Chez les Cladiscitidés, les coquilles sont fortement involutes, avec des tours aplatis latéralement, lisses ou ornés de côtes longitudinales ; lignes de suture pourvues de lobes très digités.

Le genre *Cladiscites* (Ceratitida, Cladiscitidae), existe dans la région alpino-himalayenne, dans le Pacifique, en Alaska et dans le nord-est de la Sibérie. Les tours des coquilles ont une section trapézoïdale avec une face externe arrondie ; ornementation superficielle peu habituelle formée de nombreuses petites côtes longitudinales (**4**).

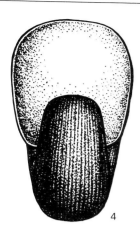

4

3

3 *Cladiscites tornatus**, Trias supérieur (Carnien), Hallstadt (Autriche). Diamètre : 10,5 cm.

Mollusques

Céphalopodes : *Ammonoïdes* (suite) [Jurassique]

Les Cératites se sont éteints à la fin du Trias. Seuls quelques Phyllocératides ont franchi la limite Trias – Jurassique, en compagnie des Lytocératides apparus à la fin du Trias. C'est alors qu'au début du Jurassique, s'est produite l'explosion d'un nouvel ordre : celui des ammonites vraies (Ammonitida). Leurs lignes de suture sont très complexes, avec des selles et des lobes très découpés (suture persillée). Cette complexité croissante des lignes de suture chez les ammonites peut être observée non seulement dans leur phylogenèse mais aussi dans l'ontogenèse des individus de n'importe quelle espèce. La structure interne des coquilles possède également de nombreux caractères par lesquels ce nouvel ordre se distingue des Nautiloïdes et des anciens Ammonoïdes ; en particulier, c'est la convexité des cloisons qui fait face à l'ouverture, et non plus la concavité, et les cols septaux (goulots siphonaux) sont eux aussi inversés. Ces deux caractères sont déjà développés sur les coquilles embryonnaires, alors qu'au sein d'ordres plus anciens chez lesquels ils étaient apparus, ils n'existaient que chez les individus âgés. L'explication du rôle de ces modifications reste à trouver.

1 *Echioceras raricostatum*∗, Jurassique inférieur (Sinémurien), Bade-Wurtemberg (RFA). Moule interne : 3,5 cm. Espèce stratigraphiquement importante. Après la mort de l'animal, la coquille a servi de support solide à un ver fixé (serpule).

2 *Arietites bucklandi*∗, Jurassique inférieur (Sinémurien), Bade-Wurtemberg (RFA). Moule interne : 6 cm.

3

3 *Psiloceras psilonotum**, Jurassique inférieur (Hettangien), Riedern près d'Esslingen (RFA). Diamètre : 5 cm. Exemplaire à peu près complet.

La plus ancienne superfamille de l'ordre des Amonitida est celle des Psilocératacés. Elle rassemble en elle les caractères des Phyllocératides et des Lytocératides et elle est considérée comme l'ancêtre commun à toutes les autres ammonites du Jurassique et du Crétacé. Coquille évolute, lisse ou faiblement costulée, lignes de suture relativement simples, dimorphisme sexuel. Les coquilles de distribution mondiale du genre *Psiloceras* (Ammonitida, Psiloceratidae), du Jurassique inférieur ont des tours à section elliptique latéralement comprimés.

Dans la famille des Echiocératidés du Jurassique inférieur, les coquilles sont évolutes, avec très nombreux tours ; une carène unique court sur la face ventrale de la coquille dont la surface est côtelée.

Echioceras (Ammonitina, Echioceratidae), est un genre très répandu. Les tours des coquilles ont une section circulaire ou aplatie dorso-ventralement. Les côtes s'estompent près de l'ombilic, sur la face externe.

4

Le genre *Arietites* (Ammonitida, Arietitidae), du Jurassique inférieur a des coquilles évolutes à large ombilic ; tours à section quadrangulaire, carène centrale développée et carènes latérales, côtes grossières, non ramifiées, presque radiales sur les côtés, s'effaçant devant la carène (**4**).

Mollusques

Céphalopodes : *Ammonoïdes* [Jurassique] (suite)

La grande diversité de forme et d'ornementation des ammonites du Jurassique reflète leur évolution inhabituellement rapide et leur adaptation à toutes sortes de milieux. Les différents groupes d'ammonites ont vécu relativement peu de temps du point de vue géologique. Ils se sont répandus très tôt dans diverses régions et font partie des fossiles les plus souvent rencontrés. Ces caractères ont été utilisés pour la première fois au milieu du XIXe siècle par le savant allemand A. Oppel pour une stratigraphique détaillée du Jura souabe ; il est ainsi devenu le fondateur de la stratigraphie biozonale moderne.

Parmi les ammonites stratigraphiquement intéressantes du Jurassique, se trouvent les représentants de la famille des Schlotheimidés (super-famille des Psilocératacés) qui ont des coquilles comprimées sur le côté, très côtelées, à face externe lisse, parfois pourvues d'un sillon médian ; les lignes de suture sont encore relativement simples.

Schlotheimia (Ammonitida, Schlothemiidae), est un genre du Jurassique inférieur à distribution mondiale. Les espèces ont des coquilles évolutes à ombilic assez large ; tours à section ovale ; surface ornée de nombreuses côtes très marquées, presque radiales, s'infléchissant vers l'ouverture et s'estompant sur la ligne médiane externe. *S. angulata* est une des espèces stratigraphiques importantes du Jurassique inférieur.

Chez les représentants de la superfamille des Eodérocératacés, du Jurassique inférieur, les coquilles à côtes basses ou épines bien développées sont caractéristiques. Les genres de la famille des Eodéro-

1 *Schlotheimia angulata*✶, Jurassique inférieur (Hettangien), Vorwohle Braunschweig (RFA). Diamètre : 4,2 cm.

2 *Coeloceras pettos*✶, Jurassique inférieur (Pliensbachien), Bade-Wurtemberg (RFA). Moule interne pyritisé de phragmocône, aux lignes de suture complexes bien visibles. Diamètre : 3,7 cm. L'allure des lignes de suture et ses modifications au cours du développement d'un individu font partie des critères fondamentaux pour la détermination des ammonites.

3 *Dactylioceras commune★*, Jurassique inférieur (Toarcien), Ohmden près de Holzmaden (RFA). Diamètre de la plus grande coquille : 7,2 cm.

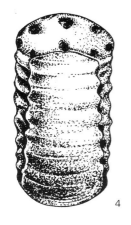

4

cératidés ont des coquilles évolutes dont les tours se recouvrent légèrement et dont les lignes de suture sont complexes.

Les coquilles du genre *Coeloceras* (Lytoceratida, Eoderoceratidae), ont des tours fortement comprimés dorsoventralement, la face externe est large et légèrement creuse ; les nombreuses côtes bien marquées forment une ornementation typique (**4**).

La coquille des ammonites, originellement en aragonite, transformée par les processus de fossilisation en calcite, se compose (comme chez les Nautiloïdes) de trois couches calcaires avec une très mince couche organique à la surface. De l'extérieur vers l'intérieur on trouve : une couche externe prismatique, une couche intermédiaire nacrée et une couche interne prismatique. Sur le côté interne des tours des coquilles involutes, le nombre de ces couches est diversement réduit. Dans la famille des Dactyliocératidés et dans quelques autres groupes, on trouve à la surface une autre couche nacrée, ce qui prouve que la coquille était recouverte, du vivant de l'animal, par un tissu mou. Les espèces du genre *Dactylioceras* (Ammonitida, Dactylioceratidae), du Jurassique inférieur, à répartition mondiale, se caractérisent par des coquilles évolutes et des côtes simples ou dédoublées. On les trouve en quantité en de nombreux endroits, par exemple dans les sédiments du Lias, à Holzmaden en Allemagne ou dans des concrétions calcaires, à Whitby en Grande-Bretagne.

Céphalopodes : *Ammonoïdes* [Jurassique] (suite)

Chez les lipocératidés, les coquilles sont de formes très diverses. Le passage entre les types peut être suivi dans l'évolution ontogénétique des différentes espèces. Les tours des coquilles ne se recouvrent pas beaucoup ; ils ont à la surface des côtes droites portant habituellement deux rangées de tubercules. Cette forme n'est certainement pas une adaptation à une nage rapide mais indique plutôt un mode de vie benthique.

Les ammonites du genre *Androgynoceras* (Ammonitida, Liparoceratidae), du Jurassique inférieur, ont des tours à section presque circulaire ; côtes fortes, séparées par de larges intervalles et franchissant le bord externe ; les tubercules ne sont pas toujours très visibles.

La famille des Amalthéidés dérive vraisemblablement de la famille précédente. Au cours de sa très brève existence, du point de vue géologique, elle s'est répandue dans le monde entier. Au sein de cette branche abortive de l'évolution des ammonites, on peut suivre une tendance allant des étroites coquilles discoïdes à bord externe très large,

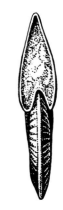
4

1 *Amaltheus margaritatus*✱, Jurassique inférieur (Pliensbachien), Wasseralfingen (RFA). Moule interne avec restes de coquille ; diamètre : 5 cm. On observe sur la face externe du tour une carène cordée.

2 *Pleuroceras hawskerense,* Jurassique inférieur (Pliensbachien), Whitby (Grande-Bretagne). Moule interne avec restes de coquille et grosses côtes ; diamètre : 6,2 cm.

3 *Androgynoceras maculatum,* Jurassique inférieur (Pliensbachien), Whitby (Grande-Bretagne). Diamètre du moule interne : 6,5 cm.

aux coquilles à fortes côtes et contour quadrangulaire. Les coquilles lisses, lenticulaires, semblent être bien adaptées à la nage rapide et on les trouve plutôt dans les sédiments de profondeur. En gros, les espèces ornementées existant au même moment n'étaient pas de bons nageurs et on trouve leurs coquilles dans les dépôts marins de faible profondeur (entre 40 et 70 mètres). Autre caractère : une carène denticulée sur le bord externe du tour.

Le genre *Amaltheus* (Ammonitida, Amaltheidae), dont on trouve une bonne représentation dans le livre de J. Bauhin, du début du XVIIe siècle, a des coquilles oxycônes (lenticulaires) à ombilic moyennement large ; carène médiane cordée, saillant en avant de l'ouverture (**4**). L'espèce la plus connue, *A. margaritatus,* est un fossile de zone du Pliensbachien.

Les descendants des Amaltheidés oxycônes ont des coquilles à fortes côtes et la section des tours est presque quadrangulaire. Leur domaine, comme celui des autres Amalthéidés, était celui des mers froides de l'hémisphère Nord, même si l'on trouve quelques-uns de leurs représentants dans la Tethys, grande mer chaude de l'époque (qui donnera, notamment, la Méditerranée).

Le genre *Pleuroceras* (même famille) est répandu dans le Pliensbachien supérieur d'Europe, d'Afrique du Nord et de Géorgie. Les côtes radiales non ramifiées se recourbent brusquement vers l'ouverture en passant sur le bord externe ; elles s'estompent dans les sillons divisant la carène médiane ; en bordure de la ligne médiane, elles s'épaississent en tubercules. *Pleuroceras* est l'une des rares ammonites ayant conservé un motif coloré sous forme de bandes radiales.

Mollusques

Céphalopodes: *Ammonoïdes* [Jurassique] (suite)

La superfamille des Hildocératacés rassemble des ammonites qui, en dépit de leur courte période d'existence, ont connu un développement considérable et une grande extension géographique. Elles sont apparues avant la fin du Jurassique inférieur et se sont éteintes au Jurassique moyen. Elles constituent un rameau évolutif dont dérivent au Jurassique moyen les super-familles des Stéphanocératacés et des Périsphinctacés. Le dimorphisme sexuel est un caractère constant, manifesté par la coexistence de macroconques et de microconques.

Le genre *Hildoceras* (Ammonitida, Hildoceratidae), est un représentant caractéristique du Jurassique inférieur, répandu en Europe, en Afrique du Nord et en Asie. Les coquilles sont évolutes et présentent une section carrée à angles arrondis. Sur les côtés, un profond sillon coupe les côtes creusées vers le sommet. La face externe des tours a trois plis séparés par des sillons (**5**).

1 *Hildoceras bifrons*∗, Jurassique inférieur (Toarcien), Cornus (France). Moule interne limonitisé aux lignes de suture bien visibles et sillon longitudinal profond sur le côté. Diamètre : 3,3 cm. Fossile de zone.

2 *Leioceras opalinum*∗, Jurassique moyen (Aalénien), Tenfelsloch près de Göpingen (RFA). Diamètre : 2,7 cm. La coquille présente de part et d'autre de l'ouverture deux expansions rostrées (apophyses jugales). Fossile de zone.

5

3 *Haugia* cf. *illustris,* Jurassique inférieur (Toarcien), Hanovre (RFA). Moule interne discoïde à grande carène sur le bord externe. Diamètre : 10 cm.

4 *Costileioceras sinon*, Jurassique moyen (Bajocien), Randen près de Schaffhouse (Suisse). Moule interne aux lignes de suture très bien conservées, selle et lobes richement divisés. Diamètre : 8,5 cm.

Le genre *Haugia* (Ammonitida, Hammatoceratidae), de la fin du Jurassique inférieur a une distribution mondiale. Ses espèces ont une coquille aplatie, médiane. L'ornementation à base de côtes tuberculées est moins apparente chez les individus âgés.

Font partie de la famille des Graphocératidés quelques genres à coquilles fortement involutes, comprimées sur les côtés, avec une carène médiane et des côtes recourbées en S.

Les espèces du genre *Leioceras* (Ammonitida, Graphoceratidae), sont caractérisées par des coquilles oxycônes et des tours s'élevant rapidement. La surface de la coquille est lisse ou ne porte que des côtes peu marquées qui s'effacent au cours de la croissance. Chez les individus adultes, de longues excroissances existent sur les côtés près de l'ouverture. *Leioceras opalinum* est un fossile de zone de l'Aalénien.

Le genre voisin *Costileioceras* offre des côtes plus marquées, un ombilic plus large, des lignes de suture plus complexes. On le trouve dans les sédiments du Jurassique moyen en Europe.

3

4

Céphalopodes : *Ammonoïdes* [Jurassique] (suite)

Parmi les ammonites du Jurassique, une place importante est occupée par la superfamille des Stéphanocératacés à laquelle appartiennent, outre la famille du même nom, celle des Sphaerocératidés. Principaux caractères : dimorphisme sexuel, sutures persillées, fortes côtes, forme involute, ombilic étroit, bord externe arrondi.

Le genre *Macrocephalites* (Ammonitida, Macrocephalitidae), du Jurassique moyen a une distribution mondiale. Coquilles discoïdes, hauteur des tours rapidement croissante, section trapézoïdale arrondie (**5**), côtes minces et nombreuses habituellement dédoublées sur le milieu des faces latérales et se rejoignant sur le bord externe. Genre téthysien également connu dans des régions plus fraîches. L'espèce *M. macrocephalus* caractérise une biozone du Callovien.

La famille des Sphaerocératidés provient également du Jurassique moyen. Elle est caractérisée par des coquilles fortement involutes à ombilic étroit ou presque fermé et enroulement imparfait du dernier

1 *Macrocephalites macrocephalus**, Jurassique moyen (Callovien), Balingen (RFA). Moule interne avec restes de coquille. Diamètre : 9 cm. Importante espèce stratigraphique à coquille involute et côtes ramifiées. Fossile de zone.

2, 3 *Sphaeroceras* cf. *brongniarti**, Jurassique moyen (Bajocien), France. Moules internes avec restes de coquilles : 1,5 et 2,6 cm de diamètre. La microconque (**2**), la macroconque (**3**).

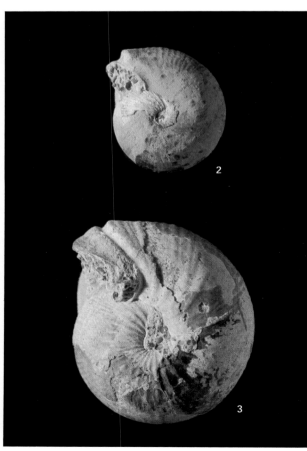

4 *Stephanoceras humphriesia-num**, Jurassique moyen (Bajo-cien), Calvados (France). Moule interne : 13 cm de diamètre. Co-quille évolute. Fossile de zone.

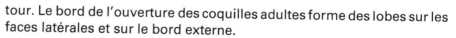

tour. Le bord de l'ouverture des coquilles adultes forme des lobes sur les faces latérales et sur le bord externe.

Le genre *Sphaeroceras* (Ammonitida, Sphaeroceratidae), existe en Europe, en Afrique du Nord, en Amérique du Nord et en Asie. Les coquilles sont petites, la section des tours est ovale ; de fines côtes radiales surtout marquées près de l'ombilic courent à la surface.

Les Stéphanocératidés sont caractérisés par des coquilles modéré-ment évolutes et un large ombilic. Les côtes près de l'ombilic sont simples mais se divisent en trois ou quatre branches à proximité de tubercules.

Le genre *Stephanoceras* (Ammonitida, Stephanoceratidae), du Juras-sique moyen est répandu dans le monde entier. Les tours des jeunes individus sont fortement comprimés dorsoventralement. Les côtes et le bord externe sont arrondis ; les côtes passent directement sur le bord externe des tours ; l'ouverture des coquilles adultes est renforcée et présente des lobes. L'espèce *S. humphriesianum* caractérise une biozone du Bajocien.

Mollusques

Les Haplocératacés (Jurassique moyen, Crétacé inférieur), étaient répandus dans le monde entier, à l'exception des régions boréales. Coquilles comprimées latéralement et de petite taille mais à grande ouverture ; dimorphisme sexuel ; carène parfois développée sur le bord externe ; l'ouverture des coquilles adultes, les lignes de suture et l'ornementation sont très variées ; la surface porte généralement des côtes falciformes.

Chez *Oppelia* (Ammonitida, Oppeliidae), les coquilles sont fortement involutes ; section des tours subtriangulaire avec généralement une carène peu marquée ; côtes peu visibles. Dans son acception originelle, ce genre comptait de nombreuses espèces ; il n'en rassemble plus qu'un petit nombre.

1 *Oppelia subradiata*∗, Jurassique moyen (Bajocien), Bayeux (France). Moule interne limonitisé ; diamètre : 4 cm. Le genre *Oppelia* est un hommage au savant allemand A. Oppel qui a posé les bases de la stratigraphie détaillée du Jurassique.

2

3

2 *Distichoceras bipartitum* ✳ *,* Jurassique moyen (Callovien), Lautlingen (RFA). Moule interne ; diamètre : 3,8 cm. Caractère remarquable : chaque côte du bord externe résulte de la fusion d'une paire de côtes sur les flancs.

3 *Hecticoceras hecticum* ✳ *,* Jurassique moyen (Callovien), Laufen an der Eyach (RFA). Moule interne ; Diamètre : 4,2 cm. Côtes recourbées en S et lignes de suture bien marquées.

Le genre voisin *Hecticoceras* du Jurassique moyen est répandu dans le monde entier. Les coquilles sont évolutes, mais les tours ne se recouvrent que faiblement ; section des tours ovale ou trapézoïdale arrondie, avec trois carènes faiblement marquées sur le bord externe ; côtes denses, courbées en S, s'estompant sur le bord externe ; près de l'ombilic, on observe parfois des tubercules ; formes diverses de l'ouverture, en liaison avec le dimorphisme sexuel.

Toujours dans la même famille, le genre *Distichoceras* est présent dans des dépôts marins du Jurassique moyen et du Jurassique supérieur d'Europe, d'Afrique et d'Asie. Coquilles moyennement involutes, tours à section trapézoïdale, flancs fortement aplatis, carène médiane basse, côtes peu visibles, plus marquées sur la moitié interne et donnant naissance à des tubercules dont la hauteur dépasse parfois la carène médiane.

Mollusques

Céphalopodes : *Ammonoïdes* [Jurassique] (suite)

Les représentants de la famille des Kosmocératidés vivaient surtout dans les eaux froides de l'hémisphère Nord. On pense qu'ils dérivent des Macrocéphalitidés. Coquilles caractérisées par leur bord externe plat et par des rangées de tubercules latéraux.

Peu de genres d'ammonites ont été aussi soigneusement étudiés que le genre *Kosmoceras*. Des échantillons riches et bien conservés, provenant des argiles oxfordiennes inférieures du Jurassique supérieur et rassemblant plus de 3000 individus, ont permis à l'allemand Brinkmann, dans les années 1920, de dégager un exemple d'évolution progressive chez les ammonites. Plus tard, après la découverte du dimorphisme sexuel, il a fallu corriger, dans une certaine mesure, les résultats obtenus par Brinkmann, et réduire à deux les quatre lignées évolutives précédemment proposées. Néanmoins, ce travail reste un exemple d'un fait d'évolution au rang spécifique.

Les ammonites du genre *Kosmoceras* (Ammonitida, Kosmoceratidae), ont des coquilles évolutes caractéristiques, à nombreuses côtes

1 *Kosmoceras duncani,* Jurassique moyen (Callovien), Łuków (Pologne). Diamètre de la coquille : 7 cm. Macroconque. Après dissolution partielle de la coquille, la couche nacrée interne est apparue conservant son aspect originel.

2 *Quenstedtoceras mariae,* Jurassique supérieur (Oxfordien), France. Moule interne avec coquille partiellement conservée. Diamètre : 3 cm. Pour les coquilles jeunes ou incomplètes, il est très difficile de déterminer s'il s'agit d'une macroconque ou d'une microconque. Fossile de zone.

irrégulières, interrompues par des rangées de tubercules au niveau desquels elles se ramifient. C'est sur un matériel provenant de la célèbre localité de Łuków, en Pologne, conservé dans un énorme bloc transporté par les glaciers, qu'a été étudié, par le professeur Makowski, le dimorphisme sexuel chez les ammonites. D'après Makowski, les grandes coquilles (macroconques) à ouverture modifiée, appartiennent aux femelles, les petites coquilles (microconques), dont l'ouverture possède des apophyses jugales, sont celles des mâles (**3**). Le gisement de Łuków a pour autre caractéristique d'avoir permis la conservation des ammonites avec leur couche nacrée intacte.

La famille des cardiocératidés a la même extension que la précédente. Les espèces du genre *Quenstedtoceras* (Ammonitida, Cardioceratidae), du Jurassique moyen et supérieur ont des coquilles discoïdes à tours partiellement recouvrant et ombilic assez large ; section des tours ovale ou triangulaire ; côtes flexueuses nombreuses ou prenant naissance sur les flancs et formant sur le bord externe un sinus en forme de V, qui parcourt la ligne médiane ; costulation absente chez les individus adultes ; apophyses jugales des microconques sur le bord externe. *Q. mariae* caractérise la première biozone de l'Oxfordien.

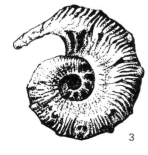

3

Mollusques

Les Périsphinctacés forment une autre super-famille importante (Jurassique moyen, Crétacé inférieur). Principaux caractères : coquille évolute, fortes côtes dédoublées, lignes de suture complexes à premier lobe latéral dominant, dimorphisme sexuel.

Parmi les plus anciens représentants de cette super-famille, on trouve les espèces de la famille des Parkinsoniidés, représentées par un genre *Parkinsonia* (Ammonitida, Parkinsoniidae), dans les sédiments du Jurassique moyen d'Europe, d'Asie, et d'Amérique du Nord. Nombreux tours à section trapézoïdale ; nombreuses côtes très marquées, courant radialement sur les flancs, se dédoublant souvent à la limite du bord externe et s'infléchissant en direction de l'ouverture ; sur le bord externe, ces côtes sont interrompues par un sillon ou une bande lisse ; on observe à son contact une intéressante alternance des côtes qui altère la symétrie bilatérale, par ailleurs, parfaite, des coquilles. L'espèce *P. parkinsoni* caractérise une biozone du Bajocien.

Les Périsphinctidés sont répandus dans le monde entier bien que leurs représentants aient eu une préférence pour les mers chaudes. Ils se sont éteints dès la fin du Jurassique. On distingue facilement leurs coquilles, d'après leur forme et d'après leurs côtes bi- ou trifurquées.

Les coquilles du genre *Perisphinctes* (Ammonitida, Perisphinctidae), du Jurassique supérieur, sont grandes, parfois énormes ; section des tours presque carrée ; tours internes pourvus de nombreuses côtes dont la division se produit sur le milieu des flancs ou à la limite du bord externe. L'espèce *P. plicatilis* caractérise une biozone de l'Oxfordien.

Le genre *Ataxioceras* (même famille), du Jurassique supérieur, a été récolté en divers endroits d'Europe, d'Asie et d'Afrique. Tours régulièrement comprimés sur les flancs, ombilic plus étroit que chez le genre précédent, côtes souvent dédoublées deux fois de suite, d'abord sur les flancs puis en bordure ou côté externe ; des constrictions irrégulières, visibles même sur les moules internes, constituent un caractère utilisé pour la classification (**4**).

1 *Parkinsonia parkinsoni**, Jurassique moyen (Bajocien), Bobtingen (RFA). Diamètre du moule interne : 9,3 cm. Un pli longitudinal sur le côté du dernier tour conservé représente une partie de la chambre d'habitation. Fossile de zone.

2 *Ataxioceras polyplocum,* Jurassique supérieur (Kimméridgien), localité inconnue. Diamètre du moule interne : 7,4 cm. On distingue bien les étranglements caractéristiques sur le dernier tour.

3 *Perisphinctes plicatilis,* Jurassique supérieur (Oxfordien), Tęczynek, près de Cracovie (Pologne). Diamètre du moule interne : 8 cm. Les côtes dédoublées sont bien visibles. Fossile de zone.

J

Mollusques

Céphalopodes : *Ammonoïdes* [Jurassique] (suite)

Le dessin compliqué des lignes de suture des coquilles d'ammonite pose la question de leur utilité fonctionnelle. La plupart des spécialistes pensent que les cloisons ondulées et lignes de suture complexes constituaient une protection mécanique contre l'écrasement de la coquille sous la pression de l'eau. Les modèles étayant ce point de vue sont des structures mécaniques capables de s'opposer à une pression élevée avec un minimum de matériaux tout en consolidant l'objet dans toutes ses parties. L'ondulation du bord des cloisons constituait la meilleure protection des parois inter-septales et renforçait les cloisons elles-mêmes. L'augmentation de la complexité des lignes de suture au cours de l'ontogenèse devait compenser le développement relativement plus lent de la paroi des coquilles en épaisseur. La diversité du dessin des lignes de suture a certainement été influencée par des facteurs génétiques. De nombreuses mutations dans les différentes lignées évolutives ont mené à des solution constructives diverses tendant à résoudre le problème de la solidité. De la forme, de la structure interne et de l'ornementation des coquilles dépendait la profondeur à laquelle pouvaient vivre les espèces.

Dans les mers chaudes de la Tethys vivait une faune plus variée que

1 *Peltoceras athleta**, Jurassique moyen (Callovien), Villers-sur-Mer (France). Moule interne pyritisé à lignes de suture visibles ; Diamètre : 13,5 cm. La différence visible dans l'ornementation caractérise deux stades de croissance consécutifs. Fossile de zone.

3

dans les mers froides. Les Aspidocératidés font partie de ces éléments caractéristiques et ne peuvent dissimuler leur appartenance à la super-famille des Périsphinctacés. Leurs coquilles évolutes témoignent plutôt d'un mode de vie benthique ; d'après le type de sédiments dans lesquels on les trouve, il semble qu'ils aient vécu à des profondeurs variées, vraisemblablement inférieures à 500 m.

Le genre *Peltoceras* (Ammonitida, Aspidoceratidae), du Jurassique moyen, a une répartition mondiale, tours externes à fortes côtes simples portant sur les flancs des séries de tubercules ; la rangée de tubercules proche du bord externe est apparue en début d'évolution du groupe, avant la rangée interne ; à travers le bord plat externe, les tubercules sont reliés par deux ou trois côtes (**3**) ; les macroconques sont habituellement tuberculés et leur ouverture présente de longues apophyses jugales.

Dans la même famille, le genre cosmopolite *Euaspidoceras* a franchi la limite Jurassique moyen — Jurassique supérieur. A la différence des Périsphinctidés typiques, il ne présente pas de stade périsphinctoïdal à côtes dédoublées ; surface des coquilles costulée, avec une rangée de tubercules près de l'ombilic et en bordure du côté externe ; sur les coquilles jeunes, présence de côtes intermédiaires entre les tubercules, disparaissant au cours de la croissance.

2 *Euaspidoceras perarmatum*∗, Jurassique supérieur (Oxfordien), Villers-sur-Mer (France). La coquille conservée montre l'ornementation caractéristique de l'espèce. Diamètre : 6 cm.

Céphalopodes : *Ammonoïdes* (suite) [Jurassique et Crétacé]

Comme nombre d'ammonites du Jurassique, les espèces de la famille des Spirocératidés dépendaient étroitement, du fond marin. Leurs coquilles ressemblent à celles de certaines ammonites du Crétacé aux formes inhabituelles, que l'on range aujourd'hui dans le groupe des *Ancyloceras*. L'évolution ontogénétique des lignes de suture est cependant différente dans les deux groupes et justifie leur distinction.

Spiroceras (Ammonitida, Spiroceratidae), est un genre du Jurassique moyen répandu en particulier en Europe. Son étude morphologique détaillée a pu être faite, en particulier sur le riche matériel fourni par l'espèce *S. orbignyi,* qui témoigne d'une extrême et inhabituelle variabilité. Dans la plupart des cas, la coquille a perdu sa symétrie bilatérale, son ornementation est très variée, ses lignes de suture ne sont pas symétriques. La grande extension géographique des espèces du genre *Spiroceras* semble en contradiction avec leur mode de vie quasi sédentaire et benthique. On peut l'expliquer par la dispersion des jeunes individus au gré des courants marins.

Les espèces du genre *Spiroceras* ont des coquilles très costulées, les côtes étant orientées perpendiculairement à l'axe de la coquille et ramifiées. Elles sont interrompues par une bande lisse sur la face externe ; elles portent souvent deux rangées de tubercules, l'une sur le côté, l'autre près du bord externe.

Les Lytocératides sont des ammonites caractéristiques des faunes chaudes téthysiennes, apparues au Trias supérieur. Les formes typiques ont une coquilles évolute à hauteur des tours rapidement croissante ; la surface porte de petits tubercules droits ou arqués, se combinant avec

1 *Spiroceras bifurcati✳,* Jurassique moyen (Bajocien), Enningen (RFA). Diamètre de la coquille : 3,5 cm. Ce genre évoque par son enroulement des ammonites plus anciennes.

2 *Phylloceras bizonatum,* Crétacé supérieur (Coniacien), Lenešice (Tchécoslovaquie). Moule interne presque totalement limonitisé ; diamètre : 2,5 cm.

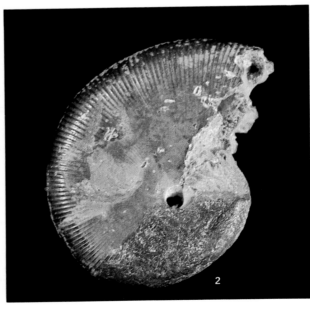

3 *Protetragonites quadrisulcatus**, Jurassique supérieur (Tithonique), Štramberk (Tchécoslovaquie). Coquille évolute caractéristique, à étranglement périodique. Diamètre de la coquille : 6,6 cm.

de petites côtes, des étranglements, etc. ; les lignes de suture sont très complexes ; coquille évolute et section des tours circulaire.

Les espèces du genre *Protetragonites* (Lytoceratida, Protetragonitidae), que l'on trouve dans les sédiments européen, du Jurassique supérieur au Crétacé inférieur, ont des coquilles pourvues de quelques constrictions droites ou faiblement ondulées.

Dans l'ordre des Phyllocératides, la famille des Phyllocératidés offre une distribution mondiale, à l'exception des régions boréales. Morphologiquement, ces ammonites ne se distinguent pas fondamentalement de leurs ancêtres du Trias, mais leurs lignes de suture sont très complexes. Avec les Lytocératides, elles étaient adaptées à la vie dans les profondeurs, vraisemblablement jusqu'à 600 mètres.

Les ammonites du genre *Phylloceras* s. l. (Phylloceratida, Phylloceratidae), sont caractérisée par des coquilles fortement involutes à ombilic étroit ; la surface porte de fines côtes radiales.

Mollusques

Céphalopodes : *Ammonoïdes* [Jurassique]

Les aptychus (de *a,* privatif et *ptuchos* = bord), sont des plaquettes simples ou doubles, chitineurses ou calcaires. On les trouve normalement séparées des coquilles, rarement en place sur l'ouverture ou à l'intérieur des chambres d'habitation. Par endroits, habituellement à de grandes profondeurs, les aptychus ont formé des accumulations considérables (calcaires à aptychus). En s'appuyant sur la forme et l'ornementation externe et interne de la surface des aptychus, on en distingue plusieurs types morphologiques fondamentaux (aptychus : terme général désignant toute pièce calcaire ou cornée ; anaptychus : pièce univalve ; diaptychus : pièce bivalve ; synaptychus : pièce bivalve dont les deux plaques sont au moins partielement soudées). Comme dans la plupart des cas, on ne voit pas bien à quelle espèce d'ammonites appartient un aptychus donné ; c'est la raison pour laquelle ils sont classés en dehors du système de nomenclature linnéen.

Pendant longtemps, les aptychus ont été considérés uniquement comme des opercules d'ammonites. Des études récentes ont toutefois montré que les aptychus font aussi partie d'un appareil masticateur particulier servant à l'écrasement de la nourriture.

La plupart des ammonites anté-jurassiques avaient des mâchoires en forme de bec, semblables aux mâchoires des céphalopodes actuels de la sous-classe des coléoïdes. Les plaquettes chitineuses simples (anaptychus), représentant la mâchoire inférieure, ont été déterminées pour la

1 *Laevaptychus,* Jurassique supérieur (Tithonique), Solnhofen (RFA). Largeur : 4,6 cm. Face interne.

2 *Lamellaptychus*, Jurassique supérieur (Tithonique), Solnhofen (RFA). Largeur : 1,1 cm. Face externe à ornementation lamelleuse caractéristique.

3 *Lamellaptychus* à l'intérieur d'une chambre d'habitation d'ammonite du genre *Neochetoceras,* Solnhofen (RFA). Diamètre de la coquille : 2,8 cm.

première fois chez les goniatites du Dévonien supérieur et on les trouve également chez les Psilocératidés, les Eodérocératidés et les Lytocératidés. Sur les côtés des anaptychus se sont formées parfois deux plaquettes calcaires supplémentaires, les aptychus ; elles se sont développées au cours du Jurassique supérieur et ont les rencontre jusqu'à la fin du Crétacé. En complément des anaptychus et des aptychus, formant ensemble les mâchoires inférieures, on a trouvé les mâchoires supérieure correspondantes (**4**). Certaines ammonites, telles que les *Hoplites* ou les *Acanthoceras,* n'avaient pas d'aptychus. Chez les Lytoceratides du Crétacé supérieur, on a découvert un autre type de mâchoires qui rappelle celles des Nautiloïdés, à pointe de calcite (rhynaptychus). Pour réduire finement leur nourriture, les ammonites utilisaient leur radula.

Le terme de *Laevaptychus* désigne des aptychus épais et large, à surface externe finement poreuse et surface interne délicatement striée, qui auraient appartenu à divers genres dont *Aspidoceras* et *Hybonoticeras.*

Lamellaptychus est un autre type important de mâchoires inférieures d'ammonites, très abondant par endroits, que l'on trouve dans les sédiments, du Jurassique moyen au Crétacé supérieur. Ce sont d'étroites plaquettes courbes à côtes bien marquées sur la surface bombée. Elles appartiennent aussi à divers genres, notamment *Haploceras* et *Oppelia.* Les aptychus trouvés à Solnhofen, en Bavière, sont bien connus ; on les a découverts plus d'une fois à l'intérieur de la chambre d'habitation des ammonites.

Mollusques

Céphalopodes : *Ammonoïdes* (suite) [Crétacé]

Au Crétacé, les Ammonites poursuivent leur extraordinaire développement, avec des formes diverses selon les groupes. Les Phyllocératides ne sont plus représentés que par quelques familles. Chez les Lytocératides, abondent les Ancyloceratacés (du Berriasien à l'Albien), tandis que s'éteignent les Périsphinctacés (Barrémien) ; plus tard se développperont les Turrilitacés et les Scaphitacés. Parmi les Ammonitides enfin dominent les Desmoceratacés (depuis le Valanginien), puis les Hoplitacés (à partir de l'Hauterivien) et les Acanthoceratacés (dès l'Albien), toutes ces superfamilles atteignant le Maastrichtien.

Chez les Périsphinctacés, les ammonites du genre *Neocomites* (Ammonitida, Berriasellidae), ont des coquilles involutes aux côtés aplatis. Les côtes flexueuses vont de l'ombilic à l'ouverture ; elles sont dédoublées au niveau des tubercules peu développés de l'ombilic ; sur les flancs, les côtes se ramifient souvent et d'autres s'intercalent ; sur la partie externe des flancs, se forment des plis allongés disposés en biais.

L'aspect extérieur des coquilles dans la famille des Deshayésitidés rappelle celui des Hoplitidés. L'étude de l'évolution ontogénétique des

1, 2 *Neocomites neocomiensis**, Crétacé inférieur (Néocomien), Eyroles (France). Deux phragmocônes conservés à l'état de moule interne à surface limonitisés. Diamètre : 2 et 2,2 cm. L'allure des lignes de suture est parfaitement visible sur l'un des spécimens (**2**).

3 *Deshayesites forbesi**, Crétacé inférieur (Aptien), Varzy (France). Diamètre : 2,5 cm. Sur le phragmocône limonitisé, on suit parfaitement l'allure des lignes de suture.

6

lignes de suture montre qu'il s'agit d'un phénomène de convergence (la ressemblance est donc écologique et non génétique) et que les Deshayesitidés font partie des Lytocératides, alors que les Hoplitidés sont des Ammonitides. Coquille caractéristique latéralement comprimée, ouverture assez haute, côtes dédoublées ou alternativement longues ou courtes, franchissant le bord externe ; chez certains genres plus tardifs à bord externe plat les côtes peuvent être interrompues.

Les céphalopdes du genre *Deshayesites* (Ammonitida, Deshayesitidae), ont des coquilles plutôt évolutes, à côtes parfois surélevées près de l'ombilic. Genre du Crétacé inférieur connu en Europe, en Amérique et en Australie.

Les Acanthocératacés ont des coquilles d'allure très variée, portant en général des côtes grossières tendant à former des bosses. Certains genres sont cosmopolites, par exemple *Hysteroceras* qui représente une branche d'évolution ancienne.

Les espèces du genre *Hysteroceras* (Ammonitida, Brancoceratidae), ont habituellement de petites coquilles évolutes à section presque carrée ; sur les premiers tours, présence d'une carène sur le bord externe ; les côtes se dédoublent ou bien des côtes longues alternent avec des côtes courtes, avec des tubercules épais sur l'ombilic et, chez certaines espèces, en bordure de la ligne médiane (**6**).

4, 5 *Hysteroceras varicosum,* Crétacé inférieur (Albien), Folkestone (Grande-Bretagne). Les moules internes pyritisés ont des côtes grossières caractéristiques des Acanthocératacés. Diamètre : 2,5 et 1,4 cm.

4

5

Mollusques

Céphalopodes : *Ammonoïdes* [Crétacé] (suite)

La famille des Hoplitidés est caractéristique de l'Albien moyen de l'hémisphère Nord. Les *Euhoplites* (Ammonitida, Hoplitidae), qui existaient en dehors de l'Europe dans les dépôts du Crétacé inférieur du Groenland, ont des coquilles évolutes à face externe plate ou déprimée, avec un profond sillon au-dessus du canal siphonal et de fortes côtes recourbées en S entre les tubercules de l'ombilic.

Le genre voisin *Anahoplites,* du Crétacé inférieur, est connu en de nombreux endroits d'Europe et d'Asie. Les coquilles discoïdes étroites ont les côtés et la face externe aplatis **(5)** ; tours fortement recouvrants et

5

1 *Euhoplites lautus,* Crétacé inférieur (Albien), Folkestone (Grande-Bretagne). Diamètre : 2,2 cm et 1,7 cm. Observer les tubercules ombilicaux d'où partent des côtes ramifiées.

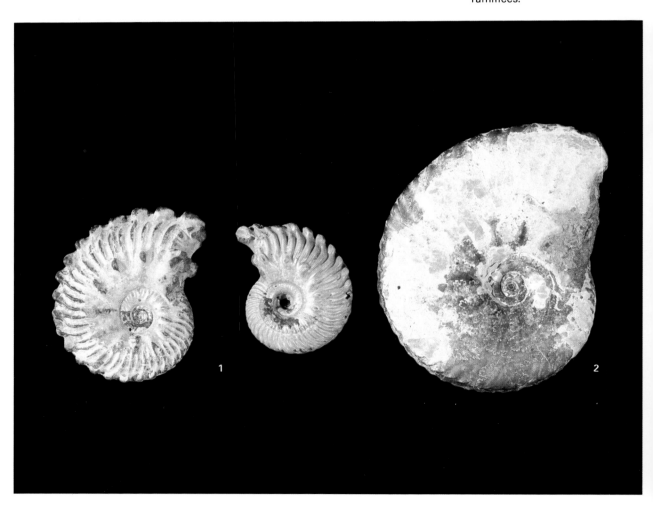

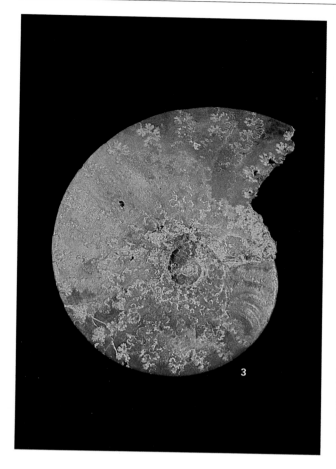

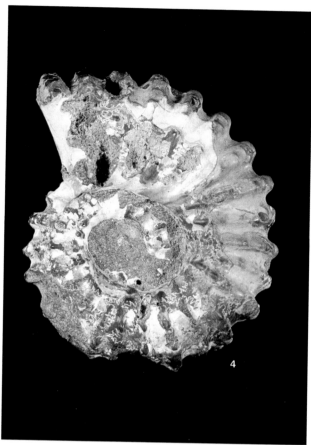

2 *Anahoplites splendens*✳, Crétacé inférieur (Albien), Folkestone (Grande-Bretagne). La surface externe de la coquille originale a été dissoute au cours de la fossilisation, de sorte qu'apparaît la couche nacrée. Diamètre : 3,7 cm.

3 *Proplacenticeras orbignyanum*, Crétacé supérieur (Coniacien), Březno (Tchécoslovaquie). Moule interne limonitisé de phragmocône à lignes de suture, selles et lobes bien visibles. Diamètre : 5,3 cm.

4 *Douvilleiceras mammillatum*✳, Crétacé inférieur (Albien), Machéromenit (France). Moule interne avec restes de couche nacrée ; diamètre : 6,3 cm. Les côtes larges tuberculées constituent un très bon caractère de détermination. Fossile de zone.

très élevés ; côtes nombreuses, recourbées en forme de S sur les côtés, divergeant à partir des tubercules discrets de l'ombilic, nombreux tubercules également présents sur les flancs de la coquille.

La famille des Placenticératidés, voisine des Hoplitidés, possède des coquilles discoïdes à face externe plate et ornementation très comprimée. Ces ammonites sont apparues à l'Albien et se sont éteintes au Maastrichtien. Le genre *Proplacenticeras* (Ammonitida, Placenticeratidae), du Cénomanien au Coniacien, est répandu en Europe centrale et occidentale, en Asie et en Amérique du Nord.

Les coquilles du genre *Douvilleiceras* (Ammonitida, Douvilleiceratidae), ont une section arrondie, comprimée dorsoventralement ou à countours anguleux ; côtes à tubercules ombilicales bien marqués et tubercules latéro-externes ; plus tardivement, une rangée d'autres tubercules se forme sur les côtes arrondies, s'effaçant peu à peu au cours de la croissance. L'espèce *D. mammillatum* caractérise une biozone de l'Albien moyen.

Mollusques

Céphalopodes : *Ammonoïdes* [Crétacé] (suite)

La diversité de formes et d'ornementation des coquilles d'ammonites au Mésozoïque est prodigieux. L'attention des paléontologues, a toujours été attirée par des coquilles d'allure particulière de certaines ammonites dites hétéromorphes, en particulier du Crétacé. Les formes bizarres de ces coquilles sont davantage le reflet d'une adaptation écologique à un certain mode de vie (probablemen benthique) qu'une manifestation de la dégénérescence du groupe. L'extension stratigraphique de ces ammonites montre que les Ancylocératacés, auxquelles elles appartiennent pour la plupart, constituaient écologiquement et phylogénétiquement un ordre fécond.

Au début de leur croissance, les coquilles d'ammonites de la famille des Hamitidés avaient habituellement la forme d'une spirale ouverte ; chez les individus plus âgés, la spirale était suivie par deux ou trois sections droites ou courbes reliées en arc.

1 *Hamites rotundatus,* Crétacé inférieur (Albien), Grande-Bretagne. Longueur des fragments du moule interne : 7 et 4 cm. Les coquilles hétéromorphes, sont caractéristiques du Crétacé.

2 *Baculites gaudini,* Crétacé inférieur (Albien), Cambridge (Grande-Bretagne). Longueur des fragments de moule interne : 5 et 6 cm. Les parties enroulées des coquilles de Baculités étaient très petites ; par contre, le secteur droit pouvait atteindre 2 m de long.

3 *Anahamulina* sp., Crétacé inférieur (Néocomien), Silésie (Tchécoslovaquie). Moule interne incomplet (manque la partie initiale de la coquille), légèrement comprimé au cours de la fossilisation dans un sédiment marneux meuble. Longueur : 10,5 cm. Les coquilles de ce genre n'ont pas de premiers tours enroulés en spirale.

On trouve les espèces du genre *Hamites* (Lytoceratida, Hamitidae), dans les sédiments crétacés presque dans le monde entier. Tours à section circulaire ou aplatie dorso-ventralement ; nombreuses côtes droites franchissant le bord externe mais interrompues latéralement.

Dans le genre *Baculites* (Lytoceratida, Baculitidae), les coquilles débutent par un ou deux petits tours et se poursuivent par une longue partie droite ou faiblement courbée ; section du tour circulaire, ovale ou piriforme ; des coquilles du Crétacé supérieur atteignent 2 m de long. Le genre *Baculites* a laissé une grande quantité de coquilles, ce qui permet de penser que ses représentants vivaient en colonies sur le fond marin. La forme des coquilles montre qu'elles reposaient sur le fond en position plus ou moins verticale.

On trouve le genre voisin *Anahamulina* dans les sédiments du Crétacé supérieur d'Europe et d'Amérique du Nord. Coquille coudée formée par deux segments horizontaux, le plus long se recourbant en genou pour former le bras plus court ; à l'endroit de la courbure on observe souvent des constrictions ; les côtes nombreuses et fines sont orientées obliquement sur le premier bras et perpendiculairement à l'axe de la coquille, sur le second. Les rapports phylogénétiques avec d'autres genres ont été peu étudiés jusqu'à présent.

Mollusques

Céphalopodes : *Ammonoïdes* [Crétacé] (suite)

Les Macroscaphitidés constituent du point de vue de l'évolution un important groupe d'ammonites du Crétacé inférieur. Les coquilles, d'abord évolutes, se sont déroulées ensuite. Le genre caractéristique, *Macroscaphites* (Lytoceratida, Macroscaphitidae), est considéré comme l'ancêtre de nombreux autres groupes d'ammonites du Crétacé supérieur (les Turrilitacés), chez lesquels les parties de coquille enroulées en spirale sont peu visibles ou ont complètement disparu.

Chez les ammonites du genre *Macroscaphites* que l'on trouve dans diverses régions d'Europe, d'Afrique et d'Asie, la coquille est d'abord enroulée en spirale serrée ; lui fait suite un long bras légèrement incurvé, replié vers l'arrière devant l'ouverture ; ombilic large, tours à section elliptique ; dans la partie spiralée, côtes nombreuses et fines, orientées radialement sans interruption sur la face externe des tours ; sur la partie non enroulée, elles sont orientées obliquement. L'espèce *M. yvani* caractérise une biozone du Barrémien en province téthysienne.

4

1

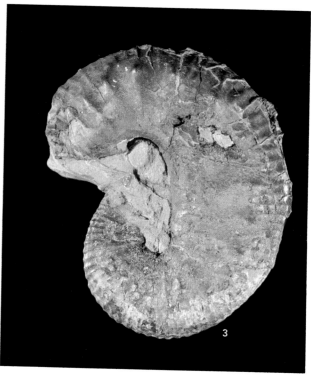

Les coquilles enroulées en spire hélicoïdale sont assez rares chez les ammonites. La famille cosmopolite des Turrilitidés constitue l'une des exceptions. Le canal siphonal reliant les diverses chambres est repoussé, au cours de la croissance, vers le bord supérieur des tours. Cette disposition permettait à l'animal de conserver une plus grande quantité de liquide à l'intérieur du phragmocône, ce qui représente sans doute une adaptation à la vie sur le fond.

Les espèces du genre *Turrilites* (Lytoceratida, Turrilitidae), ont des coquilles à enroulement serré et angle apical aigu ; section des tours presque carrée ; surface ornée de côtes larges, arrondies, portant trois ou quatre rangs de tubercules ; lignes de suture non symétriques (**4**). Dans une certaine mesure, on peut s'étonner, compte tenu du mode de vie fixé, que certaines espèces se soient répandues dans le monde entier.

Les coquilles des jeunes Scaphitités sont fortement involutes au début de la croissance, puis elles s'étendent en un bras plus ou moins long, recourbé en crochet à son extrémité (crosse).

Le genre *Scaphites* (Lytoceratida, Scaphitidae), est répandu à peu près dans le monde entier, dans les sédiments de la fin du Crétacé inférieur et dans presque tous ceux du Crétacé supérieur. Les coquilles ont un bras crochu relativement court. Sur la partie enroulée, on trouve des côtes ramifiées ou intercalées avec des tubercules près de l'ombilic et en position latéro-externe. La grande taille de la chambre d'habitation prouve que la coquille était en position de vie verticale, la crosse en dessous. Vraisemblablement l'animal ne pouvait pas se déplacer facilement.

1 *Macroscaphites yvani*✳, Crétacé inférieur (Barrémien), Grande-Bretagne. Moule interne presque complet. Diamètre de la partie enroulée : 4,5 cm. Par suite de l'emplacement du centre de gravité, il est vraisemblable que, pendant la vie de l'animal, la partie enroulée de la coquille était placée vers le haut. Fossile de zone.

2 *Turrilites costatus*✳, Crétacé supérieur (Cénomanien), Rouen (France). Fragment de moule interne ; hauteur : 5,7 cm. La forme rappelle celle de certains brachiopodes. Ce fossile constituait une partie importante du benthos des mers du Crétacé supérieur. Caractérise une biozone.

3 *Scaphites lamberti*, Crétacé supérieur (Sénonien), Brežno près de Louny (Tchécoslovaquie). Moule interne limonitisé ; longueur : 3,8 cm.

Céphalopodes : *Ammonoïdes* [Crétacé] (suite)

Le début du Crétacé supérieur a encore été une période d'épanouissement pour certains Hoplitacés. La famille des Schloenbachiidés fait
partie de leurs plus anciens représentants, qui vivaient vers la fin du
Crétacé inférieur. Les espèces du genre *Schloenbachia* (Ammonitida,
Schloenbachiidae) se rencontraient surtout dans les eaux froides de
l'hémisphère Nord, répartition géographique qui était aussi celle de
leurs ancêtres. Le genre *Schloenbachia* est un groupe d'ammonites
à coquilles de types variés, involutes et comprimées sur les côtés au
début, évolutes et très bombées ensuite ; caractère remarquable
constitué par la carène plus ou moins dévelopée sur la face interne des
tours (**4**) ; la plupart des espèces portent des tubercules sur les flancs et
près de l'ombilic ; les côtes, pour autant qu'elles soient visibles, sont
courbes, élargies à leur extrémité, près de la ligne médiane. *Schloenbachia* est le genre le plus courant du Cénomanien boréal et, dans le bassin
anglo-parisien, il dépasse habituellement en nombre les autres genres

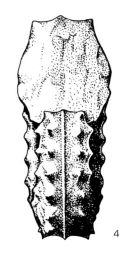

4

1 *Schloenbachia varians*✳, Crétacé supérieur (Cénomanien), île de
Wight (Grande-Bretagne). Moule
interne : 6,8 cm. Fossile de zone.

2 *Mantelliceras mantelli*✳, Crétacé supérieur (Cénomanien),
Rouen (France). Moule interne :
5,9 cm. Fossile de zone.

3 *Mammites nodosoides**, Crétacé supérieur (Turonien), Prague-Bílá Hora (Tchécoslovaquie). Moule interne : 16 cm. Le diamètre des coquilles peut atteindre 30 cm. Fossile de zone.

3

5

d'ammonites. L'espèce *S. varians* caractérise une biozone du Cénomanien d'Europe.

La superfamille des Acanthocératacés a connu son plus grand développement au cours du Crétacé supérieur. La famille du même nom constituait l'un des éléments faunistiques principaux dans les mers du monde entier. Les coquilles du genre *Mantelliceras* ont des tours à peine recouvrants, des côtes larges légèrement courbées et généralement une face externe plate bordée par une rangée de tubercules ; ceux-ci se forment aussi souvent sur les flancs et près de l'ombilic où ils sont en général particulièrement marqués. L'espèce *M. mantelli* caractérise une biozone du Cénomanien des régions téthysiennes.

Le genre voisin *Mammites,* plus récent (Turonien) que le précédent, présente une distribution mondiale. Coquilles évolutes, à section carrée ou trapézoïdale, bord externe aplati ou déprimé ; ornementation à base de tubercules énormes près de l'ombilic et saillants, disposés sur deux rangs, près de la ligne médiane (**5**). Le couple des tubercules ventro-latéraux s'est fondu dans les périodes de croissance ultérieure, en une carène saillante ; côtes larges peu marquées. L'espèce *M. nodosoides* caractérise une biozone du Turonien inférieur d'Europe.

317

Mollusques

Céphalopodes : *Ammonoïdes* [Crétacé] (suite)

Le genre *Acanthoceras* (Ammonitida, Acanthoceratidae), très répandu, se trouve dans les sédiments du Crétacé supérieur. Coquilles à tours faiblement recouvrants, section carrée ; présence de sept rangées de tubercules sur tout le pourtour (**4**) ; chez les individus âgés, les tubercules du bord externe (dans la plan de symétrie) s'estompent tandis que les tubercules ventrolatéraux fusionnent, formant parfois de grandes cornes ; avec la croissance, les côtes perdent de leur importance ; ombilic assez large, ornementation bien marquée, caractère indiquant que les Acanthocératidés n'étaient pas capables de déplacements rapides. L'espèce *A. rhotomagense* caractérise une biozone du Cénomanien d'Europe.

Romaniceras, genre voisin du précédent, existe dans les sédiments cénomaniens et turoniens d'Europe, d'Afrique et d'Asie. Coquille évolute, à section arrondie ou ovale, caractérisée par 9 à 11 rangs de

1 *Acanthoceras rhotomagense**, Crétacé supérieur (Cénomanien), Saint-André (France). Diamètre du moule interne : 16,5 cm. Fossile de zone.

2 *Romaniceras ornatissimum,* Crétacé supérieur (Turonien), Cítov (Tchécoslovaquie). Diamètre du moule interne mal conservé : 7,8 cm. Les coquilles ont des côtes peu marquées et beaucoup plus de tubercules sur le pourtour que les coquilles du genre *Acanthoceras.*

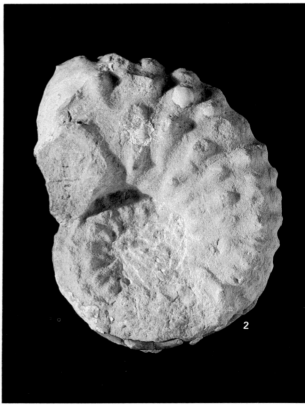

3 *Lewesiceras sharpei**, Crétacé supérieur, Mladá Boleslav (Tchécoslovaquie). Moule interne : 21 cm.

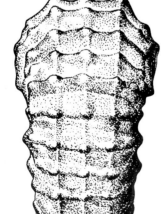

tubercules de même taille, disposés sur le pourtour des tours ; côtes droites et larges, de taille inégale.

Dans la présentation des ammonites du Crétacé supérieur, il ne saurait être question d'oublier la super-famille des Desmocératacés, qui renferme les plus grandes ammonites connues : la coquille de *Parapuzosia seppenradensis* pouvant dépasser 2,5 m.

Les ammonites de la famille des Pachydiscidés atteignaient également des dimensions considérables ; elles sont apparues vers la fin du Crétacé inférieur mais n'ont connu leur acmé qu'au Sénonien. Coquilles légèrement involutes ou évolutes, avec de fortes côtes non interrompues et souvent de gros tubercules, au moins près de l'ombilic.

Le genre turonien *Lewesiceras* (Ammonitida, Pachydiscidae), d'Europe, d'Afrique du Nord, d'Asie méridionale et d'Amérique du Nord est l'ancêtre de nombreux autres genres. Côtes flexueuses sur la face externe déprimées vers l'ouverture ; tours internes affectés par des étranglements peu profonds et de grands tubercules au voisinage de l'ombilic qui, dans les tours suivants, s'aplatissent et se perdent dans les côtes ; entre les côtes principales s'intercalent des côtes plus courtes n'atteignant pas l'ombilic.

Mollusques

Céphalopodes : *Ammonoïdes* [Crétacé] (suite)

La grande diversité morphologique de leurs coquilles prouve que les ammonites vivaient dans des biotopes variés. Les jeunes, vivaient, au moins pendant un certain temps, au sein du plancton et se nourrissaient de micro-organismes. Les points de vue sur le mode de vie des ammonites adultes divergent notablement. Selon certains spécialistes, elles appartenaient au benthos, entre 50 et 200 mètres de profondeur, et menaient une vie comparable à celle des gastéropodes. Leurs mâchoires servaient à ramasser de petits organismes aquatiques se déplaçant lentement près du fond, tels que foraminifères, ostracodes et autres petits crustacés, brachiopodes, coraux, bryozoaires, sans dédaigner les restes d'organismes morts. Certaines observations du contenu stomacal en témoignent. D'autres spécialistes démontrent que la structure des coquilles des ammonites leur permettait de changer de profondeur, comme le fait de nos jours le nautile. Pour eux, les ammonites seraient des animaux pélagiques vivant dans les premiers mille mètres sous la

1 *Collignoniceras woolgari**, Crétacé supérieur (Turonien), Prague-Bílá Hora (Tchécoslovaquie). Moule interne : 21 cm. Fossile de zone du Turonien supérieur. Son extension correspond probablement à la grande transgression de la période du Crétacé.

2 *Peroniceras tricarinatum,* Crétacé supérieur (Coniacien), Vrbičany (Tchécoslovaquie). Moule interne : 34 cm. La coquille, fortement évolute, a trois carènes bien visibles sur la face interne des tours.

surface des océans. Chiffre vraisemblablement exagéré si l'on tient compte de la pression hydrostatique exercée et de la résistance des coquilles alors nécessaire. Les ammonites étaient probablement de mauvais nageurs, pire que les calmars actuels par exemple. Leurs principaux ennemis étaient les reptiles aquatiques, les poissons, les crustacés, sans oublier les autres groupes de céphalopodes.

La famille des Collignonicératidés (de la super-famille des Acanthocératacés), a une distribution mondiale. Le genre turonien *Collignoniceras* (Ammonitida, Collignoniceratidae) recèle des coquilles involutes et évolutes, parfois de grande dimension ; côtes orientées obliquement vers l'ouverture, tubercules ombilicaux, latéro-ventraux et médians ; au cours de la croissance, les premiers migraient peu à peu vers le bord externe, fusionnant parfois avec les autres pour former d'épaisses cornes.

Le genre voisin *Peroniceras* est caractérisé par des coquilles évolutes à section ovale, trapézoïdale ou carrée ; côtes courtes, droites, à profil arrondi, d'où partent des tubercules ombilicaux et s'achevant sur des tubercules cylindriques le long de tubercules latéraux. Comme le précédent, ce genre existe dans les sédiments du Crétacé supérieur, à peu près dans le monde entier.

Mollusques

Céphalopodes (suite) : *Coléoïdes* [Jurassique]

A l'exception des Nautiles, tous les céphalopodes actuels tels que les seiches *(Sepiida),* les calmars *(Teuthida),* les pieuvres *(Octopoda)* font partie des dibranchiaux rapportés à la sous-classe des Coléoïdes. Leurs coquilles, plus ou moins réduites, sont internes, c'est-à-dire recouvertes de tissu mou. Le haut degré d'organisation, en particulier du système nerveux et des organes des sens (perfection des yeux par exemple), permet une comparaison entre céphalopodes et vertébrés. C'est parmi les céphalopodes que l'on trouve les plus grandes espèces d'invertébrés vivant sur la terre. La longueur totale du corps d'un calmar actuel, tentacules compris, peut dépasser 20 m. Certaines espèces sont très mobiles. Par des contractions puissantes de la cavité du manteau, le céphalopode projette violemment l'eau de l'entonnoir musculeux, l'hyponome, véritable réacteur qui le fait se propulser à reculons et lui permet d'atteindre une vitesse de 70 km/h.

Les bélemnites constituent un ordre de dibranchiaux paléontologiquement et stratigraphiquement important. Elles dérivent vraisemblablement des Bactritoïdes dont elles se seraient séparées vers la fin du Paléozoïque. La plus ancienne provient du Viséen de l'Oklahoma : *Eobelemnites careyense.* Mais les bélémnites caractérisent surtout le Jurassique et le Crétacé ; elles se sont éteintes à l'Eocène. La chambre d'habitation des bélemnites est réduite : il n'en reste qu'un test creusé en forme de cuiller (proostracum) situé du côté dorsal. Ce proostracum passe au phragmocône, plus ou moins enveloppé dans un rostre massif. Les rostres, en forme de cylindres, de fuseaux ou de doigts, sont les parties de coquilles habituellement conservées. La cavité cylindrique du phragmocône se nomme alvéole ; à l'opposé, le sommet (apex) est habituellement pointu (acuminé). La section du rostre révèle une structure lamellaire, constituée par des cristaux de calcite filamenteux rayonnant autour de l'axe longitudinal. Sur l'animal vivant, les rostres étaient très poreux et contenaient beaucoup de matière organique.

Les bélemnites jurassiques du genre *Megateuthis* (Belemnitida, Belemnitidae), avaient des rostres de 50 à 60 cm de long. Extrémité apicale entaillée par un sillon ventral et habituellement par deux paires de sillons dorso-latéraux. L'alvéole creusé sur environ le quart de la longueur du rostre. On évalue à 3 m la longueur totale possible du corps des *Megateuthis* (d'où le nom de ce genre). On les trouve en différents endroits d'Europe et d'Asie.

Les céphalopodes du genre voisin *Belemnites* se trouvent couramment dans les sédiments du Jurassique inférieur en Europe, en Asie et en Amérique du Sud. Les rostres sont plus ou moins cylindriques et acuminés ; alvéole creusé sur environ 2/5 de la longueur du rostre ; présence de sillons dorso-latéraux près du sommet.

1, 4, 5 *Megateuthis ellipticus,* Jurassique moyen (Bajocien), Hildesheim, Rohberg et Gündershofen (RFA). Rostre de grande taille (**1**) : 25 cm. Section (**4**) montrant une structure lamellaire caractéristique qui rapelle les cercles d'accroissment des arbres. Diamètre : 5 cm. Enfin, un phragmocône (**5**) divisé en petites chambres à l'intérieur du rostre ; longueur : 8 cm.

2, 3 *Belemnites paxillosus,* Jurassique inférieur (Lias supérieur), Moessingen (RFA). Longueur : 6 et 13 cm ; une huître (**3**) est fixée sur le grand rostre. Après la mort de l'animal, les rostres reposant sur le fond meuble constituaient souvent d'excellents supports où pouvaient se fixer les animaux benthiques.

J

Mollusques

Céphalopodes : *Coléoïdes* [Jurassique] (suite)

L'extrémité postérieure du rostre est parfois prolongée par une formation cylindrique, l'épirostre, reconnaissable à sa structure interne (cristaux de calcite disposés moins régulièrement que dans le rostre). Chez les bélemnites du genre *Salpingoteuthis* (Belemnitida, Belemnitidae), répandus dans les sédiments du Jurassique inférieur et moyen d'Europe et d'Asie, l'épirostre est deux ou trois fois plus long que le rostre. Ces deux formations squelettiques cylindriques sont étroites et s'élargissent progressivement ; près du sommet, on distingue un sillon ventral et deux fines raies dorso-latérales ; alvéole très court ; à son extrémité élargie, la rostre s'évase parfois en entonnoir ; longueur habituelle de l'ensemble : 20 à 30 cm.

La classification des bélemnites, au niveau des genres et des espèces, repose sur la forme générale du rostre, l'aspect de sa surface, le contour de sa section, la position et la taille des sillons courant à sa surface, enfin la profondeur des alvéoles. Certaines espèces du genre *Dactyloteuthis* (même famille), du Jurassique inférieur, ont des rostres en doigt de gant très caractéristique. Même extension que le genre précédent.

Les tentacules des céphalopodes fossiles étaient comme chez les formes actuelles équipés de nombreuses ventouses ou crochets. Les restes de bras récoltés dans les calcaires lithographiques de Solnhofen (Jurassique supérieur) sont décrits sous le terme générique d'*Acanthoteuthis* (**5**). Il est apparu que ces bras appartenaient à des représentants du genre *Hibolites* (Belemnitida, Belemnopsidae), connu dans les sédiments du Jurassique moyen et supérieur d'Europe, d'Asie, d'Amérique du Nord et d'Indonésie. Les rostres mesurent jusqu'à 20 cm ; alvéoles courts de moins du quart de la longueur du rostre ; côté ventral, un profond sillon va du bord antérieur jusqu'au milieu du rostre ; section comprimée dorso-ventralement dans la première partie du rostre, circulaire près du sommet.

Le genre *Duvalia* (Belemnitida, Duvaliidae), est répandu en Europe, en Asie, en Afrique et en Indonésie dans les sédiments du Jurassique moyen au Crétacé supérieur. Ses espèces ont de petits rostres fortement aplatis sur les côtés ; partie ventrale habituellement très élargie et plus bombée que la partie dorsale ; alvéole court.

5

1 *Salpingoteuthis aquarius**, Jurassique inférieur (Toarcien), Holzmaden (RFA). Longueur du rostre avec l'épirostre ; 19 cm. Les longs rostres très minces sont caractéristiques de cette espèce.

2 *Duvalia dilatata*, Crétacé inférieur (Néocomien), RFA. Longueur des rostres : 5,4 et 6 cm. Cette espèce se distingue des autres bélemnites par un rostre fortement aplati latéralement.
3 *Dactyloteuthis irregularis**, Jurassique inférieur (Toarcien), Trimeusel (RFA). Longueur du rostre : 7,2 cm. La forme du rostre en doigt de gant est peu habituelle chez les bélemnites.

4 *Hibolites hastatus**, Jurassique moyen (Callovien), Częstochowa (Pologne). Longueur des rostres : 10 et 11 cm.

Mollusques

Céphalopodes : *Coléoïdes* (suite) [Crétacé]

L'extension stratigraphique du genre cosmopolite *Neohibolites* (Belemnitida, Belemnopsidae) intéresse le Crétacé moyen (de l'Aptien au Cénomanien). Les rostre de *Neohibolites* sont petits, un peu fuselés, de section arrondie ; sillon ventral court ; partie antérieure rarement conservée, car les parois sont peu calcifiées. Parfois, l'alvéole a été modifié à l'intérieur, son volume originel a augmenté par formation d'un pseudo-alvéole. L'espèce *Neohibolites minimus* caractérise une biozone de l'Albien en Europe septentrionale.

On n'a pas entièrement éclairci la question des rapports entre les bélemnites et les autres céphalopodes dibranchiaux. On connaît dans les sédiments du Tertiaire de nombreux types de passage morphologiques entre les bélemnites et les poulpes. La nourriture des bélemnites devait être semblable à celle des calmars actuels, essentiellement à base de crustacés, de mollusques et de poissons. Elles étaient elles-mêmes la proie d'animaux divers (rostres observés dans des contenus stomacaux de plésiosaures, d'ichthyosaures et de certains poissons. Le groupe des bélemnites s'est presque totalement éteint à la fin du Crétacé. Une seule famille, celle des Néobélemnitidés, vivait encore au début du Tertiaire, mais elle s'est éteinte à la fin de l'Eocène.

Les bélemnites du genre *Actinocamax* (Belemnitida, Belemnitellidae), très répandus dans l'hémisphère Nord, ont de petits rostres cylindriques ou fusiformes à section grossièrement circulaire ; rayures dorso-latérales peu marquées à la partie antérieure, et courte fissure alvéolaire côté ventral ; alvéole court et fragile à parois peu calcifiées ; sa destruction donne naissance à une terminaison cylindrique de la partie antérieure du rostre. L'espèce *A. plenus* caractérise une biozone du Cénomanien d'Europe du Nord.

Les bélemnites du genre européen *Gonioteuthis* (même famille), se distinguent des bélemnites du genre précédent par leur pseudo-alvéole et leur courte fissure ventrale ; sommet arrondi formant un court prolongement (mucron). Autre caractère intéressant que l'on trouve chez certaines bélemnites de la fin du Crétacé : des empreintes de vaisseaux sur les côtés et sur la partie ventrale des rostres.

Le genre voisin *Belemnitella* est un important genre de la fin du Crétacé, répandu dans l'hémisphère Nord. Sur l'extrémité antérieure large du rostre et sur le côté ventral existe une fissure qui s'ouvre dans l'alvéole, creusé sur un quart de la longueur totale (**5**). L'espèce *B. mucronata* caractérise une biozone du Maastrichtien en Europe septentrionale.

5

1 *Actinocamax plenus,* Crétacé supérieur (Turonien), Kostelec nad Labem et Nová Ves (Tchécoslovaquie). Longueur des rostres, 83 et 67 cm. Espèce stratigraphique importante. Fossile de zone.

2 *Neohibolites minimus,* Crétacé inférieur (Albien), Eilum (RFA). Longueur du plus grand rostre : 30 mm. Fait partie des plus petites espèces de bélemnites. Fossile de zone.

3 *Gonioteuthis granulata,* Crétacé supérieur (Santonien), Brunswick (RFA). Longueur des rostres : 60 à 70 mm. Rostres bien conservés avec granulation caractéristique à la surface.

4 *Belemnitella mucronata*★, Crétacé supérieur (Maastrichtien), Kent (Grande-Bretagne). Longueur des rostres : 85 et 88 mm. Espèce très abondante dont les rostres arrachés par la mer aux récifs calcaires du nord-ouest et du nord de l'Europe ont été considérés au Moyen Age comme des « pierres de tonnerre » ayant des propriétés curatives. Fossile de zone.

 **Annélides**

Annélides : *Polychètes sédentaires*

Les vers sont très anciens et particulièrement importants du point de vue de l'évolution ; leurs représentants actuels se divisent en plusieurs plylums indépendants, dont celui des Annélides. Ils n'ont laissé que peu de restes fossiles. Ceci est dommage parce que tous les groupes d'invertébrés évolués en proviennent. Le plupart des découvertes concernent les polychètes, annélides de l'ordre des Sédentaires, qui ont fabriqué des tubes calcaires. On trouve souvent de petites mâchoires chitineuses dentées, dites scolécodontes (ordre des polychètes errantes) et des agglomérats de tubes de vers *(Chaetosalpinx, Hicetes)* avec des coraux tabulés. On retrouve aussi assez fréquemment diverses traces de reptation, des pistes et des galeries. On ne peut pas toujours en déterminer l'organisme responsable avec certitude. On trouve également des tumeurs, par exemple sur les rameaux de crinoïdes et dans les touffes de coraux, provoquées par des vers de la famille des Myzostomidés. Les empreintes des corps mous de vers sont extrêmement rares.

1 *Conchicolites confertus,* Ordovicien moyen (Llandeilien), Trubín (Tchécoslovaquie). Groupe de coquilles : longueur de la plus grande : 1,3 cm. Développé sur le bord d'une valve de brachiopode, de sorte que les animaux pouvaient profiter pour trouver leur nourriture du courant d'eau provoqué par son système brachial.

2 *Serpula proteus,* Crétacé supérieur (Sénonien supérieur), Kent (Grande-Bretagne). Dimension de la partie enroulée du tube : 1,5 cm.

3 *Glomerula gordialis*,* Crétacé supérieur (Sénonien), Maestricht (Hollande). Diamètre du tube : 0,5 à 1 mm : longueur de toute la pelote : 11 mm. Enroulements non jointifs.

4 *Spirorbis pusillus,* Carbonifère supérieur (Westphalien), Mine Caroline près de Holzwickede (RFA). Dimension des tubes sur un morceau de bois : 1,5 à 2 mm. Le genre *Spirorbis* est de nos jours exclusivement marin, mais il a aussi vécu dans les eaux douces.

5 *Serpula socialis,* Crétacé supérieur (Turonien), Česká Třebová (Tchécoslovaquie). Longueur du faisceau : 6 cm ; dimension de chaque tube : 0,7 mm. Assez abondant dans les grès à grain fin du Jurassique moyen et du Crétacé.

6

Les premiers tubes de vers du genre cosmopolite *Serpula* (Sedentarida, Serpulidae), ont été trouvés dans les sédiments siluriens, mais ils ne deviennent abondants qu'au Jurassique. Ces tubes peuvent avoir 10 cm de long ; ils sont irrégulièrement ondulés ou enroulés en spirale, la coupe en est circulaire et ils sont pour la plupart fixés au substrat. Très rarement, on trouve de petits opercules coniques.

L'espèce européenne *Serpula socialis* a laissé de nombreux tubes pratiquement droits et groupés en gros faisceaux.

Dans la même famille, les vers du genre *Glomerula,* ont vécu dans le Crétacé européen. Ils ont des tubes longs et minces, de coupe circulaire, généralement pelotonnés.

Les espèces du genre *Spirorbis,* ont été partout abondantes, de la fin du Paléozoïque jusqu'à l'époque actuelle. Les petits tubes minces s'enroulent en spirale autour de divers objets, coquilles ou plantes aquatiques.

On trouve les *Conchicolites* (Cornulitida, Cornulitidae), de l'Ordovicien au Dévonien en Europe et en Amérique du Nord. Ils ont de petites coquilles calcaires en cornets, aux fortes parois ridées obliquement. En petits groupes, ils se développent à travers les coquilles d'autres organismes (**6**).

Arthropodes

Trilobites [Cambrien]

Les Trilobites, invertébrés marins caractérisés par un exosquelette chitineux partiellement minéralisé, ont vécu durant le Paléozoïque, depuis le Cambrien inférieur jusqu'au Permien moyen. Leur taille moyenne varie de 2 à 10 cm chez l'adulte, mais les plus petits ne dépassent pas 2 mm alors que les plus grands atteignent 75 cm. La classification des Trilobites est rendue délicate par notre méconnaissance de l'anatomie des parties molles, du développement ontogénétique depuis le stade larvaire, en raison aussi de fréquents exemples de convergence morphologique. Les classifications proposées successivement depuis plus d'un siècle et demi (Brongniart, le premier, distingua cinq genres en 1822) ont mis l'accent sur tel ou tel caractère jugé comme prépondérant : présence ou non d'yeux composés, structure de ces yeux, nombre de segments thoraciques, forme des plèvres, taille du pygidium, présence et tracé de sutures faciales, etc. En 1897, Beecher proposa une classification fondée sur l'examen du céphalon, plus précisément de la suture faciale et de la partie de la joue située à l'extérieur de cette ligne (joue mobile) ; d'où la distinction de trois ordres : Hypoparia, Opisthoparia et Proparia ; en fait, bien que la justification de Hypoparia soit tombée, il est commode, encore de nos jours, de décrire des formes propariées ou opisthopariées. En 1907, Gürich présenta une classification en deux ordres : les Oligomères, à petit nombre de segments thoraciques (2 ou 3), et les Pliomères, à nombre plus élevé (au moins 5). D'autres classifications, dérivant des précédentes et améliorées, furent proposées jusqu'au milieu du XXᵉ siècle, aboutissant à celle de Hupé en 1953 (Miomères, avec deux superfamilles, et Polymères avec 24 super-familles). Jusqu'à nos jours, le dessin et la position des sutures sont restés au premier rang dans la préoccupation des spécialistes, et les vingt ordres adaptés dans le traité de Moore dans sa seconde édition (1968) sont fondés en premier lieu sur ce critère.

Les Redlichiides sont les plus anciens trilobites, du Cambrien inférieur et moyen. La grande tête porte sur les côtés des pointes génales plus ou moins longues qui font partie des joues libres (**4**) ; sutures de type opisthoparial (c'est-à-dire débouchant vers l'arrière entre les pointes génales et le rachis) ; thorax composé de nombreux segments, pygidium de petite taille.

Les trilobites du genre *Olenellus* (Redlichiida, Olenellidae), se trouvent dans les sédiments du Cambrien inférieur d'Amérique du Nord et d'Europe. Carapace plate, glabelle cylindrique arrondie sur le devant ; pointes génales courtes ; large thorax muni de plèvres prolongées en forme de sabre ; pygidium rudimentaire, avec un dernier segment du rachis terminé par une longue épine.

Les espèces du genre *Paradoxides* (Redlichiida, Paradoxididae), sont répandues dans les sédiments du Cambrien moyen d'Europe, d'Amérique du Nord, d'Afrique du Nord, d'Asie et sans doute aussi d'Australie. Céphalon à glabelle piriforme pourvue de deux ou quatre sillons, yeux développés, sutures faciales opisthopariales, longues pointes génales, hypostome et épistome (pièces entourant la bouche) soudés (**5**) ; thorax formé de 16 à 20 segments ; pygidium petit terminé par un telson

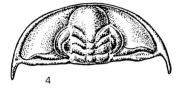

4

1 *Eccaparadoxides pusillus* *, Cambrien moyen, Jince (Tchécoslovaquie). Moule interne presque complet ; longueur : 3,4 cm.

2 *Paradoxides gracilis,* Cambrien moyen, Jince (Tchécoslovaquie). Carapace complète ; longueur : 12 cm. Fossile de zone.

3 *Olenellus thompsoni**, Cambrien inférieur, Nevada (États-Unis). Thorax et pygidium ; longueur : 5 cm.

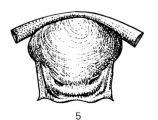

5

spatulé bordé par deux pointes pygidiales. Genre très important pour la stratigraphie du Cambrien moyen de la provice atlantique : en Bohême, l'espèce *P. gracilis* caractérise une biozone.

Dans le genre voisin *Eccaparadoxides,* du Cambrien moyen et de même répartition géographique que le genre précédent, la glabelle a quatre paires de sillons ; labre (hypostome) et rostre (épistome), sont libres ; thorax large ; bord postérieur du pygidium échancré ou bordé d'épines.

Cm

Arthropodes

Trilobites [Cambrien] (suite)

Les trilobites du genre *Hydrocephalus* (Redlichiida, Paradoxididae), se trouvent dans les sédiments du Cambrien moyen d'Europe, d'Asie et d'Amérique du Nord. Carapace plus large que chez *Paradoxides* ; céphalon à glabelle piriforme, avec quatre paires de sillons, labre et rostre non soudés ; thorax formé de 17 ou 18 segments : pygidium court.

Comme chez les autres Arthropodes, les Trilobites subissaient plusieurs mues au cours de leur développement ontogénique. La première phase de la croissance que l'on puisse paléontologiquement étudier est dite phase protaspis (**5**) ; elle est caractérisée par la formation de la première carapace qui mesure de 0,25 à 1 mm. Au cours du stade suivant (meraspis — **6**), des liaisons souples se forment entre les parties du squelette externe ; le nombre des segments du thorax augmente, jusqu'à ce qu'il soit inférieur d'une unité au nombre caractéristique de

1 *Agraulos ceticephalus**, Cambrien moyen, Skryje (Tchécoslovaquie). Amas de carapaces complètes longues d'environ 2 cm.

2, 3 *Sao hirsuta**, Cambrien moyen, Skryje (Tchécoslovaquie). Carapace complète exceptionnellement bien conservée (**3**) et jeune stade holaspis (**2**) ; longueur : 3,8 et 1,2 cm.

4 *Hydrocephalus carens*✱, Cambrien moyen, Jince (Tchécoslovaquie). Carapace presque complète (manquent les joues libres) ; longueur : 14 cm. Espèce localement très abondante dont les carapaces pouvaient atteindre 30 cm de long. La couleur rouille de la carapace est due à une imprégnation limonitique.

Cm

l'espèce considérée. Au stade holaspis, le thorax acquiert son nombre définitif de segments.

Le genre *Sao* (Ptychopariida, Solenopleridae), est l'un des premiers trilobites dont J. Barrande ait décrit (en 1852) les divers stades de croissance. Ce genre appartient à l'ordre polymorphe des Ptychopariidés, qui a connu sa plus grande extension au Cambrien. Glabelle simple subconique se rétrécissant vers l'avant, larges joues fixes, sutures faciales opisthopariales, hypostome uni au céphalon par une suture ou une membrane non calcifiée, thorax formé de plus de trois segments ; pygidium de petite taille.

On considère *Sao* comme un genre endémique de l'Europe centrale. Glabelle granuleuse divisée par de profonds sillons, d'assez grands yeux et de courtes pointes génales ; thorax composé de dix-sept articles, chaque segment portant une longue épine médiane ; pygidium petit ne comportant qu'un seul segment ; ensemble de la carapace très verruqueux, doté d'épines creuses régulièrement disposées qui avaient probablement une fonction de récepteur sensoriel.

On trouve le genre *Agraulos* (Ptychopariida, Agraulidae), dans le Cambrien moyen d'Europe, d'Amérique du Nord et d'Asie. Ce sont de petits trilobites à très grosse tête ; glabelle courte mal délimitée, dotée de sillons en forme d'empreintes, bordure céphalique large ; thorax de seize segments ; petit pygidium sur lequel on ne distingue dans la partie axiale qu'un seul segment.

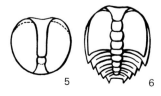

5   6

Arthropodes

Trilobites [Cambrien] (suite)

La morphologie des trilobites du genre *Ptychoparia* (Ptychopariida, Ptychopariidae), abondants dans les sédiments du Cambrien moyen d'Europe centrale, permet d'expliquer certains caractères communs à tous les trilobites. La carapace a un contour ovale, une grosse tête, un grand thorax et un petit pygidium ; glabelle de forme trapézoïdale arrondie, portant quatre paires de sillons ; des excroissances leur correspondent sur la face interne de la carapace : s'y inséraient les muscles moteurs des membres articulés biramés ; joues mobiles séparées du cranidium (ensemble glabelle et joues fixes) par une ligne non minéralisée ou faiblement minéralisée, la suture faciale, et se prolongeant par de courtes pointes génales ; les sutures avaient une grande importance au moment de la mue : la carapace se désarticulait le long de ces lignes, permettant à l'animal de s'en débarrasser. Un caractère important des Ptychopariidés est la nervation radiale développée sur une partie des joues mobiles et du cranidium devant la glabelle ; il s'agit sans doute d'empreintes vasculaires ou de traces laissées par des glandes digestives aboutissant dans l'estomac situé sous la glabelle ; la bouche se trouvait derrière l'hypostome ; l'estomac se prolongeait par un intestin qui courait sous la partie médiane de la carapace et débouchait à proximité de l'extrémité postérieure du

1 *Ptychoparia striata*✳, Cambrien moyen, Jince (Tchécoslovaquie). Deux carapaces complètes ; longueur : 7 et 5,6 cm. Sur la partie de la surface de la tête, on voit nettement les empreintes vasculaires.

1

Cm

2 *Conocoryphe sulzeri✳*, Cambrien moyen, Jince (Tchécoslovaquie). Moule interne de trois
carapaces complètes, longues
d'environ 6 cm. Un caractère remarquable du céphalon est l'étroit
bourrelet périphérique bordé par
un profond sillon.

pygidium. Yeux relativement grands, thorax formé de quatorze articles,
pygidium à rachis bien marqué.

Les trilobites du genre *Ptychoparia* vivaient sur les fonds vaseux ou
sableux de mers peu profondes, se nourrissant de détritus organiques.

Les espèces du genre *Conocoryphe* (Ptychopariida, Conocoryphidae),
se rencontrent dans les sédiments du même âge que *Ptychoparia.* On les
trouve toutefois non seulement en Europe mais aussi en Amérique du
Nord et en Asie. A première vue, les deux genres se ressemblent
beaucoup. Mais *Conocoryphe* a une glabelle conique à trois paires de
sillons, les joues fixes très larges, les joues mobiles étroites, sans yeux ;
à la surface de la tête, on distingue également des traces vasculaires,
limitées à une bande étroite sur les joues, à proximité de leur bord
externe.

Conocoryphe était un trilobite aveugle. On pensait à tort jadis que
l'absence d'yeux faisait partie des caractères primitifs des articulés les
plus anciens. Mais la majorité des trilobites du Cambrien inférieur
possédaient des yeux composés. La réduction progressive des yeux
dans les différentes lignées de trilobites, à diverses périodes, reflète
l'adaptation à un mode de vie fouisseur : l'animal n'avait pas besoin de
voir pour trouver et digérer les éléments organiques du sédiment.

⬤ Arthropodes

Trilobites [Cambrien] (suite)

Le genre *Ellipsocephalus* (Ptychopariida, Ellipsocephalidae), est l'un des plus connus et l'un des premiers décrits parmi les trilobites du Cambrien (1825). On le trouve dans le Cambrien inférieur et moyen en Europe, en Afrique du Nord et au Nouveau-Brunswick. Tête semi-circulaire, beaucoup plus grande que le pygidium ; glabelle à large bordure antérieure ; les yeux sont assez éloignés de la glabelle ; le thorax compte douze à quatorze articles.

Les Agnostidés ont comme caractères communs des dimensions réduites, deux ou trois segments pour le thorax (ce sont des Miomères), une tête relativement grande et un pygidium qui lui ressemble. Les vrais Agnostidés n'ont ni sutures faciales ni hypostome, ni yeux dorsaux. On considère qu'ils étaient aveugles (sans que l'on puisse toutefois écarter l'hypothèse de l'existence d'yeux ventraux). Ils constituent des fossiles courants que l'on utilise de plus en plus en stratigraphie. On pense qu'ils vivaient dans le plancton et que, reposant sur des algues par exemple, ils ont pu être entraînés par les courants marins à de grandes distances. La forme aplatie du corps peut être aussi une adaptation à un mode de vie épiparasite.

Le genre *Agnostus* (Agnostida, Agnostidae), du Cambrien supérieur, a été trouvé en Europe et en Asie. En avant de la glabelle bilobée le céphalon est divisé en deux parties par une rigole médiane ; pygidium composé de trois lobes, le dernier peu élargi n'atteignant pas l'étroite

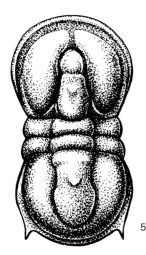

5

1 *Agnostus pisiformis**, Cambrien supérieur, sud de la Suède. Boucliers céphalique et caudal semblables ; longueur : environ 2 mm. Les accumulations de fragments de carapaces des trilobites du Cambrien supérieur sont typiques dans certaines localités du sud de la Scandinavie.

2 *Phalagnostus nudus**, Cambrien moyen, Skryje (Tchécoslovaquie). Carapace complète ; longueur : 8 mm. La surface de la carapace a été colorée par la limonite qui donne aux trilobites des schistes de Skryje un aspect caractéristique.

Cm

4

3 *Condylopyge rex**, Cambrien moyen, Skryje (Tchécoslovaquie). Carapace complète ; longueur : 8 mm. C'est le plus grand Agnostidé connu. Les carapaces pouvaient atteindre jusqu'à 20 mm.

4 *Ellipsocephalus hoffi**, Cambrien moyen, Jince (Tchécoslovaquie). Carapaces complètes ; longueur : 12 à 15 mm. La découverte d'amas de carapaces complètes témoigne de la mort en masse de ces trilobites, probablement par suite de l'abaissement subit de la salinité, à la suite de crues fluviales.

bordure postérieure (**5**). L'espèce *A. pisiformis* caractérise une biozone de Cambrien supérieur de la Province atlantique.

Les membres de la famille des Phalacromidés sont caractérisés par leur carapace très simple ; bouclier céphalique lisse, avec une glabelle mal délimitée ; pygidium semblable au céphalon.

On trouve le genre *Phalagnostus* (Agnostida, Phalacromidae), dans le Cambrien moyen d'Europe, d'Asie, d'Amérique du Nord et d'Australie. Bouclier céphalique semielliptique, le pygidium a une large bordure.

Dans la famille des Condylopygidés, la carapace a pour caractère particulier une glabelle à lobe antérieur plus large que le lobe principal. Les espèces du genre *Condylopyge* (Agnostida, Condylopygidae), se trouvent dans le Cambrien inférieur et moyen d'Europe et d'Amérique du Nord. Bouclier céphalique carré à bordure étroite ; glabelle bilobée, à lobe frontal triangulaire, rachis pygidial étroit, divisé en quatre lobes de longueur inégale.

 **Arthropodes**

Trilobites (suite) [Ordovicien]

L'épanouissement des trilobites s'est poursuivi à l'Ordovicien. Un des groupes les plus répandus a été celui des Asaphidés dont l'extension stratigraphique va du Cambrien supérieur à la fin de l'Ordovicien. Trilobites opisthopariés de forme ovale, lisses, susceptibles de s'enrouler ; glabelle souvent très peu distincte des joues fixes ; bordure céphalique large, le rostre souvent absent ; thorax formé de six à neuf segments, pygidium bien développé. Les Asaphidés proprement dits ont toujours huit segments thoraciques ; un caractère remarquable est l'effacement progressif de la segmentation de la tête et du pygidium. En cas de danger, ces trilobites savaient se mettre en boule : la face ventrale de la tête s'appliquait étroitement au pygidium et les plèvres se recouvraient partiellement. L'enroulement de la carapace constitue également une réaction physiologique naturelle de l'individu avant sa mort. Les Asaphidés vivaient surtout dans les mers chaudes.

1 *Nobiliasaphus nobilis*✲, Ordovicien moyen (Caradocien), Zahořany (Tchécoslovaquie). Empreinte de carapace complète (complétée par sa contre-empreinte) ; longueur : 21 cm. L'articulation du céphalon est influencée par la percée de l'hypostome au travers de la carapace dorsale.

2 *Megistaspis aliena,* Ordovicien inférieur (Llanvirnien), Prague-Li-buš (Tchécoslovaquie). Moule interne (les joues mobiles ont été cassées) ; longueur : 3,2 cm. La carapace de certaines espèces du nord-ouest de l'Europe pouvait atteindre 35 cm.

3 *Asaphus expansus*∗, Ordovicien inférieur (Arénigien), Suède. Carapace complète ; longueur : 6,7 cm.

2

3

Le genre *Asaphus* (Ptychopariida, Asaphidae), rassemble des trilobites très courants de l'Ordovicien inférieur et moyen du nord-ouest de l'Europe. Ni la tête ni le pygidium n'ont de bordure ; la longue glabelle touche au bord antérieur de la carapace ; le rachis thoracique est large, celui du pygidium effilé et bien marqué. Les Asaphus vivaient sur le fond, partiellement enfouis dans les sédiments. Les yeux, bien développés et très bombés, parfois pédonculés, ressortaient au-dessus du fond. Chez *Asaphus expansus,* on a découvert pour la première fois les organes de Pander : ensemble d'excroissances situées sur les joues fixes et sur la doublure pleurale, bordées postérieurement par de petites fentes. Ces excroissances avaient pour rôle de régler le recouvrement des plèvres pendant l'enroulement, les fentes représentant le débouché des organes d'excrétion.

Les trilobites du genre voisin *Megistaspis* ont vécu en Europe à l'Ordovicien inférieur et moyen. Carapace plate à segmentation peu marquée de la tête et du pygidium, yeux petits, joues prolongées par des épines.

Les espèces du genre *Nobiliasaphus* (même famille), ont vécu en Europe à l'Ordovicien moyen et supérieur. Carapaces plates pouvant atteindre 40 cm de long ; tête et pygidium nettement articulés par des épines ; remarquables sculptures en paliers à la surface du céphalon et du pygidium ; ce dernier est très grand, portant sur son axe des rides en forme de V. Le genre vivait sur le fond.

339

Arthropodes

Trilobites [Ordovicien] (suite)

Les Odontopleuridés, remarquables en particulier par leur carapace épineuse, vivaient déjà à la fin du Cambrien moyen. Les représentants les plus récents appartiennent au Dévonien supérieur. La petite carapace a en général une glabelle à segmentation complexe marquée par de profonds sillons ; sutures faciales de type opisthoparial ou proparial (branche postérieure des sutures faciales aboutissant soit en arrière, soit en avant de l'angle génal) ; yeux de petite taille, céphalon à surface en général épineuse ; hypostome appliqué contre le rostre ; les segments thoraciques et pygidium (petit) sont en général couverte d'épines.

Le genre *Selenopeltis* (Odontopleurida, Odontopleuridae), rassemble des trilobites importants de l'Ordovicien, répandus depuis la Méditerranée jusqu'au centre et à l'ouest de l'Europe. Tête rectangulaire à large glabelle ; joues mobiles à large bordure et longues épines faciales ; plèvres de chacun des neuf segments thoraciques prolongées par une courte épine antérieure transversale et une longue épine postérieure disposée obliquement. La grande dimension et la structure massive de la carapace témoignent d'un mode de vie benthique. Les longues épines constituent une adaptation à la vie sur un fond meuble. Les nombreuses découvertes de petits échinodermes de la classe des Edrioastéroïdes qui se fixaient sur la carapace de ces tribolites vivants montrent qu'ils ne s'enfouissaient pas, même occasionnellement, dans les sédiments.

1 *Selenopeltis buchi**, Ordovicien supérieur (Ashgillien), Trubín (Tchécoslovaquie). Carapace complète ; longueur : 4,1 cm.

2

2 *Dalmanitina socialis**, Ordovicien moyen (Caradocien), Drabov près de Beroun (Tchécoslovaquie). Longueur des carapaces : 6 à 7 cm. L'accumulation de carapaces entières dans les lumachelles prouve l'extinction massive de cette espèce par suite d'une modification subite des propriétés physiques ou chimiques du milieu.

Les plus anciens Phacopides sont apparus au début de l'Ordovicien et les derniers se sont éteints à la fin du Dévonien. Les caractères communs aux représentants de cet ordre sont des sutures faciales propariales, une glabelle bien circonscrite subdivisée par trois paires de sillons, et un pygidium de taille moyenne ou grande. Les articles du thorax comportent souvent des facettes d'articulation, ce qui correspond à une très bonne capacité à l'enroulement.

Dalmanitina (Phacopida, Dalmanitidae), se trouve dans les sédiments de l'Ordovicien moyen et supérieur en Europe, en Afrique du Nord, en Amérique du Nord et en Asie orientale. Céphalon à bordure bien marquée ; glabelle piriforme saillant hors de la bordure céphalique et divisée par des sillons obliques ; sur les lobes palpébraux surélevés (région située de part et d'autre de la glabelle vers l'arrière), on trouve des yeux schizochroaux (yeux composés dont chaque lentille possède sa cornée propre). Les pointes génales sont courtes ; le pygidium comporte six à huit paires de côtes et s'achève par une longue épine arquée. Chez ces trilobites la forme des carapaces et la perfection des yeux permettent de supposer qu'ils vivaient dans le necton. L'espèce *D. socialis* caractérise une biozone de l'Ordovicien supérieur de Bohême.

Trilobites [Ordovicien] (suite)

Parmi les Phacopides existent de nombreuses espèces aux yeux totalement réduits, par exemple dans le genre *Placoparia* (Phacopida, Pliomeridae). On les trouve dans les sédiments de l'Ordovicien moyen d'Europe et d'Afrique du Nord. La glabelle a trois paires de sillons profonds, les joues fixes sont très bombées, les joues mobiles très étroites ; le thorax compte dix à douze articles ; le pygidium est petit. Les Placoparides vivaient dans le benthos des zones tempérée et froide, cherchant leur nourriture à l'intérieur des sédiments.

Le genre *Bavarilla* (Phacopida, Homalonotidae), rassemble les plus anciens représentants de la famille des Homalonotidés connus. Ils vivaient dans l'Ordovicien inférieur d'Europe centrale. Les yeux sont grands, les joues mobiles portent de courtes pointes génales ; le thorax a treize articles, le large mais petit pygidium en compte trois.

Les Cyclopygidés étaient des trilobites spécialisés à carapaces fortement bombées, munis d'une tête exceptionnellement volumineuse ; joues fixes formant une bande étroite ; yeux exceptionnellement grands, possédant chacun jusqu'à 3500 lentilles biconvexes, occupant presque toute la surface des joues mobiles et se poursuivant sur la face ventrale, s'y rejoignant ou seulement séparés par une bande étroite ; thorax formé de cinq ou six segments à larges anneaux médians constituant avec l'axe du pygidium un grand lobe cylindrique.

Le genre *Pricyclopyge* (Ptychopariida, Cyclopygidae), se rencontre dans les sédiments ordoviciens du centre et de l'ouest de l'Europe. Glabelle, fortement élargie vers l'avant, présentant une paire d'empreintes musculaires ; chez certaines espèces, le dernier des six articles

3

1 *Pricyclopyge prisca*✳, Ordovicien inférieur (Llanvirnien), Osek près de Rokycany (Tchécoslovaquie). Moule interne ; longueur : 4,5 cm. Les fossettes sur le troisième segment thoracique sont considérées comme des organes luminescents.

2 *Ectillaenus parabolinus,* Ordovicien inférieur (Llanvirnien), Prague-Vokovice (Tchécoslovaquie). Moule interne, longueur : 6 cm. Les yeux régressés montrent que ces animaux ne chassaient pas leur nourriture mais qu'ils se nourrissaient soit de sédiments ou de particules en suspension, soit d'animaux morts.

3 *Placoparia barrandei,* Ordovicien inférieur (Llanvirnien), Prague-Šárka (Tchécoslovaquie). Carapace complète ; longueur : 4 cm. L'individu s'est conservé dans une concrétion résultant de la précipitation de sédiments autour de son corps en décomposition.

4 *Bavarilla hofensis*✳, Ordovicien inférieur (Trémadocien), Brloh (Tchécoslovaquie). Amas de carapaces entières, déformées par la pression, longues de 3 cm environ.

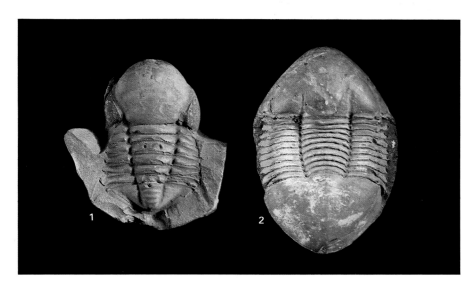

O

4

5

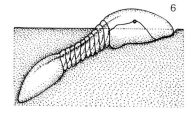

6

thoraciques se prolonge par une épine latérale de chaque côté
(**5** – bouclier céphalique du côté ventral). Ces animaux vivaient dans
des eaux froides. Ils nageaient sans doute sur le dos comme les
limules actuelles.

Le genre *Illaenus* (Ptychopariida, Illaenidae), est caractérisé par une
carapace convexe lisse et de petits bourrelets étagés ; le thorax compte
huit à douze segments ; le pygidium est grand et ressemble souvent à la
tête. Ces trilobites étaient adaptés au fouissement à l'intérieur des
sédiments argileux. Sur les carapaces complètes, quand elles ne sont
pas enroulées, la tête fait avec le thorax un certain angle ; elle devait
reposer à plat sur le fond, thorax et pygidium étant enfouis (**6**).

Trilobites [Ordovicien] (suite)

Les représentants de la famille des Trinucleidés de l'Ordovicien, ont une carapace très caractéristique : céphalon semi-circulaire ou triangulaire, très convexe, avec une forte glabelle et une large bordure doublement perforé ; joues prolongées par de très longues épines ; thorax court, comptant cinq à sept segments ; pygidium petit, semi-circulaire ou triangulaire. Ces trilobites creusaient légèrement les sédiments. Comme le montre la découverte d'une cavité chez un individu du genre *Tretaspis,* il y avait un estomac à l'intérieur de la glabelle, se prolongeant vers l'arrière par un intestin. La bordure de la carapace devait servir de récepteur sensoriel, indiquant les changements du courant ; ou bien elle servait à creuser le substrat. Des glandes digestives devaient se trouver à l'intérieur. Les longues pointes génales (**4**) contribuaient à la stabilisation de l'animal sur le fond.

On trouve le genre *Onnia* (Ptychopariida, Trinucleidae), dans les sédiments de l'Ordovicien moyen et supérieur dans diverses régions d'Europe, d'Afrique du Nord et d'Amérique du Sud. La glabelle ne montre qu'une seule paire de sillons ; les yeux ne sont pas développés ; l'anneau occipital se prolonge par une épine, généralement brisée.

Les espèces du genre *Amphytrion* (Ptychopariida, Ramapleuridae), de l'Ordovicien supérieur du centre et du nord de l'Europe, sont un exemple typique de la famille des Ramapleuridés. Céphalon semi-circulaire ; glabelle exceptionnellement élargie (le lobe antérieur mordant sur la bordure céphalique par un bombement plus étroit) et subdivisée par trois paires de sillons simples ; les grands yeux composés la circonscri-

1 *Flexicalymene incerta,* Ordovicien moyen (Caradocien), Zahořany (Tchécoslovaquie). Carapace complète ; longueur : 7,5 cm.

2 *Amphytrion radians**, Ordovicien supérieur (Ashgillien), Králův Dvůr (Tchécoslovaquie). Moule interne et restes de carapace ; longueur : 4 cm. Les joues mobiles ont été brisées.

3 *Onnia abducta,* Ordovicien moyen (Caradocien), Prague-Velká Chuchle (Tchécoslovaquie). Carapace complète ; longueur : 1,3 cm.

3

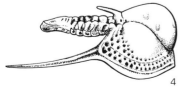

4

vent presque totalement ; ils ont jusqu'à 15 000 lentilles ; joues mobiles prolongées par de longues épines ; le thorax compte onze segments ; le pygidium est court, avec des plèvres étroites terminées par deux paires d'épines. La carapace plate, à structure légère, était adaptée à la vie sur un fond meuble.

La famille des Calyménidés fait partie des trilobites communément récoltés dans les sédiments de l'Ordovicien inférieur au Dévonien. Carapace massive, fortement bombée ; céphalon trapézoïdal, subdivisé par trois paires de sillons profonds ; la branche postérieure de la suture faciale aboutit sur le bord du céphalon dans l'angle génal ; les yeux sont généralement petits ou moyennement grands ; thorax composé de douze à treize segments ; pygidium moyen ou grand.

Le genre *Flexicalymene* (Phacopida, Calymenidae), regroupe des trilobites cosmopolites dont on trouve les restes dans divers types de sédiments clastiques de l'Ordovicien moyen au Silurien. Tête semi-circulaire ; yeux petits. On trouve souvent des carapaces complètes attestant leur mode de vie fouisseur.

Trilobites (suite) [Silurien]

Après le grand développement des trilobites au cours du Cambrien et de l'Ordovicien, un certain déclin s'est amorcé dès l'Ordovicien supérieur. La diversité générique des trilobites du Silurien est moindre que celle des périodes précédentes. Les Encrinuridés forment une famille cosmopolite dont l'extension stratigraphique va de l'Ordovicien au Silurien supérieur. Glabelle développée jusqu'en avant de la bordure céphalique ; thorax composé de six à douze segments ; pygidium constitué par plus d'une dizaine de segments à courtes épines pleurales. La surface perforée de la carapace est l'un des caractères du groupe.

Les trilobites du genre *Cromus* (Phacopida, Encrinuridae) étaient de petits animaux répandus au Silurien en Europe, en Afrique du Nord et en Australie. La glabelle compte quatre paires de sillons ; les yeux lui sont étroitement accolés ; le thorax compte dix segments ; le pygidium est grand, frangé par de courtes épines. Ces trilobites habitaient surtout les eaux peu profondes des mers tropicales et subtropicales. Ils devaient se tenir sur le fond, se nourrissant de restes organiques.

On trouve des Cheiruridés de l'Ordovicien inférieur au Dévonien moyen, avec de nombreux genres cosmopolites. Leurs représentants ont de petits yeux ou sont aveugles, le rostre est développé, l'hypostome libre ; les plèvres sont pointues ou arrondies ; le pygidium compte deux

1 *Cromus beaumonti,* Silurien supérieur (Ludlowien), Zadní Kopanina (Tchécoslovaquie). Carapace presque complète ; longueur : 1,6 cm. La tête et le pygidium sont assez fréquemment récoltés, mais la découverte de carapaces entières est rare.

2 *Sphaeroxochus mirus*, Silurien inférieur (Wenlockien), Lištice près de Beroun (Tchécoslovaquie). Cranidium isolé (2) et pygidium (3) ; taille : 1,3 et 0,8 cm.

3 *Bumastus hornyi,* Silurien inférieur (Wenlockien), Prague-Jinonice (Tchécoslovaquie). Individu exceptionnellement bien conservé, à carapace pratiquement intacte ; longueur : 4,5 cm.

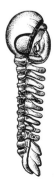

à quatre paires de segments pleuraux et d'épines pleurales ; surface de la carapace souvent granuleuse.

Le genre *Sphaeroxochus* (Phacopida, Cheiruridae), a vécu de l'Ordovicien inférieur au Silurien dans presque toutes les mers sauf dans les régions de l'Amérique du Sud. Bouclier céphalique dominé par une glabelle cylindrique ; présence de deux paires supplémentaires de courts sillons glabellaires latéraux formant des lobes ovales ; thorax composé de dix segments ; pygidium divisé en trois anneaux se prolongeant par des lebes (**4**) ; la carapace, exceptionnellement robuste et bombée, constitue une adaptation à la vie benthique dans des eaux agitées, au voisinage des récifs coralliens, à faible profondeur.

L'extension stratigraphique du genre cosmopolite *Bumastus* (Ptychopariida, Illaenidae), va de l'Ordovicien moyen au Silurien supérieur. La carapace très bombée est caractérisée par un large bouclier céphalique et un grand pygidium non segmentés. Thorax composé de dix segments ; les yeux sont assez bien développés, à la différence de beaucoup d'Illénidés de l'Ordovicien. Les carapaces lisses témoignent d'un mode de vie partiellement fouisseur. Comme on trouve ces trilobites également dans les sédiments coralliens, on pense qu'ils pouvaient vivre aussi dans les anfractuosités des récifs.

Arthropodes

Trilobites [Silurien] (suite)

Les Proetacés sont apparus à l'Ordovicien inférieur et ont connu leur acmé du Silurien au Dévonien. C'est la seule super-famille de trilobites dont les représentants couvrent pratiquement l'ensemble du Paléozoïque (du Cambrien supérieur au Permien). La plupart sont petits, ont un céphalon régulièrement incurvé, une glabelle arrondie à l'avant, des sutures faciales du type opisthoparial et de grandes joues mobiles, normalement pourvues de pointes génales ; le thorax compte jusqu'à 17 articles ; le pygidium a généralement un bord lisse. Les Proetacés ont atteint leur plus grande diversité dans les mers peu profondes, très éclairées, bien aérées. Ils vivaient en général sur le fond. Les espèces ont une répartition stratigraphique étroite et sont souvent liées à un faciès local.

Le genre *Prionopeltis* (Ptychopariida, Proetidae), est connu surtout dans les dépôts du Silurien de Bohême et du Harz ; il est rare en Afrique du Nord. Carapace peu bombée ; glabelle large, en languette, séparée du bord antérieur du bouclier céphalique par un large champ pré-glabellaire ; thorax composé de dix articles ; plèvres pygidiales prolongées en épines ; carapace mince ; la forme des yeux témoigne d'un grand champ visuel et la faible étendue des surfaces sensorielles montre que les *Prionopeltis* étaient de bons nageurs.

Aulacopleura (Ptychopariida, Otarionidae), appartient au Silurien d'Europe, d'Afrique du Nord et du Groenland. La glabelle occupe environ la moitié de la longueur du bouclier céphalique, les yeux se trouvent au niveau de la partie antérieure de la glabelle ; thorax de douze à vingt-deux articles. Les espèces de ce genre sont parmi les premiers Proetacés qui aient vécu dans des eaux plus profondes, bien qu'on les trouve également dans des types de sédiments d'eaux peu profondes. Ils vivaient probablement sur le fond ou nageaient près du fond.

Les Harpidés sont des trilobites cosmopolites du Cambrien supérieur au Dévonien moyen. Le grand bouclier céphalique en demi-cercle, à large bordure dédoublée, se prolonge par de puissantes pointes génales ; surface lisse, papilleuse ou réticulée ; yeux de petite taille ; on trouve chez les trilobites de cette famille jusqu'à vingt-neuf segments thoraciques ; le pygidium est très petit. On n'a pas jusqu'ici déterminé avec certitude la fonction de la bordure céphalique : elle servait peut-être à creuser légèrement les sédiments meubles, à nager ou s'ancrer solidement au sol.

Le genre *Bohemoharpes* (Ptychopariida, Harpidae), représentant typique de la famille, se trouve dans les couches du Silurien européen. La glabelle se rétrécit nettement vers l'avant ; les yeux simples se trouvent sur des lobes bien marqués.

4

1 *Prionopeltis striata,* Silurien supérieur (Pridolien), Kosov près de Beroun (Tchécoslovaquie). Carapace complète ; longueur : 1,2 cm.

2, 4 *Bohemoharpes ungula,* Silurien supérieur (Ludlowien), Kosov près de Beroun (Tchécoslovaquie). Carapace complète ; longueur : 2,5 cm. Les carapaces sont souvent pliées en deux au niveau du thorax, formant un petit disque (4).

3 *Aulacopleura konincki**, Silurien inférieur (Wenlockien), Loděnice (Tchécoslovaquie). Amas de carapaces complètes et de leurs fragments, colorés par la limonite ; longueur maximum : 2 cm. Ces amas ont probablement été constitués à la suite d'une intoxication due aux gaz libérés par une intense activité volcanique.

S

Arthropodes

Trilobites [Silurien] (suite)

On rencontre des carapaces épineuses dans divers groupes de trilobites. Elles existent même dans les stades ontogéniques jeunes (protaspis et meraspis) des espèces à carapace lisse chez l'adulte. Elles sont particulièrement caractéristiques chez les Odontopleuridés. Le genre *Leonaspis* (Odontopleurida, Odontopleuridae), est répandu du Silurien inférieur au Dévonien moyen en Europe et dans les deux Amériques. Carapace assez petite, céphalon trapézoïdal arrondi à large glabelle ; les côtes du bouclier céphalique, les joues et l'extrémité des plèvres se prolongent en épines orientées obliquement vers l'arrière ; le pygidium est lui aussi épineux.

Les espèces du genre voisin *Miraspis* font partie des trilobites épineux les plus courants des mers européennes du Silurien inférieur. Le large bouclier céphalique a une glabelle et des yeux à l'extrémité de longs pédoncules, avec deux longues épines recourbées en sabre et orientées vers l'arrière ; les pointes génales, très effilées, sortent du côté supérieur du bouclier céphalique dont les bords portent aussi de fines épines (**4**) ; le thorax compte neuf segments ; le pygidium a onze paires de petites épines dont la troisième est renforcée et prolongée ; les épines n'étaient

4

1 *Leonaspis roemeri,* Silurien inférieur (Wenlockien), Loděnice (Tchécoslovaquie). Longueur de la plus grande carapace : 9 mm. Le milieu dans lequel vivaient ces trilobites était souvent empoisonné par les émissions de gaz résultant d'une intense activité volcanique.

2 *Miraspis mira*,* Silurien inférieur (Wenlockien), Loděnice (Tchécoslovaquie). Longueur de la petite carapace : 11 mm. Compte tenu de leurs contacts limités avec le substrat, ces trilobites se nourrissaient vraisemblablement de petits organismes aquatiques.

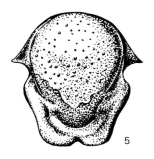

5

pas orientées seulement vers les côtés mais aussi vers le haut et vers le bas.

La fonction des épines chez les trilobites est l'objet de nombreuses discussions. Par analogie avec les crustacés épineux vivants, on pense qu'elles servaient à maintenir l'equilibre des très petits individus et des larves au milieu du plancton. Mais chez les grands individus, ces épines n'étaient pas suffisamment efficaces. Leur fonction principale était plutôt protectrice que stabilisatrice ou directrice. Les épines orientées vers le bas maintenaient l'animal au-dessus du fond pendant son repos.

Certains trilobites de la famille des Cheiruridés ont de larges épines massives. On trouve le genre cosmopolite *Cheirurus* (Phacopida, Cheiruridae), dans les couches de l'Ordovicien supérieur et du Silurien. Il fait partie d'une branche de trilobites dont l'évolution a été assez lente, ses représentants de l'Ordovicien et ceux du Dévonien étant très semblables. La glabelle s'élargit vers l'avant et dépasse le bord antérieur du bouclier céphalique (**5**) ; elle a trois paires de sillons ; le thorax compte onze segments, l'extrémité des plèvres est mobile et se prolonge par des épines émoussées ; le pygidium a un axe cylindrique et trois paires de courtes épines massives recourbées vers l'arrière ; la surface de la carapace est verruqueuse.

3 *Cheirurus insignis*∗, Silurien inférieur (Wenlockien), Lištice (Tchécoslovaquie). Carapace presque complète, déformée par la pression ; longueur : 3 cm. Ce trilobite habitait les mers chaudes du Wenlockien supérieur ; il était particulièrement abondant à proximité des sommets volcaniques sousmarins.

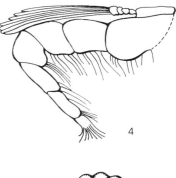

Arthropodes

Trilobites (suite) [Dévonien]

Les trilobites de la famille des Phacopidés étaient répandus dans le monde entier et formaient une partie importante de la faune marine du Silurien et du Dévonien. En dehors des éléments qui caractérisent également les autres groupes du sous-ordre des *Phacopina* (yeux schizochroaux, sutures faciales de type proparial, rostre non développé, thorax à onze éléments parfaitement articulés, etc.), les Phacopidés sont remarquables en particulier par la glabelle qui s'élargit fortement vers l'avant, par le bord postérieur arrondi du pygidium et par l'extrémité des plèvres thoraciques. Leurs carapaces sont souvent enroulées. Dans un enroulement parfait, le bord postérieur du pygidium tombe dans le sillon de la face inférieure du céphalon. L'enroulement est considéré habituellement comme un mode de défense passive. Le caractère le plus remarquable développé chez les représentants de l'ordre tout entier, mais particulièrement étudié chez les Phacopidés, est un type particulier de l'appareil visuel (yeux schizochroaux), très perfectionné, que l'on ne rencontre dans aucun autre groupe animal. On trouve les Phacopidés aussi bien dans les sédiments d'eaux peu profondes que dans ceux de

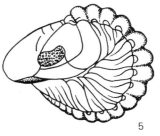

1 *Phacops ferdinandi,* Dévonien inférieur (Emsien inférieur), Bundenbach (RFA). Carapace complète déformée par la pression ; longueur : 6,1 cm. Ce trilobite est l'un des fossiles les plus courants des schistes du Hunsrück, qui se sont formés dans un milieu vaseux tranquille, sans doute vers 200 mètres de profondeur.

2 *Phacops latifrons**, Dévonien moyen (Eifélien), Gerolstein (RFA). Deux carapaces entièrement enroulées, de 8 à 10 mm de largeur maximale. Les carapaces complètement enroulées se sont souvent conservées grâce à la solide articulation entre les segments du thorax et la parfaite liaison du squelette thoracique au bouclier céphalique ou au bouclier pygidial.

3 *Reedops cephalotes*, Dévonien inférieur (Praguien), Damil près de Tetín (Tchécoslovaquie). Carapace complète ; longueur : 2,6 cm. On trouve en général des carapaces complètes enroulées. Cette espèce aux yeux bien développés vivait probablement sur les sédiments ou nageait au-dessus du fond.

plus grandes profondeurs. Ils trouvaient les conditions optimales de leur développement dans les eaux peu profondes de la zone climatique chaude.

Les trilobites du genre *Phacops* (Phacopida, Phacopidae) ont vécu du Dévonien inférieur au Dévonien moyen dans le monde entier. L'étude aux rayons X, grâce à la pyritisation des matériaux, a permis de découvrir la structure des appendices biramés et du système digestif de ces trilobites. Derrière les antennes paires non ramifiées, on a trouvé sur la tête trois autres paires d'appendices ; de même, des appendices fourchus et articulés se rattachaient â chaque segment du thorax et du pygidium. Ces éléments articulés étaient construits sur le même modèle chez tous les trilobites : la branche principale longue (endopodite ou télépodite) constituait la jambe proprement dite et la branche plus courte située au-dessus (exite), évoquant une plume d'oiseau, servait propablement à la nage ou à la respiration (**4**).

Le genre *Reedops* (même famille) va du Dévonien inférieur au début du Dévonien supérieur en Europe, en Afrique du Nord, en Asie et en Amérique du Nord. Carapace (**5**) assez étroite, glabelle lisse, le lobe frontal saillant hors du bord antérieur du bouclier céphalique ; segmentation pygidiale peu apparente.

On trouve les trilobites du genre *Reedops* surtout dans les sédiments à grains fins qui se sont déposés dans les eaux profondes.

 **Arthropodes**

Trilobites [Dévonien] (suite)

Le genre *Odontochile* (Phacopida, Dalmanitidae), du Dévonien inférieur, rassemble des trilobites caractéristiques répandus sur presque tout le globe. La carapace est elliptique, avec une large bordure céphalique ; glabelle divisée par trois paires de sillons profonds ; les yeux (**7** – détail) sont grands, les joues se prolongent en longues pointes génales ; grand pygidium à nombreux anneaux (16 à 22) large bordure terminée en pointe.

Les trilobites de la sous-famille des Astéropyginés sont caractéristiques du Dévonien supérieur. Le pygidium épineux et les longues épines

1, 2 *Asteropyge punctata*, Dévonien moyen (Eifélien), « Trilobitenfelder » près de Gees (RFA). Carapace enroulée (**1**) et incomplète (**2**) ; largeur : 1,7 et 1,3 cm. Trouvailles provenant d'une riche localité connue des collectionneurs dès le milieu du XIXe siècle. Dans les calcaires à grains fins, on trouve 22 espèces de trilobites sans compter d'autres formes de la faune.

3 *Odontochile hausmanni*✻, Dévonien inférieur (Praguien), Lochkov (Tchécoslovaquie). Carapace complète ; longueur : 3 cm. Cette espèce se rencontre surtout dans les calcaires à grains très fins qui se sont formés à plus de 200 m de profondeur.

4 *Digonus gigas**, Dévonien inférieur (Emsien), Lahnstein (RFA).
Cranidium incomplet ; longueur :
4 cm.

5 *Burmeisterella armata,* Dévonien inférieur (Emsien), Massif
schisteux rhénan (RFA). Moule interne de pygidium ; longueur :
3,8 cm.

6

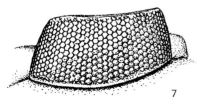

7

pleurales constituaient une adaptation à la vie sur la surface du sédiment meuble. Ce sont les caractères du genre *Asteropyge* (Phacopida, Dalmanitidae), que l'on trouve surtout dans les couches du Dévonien supérieur et moyen en Europe. L'étude aux rayons X du matériel récolté dans les schistes du Hunsrück a fourni des données intéressantes sur la structure anatomique du corps des trilobites et a complété les informations recueillies sur les spécimens provenant des schistes de Burges (Cambrien moyen de la Colombie britannique) et des schistes d'Utica (Silurien de l'est des Etats-Unis).

On trouve des trilobites de la famille des Homalonotidés dans les couches du Silurien au Dévonien moyen de tous les continents, y compris en Antarctide. Le genre *Digonus* (Phacopida, Homalonotidae), du Dévonien inférieur, illustre bien les caractères remarquables de la carapace. On le trouve en Europe, en Afrique, en Amérique du Sud et en Nouvelle-Zélande. La carapace très bombée est allongée, étroite ; le bouclier céphalique sans bordure a une large glabelle sans sillon visible ; les yeux sont petits ; le thorax comporte de larges lobes médiaux indistincts ; l'extrémité des plèvres est comme coupée ; le pygidium est long, triangulaire.

Digonus et les trilobites voisins vivaient dans les eaux chaudes ou froides mais sur des sédiments sableux. La carapace fine et lisse, les yeux réduits étaient adaptés à un mode de vie fouisseur. Les carapaces de certaines espèces pouvaient atteindre 50 cm.

Le genre voisin *Burmeisterella* est très voisin du précédent. On le trouve dans les dépôts du Dévonien inférieur d'Europe. Les épines de la carapace sont particulièrement remarquables (**6**).

 **Arthropodes**

Trilobites [Dévonien] (suite)

On connaît les Thysanopeltidés (= Scutellidés) surtout dans les zones climatiques chaudes du Silurien et du Dévonien. Carapace large et ovale, glabelle à trois paires de sillons et s'élargissant vers l'avant, grandes joues mobiles, grand champ visuel grâce à des yeux comptant jusqu'à quatre mille facettes ; thorax formé de dix segments ; grand pygidium formé d'un très court axe triangulaire bordé par de larges champs pleuraux de six à huit paires de côtes rayonantes et une côte médiane dédoublée qui donne au pygidium l'aspect d'un éventail ; surface de la carapace couverte de petits tubercules en palier disposés régulièrement et percée par de nombreux pores d'où sortaient les « soies » sensorielles (setae). En dehors de sa fonction de consolidation, ce système servait à recueillir les informations sur les courants du milieu ambiant, à tâter les objets environnants, etc.

Le genre *Radioscutellum* (Ptychopariida, Thysanopeltidae), renfermait des trilobites spécialisés que l'on trouve dans les couches du Dévonien inférieur européen. Il est caractérisé par une carapace plate, une glabelle pentagonale et de petits yeux ; le pygidium semi-elliptique a une doublure très développée atteignant presque l'axe atrophié. Ces trilobites vivaient sur le fond, dans les parties protégées des récifs coralliens.

Le genre-type de la famille *Thysanopeltis,* fait partie des genres les plus récents dans l'évolution de ce groupe. On le trouve dans les dépôts du Dévonien moyen de l'hémisphère Nord. La carapace est à segments bien tranchés, les yeux sont grands, le pygidium a un axe court, trilobé, très élevé. Sur le bord postérieur du pygidium existent des épines de bordure, plus ou moins longues (**6**).

Les Lichidés ont vécu dans les mers de l'Ordovicien inférieur au Dévonien supérieur. La large glabelle présente des sillons aux modifications complexes ; sur le grand pygidium plat, souvent profondément échancré et prolongé par des épines, se trouvent trois paires de côtes ; la surface de la carapace est granuleuse, souvent épineuse. Les Lichidés habitaient surtout les eaux peu profondes et, assez souvent, les récifs coralliens. On trouve dans cette famille le plus grand trilobite connu, le genre *Uralichas,* de l'Ordovicien, dont la carapace a atteint une longueur de 75 cm !

Les trilobites du genre *Acanthopyge* (Lichida, Lichidae), sont connus dans les sédiments du Silurien au Dévonien moyen du monde entier. Le bouclier céphalique est parabolique, le deuxième et le troisième lobe de la glabelle sont fusionnés, les yeux sont pédonculés ; les joues mobiles étroites s'achèvent en longues épines ; le thorax compte onze articles ; les plèvres du pygidium se terminent par trois paires d'épines. Les espèces de ce genre vivaient principalement dans les eaux peu profondes et agitées à proximité des récifs.

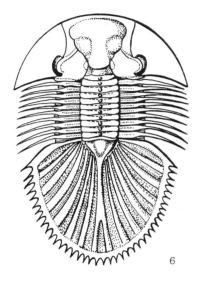

6

1, 2 *Acanthopyge haueri**, Dévonien moyen (Eifélien), Koněprusy (Tchécoslovaquie). Cranidium (**1**) et bouclier caudal (**2**) ; longueur : 2,2 et 2,6 cm. Les meilleures récoltes ont été faites dans les fissures à l'intérieur des récifs.

3, 4 *Thysanopeltis speciosa**, Dévonien moyen (Eifélien), Koněprusy (Tchécoslovaquie). Cranidium (**3**) et bouclier caudal (**4**) ; longueur : 2,2 et 3,2 cm. L'espèce habitait principalement les eaux peu profondes en bordure de peuplements coralliens (biostromes).

5 *Radioscutellum intermixtum,* Dévonien inférieur (Praguien), Koněprusy (Tchécoslovaquie). Accumulation (lumachelle) de boucliers caudaux d'environ 5 cm de long. Ces lumachelles emplissaient les dépressions et les creux à l'intérieur des récifs.

Arthropodes

Trilobites [Dévonien] (suite)

Au cours du Dévonien, les Proetidés ont pris la première place parmi les trilobites. Ils ont connu un grand épanouissement dans les mers chaudes peu profondes, au voisinage ou à l'intérieur des récifs coralliens. On connaît des endroits où l'on trouve en abondance des trilobites du genre *Gerastos* (Ptychopariida, Proetidae), dans les sédiments du Dévonien inférieur et moyen d'Europe, d'Afrique du Nord et d'Amérique du Nord. Ils sont caractérisés par une carapace épaisse très bombée, une glabelle large, des yeux de grande taille, des anneaux thoraciques et un axe pygidial très larges ; surface de la carapace granuleuse ou épineuse.

Les trilobites du genre voisin *Dechenella* étaient largement répandus au Dévonien moyen dans l'hémisphère Nord. La glabelle se rétrécit vers l'avant et porte trois ou quatre paires de sillons profonds ; les yeux sont grands, les joues se prolongent par de larges pointes génales ; le grand pygidium allongé a une bordure remarquable, un axe bien marqué et jusqu'à dix-neuf segments. Ces trilobites avaient probablement un mode de vie benthique.

1 *Otarion ceratophthalmus*, Dévonien moyen (Eifélien), Gees près de Gerolstein (RFA). Carapace complète ; longueur, y compris l'épine : 3,7 cm.

2, 3 *Dechenella verneuili*∗, Dévonien moyen (Givétien), Pelm (RFA). Cranidium (**2**) long de 7 mm, pygidium (**3**) long de 8 mm.

4 *Typhloproetus subcarintiacus*, Dévonien supérieur (Famennien), Dzikowiec (Pologne). Deux pygidums isolés ; longueur : 2,5 mm.

D

4

5 *Gerastos bohemicus,* Dévonien inférieur (Praguien), Koněprusy (Tchécoslovaquie). Carapace complète ; longueur : 3 cm. L'espèce est adaptée à la vie dans les eaux agitées au milieu des récifs coralliens. On trouve souvent des carapaces enroulées.

5

Les trilobites aveugles de la famille des Proétidés et du genre *Typhloproetus* en particulier, sont caractéristiques du plus haut étage du Dévonien supérieur (Famennien) en Europe. La suture faciale a perdu son importance fonctionnelle et elle est peu distincte ; les joues mobiles se prolongent en courtes épines ; le pygidium semi-circulaire a de six à dix paires de côtes sur les lobes pleuraux. Ces formes vivaient au moins partiellement en fouisseurs à de grandes profondeurs, ce dont témoignent la totale réduction des yeux, la carapace aux articles peu marqués et la présence de ces fossiles dans des types de sédiments à grains fins.

Le genre *Otarion,* est un genre cosmopolite à grande extension stratigraphique (Ordovicien moyen, Dévonien supérieur). A côté des caractères propres à toute la famille (par exemple le bouclier céphalique très bombé, la glabelle renflée avec une paire de sillons, un petit pygidium, etc.), les caractères propres aux espèces de ce genre sont de longues pointes génales, l'important sixième article du thorax qui porte une très longue épine recourbée vers l'arrière (**6**). Alors que les longues pointes génales pouvaient concourir à la stabilité sur le fond ou pendant la nage, on n'a pas trouvé d'explication, jusqu'à présent, sur la fonction de cette longue épine du thorax.

● Arthropodes

Trilobites (suite) [Carbonifère]

A la fin du Dévonien moyen et au Dévonien supérieur, les trilobites ont considérablement régressé. Le seul grand ensemble qui ait franchi la limite entre Paléozoïque moyen et Paléozoïque supérieur est la superfamille des Proetacés, représentée par des formes assez peu variées et, dans l'ensemble, petites. Au Carbonifère inférieur, ces formes ont vécu aussi bien dans des eaux peu profondes que dans des eaux assez profondes, en-dessous de 200 mètres. On ne sait pratiquement rien des espèces abyssales ou bathyales. Au cours du Carbonifère moyen, les formes des grandes profondeurs se sont également éteintes ; celles des eaux peu profondes ont survécu le plus souvent en milieu corallien. On ne sait guère avec certitude pourquoi les Trilobites ont disparu à la fin du Paléozoïque, eux dont on a répertorié plus de douze mille espèces et qui ont occupé les mers pendant plus de 350 millions d'années. A côté des grandes modifications paléogéographiques (caractères de la sédimentation du climat, etc.), le développement des autres groupes d'invertébrés marins a dû jouer un grand rôle.

1 *Phillipsia truncatula,* Carbonifère inférieur (Dinantien), Windsor Hill Quarry, Sommersetshire (Grande-Bretagne). Pygidium ; longueur : 1,5 cm. Trilobite caractéristique de calcaires du Carbonifère inférieur essentiellement formés d'articles de crinoïdes.

2 *Archegonus laevicauda,* Carbonifère inférieur (Viséen), Aprath (RFA). Thorax et pygidium à peine déformés ; longueur : 1,5 cm. En bas à gauche, une joue mobile isolée avec une courte épine.

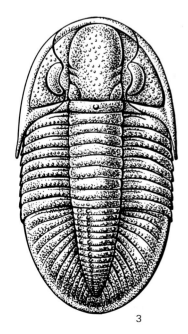

3

Parmi les trilobites de la fin du Primaire, ce sont les espèces du Carbonifère inférieur que l'on trouve le plus souvent dans les sédiments de l'Europe actuelle. Certains sont localement très abondants et, ayant vécu un temps relativement court, ils sont utilisés en stratigraphie. Le genre *Phillipsia* (Ptychopariida, Phillipsiidae), est l'un de ces genres que l'on trouve dans les sédiments calcaires d'eaux peu profondes en Europe, en Amérique du Nord et en Australie. Les carapaces peuvent atteindre 15 mm de long. Le céphalon et le pygidium sont à peu près de même taille, la glabelle cylindrique ou conique arrive jusqu'à la bordure du bouclier céphalique, les joues mobiles se prolongent par d'assez longues pointes génales, le thorax compte neuf segments, la bordure du pygidium semi-elliptique est peu visible et la surface de la carapace présente de nombreuses granulations (**3**), dont certaines devaient avoir, comme chez d'autres trilobites, une fonction de papilles sensorielles.

Les faciès calcaires du Carbonifère inférieur ont leur spécimens de trilobites caractéristiques. Ceux du genre *Archegonus* (Ptychopariida, Proetidae), se trouvent en Europe, dans le faciès Culm, c'est-à-dire dans des sédiments surtout schisteux. Leurs carapaces sont peu convexes, la glablelle est longue et conique, avec des sillons peu marqués, orientés obliquement vers l'arrière ; pygidium également conique avec un axe surélevé par rapport au niveau des lobes pleuraux.

Arthropodes

Mérostomes

Les mérostomes (Merostomata) sont la classe la plus ancienne et, paléontologiquement, la plus intéressante des chélicérates, mais ce sont hélas des fossiles assez rares. Les plus anciens proviennent de sédiments du Cambrien inférieur, leur acmé dure jusqu'au Permien et l'on trouve quelques genres (dont la Limule) dans les océans actuels (mais peu d'espèces). Leur corps, comme celui des autres chélicérates, se compose d'un céphalothorax (prosoma) et d'un abdomen (opisthosoma). Le céphalothorax porte six paires de membres dont la première, située devant la bouche, a des chélicères développés. La deuxième paire est constituée par les mandibules, puis viennent quatre paires de pattes servant au mouvement. L'abdomen est formé de douze articles. Les mérostomes sont caractérisés par une grande épine qui prolonge le dernier segment de l'abdomen (telson). Ce sont exclusivement des animaux aquatiques. On trouve leurs fossiles dans les sédiments marins, mais aussi dans des sédiments déposés aux eaux saumâtres ou douces. Un ensemble particulièrement intéressant des mérostomes du Primaire est la sous-classe des Euryptérides (ou Gigantostracés). A côté de formes très petites, on trouve ici l'un des plus grands invertébrés de tout le Paléozoïque, dont le corps pouvait atteindre 3 m de long.

Les espèces caractéristiques du genre *Eurypterus* (Eurypterida, Eurypteridae), ont vécu de l'Ordovicien au Carbonifère, en Europe, en Asie et en Amérique du Nord. Le corps allongé présente un céphalothorax presque carré et un long abdomen segmenté où l'on distingue une partie antérieure et une partie postérieure. Sur le dos du céphalothorax, on trouve une paire d'yeux composés latéraux et une paire de petits yeux médians (ocelles). En arrière de chélicères réduits, on note cinq paires de pattes nageuses articulées ; sur les trois premières, chaque article porte des épines ; sur la quatrième, seul l'article terminal en est pourvu ; la dernière paire en est dépourvue mais constitue de véritables palettes natatoires. Sur la face ventrale, la base de ces dernières est protégée par un petit bouclier ovale (le métastome). La partie antérieure et la plus large de l'abdomen porte des pattes très réduites, la partie postérieure étroite en est dépourvue ; le faux telson a la forme d'une longue épine massive (2). La carapace des euryptéridés était peu imprégnée de sels calcaires et avait donc une certaine souplesse. Les *Eurypterus* ont d'abord vécu en mer franche (Ordovicien, Silurien), puis en eaux saumâtres (Silurien, Dévonien), enfin en eaux douces (Carbonifère et Permien). Certains étaient carnivores et possédaient sans doute une glande venimeuse. Pour se déplacer, ils utilisaient les puissantes pattes en forme de rames de la dernière paire du céphalothorax. Leurs branchies étaient bien protégées par la carapace de l'abdomen et il est possible qu'ils aient été capables de se déplacer épisodiquement sur la terre ferme pour y effectuer de courts trajets entre les trous d'eau. Leur taille moyenne varie entre 50 cm et 1 m.

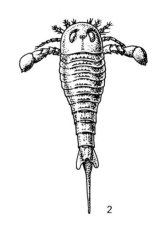

2

1 *Eurypterus fischeri*, Silurien supérieur, Passage Guld, New York (États-Unis). Carapace presque complète, comprimée ; longueur : environ 200 mm. Se trouve localement en abondance, dans les dolomies à grains fins du Silurien qui se sont probablement déposées dans les lagunes littorales à eau saumâtre.

S

1

Arthropodes

Mérostomes (suite)

Les mérostomes du genre *Pterygotus* (Eurypterida, Pterygotidae), se recontrent dans les sédiments de l'Ordovicien supérieur au Dévonien, en Europe, en Asie, en Amérique et en Australie. A la différence des euryptères, les ptérygotes possèdent de larges yeux marginaux. Leurs chélicères étaient puissants, terminés par des pinces dentées. Venaient ensuite quatre paires de membres à peu près de même taille, la sixième et dernière paire étant transformée en palettes natatoires. L'abdomen se terminait par un faux telson, plaque arrondie ou ovale portant une carène centrale ou une rangée d'épines dorsales (**3**). La surface de la carapace était couverte d'ornements écailleux ou en demi-lune ; on en trouve souvent des fragments. Ces animaux vivaient surtout dans la mer, mais sans doute aussi dans les eaux saumâtres. Les grands chélicères, les yeux antérieurs marginaux et les larges palettes natatoires montrent qu'ils appartenaient aux carnassiers du necton, c'est-à-dire aux animaux nageant activement. Leur corps pouvait atteindre jusqu'à deux mètres de long.

Une autre classe à évolution particulièrement lente, celle des Xiphosures, est caractérisée par une carapace ovale dorsale à trois lobes. Les Xiphosures du Primaire avaient un abdomen segmenté, segmentation qui a disparu chez les formes du Secondaire. Les limules sont les derniers mérostomes encore vivants. Ils sont à la fois très voisins des euryptères et des scorpions. La carapace du céphalothorax est légèrement bombée ; la partie médiane forme la glabelle, flanquée par deux

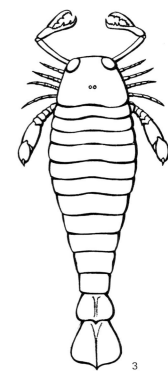

1 *Pterygotus bohemicus,* Silurien supérieur (Pridolien), Velká Chuchle (Tchécoslovaquie). Chélicères : longueur : 13,5 cm. L'espèce vivait au fond des mers qui s'étendaient à l'emplacement de l'Europe centrale actuelle.

2 *Mesolimulus walchi**, Jurassique supérieur (Tithonique), Solnhofen (RFA). Moulage d'une carapace complète ; longueur : 6,5 cm.

joues ; dans la partie antérieure, près du plan de symétrie, existent deux yeux simples et, après eux, sur les côtés de la glabelle, de grands yeux composés ; les appendices du céphalothorax forment une paire de chélicères et cinq paires de pattes locomotrices ; l'abdomen se prolonge par une longue épine acérée. Les limules sont toujours abondantes dans les profondeurs de l'océan Atlantique (à l'est des Etats-Unis) et de l'océan Indien, et dans les mangroves du sud-est de l'Asie. Les espèces d'eaux profondes remontent dans la zone des marées au moment de la ponte. Les larves écloses passent par un « stade trilobite » ainsi nommé par suite de sa ressemblance avec la carapace des trilobites. Les limules se nourrissent d'algues marines, de jeunes crustacés, de cadavres de poissons, etc. Elles fouissent le fond mais elles nagent aussi, sur le dos. Elles sont très tolérantes quant à la salinité.

On trouve les représentants du genre *Mesolimulus* (Limulida, Mesolimulidae), dans les sédiments du Jurassique supérieur d'Europe. Ils se distinguent peu des Limules actuelles. La carapace atteignait 15 à 20 cm de long. Les fossiles les plus connus, y compris les traces de déplacement sur le fond, proviennent des calcaires lithographiques de Bavière. Ces traces sont le seul document relatif à la vie sur le fond dans les lagunes de l'époque.

Arthropodes

Arachnides

Les Arachnides constituent de loin la plus nombreuse classe des arthropodes ; on en trouve les fossiles depuis le Silurien. Ils ont beaucoup de traits communs avec les mérostomes, en particulier les euryptères. Par contre, ce sont des animaux terrestres (sans doute les plus anciens) et seuls quelques-uns sont retournés secondairement à l'eau. Il est plus que vraisemblable qu'ils dérivent des mérostomes : non seulement la ressemblance externe des représentants des deux groupes, mais aussi la concordance entre la structure feuilletée des branchies sur les pattes postérieures de l'abdomen des mérostomes et celle des sacs pulmonaires des scorpions et de certains autres arachnides le montrent. Les arachnides n'ont que des yeux simples, mais en nombre et situation divers. Une paire d'yeux se trouve normalement au milieu du céphalothorax, les autres (jusqu'à cinq paires) étant latéraux. Les arachnides sont en majorité des carnivores, certains herbivores ou parasites. Tout comme les autres arthropodes terrestres, on ne les trouve qu'exceptionnellement et le catalogue de leurs fossiles est très incomplet. On les trouve normalement sur des territoires limités ; on ne connaît pas, parmi eux, d'espèces cosmopolites.

Les scorpions *(Scorpionida)* sont les plus anciens des arachnides. Leur abdomen annelé est clairement divisé en un grand pré-abdomen et un étroit post-abdomen terminé par un aiguillon venimeux. Vision assurée par une paire d'yeux médians et cinq paires d'yeux latéraux, ce qui est le plus grand nombre connu parmi les arachnides. La seconde paire d'appendices, les mandibules, se termine par des pinces puissantes.

1, 2 *Eophrynus prestvici** *, Carbonifère supérieur, Grande-Bretagne. Moulage du seul individu conservé ; face dorsale (**1**) et face ventrale (**2**). Longueur du corps : 2,5 cm.

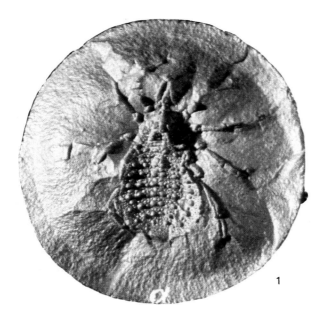

1

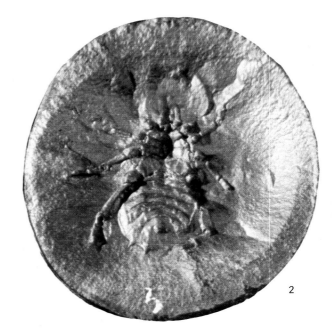

2

3 *Cyclophthalmus senior**, Carbonifère supérieur (Westphalien), Chomle près de Radnice (Tchécoslovaquie). Individu presque complet ; longueur : environ 6 cm. Premier arachnide fossile décrit, conservé dans une argile grise avec de nombreux restes végétaux.

Cyclophthalmus senior (Scorpionida, Cyclophtalmidae), décrit par le botaniste tchèque Corda en 1835, est le premier fossile de scorpion déterminé, également le premier des arachnides. On le trouve dans les couches du Carbonifère supérieur d'Europe centrale. Le céphalothorax a une forme rectangulaire et son bord antérieur est légèrement recourbé vers l'intérieur ; les articles des mandibules sont plus courts que les deux pinces.

Les arachnides ont connu un grand épanouissement à la fin du Primaire et l'on trouve dans le Carbonifère douze des ordres déterminés. Les Trigonotarbides sont l'un de ces ordres, représenté seulement au Dévonien et au Carbonifère. En font partie les espèces du genre *Eophrynus* (Trigonotarbida, Eophrynidae), du Carbonifère supérieur anglais, décrit par Buckland en 1836. Il a une carapace triangulaire s'achevant en pointe vers l'avant ; l'abdomen compte neuf segments et le tergite antérieur est aussi large que le partie postérieure du céphalothorax ; la surface de la carapace porte une ornementation caractéristique, tout comme l'abdomen qui présente six paires de tubercules et quatre aiguillons à son extrémité.

Arthropodes

Crustacés : *Ostracodes*

La sous-classe des Ostracodes réunit de petits crustacés aplatis sur les côtés dont la carapace bivalve, chitineuse et plus ou moins calcifiée, renferme un corps à segmentantion peu apparente. Sept paires de mandibules sur la partie céphalique et trois paires de pattes sur le thorax. La coquille comporte une valve droite et une valve gauche ; chez certaines espèces, ces valves ne sont pas symétriques ; un ligament élastique dorsal assure l'ouverture ; de plus, beaucoup d'espèces possèdent une charnière. Les ostracodes sont connus depuis le Cambrien. Ils vivent dans les mers, dans les eaux saumâtres, dans les eaux douces, à l'intérieur des sédiments, à leur surface ou au milieu de plancton. Ils constituent un groupe très important, utilisé en stratigraphie.

Les ostracodes du genre *Leperditia* (Leperditicopida, Leperditiidae), caractérisent les débuts du Primaire. Leurs coquilles épaisses, très

1 *Leperditia* sp., Silurien inférieur (Wenlockien), Gotland, (Suède). Coquilles vues de gauche et de droite ; longueur : 9 à 12 mm. Les empreintes musculaires constituent un caractère spécifique important.

2 *Nodibeyrichia tuberculata*✱, Silurien supérieur (Ludlowien), Vidnava (Tchécoslovaquie). Longueur des coquilles : environ 2,5 mm. Bloc transporté par un glacier quaternaire depuis l'est des Pays baltes. Les petites coquilles très ornées appartiennent à l'espèce *Klodenia wilckensiana*✱ (longueur : 1,5 à 2 mm). On voit encore de petites cythérélines non totalement déterminées.

3 « *Cypris* » *angusta,* Néogène (Miocène supérieur), Doubí près de Františkovy Lázně (Tchécoslovaquie). Marnes à cypris ; longueur des coquilles : 1,5 mm.

calcifiées, ont atteint des dimensions plusieurs fois supérieures à celles des coquilles des autres ostracodes ; la bordure dorsale est droite, la surface pratiquement lisse ; la valve droite est plus grande que la gauche, qu'elle dépasse le long du bord mobile (ventral).

Les Beyrichiidés sont parmi les plus abondants des ostrocodes au début du Primaire. Principaux caractères : coquille équivalve, bord dorsal droit et bord ventral libre échancré ; dimorphisme sexuel très net. Les *Nodibeyrichia* (Beyrichicopida, Beyrichiidae), abondants en Europe au Silurien, ont une carapace à surface granuleuse, des lobes très hauts et des sillons profonds disposés de façon caractéristique ; bord antérieur plus bas que le bord postérieur ; les femelles ont sur le bord ventral un grand sac conique (**4**). Ces ostracodes avaient vraisemblablement un mode de vie benthique.

Le genre *Klodenia* (même famille), a été répandu de l'Ordovicien moyen au Dévonien supérieur en Europe et en Amérique du Nord. A l'inverse de la coquille du genre précédent, le bord antérieur chez *Klodenia* est plus élevé que le bord postérieur.

Ce n'est qu'au Carbonifère supérieur que certains ostracodes se sont adaptés à la vie en eau douce. Les cypris ont présenté un grand épanouissement au cours du Tertiaire. Comme la plupart des ostracodes d'eau douce actuels, les espèces de ce genre font partie des Cyprididés, qui se distinguent des espèces marines par une coquille mince et lisse ; celle de *Cypris* est ovale ou triangulaire, l'arrière plus étroit que l'avant.

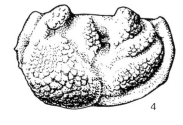

4

Arthropodes

Crustacés (suite) : *Branchiopodes* et *Cirripèdes*

Les Conchostracés sont le seul groupe paléontologique important d'une autre sous-classe de crustacés : les Branchiopodes. Ils vivent dans les eaux douces, exceptionnellement dans les eaux saumâtres. On trouve leurs représentants fossiles même dans les sédiments typiquement marins. Leur extension stratigraphique va de l'Ordovicien à nos jours. Une coquille à deux valves, aplatie sur les côtés, enferme presque entièrement le corps et les appendices. Cette coquille rappelle par sa forme celle de certains mollusques. Elle est chitineuse, parfois partiellement imprégnée de sels calcaires ; sa taille varie de 1 à 30 mm ; les antennes, appendices de la deuxième paire, sont transformées en puissants organes natatoires, ce qui est une caractéristique anatomique des conchostracés. Ces animaux vivent dans le plancton. Grâce à la grande résistance de leurs oeufs, leur extension géographique est importante. Pour cette raison, ils sont très utilisés dans la stratigraphie des sédiments d'eau douce. Exemple : *Cyzicus* (Conchostracida, Cyzicidae).

Les Cirripèdes constituent une autre grande sous-classe, caractéristique de crustacés marins. Les Thoracida en constituent le seul ordre connu depuis le Silurien, dont on possède des fossiles. Le mode de vie fixé a provoqué des modifications anatomiques considérables. Leurs larves, qui vivaient d'abord dans le plancton, se fixent sur un support et

1 *Cysicus blanensis,* Crétacé supérieur (Sénonien), Blaná près de Zliv (Tchécoslovaquie). Carapace déformée ; longueur : 1 cm. Les carapaces chitineuses sont diversement courbées en raison de leur souplesse initiale. Ceci permet souvent de les distinguer des coquilles de mollusques.

fabriquent une coquille chitineuse bivalve. La partie antérieure du corps se transforme soit en un long pédoncule, soit en une large base ; les antennes et les yeux s'atrophient ; les appendices du thorax, qui amènent la nourriture jusqu'à la bouche, s'allongent ; l'abdomen ne se développe pas. Aussitôt après la fixation de la larve, cinq plaques non calcaires apparaissent sous la coquille bivalve ; l'animal abandonne ensuite la coquille et, sous les premières plaques, il en fabrique de nouvelles, calcifiées. Ces animaux se fixent sur les rochers, les algues, les coquilles de différents invertébrés, les poissons et même les cétacés. Ils vivent en général dans les eaux peu profondes, mais certains descendent à plusieurs milliers de mètres de profondeur.

On trouve les espèces du genre *Stramentum* (Thoracida, Stromentidae), dans les sédiments calcaires d'Europe, du Proche-Orient et d'Amérique du Nord. Elles avaient un pédoncule bien développé, protégé des deux côtés par cinq rangs de plaquettes se recouvrant ; la partie supérieure, dite capitulum, était entourée de neuf plaquettes.

Le genre *Balanus* (Thoracida, Balanidae), existe dans le monde entier depuis l'Eocène. Le squelette a la forme d'un tronc de cône à six plaquettes reliées sur le pourtour. Les balanes se fixent sur les rochers par une large base, dans la zone de balancement des marées ; elles possèdent, sur la face supérieure, un opercule formé de plaquettes reliées, mobiles, qui ferment la coquille à marée basse et protègent l'animal de la dessiccation. La classification des balanes, très complexe, fait l'objet d'importantes révisions.

2 *Stramentum pulchellum,* Crétacé supérieur (Turonien), Prague-Bílá Hora (Tchécoslovaquie). Deux squelettes presque complets ; longueur : 3,5 cm. Le genre est voisin des Lepas actuels chez lesquels le pédoncule n'est pas protégé par des plaquettes.

3 *Balanus* sp., Néogène (Miocène), Italie. Coquille d'un mollusque du genre *Pecten* et balanes fixées ; diamètre : 5 à 10 mm.

Arthropodes

Crustacés (suite) : *Malacostracés*

Autre grande sous-classe de Crustacés : les Malacostracés, et parmi ceux-ci les Phyllocarides, connus depuis le Cambrien. En dehors des caractères communs des Malacostracés (par exemple, une carapace renfermant plus ou moins la tête et le thorax ; des yeux pairs composés des pédoncules mobiles ; cinq paires d'appendices céphaliques dont la première forme des antennes à deux branches ; un thorax et un abdomen nettement séparés dont les segments portent des paires d'appendices), les Phyllocarides se distinguent par certains caractères particuliers : la carapace ne protège que la partie antérieure du corps, une plaque rostrale s'est développée en position dorsale et l'abdomen se compose de sept articles dont le dernier (telson) constitue une épine elle-même dotée d'une paire d'épines supplémentaires. On ne trouve les Phyllocarides que dans les sédiments marins. Ce sont des fossiles assez rares, même s'ils sont parfois localement abondants. A l'image des espèces toujours vivantes, ou bien ils nageaient activement, ou bien ils se laissaient porter par les eaux ou encore ils vivaient enfouis dans la

1 *Ceratiocaris bohemica,* Silurien supérieur (Pridolien), Prague-Velká Chuchle (Tchécoslovaquie). Partie de l'abdomen avec des épines ; longueur : 6 cm. C'est l'un des plus grands Phyllocarides connus qui pouvait atteindre jusqu'à 0,75 mètres de long.

2 *Pemphyx sueuri**, Trias moyen, Kraitsheim (RFA). Carapace ; longueur : environ 3,5 cm. La carapace épaisse, très calcifiée, témoigne d'un mode de vie benthique.

3 *Caryocaris subula,* Ordovicien inférieur (Llanvirnien), Osek près de Rokycany (Tchécoslovaquie). Amas de petits boucliers comprimés d'environ 1 cm de long, conservés dans des concrétions calcaires.

1

2

3

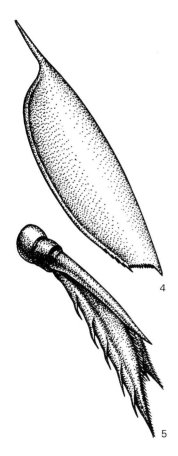

4

5

6

boue ou sous les pierres, dans les eaux peu profondes ou dans des profondeurs allant jusqu'à 6 000 mètres.

Les espèces du genre *Caryocaris* (Archaeostraca, Ceratiocarididae), ont vécu à l'Ordovicien, et grâce à leur mode de vie planctonique, ils se sont répandus pratiquement dans le monde entier. Carapace allongée et lisse, à bordure marquée, prolongée à l'avant par une corne dorsale (**4**) ; dernier segment pourvu d'un court aiguillon central et de deux aiguillons latéraux (**5**).

Ceratiocaris, genre-type de la famille, est un genre cosmopolite, connu de l'Ordovicien au Dévonien. La carapace allongée, plus ou moins ovale, rayée longitudinalement, se termine à l'avant par une pointe dorsale ; à l'arrière, l'aiguillon central est plus long que les aiguillons latéraux (**6**).

A côté des Phyllocarides, les Eucarides sont des Malacostracés caractérisés par une carapace qui couvre tout le céphalothorax. L'ordre le plus important est celui des Décapodes qui doit son nom à la présence de paires de pattes locomotrices. Ces animaux sont généralement de bonne taille : chez *Macrocheira kaempferi,* grand crabe japonais actuel, la carapace atteint 60 cm et l'empattement près de 4 m ! Les Décapodes sont connus depuis le Permien. A l'époque actuelle, ils sont peut-être au sommet de leur épanouissement : il y en a environ 8 000 espèces dans les océans actuels ; d'assez nombreuses espèces vivent également dans des eaux saumâtres ou douces et certaines se sont adaptées à la vie sur la terre ferme.

Le genre *Pemphyx* (Decapoda, Pemphycidae), apparaît dans les sédiments du Trias moyen d'Europe. La carapace cylindrique, légèrement comprimée dorso-ventralement, porte deux profonds sillons obliques, suivis par une raie en arc.

Crustacés : *Malacostracés* (suite)

L'épanouissement et la grande extension géographique des Décapodes se sont produits au cours du Jurassique moyen. Leurs carapaces chitineuses n'étant pas toujours suffisamment calcifiées et la chitine subissant, après la mort de l'animal, la décomposition bactérienne, seules se sont conservées les carapaces enfouies dans des milieux où elles ont rencontré des conditions optimales de fossilisation : milieux dépourvus d'oxygène (dans lesquels se déposaient des sédiments argileux et calcaires, riches en hydrocarbures liquides ou solides) et lagunes (au fond desquelles, grâce à l'action d'algues calcaires unicellulaires telles que les cocolithophores, se déposait une fine vase calcaire) ; de telles lagunes ont laissé leurs vestiges dans le sud de la Bavière : dans les calcaires lithographiques de Solnhofen, sont souvent conservées des carapaces, avec leurs plus fins détails.

Le genre *Aeger* (Decapoda, Penaeidae), fait partie d'une des plus anciennes familles de décapodes dont les représentants sont caractérisés en particulier par une carapace très mince aplatie sur les côtés, un long rostre et un long abdomen. Les espèces du genre *Aeger* ont vécu du Trias supérieur en Europe, au Jurassique moyen. La première et la seconde paire d'antennes sont très longues ; la troisième paire des pattes locomotrices du thorax est remarquable par ses longs maxillipèdes qui facilitaient la manipulation de la nourriture ; les trois premières paires de pattes sont épineuses ; carapace a surface granuleuse, légère, adaptée à la nage.

Les espèces du genre *Pseudastacus* (Decapoda, Nephropidae), trouvées dans les calcaires de Solnhofen, ont sur leur céphalothorax cylindrique à court rostre triangulaire, un profond sillon oblique ; la surface de la carapace est couverte de petites bosses (pustules) ; les trois premières paires d'appendices thoraciques ont des pinces ; les plus grandes pinces, celles de la première paire, sont longues, étroites, à éléments droits.

Les *Eryon* (Decapoda, Eryonidae), sont représentés dans le Jurassique supérieur d'Allemagne. Ils possèdent une large carapace comprimée dorso-ventralement ; le rostre est absent, les yeux sont très développés ; les quatre premières paires d'appendices thoraciques ont des pinces ; le long abdomen plat a une carène médiane. Les *Eryon* sont considérés comme des animaux benthiques qui vivaient probablement en bordure des lagunes.

1 *Eryon arctiformis**, Jurassique supérieur (Tithonique), Solnhofen (RFA). Carapace presque comlète ; longueur : 7,8 cm. Les quatre paires postérieures d'appendices thoraciques ne se sont pas conservées.

2 *Pseudastacus pustulosus**, Jurassique supérieur (Tithonique), Solnhofen (RFA). Carapace presque complète ; longueur : environ 5,5 cm. La carapace est comprimée obliquement et seuls quelques fragments des deux paires d'antennes se sont conservés.

3 *Aeger tipularius**, Jurassique supérieur (Tithonique), Solnhofen (RFA). Individu entier, long de 8 cm. Les deux paires d'antennes et les appendices du thorax et de l'abdomen sont bien conservés.

1

2

3

Arthropodes

Crustacés : *Malacostracés* (suite)

L'évolution des Décapodes s'est poursuivie au cours du Crétacé. *Enoploclytia* (Decapoda, Erymaidae), est l'un des genres caractéristiques largement répandus en Europe, en Afrique occidentale, à Madagascar, en Amérique du Nord et en Australie. La carapace est divisée par trois sillons obliques et une suture médiane ; les pinces étroites ont des bras longs ; la surface de la carapace, de l'abdomen et des pinces porte des granulations et des excroissances verruqueuses (**6**).

Les Callianassidés ont une carapace faiblement calcifiée, un sillon médian bien développé (ou une zone non calcifiée) et une raie occipitale ; les antennules sont petites, la première paire d'appendices thoraciques se termine par des pinces inégales. Les espèces du genre *Protocallianassa* (Decapoda, Callianassidae), existent dans les sédiments du Crétacé supérieur et du Paléocène en Europe, en Amérique du Nord et en Australie. Elles sont voisines des espèces actuelles du genre *Callianassa* qui ont leur repaires dans la partie supérieure de la zone intertidale des mers chaudes. Les espèces du genre *Protocallianassa* devaient mener le même genre de vie. Leur abondance est considérée

1 *Polycnemidium pustulosum**, Crétacé supérieur (Coniacien), Březno (Tchécoslovaquie). Carapace ; longueur : 1,2 cm. Les pustules de la surface sont caractéristiques.

2 *Protocallianassa antiqua*, Crétacé supérieur (Turonien), Morašice près de Litomyšl (Tchécoslovaquie). Pinces de tailles différentes à droite et à gauche ; longueur de la plus grande pince : 5,5 cm.

3, 4 *Notopocorystes stokesi**, Crétacé inférieur (Albien), Cambridge (Grande-Bretagne). Carapaces ; longueur : 2,5 et 3 cm. En vue ventrale (**4**), les fortes pinces sont bien visibles.

5 *Enoploclytia leachi*, Crétacé supérieur (Turonien), Prague-Bílá Hora (Tchécoslovaquie). Partie antérieure de la carapace avec pinces ; longueur totale : 11,5 cm.

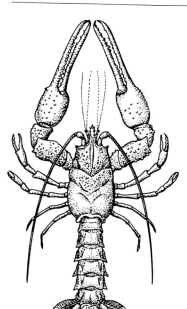

comme un indicateur écologique du milieu littoral. On les trouve dans les eaux saumâtres et elles sont parmi les plus anciens décapodes qui se soient adaptés à une réduction de la salinité. Les pinces fortement calcifiées sont les restes les plus souvent récoltés.

Au Crétacé, on connaît une grande quantité de crabes véritables chez lesquels se produisaient progressivement le raccourcissement et l'élargissement de la carapace. La première (et parfois aussi la seconde) paire d'appendies thoraciques a des pinces tandis que la troisième, en général, n'en a pas ; le court abdomen aplati est recourbé sous la partie ventrale du céphalothorax, ses quelques segments sont fusionnés ; les appendices de l'abdomen (pattes natatoires) sont réduits.

Les espèces du genre cosmopolite *Notopocorystes* (Decapoda, Raninidae), du Crétacé, font partie des crabes à carapaces encore allongées.

Des représentants du genre *Polycnemidium* (Decapoda, Calappidae), n'ont été trouvés que dans le Crétacé supérieur d'Europe centrale. Ils sont caractérisés par une carapace assez petite, large et courte, à grands orifices oculaires et surface verruqueuse ; les pinces sont très développées ; l'abdomen, recourbé sous la partie ventrale du thorax, porte toutes les paires d'appendices abdominaux.

6

5

Arthropodes

Crustacés : *Malacostracés* (suite)

L'épanouissement des Décapodes s'est poursuivi au Tertiaire et, actuellement encore, les crabes représentent un groupe de crustacés exceptionellement riche et varié. Les crabes sont très spécialisés pour un certain mode de vie et très sensibles aux conditions édaphiques, telles que la composition de l'eau, du substrat, du plancton, etc. Beaucoup se nourrissent de plancton ou ramassent à marée basse ce que l'eau a abandonné. La zone intertidale (zone de balancement des marées) est particulièrement riche en crabes. Elle est peu favorable à la conservation des décapodes qui habitaient les côtes rocheuses. La plupart des crabes fossiles récoltés font partie des formes qui vivaient sur un fond sableux ou argileux, ou bien parmi les récifs coralliens. Bon nombre d'espèces actuelles vivent en symbiose ou en commensaux avec des cnidaires, des éponges et des mollusques, ou bien, comme le pagure de nos côtes actuelles, ils utilisent une coquille pour protéger leur ventre mou. Les découvertes paléontologiques ne nous ont pas, jusqu'à présent, confirmé l'existence de tels rapports chez les crabes fossiles.

Le crabe le plus commun du Tertiaire fait partie du genre *Xanthopsis* (Decapoda, Xanthidae). Par endroits, il a concouru en abondance à la formation des « couches de crabes » qui se sont constituées en particulier dans les mers chaudes de l'hémisphère Nord au Paléogène. Sa carapace est large, ovale, bombée ; le bord est échancré ou dentelé, la surface est bosselée ; les pinces sont puissantes, inégalement développées de chaque côté.

Les crabes du Tertiaire du genre *Dromilites* (Decapoda, Dromiidae), ont habité en abondance les récifs coralliens en Europe, en Amérique du Nord et en Australie. La carapace bombée du céphalothorax est circulaire, l'ornementation très apparente, formée de granulations et de courtes épines ; le bord antérieur de la carapace est denté, le tiers postérieur a une surface grossièrement ridée non granuleux.

On trouve le genre *Harpactocarcinus* (Decapoda, Xanthidae), dans les sédiments de l'Eocène en Europe, en Amérique du Nord et en Afrique orientale. La large carapace ovale et bombée, n'a pas de rostre saillant, sa surface est presque lisse, les bords antérieur et antéro-latéraux sont dentés, les puissantes pinces sont de taille différente.

1, 4 *Harpactocarcinus punctulatus**, Paléogène (Eocène), Marostica (Vicence, Italie). Espèce abondante qui concourt à la formation des « couches à crabes ». Dos de la carapace (**1**) ; face inférieure (**4**) sur laquelle on voit les pinces puissantes et l'abdomen recourbé sous le côté ventral du céphalothorax. Largeur de la carapace : environ 9 cm.

2 *Xanthopsis dufourii,* Paléogène (Eocène), Landes (France), Carapace ; longueur : 3,5 cm.

3 *Dromilites lamarcki,* Paléogène (Eocène), Schapey (Grande-Bretagne). Carapace ; longueur: 2,5 cm. Cet exemplaire très bien conservé provient des argiles londoniennes.

Pg

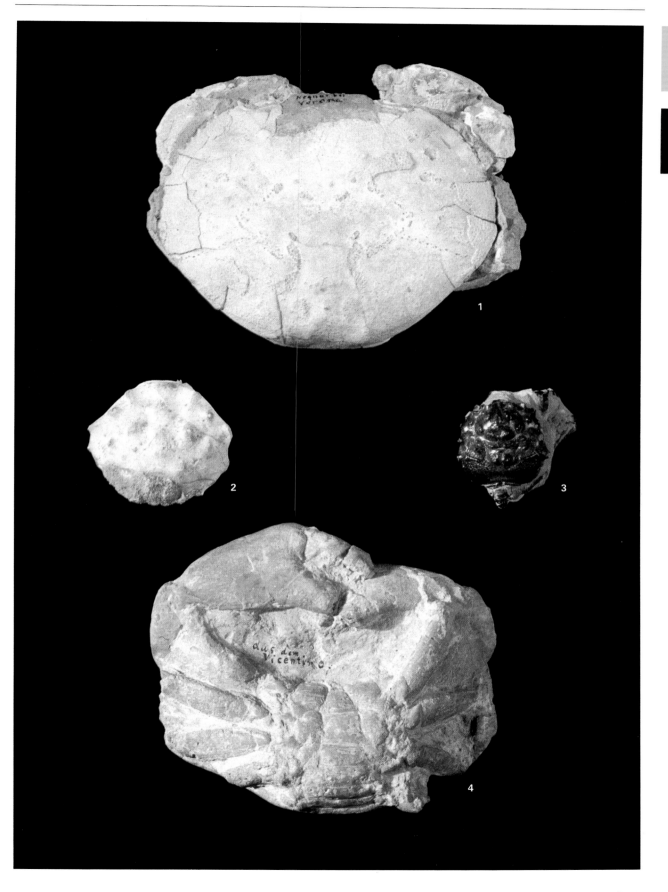

Arthropodes

Myriapodes et Insectes

Les arthropodes terrestres sont rarement conservés à l'état fossile. Les mille-pattes (sous-classe des Diplopodes) sont pour cette raison des fossiles rares alors qu'ils devaient être particulièrement abondants, en particulier dans les forêts du Carbonifère. Leur corps est nettement divisé en tête et thorax, parfois aussi un abdomen clairement séparé ; appendices uniramés. Les Diplopodes respiraient par des trachées ou par toute la surface du corps et se nourrissaient de végétaux.

Les espèces du genre *Euphoberia* (Euphoberiida, Euphoberiidae), existent dans les couches du Carbonifère supérieur d'Europe centrale et de Pennsylvanie (Amérique du Nord). Elles ont une large tête ; les trois articles suivants sont très courts et munis chacun d'une paire d'appendices ; les autres articles ont du côté dorsal une cuticule non divisée (avec une courte épine médiane tordue) et côté ventral des segments divisés en deux sous-segments munis chacun d'une paire d'appendices.

La classe d'arthropodes la plus évoluée est celle des Insectes qui est apparue dès le Dévonien. Elle s'est parfaitement adaptée à la vie sur la terre ferme et, aujourd'hui, dépasse numériquement tous les autres groupes d'animaux. La division du corps en tête, thorax et abdomen est

1 *Euphoberia hystrix,* Carbonifère supérieur (Westphalien), Nýřany (Tchécoslovaquie). Fragment du corps ; longueur : 5,5 cm. L'exemplaire provient de la couche de charbon particulière.

2 *Moravamylacris kukalovae*,* Permien inférieur (Autunien), Jabloňany (Tchécoslovaquie). Aile nervurée de la paire antérieure ; longueur : 2,7 cm. C'est de cette localité que proviennent les plus anciennes découvertes de représentants de certains groupes d'insectes. Les insectes morts se déposant dans les trous d'eau douce y ont été probablement amenés par le vent.

3

3 *Bojophlebia prokopi**, Carbonifère supérieur (Westphalien), Kladno (Tchécoslovaquie). Envergure : 45 cm. On a trouvé également une nymphe gigantesque de cette même espèce, longue de 11 cm.

l'un des principaux caractères extérieurs des insectes. La tête porte une paire d'antennes et des yeux composés (pour autant qu'ils ne se soient atrophiés par la suite) ; chacun des trois segments du thorax porte une paire de pattes et les deux derniers une paire d'ailes.

Les éphémères font partie des plus anciens ordres d'insectes, connus dès le Carbonifère supérieur. Les longues ailes à nervures caractéristiques ne peuvent se mouvoir qu' autour d'un axe longitudinal parallèle au thorax et ne peuvent être repliées sur le dos, ceci constituant le caractère principal des Paléoptères. Deux longues touffes claviformes (cerques) et un appendice médian (filament ovipositeur), situés à l'extrémité de l'abdomen, constituent également un caractère très apparent. Certaines éphémères atteignaient de grandes dimensions : telle l'espèce de 45 cm d'envergure trouvée dans les sédiments d'eau douce du Carbonifère supérieur de Bohême. Elle a été considérée jusqu'à présent comme une libellule du genre *Meganeura* (Odonatida), le plus gros insecte de tous les temps dont l'envergure a pu atteindre 65 cm.

Les plus anciennes blattes existent depuis le Carbonifère supérieur, époque de leur plus grand épanouissement. Elles constituent les fossiles d'insectes les plus courants de la fin du Primaire. Au cours de leurs 300 millions d'années d'existence, elles n'ont subi aucune modification importante.

Insectes (suite)

C'est dans les sédiments du Jurassique que les insectes sont le mieux représentés. Les plus connus proviennent des calcaires tithoniques de Solnhofen, en Bavière. On en a décrit cent quatre-vingts espèces appartenant aux mêmes ordres que ceux que nous connaissons aujourd'hui. Par contre, le nombre des familles est différent et tous les genres connus se distinguent des genres actuels ; les Coléoptères avec quarante-cinq espèces décrites et les Odonates, avec quarante espèces, sont spécifiquement les plus riches. Les libellules et les éphémères constituent les seuls paléoptères encore vivants ; elles sont remarquables en particulier par leur grande taille, leur long abdomen, leur thorax médian soudé au thorax postérieur et leurs longues ailes étroites. Les espèces du genre *Tarsophlebia* (Odonatida, Tarsophlebiidae), sont les plus abondantes des libellules trouvées dans les calcaires lithographiques.

Les Névroptères, avec dix-neuf espèces connues, constituent un autre ordre d'insectes très bien représenté dans les calcaires de Solnhofen.

1 *Tarsophlebia maior,* Jurassique supérieur (Tithonique), Solnhofen (RFA). Exemplaire presque complet ; envergure : 8 cm. Une seule paire d'appendices a été conservée. Les plus grandes libellules du Jurassique supérieur de Bavière ont atteint 19 cm.

2 *Mesochrysopa zitteli**, Jurassique supérieur (Tithonique), Solnhofen (RFA). Longueur du corps : 2,5 cm. La grande taille inhabituelle des insectes de Bavière résulte entre autre du climat très chaud qui régnait alors.

3 *Labia* sp., Paléogène (Eocène supérieur), côte de la Baltique, Pologne. Longueur de l'individu : 1 cm.

4 *Chrysopilus* sp., Paléogène (Eocène supérieur), côte de la Baltique, Pologne. Longueur de l'exemplaire : 7 mm. Les plus riches gisements d'ambre se trouvent sur le littoral de la mer Baltique. Les vagues arrachent au sable des morceaux d'ambre et les rejettent sur la rive.

Les deux paires d'ailes sont semblables et possèdent une riche nervation ; les segments du thorax sont libres. *Mesochrysopa* (Neuroptera, Mesochrysopidae), est voisine des chrysopes actuels mais elle était beaucoup plus grande.

On connaît une énorme quantité de restes d'insectes du Tertiaire dont beaucoup n'ont pas encore été étudiés. Ils ont été conservés de façon idéale dans de l'ambre fossile du Tertiaire. Aristote avait déjà fait mention des restes d'animaux conservés dans l'ambre. Divers petits organismes ont été gardés prisonniers de la résine s'écoulant des blessures des arbres ; on trouve aussi des grains de pollen, des spores, etc. Dans l'ambre de la Baltique, 90 % des inclusions animales sont des insectes. L'utilisation des restes végétaux et animaux contenus dans l'ambre permet de se faire une image fidèle du milieu dans lequel vivaient ces organismes, c'est-à-dire des forêts subtropicales humides où se trouvaient représentés aussi des organismes de la zone tempérée. Les restes d'insectes les plus souvent trouvés appartiennent aux Diptères.

Les forficules (perce-oreilles) (Dermaptera) faisaient partie du monde immensément riche des insectes sylvestres. On les connaît depuis le Jurassique. Les représentants fossiles sont facilement reconnaissables à la forme allongée de leur corps dont la première paire d'ailes est atrophiée.

★ Échinodermes

Éocrinoïdes

Les échinodermes sont un embranchement très ancien d'invertébrés marins ayant ses racines au Précambrien. Parmi les pelmatozoaires (formes fixées) les crinozoaires tendent vers une symétrie pentaradiée ; les éocrinoïdes sont apparus au Cambrien inférieur et se sont éteints à la fin de l'Ordovicien. Leur squelette, dans une certaine mesure, rappelle le squelette des crinoïdes : il se compose d'un calice, d'appendices formant couronne et d'un pédoncule ; à partir du calice sphérique, cupuliforme ou cylindrique, fait de plaques ajourées par un système complexe de pores respiratoires, des appendices assez longs, grêles, non ramifiés (brachioles), formés de deux rangées de plaques, s'échappent du côté supérieur ; ces appendices captaient la nourriture et l'amenaient à la bouche, en position centrale ; orifice anal (périprocte) excentré ; pédoncule constitué par de nombreux articles. Les types les plus anciens étaient fixés par la base élargie de la thèque.

On trouve le genre *Akadocrinus* (Atavida, Eocrinidae), dans les sédiments du Cambrien moyen d'Europe centrale. Thèque allongée à toit plat et nombreux brachioles ; long pédoncule, élargi en disque de fixation à son extrémité.

Les *Lichenoides* (Reductida, Lichenoidae), sont des éocrinoïdes très spécialisés. Thèque formée de plaquettes superposées en trois cercles de cinq. On les trouve dans les dépôts du Cambrien moyen de Bohême. Ce sont les plus anciens échinodermes pentamères fixés gardant un nombre constant de plaques thécales au cours de leur développement. Les adultes vivaient probablement dans la zone pélagique : ils n'ont ni pédoncule, ni autre trace de fixation ; ils ont par contre de grandes cavités, en particulier dans le cycle basal des plaques thécales (**4** — squelette complet).

On trouve les *Macrocystella* (Plicatida, Macrocystellidae), dans les sédiments de l'Ordovicien moyen du centre et de l'ouest de d'Europe. Thèque rappelant beaucoup celle des cystoïdes rhombifères. Des rapports phylétiques étroits existent certainement entre éocrinoïdes et rhombifères. Plaques de la thèque à ornementation formée de côtes ; brachioles grêles, long pédoncule élargi sous la thèque.

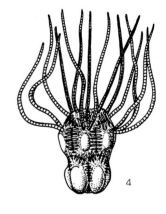

4

1 *Macrocystella bohemica,* Ordovicien moyen (Caradocien), Trubská (Tchécoslovaquie). Hauteur du moule interne : 1,7 cm. Individu incomplet auquel manquent le toit, les brachioles et la partie inférieure du pédoncule.

2 *Lichenoides priscus*★, Cambrien moyen, Jince (Tchécoslovaquie). Moule interne d'un squelette presque complet ayant conservé ses brachioles. Hauteur de la thèque : 1,3 cm. Le bord denté des plaques correspond au système de pores et de canaux qui passent entre les diverses plaques.

3 *Akadocrinus nuntius,* Cambrien moyen, Jince (Tchécoslovaquie). Moule interne de deux squelettes presque complets dont la base de fixation a été brisée. Hauteur de la thèque : 1,2 cm. Cette espèce s'installait de préférence sur le fond des mers dans la zone néritique.

⭐ Échinodermes

Cystoïdes

Deux grands ensembles sont réunis dans la classe des Cystoïdes : les Diploporites et les Rhombifères (parfois considérés comme deux classes distinctes). Leurs représentants sont caractérisés par une pentamérie imparfaite. Les plus anciens Diploporites datent de l'Ordovicien inférieur, les plus récents du Dévonien supérieur. Thèque sphérique ou piriforme, composée d'un grand nombre (parfois plusieurs centaines) de petites plaques polygonales, disposées irrégulièrement et dont les paires de pores sont reliées par des canaux simples qui devaient servir à l'animal pour respirer ; orifice buccal placé sur la face supérieure, au centre de la thèque ; les petites particules alimentaires étaient acheminées par les sillons ambulacraires parcourant les brachioles, composés d'un seul rang de plaquettes ; orifice anal excentré ; il existe encore deux autres orifices, aux débouchés du système ambulacraire et des voies sexuelles (gonopores) ; sur le côté inférieur de la thèque il y avait souvent un pédoncule. Les Diploporites vivaient sur le fond, à quelques mètres de la surface.

On trouve les espèces du genre *Aristocystites* (Sphaeronitida, Aristocystitidae), dans les sédiments ordoviciens d'Europe, d'Afrique du Nord, d'Asie et d'Australie occidentale. Thèque en forme de sac ou de poire, composée de grandes plaques et habituellement tronquée à la partie inférieure ; système ambulacraire et gonopores débouchent entre les orifices buccal et anal (**5**) ; pédoncule non développé.

Les échinodermes du genre *Codiacystis* (Sphaeronitida, Sphaeronitidae), se trouvent dans l'Ordovicien moyen de Bohême. Thèque en forme d'oeuf ou de sac, composée de plaques nombreuses et épaisses et d'une base particulièrement renforcée ; on trouve le plus souvent la partie inférieure de moules internes ayant l'aspect d'un fond de bouteille.

Les Rhombifères sont apparus à l'Ordovicien inférieur, les derniers représentants se sont éteints à la fin du Dévonien. Leur squelette a la même forme que celui des Diploporites, mais avec une symétrie mieux marquée. En outre, les plaques polygonales de la thèque ont un tout autre système de pores et de canalicules internes ; les pores sont disposés dans un champ losangique, chaque pore débouchant dans l'une de deux plaquettes contiguës ; brachioles composés de deux rangs de plaques. Ces échinodermes benthiques étaient en général fixés aux supports par un court pédoncule.

On trouve les rhombifères du genre *Homocystites* (Glyptocystitida, Cheirocrinidae) dans les couches de l'Ordovicien d'Europe et d'Amérique du Nord. Leur thèque au contour trapézoïdal allongé est faite de grandes plaques disposées plus ou moins régulièrement, à côtes rayonnantes ; des bras grêles entourent la bouche ; le long pédoncule est élargi à la base de la thèque.

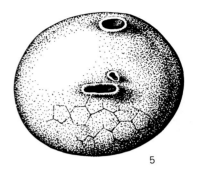
5

1, 2 *Codiacystis bohemica*✶, Ordovicien moyen (Caradocien), Zahořany (Tchécoslovaquie). Tailles : 3,2 et 3 cm. Vue postérieure d'un moule interne ; l'orifice anal est bien visible (1). La partie basale en forme de cratère était jadis considérée à tort comme l'orifice buccal (2).

3 *Homocystites alter*✶, Ordovicien moyen (Caradocien), Zahořany (Tchécoslovaquie). Squelette presque complet ; hauteur de la thèque : 2,2 cm.

4 *Aristocystites bohemicus**, Ordovicien moyen (Caradocien), Zahořany (Tchécoslovaquie). Hauteur de la thèque : 7 cm. Formait
une population dense sur le fond
sableux des mers de l'Ordovicien
moyen.

Cystoïdes (suite)

Echinosphaerites (Caryocystitida, Echinosphaeritidae), est certainement le plus répandu et le mieux connu des rhombifères. On le trouve partout dans le monde, à l'Ordovicien inférieur et moyen. Ce genre est aussi l'un des premiers cystoïdes décrits (1772). La thèque sphérique se compose de plusieurs centaines de petites plaques polygonales ; à la surface, on voit bien, grâce à l'altération, le système interne de canalicules qui, par sa disposition en losanges (rhombes), exprime l'un des caractères de tout le groupe ; ces canalicules étaient recouverts d'une très mince couche (épithèque) sur laquelle on voit, pour chacune des plaques, des grains concentriques témoignant vraisemblablement de la croissance progressive du squelette ; autour de la bouche saillante, il y avait quelques longs brachioles ramifiés, l'orifice anal excentré a généralement sur son pourtour cinq plaques triangulaires formant une pyramide basse. L'animal était fixé au support par un très mince pédoncule ou une base de fixation (**4**) ; il vivait dans des eaux peu profondes où l'action des vagues ne se faisait plus sentir ; son domaine était l'Europe du Nord, où il a vécu localement en telles quantités que ses restes ont formé presque à eux seuls des bancs calcaires ; ce genre était adapté à la vie sur fond cohérent, parfois sur fond meuble quand les individus pouvaient se fixer sur les coquilles d'autres animaux.

Le genre voisin *Arachnocystites* date de l'Ordovicien moyen dans le centre de l'Europe, le nord de l'Afrique, le sud de l'Asie. Plaques disposées moins régulièrement, bouche non saillante, mais pédoncule

1 *Echinosphaerites aurantium*✱, Ordovicien moyen (Llandeilien), Wolkhov-Oboukhov (Estonie, U.R.S.S.). Sur la thèque sphérique, on voit la bouche saillante près du sommet et la pyramide anale placée sur le côté. Hauteur de la thèque : 3,5 cm.

2 *Orocystites helmhackeri*✱, Ordovicien moyen (Caradocien), Chrustenice (Tchécoslovaquie). Hauteur du noyau, moule interne : 3,6 cm.

3 *Arachnocystites infaustus**, Ordovicien moyen (Caradocien), Zahořany (Tchécoslovaquie). Hauteur de la thèque : 3 cm. Le squelette presque complet avec ses brachioles a été comprimé dans un schiste sableux, sédiment caractéristique d'eaux peu profondes.

3

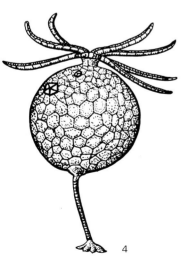

4

plus fort ; longs brachioles non ramifiés. Ces échinodermes vivaient sur un fond sableux, dans des eaux froides peu profondes.

Le genre *Orocystites* (Caryocystitida, Caryocystitidae), appartient aux sédiments de l'Ordovicien moyen d'Europe. Thèque ovoïde prolongée du côté supérieur par deux cornes portant le péristome et le périprocte ; elle se compose d'une cinquantaine de grandes plaques hexagonales ; les brachioles (rarement conservés) devaient être très fins. Ces échinodermes vivaient en eau peu profonde (moins de 50 mètres), fixés aux supports par un pédoncule de section hexagonale.

✦ Échinodermes

Carpoïdes

Parmi les pelmatozoaires (formes fixées), les homalozoaires présentent une symétrie bilatérale, ce qui les distingue bien des crinozoaires. L'intérêt de ce groupe paléozoïque réside dans la structure du squelette qui ressemble par certains caractères à celui des Cordés. Les paléontologues, en établissant leur classification, s'efforcent toujours d'exprimer les relations phylétiques des organismes, afin que le système élaboré soit naturel. Ranger des invertébrés dans le sous-embranchement des Homalozoaires leur cause, à ce point de vue, beaucoup de soucis. On y trouve les Carpoïdes, groupe hétérogène qui rassemble des animaux très différents quant à la structure du squelette et à l'anatomie. Parmi eux, les Homostélés, propres aux couches du Cambrien moyen. Le squelette de ces échinodermes ne comporte qu'une thèque et un pédoncule ; la thèque est plate, à peine dissymétrique, composée de nombreuses plaques ; les grandes plaques de bordure recouvrent les plaquettes internes ; sur la face antérieure, un ou deux sillons conduisaient la nourriture à un petit orifice buccal ; le pédoncule correspond à celui des autres échinodermes fixés ; il est composé de nombreuses plaques polygonales mais il n'est pas divisé en articles. Le genre *Trochocystites* (Cinctida, Trochocystitidae), est le représentant caractéristique de la classe tout entière ; on le trouve dans les dépôts du Cambrien moyen du centre et de l'ouest de l'Europe. Il vivait sur un fond de sédiments à grains fins.

La classe des Homoïostélés est caractérisée par une plus grande extension stratigraphique (du Cambrien supérieur au Dévonien inférieur) et une plus grande diversité générique. Le squelette comporte, outre la thèque et le pédoncule, un appendice qui amenait la nourriture à la bouche ; thèque légèrement asymétrique ou à symétrie presque bilatérale ; plaques périphériques et plaques centrales sont semblables ; thèque aplatie dorso-ventralement ; extrémité postérieure habituellement creuse ; près d'elle se trouve, sur le flanc de la thèque, l'orifice d'excrétion ; le pédoncule conique, divisé en trois secteurs, sort de la partie postérieure courbe de la thèque.

Les caractères fondamentaux de la classe des Homoïostélés sont visibles sur les squelettes du genre *Dendrocystites* (Solutida, Dendrocystitidae), de l'Ordovicien moyen, que l'on trouve dans les sédiments d'Europe centrale. Thèque triangulaire arrondie, prolongée par un long brachiole formé de deux rangées de plaques ; orifice anal entouré par la pyramide anale ; pédoncule long et conique. Les Dendrocystitidés vivaient sur un fond sableux et capturaient avec leurs brachioles dressés de menus fragments de nourriture.

1 *Trochocystites bohemicus**, Cambrien moyen, Skryje (Tchécoslovaquie). Longueur de la thèque : 1,7 cm. Sur le fin squelette coloré à la surface par la limonite, on distingue la plaque orale carrée.

2 *Dendrocystites barrandei*, Ordovicien moyen (Caradocien), Zahořany (Tchécoslovaquie). Longueur de la thèque ; 3,5 cm. A côté du squelette complet de cette espèce, moule interne de cystoïde du genre *Arachnocystites*. Les lignes fines qui courent sur la surface sont les traces de vers parasites qui vivaient dans la paroi intérieure de la thèque.

Échinodermes

Carpoïdes (suite)

Une troisième classe, celle des Stylophores, a provoqué de nombreux débats contradictoires. Certains chercheurs la considèrent comme l'ancêtre direct des Cordés et en font un sous-embranchement, celui des Calcicordés ; d'autres repoussent vigoureusement ce point de vue. Il reste que les représentants de ce groupe ont des caractères qui sont communs aux échinodermes et aux cordés.

Le genre *Ceratocystis* (Cornutida, Ceratocystidae), existe dans le Cambrien moyen de Bohême. Thèque asymétrique, aplatie dorso-ventralement, composée de grandes plaques de calcite polygonales ; bouche située sur la face antérieure étroite de la thèque, entre deux appendices ; sur la face considérée comme dorsale, au bord de la thèque (près de son extrémité postérieure), sont des ouvertures assimilées à des fentes branchiales ; les deux autres orifices de cette partie de la thèque sont considérés comme les débouchés du système ambulacraire (hydropores) et des voies sexuelles (gonopores) ; derrière eux se trouve l'orifice anal ; un organe de locomotion, formé de nombreuses petites plaques irrégulières, sort de la face postérieure.

1 *Lagynocystites pyramidalis**, Ordovicien moyen (Llanvirnien), Prague-Šárka (Tchécoslovaquie). Longueur du moule interne de la thèque : 2,5 cm.

2 *Mitrocystites mitra**, Ordovicien moyen (Llanvirnien), Prague-Šárka (Tchécoslovaquie). Moule interne ; longueur de la thèque : 2,5 cm. On trouve cette espèce en même temps que les représentants du genre voisin *Mitrocystella* dont la thèque est plus étroite, elliptique, avec trois plaques internes seulement sur la face aplatie (dorsale).

1

2

392

3 *Cothurnocystis elizae*✱, Ordovicien supérieur (Ashgilien), Girvan (Grande-Bretagne). Longueur de la thèque : 1,2 cm. Ce mystérieux animal vivait sur le fond des mers peu profondes. Le long organe locomoteur lui servait à se déplacer sur le fond sableux.

4 *Ceratocystis perneri*✱, Cambrien moyen, Skryje (Tchécoslovaquie). Longueur de la thèque : 2,8 cm. Squelette complet. L'animal vivait sur un fond sableux.

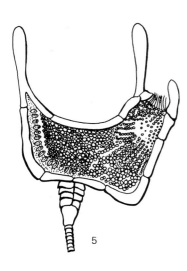

On trouve les espèces du genre *Cothurnocystis* (Cornutida, Cothurnocystidae), minutieusement étudié, dans les sédiments de l'Ordovicien inférieur et moyen en Ecosse et en France. La thèque bizarre, fortement aplatie, a des plaques marginales aux orifices respiratoires renforcés, différentes des nombreuses petites plaques internes ; bouche située sur la partie centrale saillante de la thèque ; orifice anal placé près du pédoncule élargi en bouteille à l'extrémité antérieure (**5**).

Autres Carpoïdes Stylophores, les *Mitrocystites* (Mitratida, Mitrocystitidae), dont les plus jeunes représentants sont de l'Ordovicien moyen. Thèque trapézoïdale arrondie, aplatie sur un des côtés (probablement le dorsal), concave sur l'autre ; deux orifices sur la face antérieure de la thèque remplacent les rangées d'orifices respiratoires. Les espèces de ce genre étaient adaptées à la vie sur le fond ou un peu en dessous de la surface des sédiments.

Les *Lagynocystites* (Mitratida, Lagynocystitidae), de l'Ordovicien moyen de Bohême, ont une thèque pyramidale étroite à quatre faces dont les structures inférieure et supérieure sont très différentes ; un court prolongement couvre la bouche au sommet de la thèque ; l'organe locomoteur porte des épines latérales.

Échinodermes

Blastoïdes

Les Blastoïdes sont de petits échinodermes fixés qui vivaient dans les mers du Primaire. On les trouve du Silurien au Permien. Ils ont une thèque à symétrie pentamère avec, habituellement, des appendices assez courts non ramifiés (brachioles) et un pédoncule plus ou moins long. Thèque formée normalement de 18 à 21 plaques principales et de nombreuses plaquettes supplémentaires ; plaques disposées en anneaux ; l'anneau inférieur comporte trois plaques de base ; vient ensuite un anneau de cinq plaques radiales, auquel se rattache un anneau de cinq plaques deltoïdes ; ambulacre situé entre les plaques deltoïdes, dans les profondes échancrures des plaques radiales ; le sillon ambulacraire passe par le centre de chaque ambulacre, dans la plaque lancéolée vers laquelle débouchent de chaque côté les sillons latéraux ; ces brachioles servaient à recueillir les particules alimentaires acheminées vers la bouche ; celle-ci se trouve au centre de la partie supérieure de la thèque, sous un toit de plaquettes ; orifice anal situé près de la bouche, entre les ambulacres ; les sillons ambulacraires principaux et latéraux sont également recouverts de plaquettes ; un

1, 2 *Cryptoschisma schultzii**, Dévonien moyen, Léon (Espagne). Taille : 1,1 et 0,7 cm. Thèque vue de côté (**1**) et de dessus (**2**). On distingue les larges ambulacres pétaloïdes.

3, 4 *Cordyloblastus* cf. *eifelensis*, Dévonien moyen (Eifélien), Gerolstein (RFA). Taille : 0,6 et 1,7 cm. Thèque vue de dessus (**3**) et de côté (**4**).

5, 6, 7 *Pentremites godoni**, Carbonifère inférieur (Mississipien), Illinois (États-Unis). Taille des thèques : 1,1 à 1,6 cm. Vue de dessus (**6**), montrant les spiracules autour de l'orifice buccal ; le plus grand se rattache à l'orifice anal. Vue de côté (**5**), montrant les plaquettes de couverture des ambulacres. Vue de dessous (**7**) montrant les plaques de la base du pédoncule.

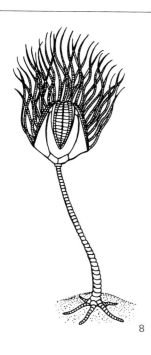

système complexe de canalicules formant l'hydrospire (organe respiratoire spécifique des blastoïdes) se trouve profondément enfoncé sous les plaques de l'ambulacre. Les blastoïdes vivaient dans les mers peu profondes, aux endroits parcourus par un courant d'eau modéré, en compagnie de coraux, brachiopodes, bryozoaires et crinoïdes.

Les Blastoïdes ont vécu du Silurien au Permien. Les hydrospires ouvertes forment des rangs de sillons parallèles le long des bords de l'ambulacre. Les espèces du genre *Cryptoschisma* (Fissiculida, Astrocrinidae), se rencontrent dans le Dévonien d'Espagne. Leurs petites thèques coniques ont de larges ambulacres.

Les représentants de l'ordre plus évolué des Spiraculides ont des hydrospires placées sous les plaquettes latérales des ambulacres ; elles débouchent à la surface par cinq ouvertures simples ou doubles (spiracules), disposées régulièrement autour de la bouche. On trouve les espèces du genre *Cordyloblastus* (Spiraculida, Pentremitidae), dans les sédiments du Dévonien moyen d'Europe.

A la même famille appartient le genre très connu *Pentremites* (**8** — reconstruction d'un spécimen), répandu dans le Carbonifère d'Amérique du Nord et d'Amérique du Sud (Colombie). C'est à cette époque que les Blastoïdes ont connu leur plus grand développement.

8

5

6

7

Échinodermes

Crinoïdes [Ordovicien et Silurien]

Les Crinoïdes font partie des échinodermes qui restent fixés toute leur existence ou seulement, pour certains, au stade larvaire. Les plus anciens représentants sont connus au Cambrien moyen. Ce sont les seuls pelmatozoaires qui vivent encore actuellement. Plus qu'à des animaux, ils font penser à des fleurs exotiques sous-marines, avec leur calice bordé par une couronne de bras flexibles et leur long pédoncule. Le calice se compose, dans le cas le plus simple, de plaques réparties en deux ou trois cycles ; du cycle supérieur partent des bras plus ou moins longs formés de plaques plus petites ; ces bras servent avant tout à recueillir la nourriture, à amener les particules alimentaires jusqu'à la bouche, placée sur le pôle supérieur du calice et, chez de nombreux crinoïdes, protégée par un toit ; l'anus est situé à proximité de la bouche (tube digestif en U).

Dans la sous-classe des Inadunata (crinoïdes à calice rigide), certaines espèces sont caractérisées par un calice monocyclique (un seul cycle de plaques basales) ; la symétrie d'ordre 5 demeure imparfaite. Un des plus

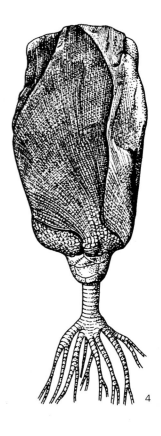

4

1 *Caleidocrinus multiramus** Ordovicien moyen (Carado cien), Zahořany (Tchécoslova quie). Squelette conservé dans u grès micacé. Hauteur de couronne : 1,5 cm. La partie d'ar crage manque.

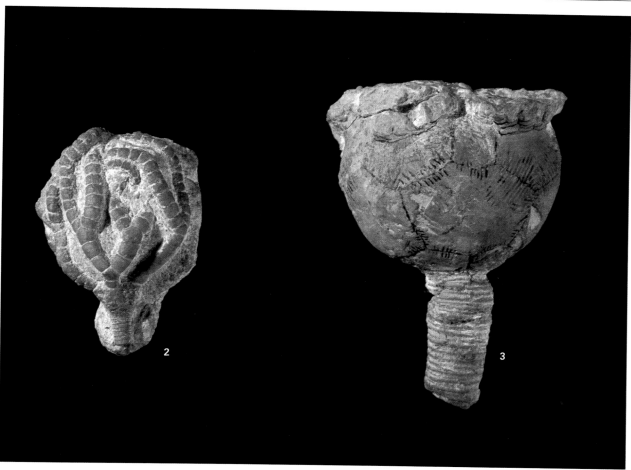

2 *Gisocrinus involutus,* Silurien supérieur (Ludlowien), Mořina (Tchécoslovaquie). Hauteur de la couronne : 4 cm. L'animal a enroulé l'extrémité des bras vers l'intérieur du calice avant sa mort.

3 *Crotalocrinites rugosus**, Silurien supérieur (Ludlowien), Mořina (Tchécoslovaquie). Calice avec fragment de tige. Provient des tufs calcaires déposés dans des eaux chaudes peu profondes au voisinage d'îles coralliennes. Hauteur du calice : 3,5 cm.

anciens représentants est le genre européen *Caleidocrinus* (Disparida, locrinidae), dont la thèque portait de longs bras plusieurs fois ramifiés.

D'autres espèces possédaient un calice dicyclique (plaques infrabasales en plus des plaques basales) ; les bras ramifiés étaient terminés par de nombreux prolongements (pinnules) servant à recueillir la nourriture. Les espèces du genre euro-américain *Crotalocrinites* (Cladida, Crotalocrinidae), avaient un robuste calice sphérique ; les bras à structure fine, en éventail, s'étalaient sur les côtés de l'animal et formaient une sorte de large panier qui recueillait les fragments de nourriture tombant sur le fond (**4**).

Les espèces du genre *Gisocrinus* (Cladida, Cyathocrinidae), ont vécu du Silurien moyen au Dévonien inférieur, dans les mêmes régions que les crinoïdes du genre précédent. Elles avaient un petit calice conique ou cupulaire, à bras massifs plusieurs fois ramifiés.

 **Échinodermes**

Crinoïdes (suite) [Dévonien]

Après la mort des individus, les squelettes de crinoïdes se décomposent en général en un grand nombre d'articles et de plaques isolés. Ces éléments du squelette sont devenus la principale partie organique d'un type de dépôts d'eaux peu profondes caractéristique (calcaires à entroques). Un simple coup d'oeil rapide révèle une grande quantité d'éléments divers circulaires, cylindriques, en étoile ou en carré. Durant la vie de l'animal, ces éléments ont une liaison élastique et sont recouverts d'un mince tissu ; un canalicule axial passe par le centre de la tige ; certains articles de la tige sont plus larges (nodales) et sont séparés par quelque articles plus étroits (internodales) ; chez quelques espèces très évoluées, des prolongements articulés, les cirres, sortent des nodales ; les articles les plus éloignés du calice se sont transformés chez certaines crinoïdes en structures d'ancrage permettant de fixer l'animal à un support. Attribuer un certain type d'articles à un certain genre, déterminé d'après l'étude morphologique de la couronne, pose de grands problèmes. Compte tenu de la grande importance stratigraphique des crinoïdes, on a donc mis au point un système particulier dans lequel les articles de la tige portent des noms spécifiques.

Cupressocrinites (Cladida, Cupressocrinidae) est un genre européen spécialisé que l'on trouve du Dévonien moyen au Dévonien supérieur. Le calice dicyclique possède en dessous une plaquette infrabasale résultant de la fusion de cinq infrabasales ; comme chez les autres crinoïdes, l'infrabasale se trouve dans les rayons principaux du calice à symétrie pentamère ; au-dessus, entre les rayons principaux, dans les interradiales se trouvent cinq basales et un anneau radial, à nouveau

1 Divers types d'articles isolés de tiges (sous-classes : *Inadunata* et *Camerata*), Dévonien inférieur (Zlichovien), Prague-Zlíchov (Tchécoslovaquie). Le plus grand a un diamètre de 1,2 cm. Les sillons sur les surfaces en contact donnaient une plus grande solidité à la tige. Le grand article au milieu est une nodale du genre *Diamenocrinus* que l'on trouve à peu près dans le monde entier.

2 *Codiacrinus schulzei,* Dévonien
moyen (Eifélien), Bundenbach
(RFA). Couronne et fragment
contigu de tige. Les bras minces
ont été orientés par le courant.
Hauteur de la couronne : 4 cm.

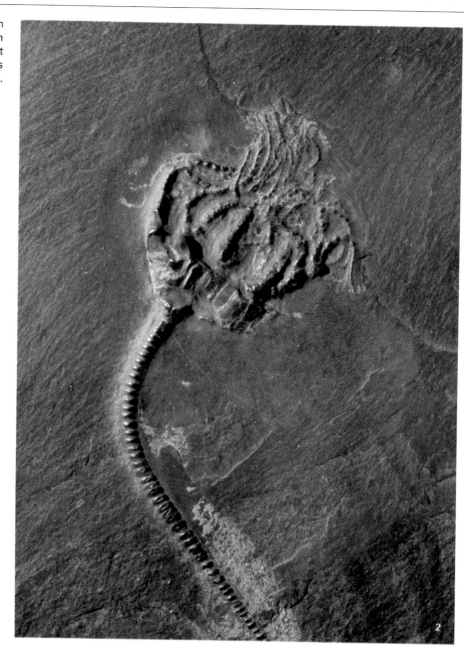

3 *Cupressocrinites crassus*✳, Dévonien moyen (Eifélien), Gerolstein (RFA). Couronne complète
à bras refermés, composée d'articles massifs simples. Hauteur de la
couronne : 5 cm.

dans les rayons principaux ; cinq bras massifs, latéralement de fines
pinnules, sont reliés aux radiales ; la tige a, autour du canalicule central,
trois à quatre canalicules périphériques (**4, 5** − vue de côté et section de
la tige).

Les schistes rhénans de Bundenbach, du Dévonien moyen, renferment entre autres de très beaux squelettes de crinoïdes. Le genre
Codiacrinus (Cladida, Codiacrinidae), que l'on trouve en Europe dans les
sédiments du Dévonien inférieur au Dévonien moyen, est l'un des
genres les plus communs. Des bras minces, fourchus, formés par une
rangée de plaquettes (brachiales) se relient à un calice cupulaire ; la tige
a une section circulaire.

⭐ Échinodermes

Crinoïdes (suite) [Trias]

Le classement des crinoïdes s'appuie d'abord sur la structure de la thèque. Pour une étude détaillée, il est indispensable de pouvoir orienter cette dernière. La bouche, se trouvant généralement au centre, ne peut servir à déterminer les côtés antérieur et postérieur ; la détermination se fera donc d'après l'emplacement de l'orifice anal, excentré dans l'interradiale postérieure. Chez beaucoup d'inadunates mais aussi chez d'autres crinoïdes du primaire, la symétrie pentamère est perturbée par une ou plusieurs plaques disposées les unes au-dessus des autres dans l'interradiale postérieure et correspondant anatomiquement avec la structure anale ; les plaquettes anales se trouvent habituellement dans le squelette du calice entre les basales, les radiales ou les brachiales fixes, qui concourent également à la structure du calice.

Les crinoïdes de la famille des Encrinidés, qui n'ont pas de plaques anales, sont rangés non sans réserve dans la sous-classe des Inadunates. Cette famille est représentée par le seul genre *Encrinus.* L'absence de plaques anales, l'extension stratigraphique et quelques autres caractères témoignent peut-être de relations phylétiques avec la sous-classe plus récente des Articulés encore abondamment représentée dans les mers actuelles.

Encrinus (Cladida, Encrinidae), genre du Trias fort bien connu, a été décrit à partir de calcaires coquilliers d'Allemagne. L'appellation générique *Encrinus,* avec le terme « entroques » pour désigner les articles de la tige, a été utilisée pour la première fois au XVIe siècle par G. Agricola. Le calice bas, en forme de poêle, à parfaite symétrie pentamère, est concave vers l'intérieur sur la face inférieure ; il est formé par trois cycles de plaques auxquels sont reliées des brachiales fixes ; dix bras partent du calice, composés au début d'un seul rang de plaques (type unisérié) puis de deux rangs (type bisérié) ; l'extrémité des bras comporte des brachiales d'un seul côté et est couverte d'un grand nombre de pinnules ; le type de bras bisérié est un caractère évolué qui a permis de doubler le nombre de pinnules et donc d'accroître l'efficacité dans la capture des aliments ; le toit du calice est peu bombé ; la tige est de section circulaire et possède des cirres ; ses articles isolés ont concouru à la formation des puissants calcaires à entroques constitués dans une mer chaude bien oxygénée.

On considère, d'après la structure des squelettes du genre *Encrinus,* et à la suite d'études portant sur des Articulés actuels, que les espèces de ce genre faisaient partie des crinoïdes rhéophiles. Elles vivaient dans le courant et édifiaient leurs thèques, la base du calice à contre-courant. L'extrémité des nombreuses pinnules étroites accrochait les fragments de nourriture (algues, protozoaires, petits crustacés et larves) qui, par l'intermédiaire des sillons ambulacraires à l'intérieur des bras, étaient conduits vers l'orifice buccal.

*Encrinus liliiformis**, Trias moyen (Anisien, Ladinien), Crailsheim (RFA). Couronne avec fragment contigu de tige ; au-dessus de la couronne, bras isolé avec pinnules. Hauteur de la couronne : 6,5 cm. Dans la structure des bras, on observe facilement le passage du type unisérié au type bisérié.

Crinoïdes (suite) [Dévonien]

L'extension stratigraphique des crinoïdes de la sous-classe des *Camerata* va de l'Ordovicien inférieur au Permien supérieur. Ils ont été particulièrement abondants au Silurien et au Carbonifère inférieur. Calice monocyclique ou dicyclique ; la liaison fixe des plaques thécales constitue leur signe caractéristique ; le toit forme une sorte de voûte recouvrant la bouche et les parties contiguës des voies ambulacraires ; orifice anal saillant au-dessus du toit ; plaques brachiales (en nombre variable) et plaques interbrachiales concourent à la structure du calice ; symétrie de la thèque souvent altérée par une rangée de plaques anales interradiales ; bras mobiles simples ou ramifiés, garnis de pinnules ; ces crinoïdes avaient tous une tige.

Les crinoïdes de l'ordre des Monobathrides ont un calice monocyclique. Ils sont représentés par le genre *Scyphocrinites* (Monobathrida, Scyphocrinitidae), du Silurien et du Dévonien que l'on connaît en Europe, en Afrique, en Asie et en Amérique du Nord. En font partie de grands crinoïdes dont la couronne peut atteindre 50 cm de haut. Calice piriforme, composé d'un grand nombre de plaques dont la surface présente une ornementation radiale ; basales et radiales ne concourent qu'assez peu à la structure du calice ; en dehors des plaques brachiales soudées, le calice est composé surtout de nombreuses plaques intercalaires ; dans chaque rayon, poussent deux bras de même taille qui se ramifient dichotomiquement plusieurs fois de suite ; canalicule de section pentagonale qui traverse la longue tige cylindrique ; à l'extrémité de celle-ci se trouve un flotteur (lobolite) de forme conique, divisé en plusieurs chambres (**3**) ; cet appareil devait permettre aux scyphocrinites de changer d'emplacement et concourir ainsi à leur grande extension géographique. De nombreuses découvertes montrent que ces crinoïdes vivaient en symbiose (relations à bénéfices réciproques) avec les gastéropodes du genre *Platyceras*. Les gastéropodes (coprophages), se nourrissaient des déjections des crinoïdes, reposant sur le tegmen (toit du calice) qu'ils recouvraient souvent complètement ; l'ouverture de la coquille s'adaptait au contour du tegmen au fur et à mesure que se développaient les deux organismes. Les fragments de crinoïdes du genre *Scyphocrinites* se sont accumulés par endroits en grande quantité et ont donné naissance aux « calcaires à Scyphocrinites ». Cette formation date du Silurien supérieur au Dévonien inférieur.

Dans l'ordre des Diplobathrides (calice dicyclique), se trouvent les espèces du genre *Thylacocrinus* (Diplobathrida, Rhodocrinitidae), du Dévonien inférieur, que l'on trouve presque partout dans le monde. Calice de grande taille, conique ou cupulaire, à tegmen bas, portant jusqu'à vingt-sept bras libres, groupés habituellement par quatre dans chaque rayon ; bras non ramifiés composés de deux rangées de plaques.

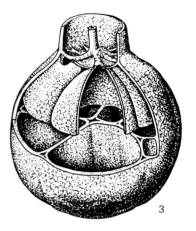

3

1 *Thylacocrinus vannioti*✳, Dévonien inférieur (Emsien), Saint-Germain-le-Guillaume (France). Couronne et partie basale brisée, ainsi que les extrémités des bras quadriramés. Hauteur de la couronne : 10 cm.

2 *Scyphocrinites* sp., Dévonien inférieur (Lochkovien), Marouma (Algérie). L'altération désertique a donné cet exemplaire à couronne très bien conservée, avec de longues pinnules fines bien visibles. Aspect caractéristique de l'altération désertique. Hauteur de la couronne : 8 cm.

Crinoïdes (suite) [Silurien à Carbonifère]

On trouve le genre *Hexacrinites* (Monobathrida, Hexacrinitidae), dans le sédiments du Silurien supérieur au Dévonien supérieur d'Europe, d'Asie et d'Amérique du Nord. Calice simple, formé de trois basales et de cinq hautes radiales, parmi lesquelles s'intercale la première plaque anale ; toit bombé, orifice anal près du centre ou près du bord ; les parties mobiles des bras se composent d'une seule rangée de plaques ; chaque rayon comporte deux bras simples ou ramifiés ; après la mort de l'animal, les bras se séparaient habituellement du calice.

Les représentants du genre très spécialisé et cosmopolite *Eucalyptocrinites* (Monobathrida, Eucalyptocrinitidae), existent dans les sédiments du Silurien moyen au Dévonien inférieur. Calice massif et bas, cupuliforme, aplati à la face inférieure ; structure du tegmen très particulière : au sommet, quatre grandes plaques ; dix plaques verticales allongées soutenaient de l'intérieur l'extrémité du tube digestif prolongé en trompe et formaient sur l'extérieur dix compartiments ouverts latéralement et qui servaient à abriter les bras ; tige circulaire parcourue sur toute sa longueur par un canalicule axial à section étoilée ; son extrémité distale (la plus éloignée du calice) présente plusieurs petites branches latérales (**5**).

Les espèces du genre *Eucalyptocrinites* animaient les récifs coralliens. Elles font partie des crinoïdes rhéophobes dont les bras s'étendaient horizontalement sur les côtés et recueillaient les fragments de nourriture tombant vers le fond. Les pinnules fines et nombreuses bordant les sillons ambulacraires pouvaient créer un faible courant et accroître ainsi la quantité de nourriture recueillie.

1, 2 *Amphoracrinus gigas,* Carbonifère inférieur (Viséen), Clitheroe (Grande-Bretagne). Hauteur du calice : 2,7 cm. Côté de la thèque en vue latérale, tegmen et excroissances (**1**) ; base du calice (**2**).

3 *Hexacrinites anaglypticus,* Dévonien moyen (Eifélien), Gerolstein (RFA). Calice isolé à plaques ornées et bases des bras. Hauteur du calice : 3,7 cm.

4 *Eucalyptocrinites crassus,* Silurien moyen (Niagaranien), Waldron (Indiana, États-Unis). Du haut calice sortent des parois interbrachiales qui forment un abri pour les bras minces à longues pinnules. Hauteur de la couronne : 7 cm.

4

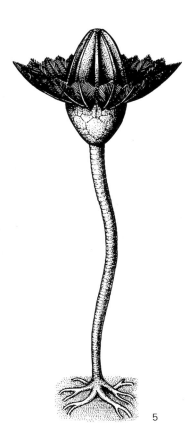

5

Les crinoïdes de la sous-classe des Camerata ont connu leur acmé au Carbonifère. Ceux du genre *Amphoracrinus* (Monobathrida, Amphoracrinidae), ont vécu en Europe, en Amérique du Nord, en Afrique du Nord et sans doute aussi au Japon. Calice bas, couvert par un tegmen élevé en dôme formé de très nombreuses plaques ; orifice anal excentré, légèrement saillant au-dessus du tegmen ; cycle basal du calice formé de six plaques, plus une plaque anale intercalée ; surface du calice granuleuse, avec de nombreuses petites excroissances cornées ; les bras sortent du calice à peu près horizontalement.

⭐ Échinodermes

Crinoïdes (suite) [Silurien et Carbonifère]

Les crinoïdes de la sous-classe des *Flexibilia,* forment un groupe peu nombreux de crinoïdes du Primaire. Les plus anciens représentants sont apparus à l'Ordovicien moyen, on trouve les derniers au Permien supérieur. La structure de leur squelette comporte un certain nombre de caractères communs à tous les crinoïdes de cette sous-classe. Calice composé de plaques liées par des ligaments qui donnaient au squelette une certaine souplesse que ne connaissaient pas les crinoïdes des autres sous-classes. Base formée habituellement par trois infrabasales sur lesquelles se trouve un cycle de cinq basales puis un cycle de cinq radiales ; les parties proximales des bras (les plus proches du calice) concourent également à la constitution du calice, de même que les plaquettes intercalaires (brachiales fixes et interbrachiales) et les plaques anales ; tegmen formé d'un très grand nombre de petites plaques ; bouche et sillons ambulacraires couverts ; bras composés d'une seule rangée de plaques, dépourvus de pinnules et se ramifiant souvent plusieurs fois, pour donner chacun deux branches semblables ; tige à section circulaire.

L'ordre des Taxocrinides (Taxocrinida, Taxocrinidae), est représenté dès l'Ordovicien. Les crinoïdes qu'il rassemble ont une couronne allongée et un petit calice. Le genre *Taxocrinus,* le plus connu, existe dans les dépôts du Dévonien moyen au Permien, en Europe et en Amérique du Nord. Couronne à contour elliptique allongé, bras écartés à la base et ramifiés en fourche.

Les espèces de l'ordre des Sagenocrinides ont une couronne sphérique ou ovoïde allongée ; calice en général cupuliforme, bras massifs; les plaques du calice étaient reliées plus solidement que chez les crinoïdes de l'ordre précédent, ce qui fait que des calices entiers sont plus fréquemment conservés.

Le genre *Pycnosaccus* (Sagenocrinida, Nipterocrinidae), se rencontre dans les couches du Silurien d'Europe et d'Amérique du Nord. La couronne sphérique a un gros calice, nettement séparé des bras ; de côté, on distingue nettement les trois cycles de plaquettes ; les radiales sont lisses à la surface, à moins qu'elles ne portent des plis caractéristiques en disposition rayonnante ; larges bras composés de brachiales basses ; quand la couronne est conservée entière, les bras sont recourbés, extrémités distales vers l'intérieur, de sorte qu'ils recouvrent le tegmen.

Les crinoïdes de la sous-classe des *Flexibilia* se sont adaptés à la vie à différentes profondeurs. Certaines espèces ont vécu dans des eaux profondes, sur un fond meuble peu propice à un ancrage solide : elles se sont en conséquence fixées sur des coquilles de mollusques.

L'espèce *P. scrobiculatus* a vécu principalement dans les eaux agitées, peu profondes, au milieu des récifs coralliens du Silurien supérieur.

1 *Pycnosaccus scrobiculatus**, Silurien supérieur (Ludlowien), Mořina (Tchécoslovaquie). Calice massif, orné à la surface, aux courts bras recourbés vers l'intérieur. Hauteur de la couronne : 4 cm.

2 *Taxocrinus colletti,* Carbonifère inférieur (Mississipien), Crawfordsville (États-Unis). Couronne et petit calice, bras massifs repliés vers l'intérieur. Hauteur de la couronne : 5 cm.

 **Échinodermes**

Crinoïdes [Jurassique]

La sous-classe des Articulata est la plus récente : on trouve ses représentants depuis le Trias inférieur jusqu'à nos jours. Le calice, dicyclique ou cryptodicyclique (les infrabasales se développent au début de la vie de l'animal puis disparaissent), a de petites basales et est très réduit ; les bras se composent toujours d'un seul rang de plaques ; ils sont souvent richement ramifiés et garnis de pinnules ; ils sont attachés aux radiales par l'intermédiaire de muscles ; radiales et brachiales sont toujours perforées ; le tegmen se compose de minces plaques mobiles ; bouche et sillons ambulacraires ouverts vers l'extérieur ; les jeunes avaient toujours une tige, disparue chez la plupart des adultes : à l'endroit de sa fixation au calice n'est resté que l'article proximal. Les crinoïdes de la sous-classe des Articulata vivent aujourd'hui dans les eaux tropicales comme dans les eaux arctiques, à des profondeurs variées (de quelques mètres jusqu'à 9 000 m). On a décrit jusqu'à présent 650 espèces actuelles. En général, ils sont fixés, mais certains rampent lentement sur le fond ou même nagent activement.

On classe dans l'ordre des Isocrinides des crinoïdes à petit calice. Les larges faces de contact (facettes) permettent une liaison articulée des bras et des radiales ; la tige était habituellement longue et partiellement entourée de cirres.

Le genre *Seirocrinus* (Isocrinida, Pentacrinidae), nous est connu dans les dépôts du Jurassique inférieur. Les découvertes les plus abondantes proviennent des schistes à posidonies des environs de Holzmaden, en Bavière. Des bras plusieurs fois et inégalement ramifiés (hétéronomes) s'écartaient d'un petit calice ; la couronne pouvait atteindre 80 cm et la tige jusqu'à 18 m. Quelques trouvailles exceptionnelles montrent que

5

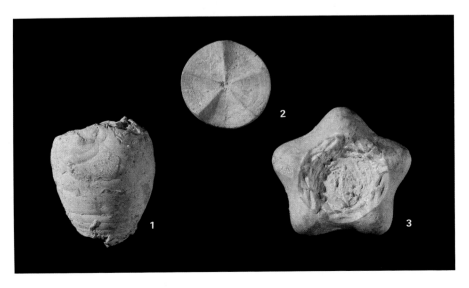

1, 2 *Apiocrinites elegans,* Jurassique moyen (Bathonien), Bradford (Grande-Bretagne). Calice piriforme se continuant par un pédoncule cylindrique élargi (**1**) ; il porte un bryozoaire cheilostome fixé ; hauteur : 4 cm. Article élargi de la tige soudé au calice (**2**).

3 *Millericrinus milleri**, Jurassique supérieur (Oxfordien), Sontheim (RFA). Calice à larges facettes et longs bras massifs ; largeur du calice : 4,5 cm.

4 *Seirocrinus subangularis**, Jurassique inférieur (Lias), Holzmaden (RFA). Couronne et partie contiguë de la tige ; hauteur de la couronne : 12 cm ; les longs bras abondamment ramifiés sont couverts de pinnules.

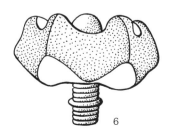

6

les jeunes avaient un mode de vie pseudoplanctonique : ils étaient fixés à des mocreaux de bois flottant ; les adultes vivaient vraisemblablement fixés sur le fond ; leur tige se dressait obliquement.

Les caractères les plus marquants des Millercrinides sont un grand calice formé de cinq basales et cinq radiales, une tige sans nodales ni cirres.

On trouve le genre *Millericrinus* (Millericrinida, Millericrinidae), dans les terrains du Jurassique moyen et supérieur d'Europe. Il est caractérisé par un grand calice à cinq faces, large et bas, formé par des basales et radiales épaisses séparées par des sutures bien visibles (**6**). Chez les espèces à tige réduite, le calice reposait sur le fond.

On trouve le genre *Apiocrinites* (Millericrinida, Apiocrinitidae), dans les sédiments du Jurassique inférieur au Crétacé inférieur d'Europe, d'Afrique du Nord et d'Amérique du Nord. Les articles proximaux larges et bas de la tige se soudent solidement avec le calice et donnent à la thèque un aspect piriforme ou ovoïde (**5**).

Crinoïdes [Jurassique] (suite)

Les crinoïdes de l'ordre des Comatulides ont une tige réduite dont il n'est resté sous le calice qu'une plaquette centro-dorsale à nombreuses excroissances latérales. La plupart des espèces fossiles, tout comme leurs descendants actuels, vivaient dans des mers peu profondes (jusqu'à 200 mètres), souvent à proximité des récifs coralliens. Dans des conditions écologiques optimales, ces crinoïdes formaient des peuplements denses, véritables « prairies à crinoïdes ». On trouve parmi eux les seuls crinoïdes qui nagent activement, de la famille des Antédonidés. Grâce aux mouvements de leurs bras, ils gagnaient un emplacement où ils trouvaient de meilleures conditions de vie. La distance parcourue était évidemment très limitée (comme chez les espèces actuelles). Les crinoïdes du genre actuel *Antedon* et ceux du genre jurassique *Pterocoma* (Comatulida, Pterocomidae), sont très semblables. Ce dernier genre est représenté surtout dans les calcaires tithoniques de Solnhofen ; il s'est éteint au cours du Crétacé supérieur (Turonien). Calice de petite taille, pourvu de dix ramifications ; du petit pédoncule centro-dorsal, sous le calice, partent des cirres disposés en cercle ; les bras ramifiés portent de longues pinnules et évoquent par leur forme une plume d'oiseau. Les crinoïdes du genre *Pterocoma* devaient flotter plus ou moins passivement dans l'eau, dans la zone pélagique.

Les représentants adultes de l'ordre des Roveacrinides, du Mésozoïque, avaient un petit calice sans tige et un squelette qui leur permettait de flotter dans l'eau.

On trouve le genre *Saccocoma* (Roveacrinida, Saccocomidae), du Jurassique supérieur au Crétacé inférieur en Europe, en Afrique du Nord et à Cuba. Une radiale et une petite plaquette centrale d'origine inconnue sous le calice ferment une vaste cavité générale ; les bras se ramifient très tôt en fourche et de chaque branche se séparent alternativement d'autres branches (ramuli). Les découvertes les plus connues d'espèces de ce genre ont été faites dans les calcaires tithoniques : lithographiques de Solnhofen, en Bavière. Dans des conditions exceptionnellement favorables offertes par des lagunes chaudes, de 30 a 40 mètres de profondeur et aux eaux très salées, se déposait une boue calcaire qui forme aujourd'hui des couches calcaires en plaques. Il n'y avait pratiquement pas de vie sur le fond ; par contre de nombreuses espèces d'animaux vivaient au-dessus. Parmi elles, on trouvait couramment les crinoïdes du genre *Saccocoma,* au mode de vie pélagique.

1 *Pterocoma pennata**, Jurassique supérieur (Tithonique), Solnhofen (RFA). Squelette complet à longs bras plumeux ; hauteur de la couronne : 12 cm.

2 *Saccocoma pectinata**, Jurassique supérieur (Tithonique), Solnhofen (RFA). Squelette complet vu de haut ; les longs bras à pinnules ont des extrémités enroulées en spirale ; diamètre de la couronne : 3,5 cm.

Crinoïdes (suite) [Jurassique et Crétacé]

Le genre voisin *Pseudosaccocoma,* a vécu du Jurassique supérieur au Crétacé inférieur. On le trouve en Europe et en Asie (Japon). Calice robuste constitué par des plaques massives recouvertes par une couche compacte de calcite ; basales, radiales et la plaque centrale sous le calice sont traversées par des canalicules ; les radiales ont de larges facettes d'articulation.

P. strambergensis vivait dans les eaux bien aérées des récifs coralliens du Jurassique supérieur d'Europe centrale.

Chez la plupart des crinoïdes de la sous-classe des *Articulata,* l'évolution est allée vers la simplificaion de la structure du calice et sa réduction. On trouve pourtant, dans le Crétacé supérieur, des crinoïdes dont les thèques volumineuses, formées d'un grand nombre de plaques, rappellent les thèques des crinoïdes de la sous-classe des Camerata du Primaire.

Les grandes couronnes sphériques ou ovales des crinoïdes uintacrinides ont des calices à structure légère faite de plaques très minces et l'on ne trouve aucune trace sur leur base d'une liaison au support par une tige ; le calice se compose, en dehors des éléments fondamentaux du squelette, d'un nombre plus ou moins grand de brachiales et d'interbrachiales ; les longs bras à nombreuses pinnules mobiles se ramifient déjà dans la paroi du calice ; le tegmen est composé de plaquettes à liaison souple et sa structure est inhabituelle : l'orifice anal se trouve au milieu et la bouche est excentrée.

1 *Pseudosaccocoma strambergensis**, Jurassique supérieur (Tithonique), Štramberk (Tchécoslovaquie). Calice vu de dessus, à très petites basales et grandes radiales ; diamètre : 2,2 cm.

2 *Marsupites testudinarius**, Crétacé supérieur (Sénonien), Lüneburg (RFA). Calice en vue latérale ; hauteur : 3,3 cm. Le calice se compose de grandes plaques polygonales ; en haut, à droite, grande plaque brachiale.

3

3 *Uintacrinus socialis**, Crétacé supérieur (Sénonien), Kansas (États-Unis). Squelette complet à grand calice en sac et longs bras garnis de fines pinnules ; largeur de la thèque : 8 cm.

On trouve le genre *Uintacrinus* (Uintacrinida, Uintacrinidae), à peu près dans le monde entier. Il vivait dans le plancton. On suppose que la cavité générale comportait des loges renfermant du gaz ou de l'huile qui réduisait le poids total de l'animal.

Le genre *Marsupites* (Uintacrinida, Marsupitidae), a une extension mondiale. La thèque a une structure semblable à celle du genre précédent mais compte un moindre nombre de plaques ; surface des plaques souvent ornée de petites bosses radiales (**4**) ; bras étroits, biramés, séparés ou reliés par des plaques interbrachiales. Les espèces du genre *Marsupites* avaient probablement un mode de vie planctonique. La cavité générale pouvait renfermer des structures d'allègement semblables à celles que l'on trouve dans le genre précédent.

Échinodermes

Stelléroïdes [Dévonien]

Les Astéroïdes (sous-embranchement des Astérozoaires, classe des Stelléroïdes) réunit des échinodermes mobiles au corps à symétrie radiale, habituellement en étoile et aplatis dorso-ventralement. La bouche est sur la face inférieure. Cette sous-classe compte un grand nombre de genres et d'espèces très divers dont l'extension chronostratigraphique va de l'Ordovicien moyen à nos jours. Leur corps a la forme d'un pentagone ou, plus souvent, d'une étoile à cinq branches (ou plus). Le corps est prolongé par des bras dans lesquels on trouve tous les organes internes importants. Un sillon ambulacraire parcourt chaque bras, terminé à l'extrémité libre (distale) par une plaque calcaire munie d'un organe phototropique. L'autre extrémité du sillon ambulacraire se trouve près de la bouche. Chez les Astéroïdes, le système ambulacraire perd en général sa fonction alimentaire et assume uniquement une fonction ambulatoire. Dans chaque gouttière ambulacraire, se trouvent deux à quatre rangées de tubes ambulacraires (podia), reliés à l'intérieur à une vésicule. A l'intérieur de celle-ci séjourne un liquide dont la pression variable permet l'extension des podia et leur permet de se fixer au support. L'orifice d'entrée dans le système ambulacraire et l'orifice anal se trouvent sur le côté dorsal. Le squelette des Astéroïdes est recouvert d'un mince épiderme par où passent, sur le côté dorsal, de nombreuses vésicules à paroi mince fonctionnant comme des branchies externes. Le squelette proprement dit se compose de nombreuses plaques mobiles ou osselets. Le support principal du corps est le squelette axial le long des sillons ambulacraires auxquels s'attache un cycle de plaques autour de la bouche, sur lequel sont fixés les autres éléments du squelette.

Les Astéroïdes se décomposent rapidement après leur mort et l'on ne trouve que rarement des squelettes entiers. Leur conservation exige en effet des conditions très favorables : d'abord un recouvrement rapide par les sédiments, ensuite l'absence d'animaux fouisseurs qui éparpilleraient les osselets. C'est dans les schistes de Bundenbach (Hunsrück) du Dévonien inférieur, que l'on a trouvé les plus beaux squelettes complets de ces échinodermes. Leurs squelettes sont généralement pyritisés, de sorte qu'après une préparation en laboratoire, tous leurs détails en sont parfaitement visibles.

1 *Urasterella asperula*, Dévonien inférieur (Emsien inférieur), Bundenbach (RFA). Taille du squelette : 6,5 cm. Les longs bras de cette espèce commune, orientés par le courant, indiquent de façon fiable le sens de celui-ci près du fond.

2 *Helianthaster rhenanus**, Dévonien inférieur (Emsien inférieur), Bundenbach (RFA). Taille : 11 cm. Ce squelette presque complet a toutes les caractéristiques du genre.

Les formes du genre *Urasterella* (Forcipulatida, Urasterellidae), sont connues en Europe orientale et au Canada. Des bras longs et étroits, épineux, centraux. La principale fonction des épines de ces animaux est le nettoyage de la surface à proximité des vésicules respiratoires.

Les espèces du genre *Helianthaster* (Spinulosida, Helianthasteridae), se trouvent dans les sédiments du Dévonien inférieur européen. D'un disque central assez grand et granuleux partent quatorze à seize bras massifs. La surface porte de nombreuses épines courtes.

 # Échinodermes

Stelléroïdes (suite) [Crétacé]

Les étoiles de mer font partie de ces animaux qu'on appelle « fossiles vivants », parce qu'apparus très tôt dans les mers, ils ont évolué très lentement, de sorte que leurs représentants actuels se distinguent à peine de leurs lointains ancêtres. C'est pourquoi l'étude écologique des espèces actuelles permet d'avoir une image assez précise du mode de vie des espèces fossiles. Comme les autres échinodermes, les Astéroïdes sont des animaux exclusivement marins. Ils vivent en abondance dans les eaux chaudes ou froides. Les plus grandes espèces peuvent atteindre 1,2 mètre d'envergure. Ils sont en général de sexes séparés et ont une grande capacité de régénération des parties du corps arrachées. La majorité d'entre eux sont carnivores et se nourrissent d'autres échinodermes, de polypiers, de mollusques, de brachiopodes. Des plaques spécialement adaptées, bordant la bouche dépourvue de dents, assurent la fonction des mâchoires. Devant une proie volumineuse, l'étoile de mer colle directement la bouche ou bien l'attire avec ses bras et la retient avec ses podia. Par les bords de l'estomac extrudé, elle attire la nourriture à l'intérieur. Chez d'autres étoiles de mer, on rencontre un procédé d'alimentation encore moins habituel. L'animal se pose sur la coquille d'un mollusque ou d'un autre animal et, par la force des muscles des podia ambulacraires, elle ouvre la valve supérieure ; il insinue ensuite le bord extrudé de son estomac entre les valves, tue et décompose sa proie grâce à ses ferments digestifs. Les parties molles sont ensuite aspirées dans l'estomac et digérées à l'extérieur de la bouche. Certaines étoiles de mer se nourrissent de menus aliments. Les fragments organiques contenus dans l'eau sont recueillis par les cils qui bordent les sillons ambulacraires et acheminés vers la bouche.

De nombreuses espèces d'Astéroïdes vivaient au Crétacé mais, le plus souvent, on n'en retrouve que des plaques isolées. La pauvreté des documents fait que la systématique de la sous-classe tout entière a été jusqu'à présent peu élaborée.

1 *Metopaster hunteri,* Crétacé supérieur (Turonien), Kent (Grande-Bretagne). Diamètre : 5 cm. Il ne reste du squelette que les grandes plaques de bordure.

2

2 *Calliderma (?) schulzei*, Crétacé supérieur (Turonien), Hejšina (Tchécoslovaquie). Diamètre : 11,5 cm. Squelette complet à grandes plaques périphériques. De petites plaques forment le disque central. Les ambulacres sont visibles dans les rayons principaux.

On trouve les espèces du genre *Metopaster* (= *Mitraster*) (Valvatida, Goniasteridae), du Crétacé supérieur au Miocène, en Europe, en Amérique du Nord et en Nouvelle-Zélande. Leur squelette pentagonal, rarement pourvu de bras peu allongés, compte un petit nombre de plaques massives périphériques et de nombreuses plaques internes.

Les squelettes de structure souvent très légère et se disloquant facilement, recontrent leurs meilleures conditions de conservation dans les sédiments à grains fins. Il est donc d'autant plus étonnant de trouver des squelettes entiers dans des grès à gros grains. L'espèce représentée ici était classée, jusqu'à présent, dans le genre actuel *Stellaster*. Son squelette est caractérisé par un grand disque central d'où partent des bras courts et de larges plaques périphériques. Ces caractères sont ceux du genre *Calliderma* (Granulosina, Goniasteridae), dont les espèces ont vécu du Crétacé supérieur à l'Oligocène européen.

417

 **Échinodermes**

Stelléroïdes (suite) [Dévonien et Jurassique]

Les Ophiuroïdes sont voisins des Astéroïdes. On les trouve également de l'Ordovicien inférieur à nos jours. On les distinguera facilement des étoiles de mer d'après leur disque central nettement délimité et leurs longs bras cylindriques minces. Le squelette axial des bras évoque une colonne vertébrale et leur donne une souplesse serpentine. Tous les organes internes se trouvent à l'intérieur du disque central et ne pénètrent pas dans les bras. L'orifice buccal est sur la face inférieure du corps et sert également d'orifice d'excrétion. L'orifice d'entrée dans le système ambulacraire se toruve également à la face inférieure. Les sillons ambulacraires de la face inférieure sont fermés et les podia n'apparaissent à la surface du corps que sur les côtés. Les ophiures vivent dans des zones géographiques diverses, aussi bien dans des eaux peu profondes qu'à plusieurs milliers de mètres de profondeur. Elles se nourrissent en général de petits fragments organiques qu'elles recueillent avec leurs cils enduits d'un liquide mucilagineux. Elles sont en général partiellement enfouies dans les sédiments et recueillent la nourriture avec l'extrémité libre de leurs bras. Les podia, protégés par les plaques latérales et les épines des bras acheminent la nourriture vers la bouche. De nombreuses ophiures se déplacent assez rapidement sur le fond, certaines vivent en commensaux de crinoïdes, se nourrissant comme eux. Il existe des ophiures chez lesquelles les plaques entourant la bouche se sont transformées en mâchoires. Elles amènent la nourriture à la bouche grâce à leurs bras très mobiles. A quelques exceptions près, les ophiures font partie des fossiles assez rares. Elles ont pourtant formé localement, quelquefois, des peuplements nombreux (plusieurs centaines d'individus au mètre carré).

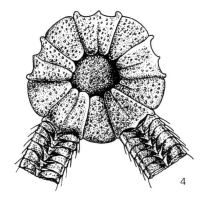

1 *Furcaster palaeozoicus**, Dévonien inférieur (Emsien inférieur), Bundenbach (RFA). Deux squelettes presque complets ; envergure du plus grand : 8 cm.

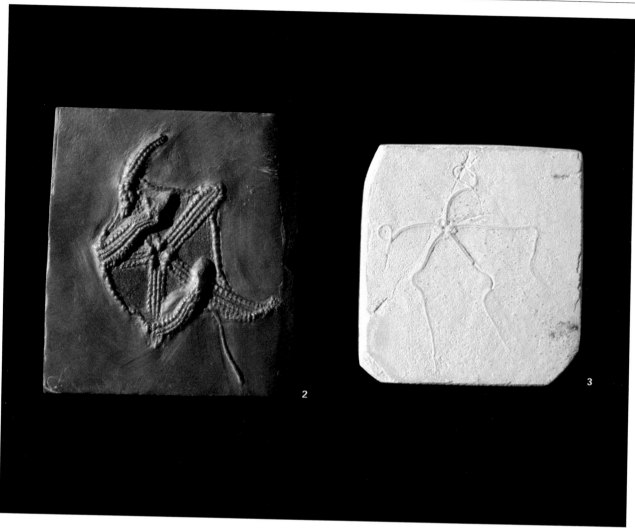

2 *Encrinaster tischbeinianum,* Dévonien inférieur (Emsien inférieur), Bundenbach (RFA). Diamètre : 8 cm. Squelette presque complet ; les bras massifs attestent que ces ophiures ne se déplaçaient pas rapidement sur le fond marin.

3 *Geocoma carinata*,* Jurassique supérieur (Tithonique), Solnhofen (RFA). Squelette complet ; envergure : 8 cm. Les ophiures de cette espèce sont les plus communes dans les calcaires lithographiques du Jurassique supérieur de Solnhofen.

Les Ophiuroïdes du genre *Encrinaster* (Oegophiurida, Encrinasteridae), ont vécu de l'Ordovicien supérieur au Carbonifère inférieur. Leurs squelettes évoquent ceux des étoiles de mer. Les moitiés qui composent chaque « vertèbre » du bras de l'ophiure ne sont pas antagonistes mais alternes. Le disque central a une bordure visible.

On trouve les espèces du genre *Furcaster* (Oegophiurida, Furcasteridae), dans les sédiments de l'Ordovicien supérieur au Carbonifère inférieur d'Europe, d'Amérique du Nord et d'Australie. Elles se caractérisent par un assez grand disque central et de longs bras garnis d'épines acérées, de même taille, sur les côtés. Les plaques autour de la bouche forment une rosace pentamère.

Le genre *Geocoma* fait partie des Ophiuroïdes les plus évolués. On le trouve dans les dépôts du Jurassique supérieur en Europe. Les grandes plaques qui s'unissent avec les plaques interradiales à la base des bras forment un cycle qui atteint presque le centre du disque central (**4**). Les articles des bras sont cylindriques, les deux moitiés sont antagonistes.

419

Échinodermes

Oursins [Jurassique et Crétacé]

Les Echinoïdes, c'est-à-dire les oursins, constituent la classe la plus connue des échinodermes. Les représentants les plus anciens se rencontrent dans les couches de l'Ordovicien. Il en existe plus de huit cents espèces dans les mers actuelles.

Les oursins « réguliers » les plus anciens font partie de la sous-classe des Périschoéchinoïdes, dont l'ordre des Cidarides est le seul qui soit encore représenté. Les oursins de ce groupe ont un squelette sphérique dont les faces inférieure et apicale sont légèrement aplaties, avec d'étroits fuseaux ambulacraires et des fuseaux interambulacraires, à tubercules plus larges et perforés, sur lesquels étaient fixées les radioles. Les espèces fossiles se rencontrent dans les sédiments d'eau peu profonde, tandis que les espèces actuelles vivent jusqu'à 4 000 m de profondeur. Elles se déplacent sur le substrat à l'aide de longs piquants. Un appareil masticateur leur permet de broyer les coquilles de mollusques.

1 *Plegiocidaris coronata*★, Jurassique supérieur (Oxfordien — Tithonique), RFA. Diamètre : 2,8 cm. Face apicale ; appareil apical non conservé.

2 *Rhabdocidaris orbignyana*★, Jurassique supérieur (Oxfordien — Kimméridgien), Bléville (France). Longueur des radioles : 4,8 à 5,8 cm.

3

3 *Tylocidaris clavigera*✳, Crétacé supérieur (Turonien — Campanien), Charlton (Kent, Grande-Bretagne). Diamètre : 2,6 cm. Quelques radioles ont été conservées.

Les espèces du genre *Rhabdocidaria* (Cidarida, Cidaridae), sont répandues dans les sédiments du Jurassique inférieur à l'Eocène en Europe. Thèque pouvant atteindre 10 cm de diamètre à l'ambitus ; les pores ambulacraires sont reliés deux à deux (diplopores) par de petits sillons ; les radioles sont en forme d'épines longues et plates.

On trouve les oursins du genre *Plegiocidaris* (même famille) dans les sédiments du Trias supérieur au Jurassique supérieur en Europe. Ils ont des pores isolés sur les plaquettes ambulacraires, des auréoles caractéristiques autour des tubercules (zones miliaires) et des radioles en bâtonnets (**4**).

Tylocidaris (Cidaroida, Psychocidaridae), est un oursin du Crétacé supérieur répandu en Europe. Sa thèque aplatie est formée de grandes plaques. Le système apical occupe près de la moitié de la thèque, jusqu'à proximité de l'ambitus (zone de plus grand diamètre) ; pores non conjugués, tubercules non perforés, radioles en bâtonnets.

4

 **Échinodermes**

Oursins (suite) [Jurassique]

La sous-classe des Euéchinoïdes rassemble les échinidés évolués dont font partie la plupart des espèces actuelles. Les premiers spécimens ont été trouvés dans les sédiments de la fin du Trias. Les modifications anatomiques qui ont permis à beaucoup d'oursins de cette sous-classe de vivre à diverses profondeurs sous la surface des sédiments sont la raison de leur grande radiation au cours du Jurassique. Chaque ambulacre et chaque interambulacre est composé de deux colonnes de plaques. Le plupart des représentants ont un appareil masticateur (« lanterne d'Aristote ») fixé par des muscles à des arceaux entourant l'ouverture péristomiale (ceinture pérignathique). La thèque des oursins s'accroît d'une part par le dépôt de calcaire sur toute la surface des plaques, d'autre part par la formation de nouvelles plaques du côté dorsal à la limite des plaques neurales de l'appareil apical. Au cours de la croissance, les plaques les plus anciennes sont repoussées vers la face inférieure. Cette particularité permet d'orienter la thèque (les plaques les plus petites vers le dessus). Le squelette s'accroît pendant toute la vie de l'animal, jusqu'à ce qu'il ait atteint le nombre de plaques caractéristiques de chaque espèce.

Les oursins de l'ordre des Salénioïdes existent depuis le Jurassique inférieur. Particularité : des plaques supplémentaires (suranales) bordent intérieurement le cycle des plaques neurales et génitales, de sorte que l'anus se trouve excentré, déplacé vers l'arrière droit, mais toujours au sein de l'appareil apical (les oursins sont alors dits endocycles) ; les

1, 2 *Acrosalenia hemicidaroides,* Jurassique moyen (Bathonien), Stanton Wiltoh (Grande-Bretagne). Thèque et radioles ; diamètre de la thèque : 2,3 cm (**1**). Squelette isolé : 2,1 cm ; appareil apical incomplet (**2**).

3, 4 *Hemicidaris crenularis**, Jurassique supérieur (Oxfordien), France. Diamètre des thèques : 3,5 cm et 4 cm. Vue apicale (**3**) : le système de plaquettes neuro-génitales est bien apparent. Vue latérale (**4**).

5 *Acrocidaris nobilis**, Jurassique supérieur (Kimméridgien), La Rochelle (France). Diamètre : 3,5 cm ; l'orifice central est le périprocte ; parmi les plaques génitales, on repère la plaque madréporique.

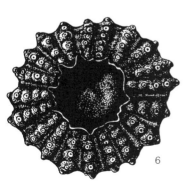

plaques ambulacraires portent des tubercules primaires et de nombreux petits granules ; le pourtour de la bouche est en général échancré par des incisures (ouverture glyphostome) par où sortent les branchies externes.

Le genre *Acrosalenia* (Saleniida, Acrosaleniidae), se trouve dans les sédiments du Jurassique moyen d'Europe et d'Afrique orientale. Son squelette forme une boule aplatie, les tubercules primaires sont perforés.

Dans la famille des Hémicidaridés, représentée depuis le Trias supérieur jusqu'au Crétacé supérieur, il n'y a pas de plaques suranales, les tubercules primaires sont aplatis et habituellement crénelés.

On trouve les espèces du genre *Hemicidaris* (Hemicidarida, Hemicidaridae), surtout dans les sédiments d'eau peu profonde du Jurassique moyen au Crétacé supérieur, pratiquement dans le monde entier. Thèque globuleuse, face orale aplatie, pourvue d'incisures branchiales caractéristiques ; longues épines minces finement striées dans le sens de la longueur.

Les oursins du genre *Acrocidaris* (Hemicidarida, Pseudodiadematidae), ont vécu du Jurassique moyen au Crétacé supérieur en Europe et en Amérique du Nord (Mexique). Thèque globuleuse aplatie, avec d'assez larges aires ambulacraires ; caractéristique de l'espèce : un petit tubercule sur chaque plaque génitale (**6** − thèque vue d'en bas).

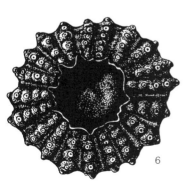

Oursins [Jurassique] (suite)

Les oursins « réguliers » sont caractérisés par une thèque de contour circulaire, bouche et anus étant opposés ; l'orifice buccal est au milieu de la face ventrale et l'orifice anal au sommet de la face dorsale. On imagine le mode de vie des représentants fossiles de ce groupe artificiel en étudiant les oursins actuels. La plupart des oursins « réguliers » vivent dans les mers chaudes peu profondes à salinité normale ; quelques espèces seulement vivent à plusieurs milliers de mètres de profondeur. Ils forment des peuplements abondants sur les fonds rocheux, près du rivage. Pour résister à l'action destructrice des vagues, ils se fixent solidement au substrat par les ventouses des pieds ambulacraires et s'installent dans un creux qu'ils approfondissent par un mouvement circulaire des radioles et à l'aide de leur mâchoire. Les espèces qui vivent sur un fond meuble ont de longues épines flexibles, légèrement courbées vers le bas, qui les protègent de l'enlisement.

Les oursins de l'ordre des Phymosomatoïdes, qui vivent depuis le Jurassique moyen, ont un test régulier à tubercules non perforés (6) ; le périprocte n'est entouré que de plaques neurales et génitales. On trouve le genre *Stomechinus* (Phymosomatida, Stomechinidae), dans les sédiments du Jurassique inférieur au Crétacé supérieur d'Europe, d'Asie et d'Afrique du Nord. L'appareil apical est petit, le péristome grand, avec des incisures branchiales.

Les Arbaciidés sont également connus depuis le Jurassique moyen. Sur le test régulier aux tubercules discrets, non perforés, on trouve de nombreux granules calcaires lui donnant un aspect caractéristique. Les espèces du genre *Glypticus* (Arbaciida, Arbaciidae), existent dans les sédiments du Jurassique moyen et supérieur, en Europe, en Afrique du Nord et en Asie Mineure.

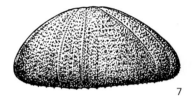

Au Jurassique supérieur sont apparus des oursins qui effacent en partie les différences entre le type régulier et le type irrégulier. Rangés dans l'ordre des Holectypoïdes, il n'en existe plus à l'époque actuelle que deux genres. La bouche se trouve au centre de la face ventrale, mais le périprocte, qui a migré, est proche de l'ambitus sur la face dorsale ou ventrale. Les fuseaux ambulacraires, sur la face dorsale, peuvent avoir la forme de pétales allongés (fuseaux pétaloïdes).

On rencontre le genre *Holectypus* (Holectypida, Holectypidae), dans les sédiments du Jurassique inférieur au Crétacé supérieur d'Europe et d'Amérique du Nord. Thèque globuleuse aplatie (7), de petite taille ; ambulacres non pétaloïdes ; incisures branchiales caractéristiques autour de la bouche ; périprocte large, situé sur la face inférieure (position infère).

1, 2 *Holectypus depressus∗*, Jurassique moyen (Bajocien), France. Diamètre des moules internes : 1,8 à 2,3 cm. Vues apicale (**1**) et basale (**2**). Ces animaux vivaient sur le fond.

3 *Glypticus hieroglyphicus∗*, Jurassique supérieur (Oxfordien), Chartraines (Haute-Marne, France). Diamètre : 2,6 cm. L'ornementation rudimentaire sur la face dorsale de la couronne évoque des hiéroglyphes ; elle est caractéristique de l'espèce.

4, 5 *Stomechinus bigranularis∗*, Jurassique moyen (Bajocien), Dorset (Grande-Bretagne). Diamètre : 3,5 et 3 cm. Vues apicale (**4**) et basale (**5**). L'ouverture péristomiale est partiellement recouverte de sédiments.

Oursins [Jurassique] (suite)

L'ordre des Holastéroïdes rassemble des oursins typiquement « irréguliers » qui vivent depuis le Jurassique inférieur. L'appareil apical est étiré dans le sens antéropostérieur, voire divisé en deux groupes de plaques : ainsi se séparent sur l'avant un trio d'ambulacres (trivium) et sur l'arrière une paire d'ambulacres (bivium) ; l'ambulacre antérieur se distingue des autres par sa taille, sa forme ou sa structure interne. Parmi les caractères très importants, figure le développement d'un plastron sur la face inférieure de la thèque : les plaques de l'aire interambulacraire postérieure s'y agrandissent fortement, leur surface reflétant ainsi une spécialisation fonctionnelle ; le périprocte se trouve habituellement sur la face postérieure tronquée de la couronne (position marginale) ; la bouche est au milieu de la face inférieure ou bien déplacée vers l'avant. La plupart des espèces actuelles ont un test mince très fragile et vivent jusqu'à 7 000 m de profondeur. Les espèces fossiles se trouvent principalement dans des sédiments à grains fins, tels que la craie.

On trouve le genre *Collyrites* (Holasterida, Collyritidae), dans les sédiments du Jurassique moyen à supérieur, en Europe et en Amérique du Nord. Appareil apical étiré (trivium + bivium) ; périprocte marginal, bouche repoussée vers l'avant ; ambulacre antérieur déprimé ; tubercules très petits.

1 *Disaster avellana*, Jurassique supérieur, Balingen (RFA), Longueur du moule interne : 2,5 cm. Vue apicale ; les trois ambulacres antérieurs forment le trivium, les ambulacres postérieurs le bivium.

2, 3 *Collyrites analis*, Jurassique moyen (Bathonien), Decheseul (RFA). Vues apicale (**2**) et latérale (**3**) ; longueur : 2,6 et 3,6 cm. Après la mort de l'échinoderme, le test a servi de support à une annélide tubicole.

Les oursins du genre *Disaster* (Holasterida, Disasteridae), ont vécu du Jurassique supérieur au Crétacé inférieur en Europe et en Afrique du Nord. Thèque subcirculaire en vue dorsale, avec un appareil apical disjoint (trivium et bivium sans relation entre eux) ; périprocte marginal.

Les Cassidulides sont connus depuis le Jurassique inférieur. Ambulacres pétaloïdes, périprocte situé hors de l'appareil apical (oursins exocycles). Caractère particulier : présence de phyllodes (plaques élargies dans les aires ambulacraires qui entourent la bouche, située dans une dépression ; ouverture péristomiale dépourvue de fentes branchiales (ouverture holostome) ; appareil masticateur régressé chez l'adulte. Ces oursins vivaient partiellement enfouis dans les sédiments.

On classe dans le genre *Clypeus* (Cassidulida, Clypeidae), du Jurassique moyen à supérieur d'Europe et d'Afrique, des grands oursins à thèque aplatie ; contour pentagonal de l'orifice buccal, phyllodes peu profondes.

Les espèces du genre *Nucleolites* (Cassidulida, Nucleolitidae), se rencontrent dans les sédiments du Jurassique moyen au Crétacé supérieur d'Europe et d'Afrique. Thèque trapézoïdale arrondie, ambulacres légèrement pétaloïdes ; bouche située légèrement vers l'avant ; périprocte logé dans un profond sillon de la face dorsale.

4, 5 *Nucleolites scutatus*✶, Jurassique supérieur (Oxfordien), Trouville-sur-Mer (France). Longueur des thèques : 2,7 et 3,5 cm. Vues apicale (**4**) et basale (**5**).

6 *Clypeus plotii*✶, Jurassique moyen (Bajocien), Liesberg (Suisse). Longueur du test : 6,7 cm. Vue apicale. On distingue bien les ambulacres pétaloïdes et les pores étirés.

Oursins (suite) [Jurassique et Crétacé]

Dans les dépôts du Crétacé, on rencontre localement en abondance de petits oursins de l'ordre des Cassidulides, dont certains genres ont une distribution mondiale. Le genre *Catopygus* (Cassidulida, Nucleolitidae), a une extension stratigraphique qui va du Jurassique supérieur au Crétacé inférieur. Thèques ovales très bombées, très larges du côté postérieur ; ambulacres pétaloïdes peu marqués, tous situés au même niveau ; ouverture péristomiale à contour pentagonal, avec des interambulacres élargis sur son pourtour.

Dans ce même ordre des Cassidulides, on peut suivre certaines tendances évolutives intéressantes : nombre de caractères spéciaux se modifiant (par exemple les phyllodes), le test s'allonge, devient plus bombé, et la surface sous les ambulacres s'agrandit ; tous ces caractères reflètent le passage vers un enfouissement au sein des sédiments plus efficace et plus profond. Sur la base d'études morphologiques comparées avec les représentants d'autres ordres qui s'enfouissent pareillement et vivent même dans de véritables terriers. On peut affirmer que les ambulacres pétaloïdes des Cassidulides n'étaient pas recouverts par le sédiment au cours de la vie des individus.

Le genre *Oolopygus* (Cassidulida, Nucleolitidae), du Crétacé supérieur, est parent du genre *Catopygus.* Son extension géographique se limite à l'Europe. Thèques de taille variable, très allongées et assez hautes ; ambulacres pétaloïdes faiblement marqués autour de la bouche, phyllodes apparentes.

Les Holectypides sont également bien représentés au Crétacé dans des sédiments du monde entier ou presque.

Les *Globator* (Holectypida, Conulidae), du Crétacé à l'Eocène en Europe, en Afrique du Nord, en Asie méridionale et en Amérique du Nord, sont de petits oursins à thèque circulaire ou elliptique, fortement bombée, aplatie ventralement ou même légèrement déprimée ; ambulacres non pétaloïdes ; péristome arrondi ou elliptique, périprocte postérieur marginal.

1, 2, 3 *Oolopygus pyriformis**, Crétacé supérieur (Sénonien), Aix-la-Chapelle (RFA). Longueur des thèques : environ 2 cm. Moule interne en vues apicale (**1**), latérale (**2**) et basale (**3**).

4, 5, 6 *Catopygus carinatus**, Jurassique supérieur (Cénomanien), Le Havre (France). Longueur des thèques : 1,7 à 2,2 cm. Vues apicale (**4**), ventrale (**5**) et latérale (**6**). Les tubercules sont très petits, peu visibles à l'oeil nu.

7 *Globator ovulum,* Crétacé supérieur (Sénonien), Touraine (France). Longueur : 1,7 cm. La vue de la face inférieure montre le péristome elliptique qui ne s'allonge pas dans le sens antéro-postérieur et qui, par sa position oblique, perturbe la symétrie bilatérale.

Oursins [Crétacé] (suite)

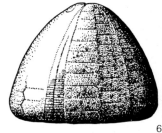

6

Pour résoudre les problèmes de parenté entre les différents genres d'Holectypides, on a utilisé une méthode peu habituelle en paléontologie, l'étude de l'orientation cristallographique des plaques calcaires formant le test. Comme chez tous les oursins à radioles en aiguilles, et d'une façon générale, chez tous les échinodermes, chaque élément du test (plaque, épine, etc.) constitue un cristal indépendant qui a une orientation optique déterminée. Chez les représentants de certaines familles, l'orientation des cristaux est caractéristique. L'un des genres chez lequel on s'est livré à cette étude est le genre *Conulus* (Holectypida, Conulidae). On rencontre ses représentants dans les dépôts du Crétacé supérieur d'Europe, d'Afrique du Nord, d'Asie et d'Amérique du Nord. La thèque est très bombée sur la face dorsale (hémisphérique ou conique) plate sur la face ventrale (**6**) ; ambulacres non pétaloïdes, péristome faiblement allongé, périprocte elliptique en position marginale infère.

On trouve le genre *Galerites* (Holectypida, Galeritidae) dans le Crétacé supérieur d'Europe. Thèques semblables à celles des *Conulus ;* elles s'en distinguent cependant par quelques caractères spéciaux importants pour la systématique, tels que la structure des ambulacres ou la disposition des tubercules à la surface ; péristome à contour circulaire ou pentagonal, périprocte arrondi en position marginale infère.

Les espèces du genre *Camerogalerus* (Holectypida, Discoididae), existent dans les sédiments du Crétacé supérieur d'Europe. Leurs thèques sont assez grandes, en forme de casque ; face orale (ventrale) plate, la bouche circulaire, périprocte elliptique, situé à mi-chemin entre la bouche et le bord du test ; appareil apical petit, peu apparent ; tubercules à peu près tous de même taille.

L'écologie des oursins de cet ordre a été encore peu étudiée ; on connaît cependant des espèces appartenant à deux genres actuels qui vivent jusqu'à 120 m de profondeur. Les exemplaires fossiles se trouvent surtout dans les dépôts calcaires à grains fins avec toute une faune variée des mers chaudes.

1 *Camerogalerus cylindrica★*, Crétacé supérieur (Cénomanien), Kent (Grande-Bretagne). Diamètre : environ 4 cm. Vue apicale. Espèce caractéristique du Crétacé supérieur.

2, 3 *Galerites* sp., Crétacé supérieur (Sénonien), Rügen (RDA). Diamètre des moules internes : 2 à 3,5 cm. Vues apicale (**2**) et basale (**3**).

4, 5 *Conulus subrotundus★*, Crétacé supérieur (Sénonien), Kent (Grande-Bretagne). Longueur : 3 cm environ ; vues apicale (**4**) et ventrale (**5**).

Échinodermes

Oursins [Crétacé] (suite)

L'ordre des Holastérides doit son nom au genre *Holaster* (Holasterida, Holasteridae), dont on trouve les espèces dans les sédiments du Crétacé inférieur jusqu'au Paléogène, à peu près dans le monde entier. Thèque cordiforme, assez bombée du côté dorsal, plate du côté ventral ; appareil apical normal ; ambulacre antérieur non pétaloïde, les autres étant subpétaloïdes, formant certes des zones de pores spécialisés sur la face dorsale mais sans dessiner de rosettes caractéristiques ; bouche semi-circulaire en position antérieure, périprocte déporté sur la face postérieure tronquée de la thèque. La structure de l'aire interambulacraire postérieure sur la face ventrale (plastron) est l'un des caractères les plus importants pour la classification des oursins de cet ordre ; le plastron forme un labre adjacent à une grande plaque sternale ; vers l'arrière, de grandes plaques épisternales rejoignent le périprocte marginal ; la répartition et la taille des tubercules ornant la surface du plastron dépendent certainement du type des radioles qu'ils portaient.

1 *Holaster subglobosus,* Crétacé supérieur (Sénonien), Kent (Grande-Bretagne). Longueur du test : 4,3 cm. En regardant le test par-dessous, on voit très bien sa forme en cœur et l'allure des ambulacres.

2 *Echinocorys scutatus**, Crétacé supérieur (Sénonien), Kent (Grande-Bretagne). Longueur du test : 7 cm ; vue apicale.

3, 4 *Hemipneustes radiatus*∗, Crétacé supérieur (Sénonien), St-Pietersberg (Maastricht, Hollande). Longueur des deux thèques : 8 cm environ. Sur le côté oral (ventral) (**3**), on distingue la suture en zigzag entre les grandes plaques du plastron. La face dorsale des tests a souvent servi de support à d'autres animaux tels que les huîtres (**4**).

5

On trouve le genre *Echinocorys* (même famille), dans les sédiments du Crétacé supérieur au Paléogène d'Europe, d'Asie Mineure, de Madagascar et d'Amérique du Nord. Thèque (**5**) très bombée, ovale, légèrement allongée sur la face postérieure ; ambulacres non pétaloïdes ; bouche située très en avant, non protégée par un labre ; plastron légèrement saillant, périprocte marginal.

Les plus grands oursins du Crétacé font partie d'un autre genre voisin, *Hemipneustes,* répandu dans les couches du Crétacé supérieur en Europe, en Afrique du Nord, à Madagascar et en Inde. Leurs thèques pouvaient atteindre 10 cm. On les reconnaît d'abord à leur contour elliptique, leur forme très bombée, leur face postérieure tronquée et leur ambulacre antérieur profondément enfoncé ; ambulacres pairs subpétaloïdes ; la bouche, repoussée vers l'avant, est en demi-lune ; les plaques du plastron sont délimitées entre elles par une ligne en zigzag.

On ne connaît qu'un seul genre de la famille des Holastéridés dans les mers actuelles ; ces espèces vivent dans les océans Indien et Pacifique entre 250 et 900 mètres de profondeur. La plupart des représentants fossiles de la famille et de l'ordre tout entier se rencontrent dans les sédiments à grains fins.

Oursins [Crétacé] (suite)

Les Toxastéridés sont apparus au Crétacé inférieur. Ils sont abondants depuis le Crétacé supérieur jusqu'à nos jours et nombre d'espèces font partie des fossiles stratigraphiques importants. Thèque cordiforme montrant deux paires d'ambulacres pétaloïdes souvent déprimés ; appareil apical formé par cinq plaques neurales et seulement quatre plaques génitales (la migration de l'anus a entraîné la disparition de la génitale postérieure) ; périprocte repoussé vers le bord postérieur de la thèque, bouche en position antérieure ; plastron composé de plaques simples derrière la bouche (labre) ; viennent ensuite deux grandes plaques sternales ; le bord de la bouche est saillant à l'intérieur de la thèque. Ces oursins se sont adaptés à une vie de limivores, absorbant les sédiments, digérant leurs éléments organiques et perdant du même coup leur appareil masticateur ; un canal ou un entonnoir respiratoire plus ou moins long assurait l'arrivée d'eau oxygénée dans le terrier ; chez quelques représentants du genre, un canal sanitaire, plus ou moins horizontal, servait au rejet des excréments et de l'eau usée. Quand ces oursins vivaient dans un substrat meuble, ils consolidaient les parois de ces deux canaux avec un liquide mucilagineux, à moins que le libre

1, 2, 3 *Toxaster complanatus,* Crétacé inférieur (Néocomien), Neuchâtel (Suisse). Longueur des thèques : 2,3 à 3,2 cm. Vues apicale (**1**), basale (**2**) et latérale (**3**). L'absence de fasciole montre que ces oursins s'enfouissaient assez peu dans le substrat.

Cr

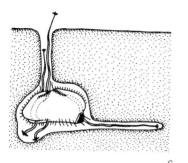

6

passage n'ait été assuré par de longues épines spéciales ; les pieds des ambulacres pétaloïdes servaient à la respiration. Un rôle essentiel était joué par une formation spéciale : les fascioles, bandes lisses sur la surface externe de la thèque, couvertes, du vivant des oursins, par de nombreuses soies très fines et par des cils vibratiles ; la disposition des fascioles est caractéristique de chaque genre.

On trouve les espèces du genre *Toxaster* (Spatangida, Toxasteridae), dans les sédiments du Crétacé inférieur à supérieur d'Europe et des deux Amériques. Thèque non pourvue de fascioles.

Les oursins du genre *Micraster* (Spatangida, Micrasteridae), ont vécu du Crétacé au Paléocène en Europe, en Afrique du Nord, à Madagascar et à Cuba. C'est l'un des échinodermes qui ont été le plus étudiés par les paléontologues. L'étude de nombreux exemplaires excellemment conservés, du Crétacé supérieur anglais, a permis de comprendre les relations entre la constitution des thèques et le mode de vie de ces oursins. Les espèces du genre *Micraster* ont une thèque cordiforme caractéristique ; fasciole subanale fermée sous l'orifice anal également caractéristique. Ces oursins ont vécu dans des tours à des profondeurs variées sous la surface du fond (6). Les espèces stratigraphiques les plus anciennes s'enfouissaient peu, mais les plus récentes, plus profondément.

4, 5 *Micraster coranguinum*∗, Crétacé supérieur (Santonien), Kent (Grande-Bretagne). Longueur : 5,5 et 6 cm. Thèques très bien conservées dans la craie ; sur la face supérieure, se sont fixées des annélides du genre *Spirorbis* (**4**). La bande lisse transversale du plastron près du périprocte est une partie de fasciole subanale (**5**).

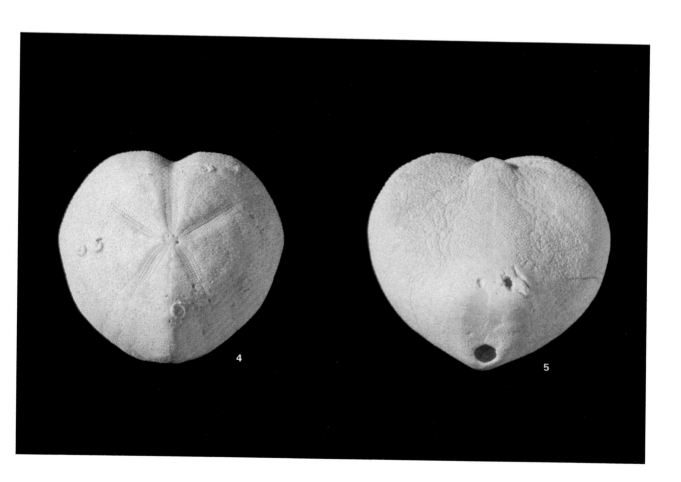

Oursins (suite) [Cénozoïque]

Au cours du Tertiaire, plusieurs nouveaux ordres d'oursins sont apparus et certains ordres anciens ont atteint leur acmé. Les oursins « irréguliers » ont continué à dominer le masquage de la symétrie pentamère et son passage à la symétrie bilatérale correspondant à leur déplacement en sens unique pendant l'enfouissement et lors des déplacements dans les sédiments. Beaucoup d'espèces de Spatangides ont vécu à l'Eocène ; elles vivaient principalement dans les sédiments en voie de formation dans les mers chaudes peu profondes ; elles se sont ensuite éteintes progressivement ; les espèces d'eau profonde sont richement représentées dans les mers actuelles.

Les oursins du genre *Schizaster* (Spatangida, Schizasteridae), existent depuis l'Eocène. On les trouve dans le monde entier. Thèque surélevée vers l'arrière, près du périprocte en position marginale, et s'abaissant doucement vers le bord antérieur ; ambulacres déprimés, particulièrement l'ambulacre antérieur enfoncé dans un profond sillon ; les pétaloïdes postérieurs sont beaucoup plus courts que les antérieurs ; l'extrémité de ces fuseaux ambulacraires est bordée par des fascioles, d'autres courant sur les côtés en direction du périprocte ; l'appareil apical ne montre que quatre pores génitaux (gonopores).

Une nouvelle radiation d'oursins, de l'ordre des Cassiduloïdes, s'est produite à l'Eocène ; mais, à la fin du Miocène, ces formes ont décliné rapidement et il n'en reste plus aujourd'hui que quelques genres. Les représentants du genre cosmopolite *Echinolampas* (Cassiduloida, Echinolampadidae), ont vécu de l'Eocène jusqu'à nos jours. Thèques elliptiques, ambulacres pétaloïdes ouverts, péristome à contour pentagonal ou circulaire, parties contiguës aux ambulacres agrandis ; les pores ont une répartition caractéristique ; autre caractère marquant :

1, 2, 3 *Schizaster meslei*, Paléogène (Eocène supérieur), Grande Syrte (Libye). Longueur du plus grand moule interne : 2,3 cm ; vues apicales (**1, 2**) et vue basale (**3**).

4 *Conoclypeus subcylindricus*, Paléogène (Eocène), Kresenberg (RFA). Diamètre : 3,7 cm. Cette espèce, vue par dessus, rappelle par son contour circulaire et ses longs ambulacres égaux, les oursins « réguliers ».

Pg

5 *Echinolampas* cf. *cherichirensis,* Néogène (Oligocène supérieur), Darnah (Libye). Longueur : 6,1 cm. Des épines simples étaient implantées sur les petits tubercules de la surface.

une bande longitudinale, lisse ou granuleuse, qui court à la surface entre la bouche et le périprocte. *Echinolampas* est un des genres d'oursins les plus riches : il compte près de trois cents espèces, surtout fossiles.

La plupart des oursins de l'ordre des Holectypides se sont éteints à la fin du Crétacé ; on en connaît quelques genres importants au Tertiaire. *Conoclypeus* (Holectypida, Conoclypeidae), est l'un d'eux ; ses représentants existent dans le bassin méditerranéen, à Madagascar, dans le sud de l'Asie et en Amérique du Sud. Thèque sphérique aplatie, légèrement allongée ; ambulacres pétaloïdes ; périprocte en position infère, proche de la bouche en entonnoir.

Oursins [Cénozoïque] (suite)

Les Clypéastéridés sont apparus à la fin du Crétacé, et ont connu leur acmé au Tertiaire (Miocène) ; il en subsiste aujourd'hui 24 genres. La thèque a le plus souvent une forme conique, mais avec une marge périphérique très aplatie ; intérieur de la partie conique souvent consolidé par un système de piliers et de lamelles ; fuseaux pétaloïdes de la face supérieure aussi larges ou même plus larges que les fuseaux interambulacraires ; bouche située près du centre de la face inférieure plate ; périprocte en position infère ; la plupart des espèces ont sur cette face ventrale des sillons d'alimentation simples ou très ramifiés ; appareil masticateur robuste. Ces oursins vivent principalement dans la partie littorale où ils s'enfouissent dans les sédiments meubles, sable ou vase. Les cils des sillons ambulacraires, sur la face inférieure du test, assurent l'arrivée de l'eau et de la nourriture jusqu'à la bouche. Ces oursins reposent dans le substrat, soit horizontalement, soit obliquement, avec la partie antérieure enfouie et la partie postérieure saillant à la surface des sédiments. Les ennemis de la plupart des oursins, sont l'homme, la loutre marine *(Enhydra lutris)*, diverses espèces de poissons spécialisés, les étoiles de mer et d'autres espèces d'oursins.

Les spécimens du genre *Echinocyamus* (Clypeasterida, Fibulariidae), vivent dans le monde entier depuis le Jurassique supérieur. Leurs petits tests, légèrement aplatis, sont elliptiques ; les fuseaux pétaloïdes n'ont qu'un petit nombre de pores simples disposés par couples ; périprocte sur la face inférieure, à une distance déterminée du bord du test. Certaines espèces s'enfouissent activement, d'autres, vivant dans des débris de coquilles, s'en recouvrent grâce aux mouvements des pieds ambulacraires. Ce mode de camouflage se rencontre également chez certains oursins « réguliers ».

Pour la plupart des Clypéastéridés, le test aplati est caractéristique ; c'est celui par exemple des espèces du genre cosmopolite *Sismondia* (Clypeasterida, Laganidae), que l'on trouve dans les sédiments de

4

1 *Sismondia saemanni*, Paléogène (Eocène moyen), Grande Syrte (Libye). Longueur du plus grand test : 1,2 cm.

2 *Echinocyamus luciani*, Paléogène (Eocène supérieur), Grande Syrte (Libye). Longueur du plus grand test : 1,2 cm. La plupart des espèces du genre *Echinocyamus* vivent dans la zone tropicale.

1

2

3

3 *Clypeaster aegyptiacus,* Néogène (Miocène supérieur), Mokattan (Égypte). Diamètre : 14,5 cm. Sur les zones ambulacraires pétaloïdes, les pores bien visibles sont reliés par un sillon.

l'Eocène au Miocène. Thèque à contour elliptique ou pentagonal, concave sur la face inférieure ; zones ambulacraires, pétaloïdes ouvertes, sillons d'alimentation simples sur la face inférieure.

Les plus grands oursins connus font partie du genre cosmopolite *Clypeaster* (Clypeasterida, Clypeasteridae), qui compte environ quatre cents espèces de l'Eocène à nos jours. Thèque présentant cinq faces arrondies, souvent très bombée à la partie supérieure, plate ou creuse sur le dessous ; cette thèque massive est étayée à l'intérieur par des piliers et des lamelles (**4**) ; plaquettes apicales soudées, formant un bouclier pentagonal ; bouche généralement enfoncée dans un profond sillon en entonnoir ; sillons d'alimentation simples ; petit périprocte, sur la face orale, près du bord du test.

Hémicordés

Graptolites [Silurien et Dévonien]

Les graptolites (classe des Graptolites) étaient des invertébrés marins du Primaire qui vivaient en colonies. On a longtemps hésité sur leur place dans la systématique. Les organismes vivants les plus proches sont les hémichordés de la classe des Ptérobranches. Les graptolites sont de petits animaux vivant fixés dans des thèques réunies en colonie. Ils sont munis de lophophores, formés par une ou plusieurs paires de tentacules et d'antennes. Les lophophores capturent la nourriture et la portent à la bouche. Les graptolites vivaient à l'intérieur de thèques tubulaires formées de scléroprotéine sans doute voisine de la chitine. Dans les colonies résultant du bourgeonnement de la thèque maternelle (sicula), les individus étaient reliés par un stolon.

Les Dendroïdes sont l'ordre le plus ancien de la classe des graptolites. Leur extension stratigraphique va du Cambrien moyen au Carbonifère supérieur. Au cours de plus de deux cents millions d'années, ils n'ont subi aucune modification importante. Leurs colonies arbustives (rhabdosomes) ont un aspect de plante et on les a considérées comme telles au début de la paléontologie. Fixée au support par un disque basal ou par des excroissances radiculaires, le squelette de la colonie comporte

1 *Dictyonema elongatum,* Dévonien inférieur (Lochkovien), Lejškov (Tchécoslovaquie). Fragment de rhabdosome à structure fine ; longueur : 7,5 cm.

1

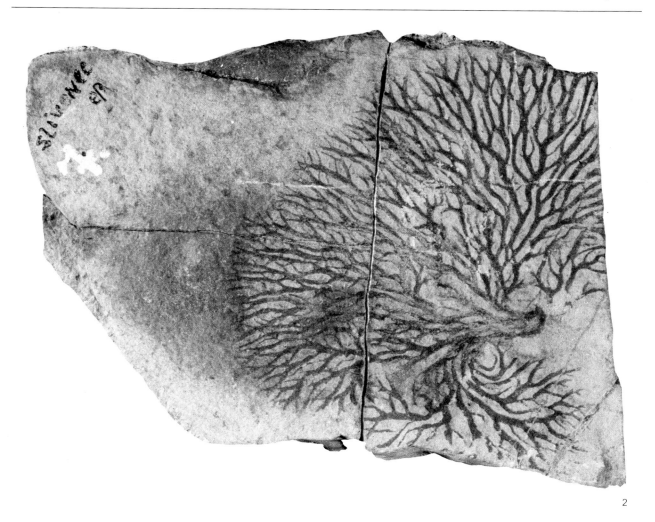

2

2 *Koremagraptus thallograptoides,* Silurien supérieur (Pridolien), Prague-Slivenec (Tchécoslovaquie). Rhabdosome exceptionnellement bien conservé, long de 5,5 cm environ, avec un petit tronc à la base.

trois types de thèques : autothèques, bithèques et stolothèques. Les grandes autothèques étaient occupées par des femelles, les bithèques, plus petites par des mâles et les stolothèques sont des autothèques n'ayant pas achevé leur développement. Les dendroïdes vivaient en général fixés dans des eaux peu profondes. Exceptionnellement, ils vivaient en épiplancton, accrochés par exemple aux algues par un filament lié à la base de la colonie.

Les dendroïdes du genre *Dictyonema* (Dendroida, Dendrograptidae), ont vécu du Cambrien supérieur au Carbonifère inférieur dans le monde entier. Les colonies, en forme d'entonnoir ou presque cylindriques, sont formées par des branches se divisant en fourche puis parallèles, reliées par des cloisons (dissépiments). Ils vivaient en général fixés, rattachés au support par une base épaissie. On connaît des représentants qui, par suite de leur mode de vie en épiplancton, ont une grande répartition géographique.

On trouve les espèces du genre *Koremagraptus* (Dendroida, Acanthograptidae), dans les couches de l'Ordovicien supérieur au Dévonien inférieur d'Europe. Ils ont des rhabdosomes en touffe ou en entonnoir dont les branches assez fortes sont irrégulièrement entrelacées, qui se rapprochent souvent les unes des autres, se relient en formant des anastomoses.

441

Graptolites (suite) [Ordovicien et Silurien]

Les graptoloïdes ont vécu de l'Ordovicien inférieur au Dévonien inférieur et ont connu leur plus grand épanouissement au Silurien inférieur. A la différence des dendroïdes, leurs rhabdosomes sont simples ou peu ramifiés, avec un assez petit nombre de thèques d'un seul type. On suppose qu'elles étaient occupées par des individus hermaphrodites. La sicula était tournée la bouche vers le bas. Presque toujours, ils avaient un filament d'accrochage, la nema, et une armature axiale, la virgula. Les stolons qui reliaient les individus de la colonie n'étaient pas calcifiés. Les graptoloïdes sont particulièrement importants pour la stratigraphie. Ils se sont développés exceptionnellement vite. Grâce à leurs mode de vie planctonique et épiplanctonique, ils ont connu une très grande extension. On les trouve en grande quantité et dans des types de sédiments divers et, généralement, ils sont assez faciles à déterminer. En se servant d'eux, on a divisé dans le détail l'Ordovicien et le Silurien d'Angleterre, et plus tard de nombreux autres pays, en zones à graptolites. Chacune de ces zones caractérisée par une certaine espèce représente un secteur de temps de 0,7 à 1,5 million d'années en moyenne. Comme beaucoup d'espèces de graptolites étaient adaptées à la vie à certaines profondeurs, ils fournissent des données sur les conditions bathymétriques du milieu.

Didymograptus (Graptoloida, Dichograptidae), est un genre cosmopolite important de l'Ordovicien inférieur et moyen. Rhabdosomes divisés en deux stolons partant de la sicule vers le bas et s'étendant parfois plus tard sur les côtés.

Les graptolites du Silurien inférieur sont très variés. Les espèces du genre *Petalograptus* (Graptoloida, Diplograptidae), que l'on trouve à peu près dans le monde entier, ont des rhabdosomes bisériés (thèques sur les deux côtés de l'axe) ; rhabdosome de taille variable, thèques longues, étroites, et droites ; l'axe stolonifère dépasse considérablement les parties latérales du rhabdosome.

La famille des Monograptidés rassemble les graptolites les plus communs de la période silurienne. On y trouve également les espèces les plus récentes du Dévonien inférieur. Rhabdosomes unisériés, thèques retournées après la bourgeonnement et développées en sens contraire de la sicule. Les espèces du genre *Rastrites* (Graptoloida, Monograptidae), qui ont vécu au Silurien inférieur en Europe, en Amérique du Nord, en Asie et en Australie, ont des rhabdosomes minces, droits ou courbés, à longue thèque qui s'écarte à angle droit de l'axe du rhabdosome.

1 *Didymograptus murchisoni**, Ordovicien inférieur (Llanvirnien), Prague-Šárka (Tchécoslovaquie). Rhabdosome à deux stolons ; longueur : 2,5 cm.

2 *Rastrites approximatus**, Silurien inférieur (Llandovérien), Litohlavy (Tchécoslovaquie), avec *Monograptus lobiferus* (= rhabdosome droit) et *Petalograptus folium,* sur des fragments de schistes altérés (10 × 7 cm).

Graptolites [Silurien] (suite)

Les rhabdosomes de graptolites sont souvent les seuls fossiles que l'on trouve dans les schistes à graptolites. Ce type de sédiment répandu dans le monde entier, caractéristique en particulier du Silurien inférieur, s'est formé dans des mers insuffisamment aérées. Le milieu réducteur du fond a empêché le développement de la vie à la surface et à l'intérieur du substrat. la classification des graptolites repose sur la forme des thèques et parfois sur la forme générale des rhabdosomes.

Le genre *Spirograptus* (Graptoloidea, Monograptidae), établi sur la base d'un rhabdosome enroulé en spirale, se trouve dans les couches du Silurien inférieur d'Europe, d'Amérique du Nord, d'Asie et d'Australie. Thèques libres aux extrémités et recourbées vers l'arrière.

Le genre voisin répandu dans le Wenlockien supérieur d'Europe, d'Afrique du Nord et d'Asie, a un large rhabdosome spiralé ; sur chaque thèque, sur la face interne du rhabdosome, existe une paire de longues épines.

Les plus courants des graptolites — ceux du genre *Monograptus* — ont vécu dans le monde entier du Silurien inférieur au Dévonien inférieur. Rhabdosome simple unisérié (d'où son nom) généralement droit, moins souvent courbe ou tordu ; les parties inférieures des thèques se touchent, les parties supérieures libres et retournées vers l'arrière (**7**).

Le genre *Retiolites* (Graptoloida, Retiolitidae), du Silurien inférieur, à répartition mondiale, fait partie des graptolites bisériés ; parois des rhabdosomes réduites à un simple réseau (**8**).

Les Cyrtograptidés sont caractéristiques du Silurien inférieur. Rhabdosome unisérié souvent ramifié ; de la branche principale enroulée en spirale partent d'autres branches, à intervalles réguliers, qui donnent naissance à des branches de troisième ordre. Le genre *Cyrtograptus* (Graptoloida, Cyrtograptidae), que l'on trouve au Silurien inférieur à peu près dans le monde entier, a des thèques, au moins dans la partie proximale, recourbées vers l'arrière.

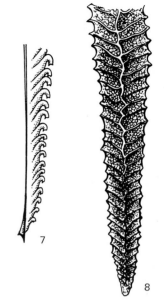

1 *Cyrtograptus lundgreni*, en association avec *Testograptus testis*, Silurien inférieur (Wenlockien), Suchomasty (Tchécoslovaquie). Fragment de schiste : (9 × 6 cm).

2 *Monograptus flemmingi*, Silurien inférieur (Wenlockien), Prague-Řeporyje (Tchécoslovaquie). Fragments de rhabdosomes conservés dans une concrétion calcaire. Longueur du plus gros individu : 4 cm.

3 *Spirograptus spiralis*, Silurien inférieur (Llandovérien), Grobsdorf (RDA). Rhabdosome spiralé presque plat ; diamètre de la spirale : 2,7 cm.

4 *Retiolites geinitzianus**, Silurien inférieur (Wenlockien), Prague-Motol (Tchécoslovaquie). Rhabdosome réticulé ; longueur : 3 cm.

5 *Testograptus testis**, Silurien inférieur (Wenlockien), Králův Dvůr (Tchécoslovaquie). Rhabdosome à épines conservées ; dimensions du fragment de schiste : (6,5 × 7 cm).

6 *Spirograptus turriculatus**, Silurien inférieur (Llandovérien), Litohlavy (Tchécoslovaquie). Rhabdosomes en spirales hautes. Schiste à graptolites. Dimensions : (6,5 × 6,5 cm).

S

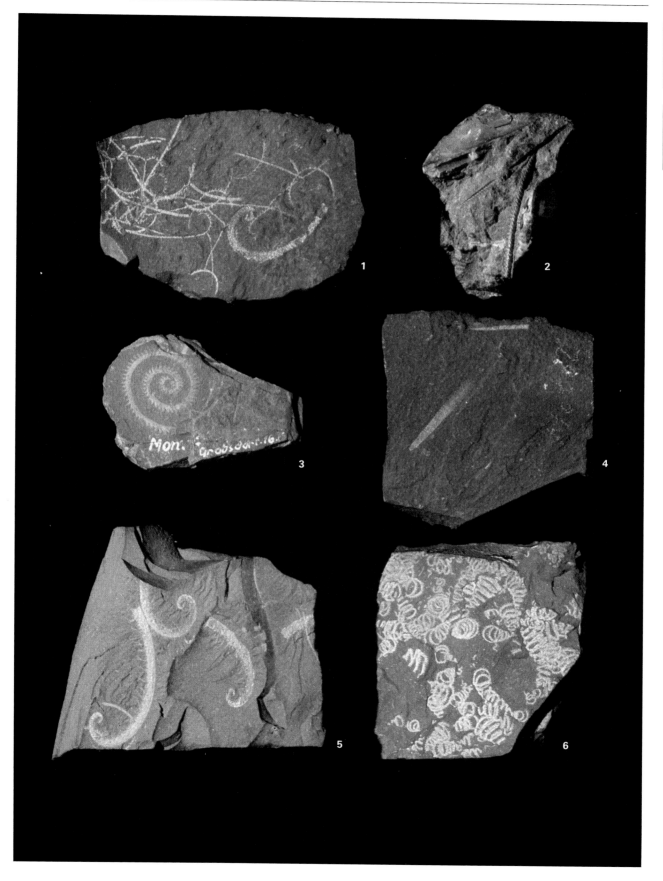

Paléoécologie : Taphonomie et Éthologie

La paléoécologie ne s'intéresse pas directement aux associations d'organismes morts et aux traces de leur existence, enfouies et conservées dans les sédiments, les taphocénoses. Dans ces taphocénoses sont absents les individus non fossilisables ou qui ont été emportés par les eaux, et sont présents par contre les organismes morts demeurés sur place et ceux amenés d'ailleurs par les eaux. La taphonomie analyse la formation des taphocénoses et prépare ainsi des fondements pour la paléoécologie, qui démêle les relations entre les organismes fossiles et leur milieu de vie.

Une taphocénose, proche de la biocénose par sa composition, ce sont par exemple les « facettes de Dudley » du Silurien anglais. Ce sont des accumulations de rameaux de bryozoaires cryptostomes et de coraux (alvéolitidés), de concrétions algaires et de bryozoaires trépostomes, de brachiopodes (rhynchonellides et atrypides) et de fragments de crinoïdes. Ces organismes forment des tapis sur les flancs des récifs coralliens. Les fragments n'étant qu'agglomérés sans avoir subi d'usure, de tri ni orientation, on estime qu'ils n'ont été transportés que sur une courte distance, sur la pente des récifs vers le bas et qu'ils ont été déposés dans un milieu calme à sédimentation lente.

1 « Facette de Dudley », Silurien inférieur (Wenlockien), Dudley (Grande-Bretagne). Largeur de la plaque : 9 cm. Ces accumulations sont des altérations de marnes calcaires tendres.

2 Plaque polie de calcaire à orthocères, Silurien supérieur (Ludlowien), Lochkov (Tchécoslovaquie). Diamètre de la plus grande coquille : 3 cm. A remarquer l'orientation parfaite des coquilles, le calcaire plus sombre, plus riche en matières organiques à l'intérieur des loges d'habitation et le calcaire détritique grossier.

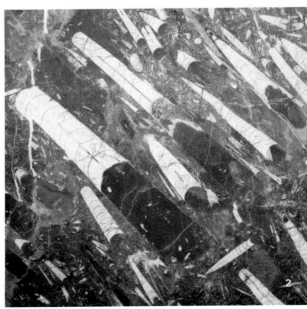

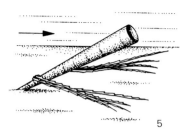

5

Les coquilles des céphalopodes pouvaient être tranportées longtemps après la mort grâce aux gaz contenus dans les loges et aux gaz résultant de la décomposition. Leur accumulation dans des eaux peu profondes a donné naissance aux « calcaires à orthocères », connus surtout dans les dépôts de l'Ordovicien et du Silurien. Les coquilles y sont brisées par le transport, souvent bien triées (on y trouve peu d'autres fossiles) et orientées par le courant ou les vagues.

Des coquilles vides de céphalopodes, tombées sur le fond, ont été orientées par le courant dans une certaine position, obliquement par rapport au fond, et, comme des girouettes, elles ont été tournées, l'ouverture face au courant. A leur surface, des graptolites présentent aussi une orientation et des courbes liées à l'action du courant (« Comètes de graptolites » — **5**).

Le commensalisme est un type de relation existant entre des organismes appartenant à un même biotope. L'une des espèces tire bénéfice de cette coexistence, mais sans nuisance pour l'autre (à la différence du parasitisme). Les édrioastéridés, échinodermes de l'Ordovicien européen, ont recouvert les carapaces des grands trilobites. Compte tenu du nombre d'échinodermes, l'exemple offert par l'illustration peut être considéré comme un début de parasitisme car le trilobite était limité dans ses mouvements non seulement en raison du poids et du fait de la résistance accrue au cours de la nage, mais aussi par une réduction de la souplesse des articulations.

3 Accumulation de graptolites : *Monograptus flemmingi* (rhabdosomes épais ; longueur : 19 cm) et *Cyrtograptus lundgreni* (rhabdosomes minces), accrochés et orientés par le courant sur une coquille de céphalopode. Silurien inférieur (Wenlockien), Kosov près de Beroun (Tchécoslovaquie).

4 Un trilobite *(Selenopeltis buchi)* sur lequel reposent (à droite, au milieu) les échinodermes *(Hemicystites bohemicus* et *Argodiscus hornyi)*. Ordovicien moyen (Llandeilien), Řevnice (Tchécoslovaquie). Longueur du trilobite : 9,6 cm. L'emplacement des échinodermes est simplement marqué par des empreintes en creux (ces empreintes sont considérées comme de moindre valeur par les collectionneurs).

Paléoécologie

Paléoécologie (suite) Paléopathologie

La paléopathologie étudie les manifestations et les guérisons des maladies et blessures, les anomalies innées ou acquises lors de la croissance et la morphologie des fossiles.

L'anomalie pathologique observée ici sur un trilobite du Cambrien, se situe au niveau du pygidium, soudé du côté droit avec le dernier article du tronc, disposition résultant probablement d'une séparation imparfaite du dernier élément du tronc et du pygidium au cours de la croissance.

Sur un exemplaire de *Spiniscutellum umbelliferum,* une côte radiale située dans la moitié gauche du pygidium de ce trilobite est inégalement développée. Une telle altération, et les petites blessures guéries des carapaces encore molles, sont fréquentes chez les scutellidés. Elles s'expliquent par l'étroite doublure du bord inférieur du pygidium dont le trilobite retire difficilement son abdomen au cours de la mue.

On trouve parfois, sur les rameaux de certains crinoïdes de l'Ordovicien au Jurassique, des sortes de tumeurs présentant un ou plusieurs orifices arrondis au milieu. Ces boursouflures ont été causées par des vers parasites, proches du genre actuel *Myzostomites.* Leurs restes ne se sont pas conservés. Les crinoïdes ont réagi par une croissance accélérée. Ce dérèglement pathologique, provoqué par une blessure, est en même temps un exemple de relation entre un parasite et son hôte.

Dans les sédiments, on trouve non seulement des fossiles mais aussi des traces de leur activité ; elles ont une grande importance pour les études paléoécologiques, sédimentologiques et stratigraphiques qui sont l'objet d'une discipline particulière : la palichnologie. La plupart des organismes fouisseurs occupent au sein du substrat des couloirs de formes variées et trouvent leur nourriture en filtrant l'eau dont ils retiennent les fragments organiques. Les mollusques marins du genre *Teredo* (taret) constituent une exception. Les tarets creusent dans le bois immergé et mangent la sciure. Leurs tunnels sont longs, de section circulaire, élargis en profondeur et terminés en demi-sphère. Ils sont tapissés par une mince couche calcaire sécrétée par le mollusque.

1 Fragments de tiges de crinoïdes (*Crotalocrinites* sp.) avec des indurations de vers parasites (*Myzostomites* sp.). Dévonien inférieur (Praguien), Koněprusy (Tchécoslovaquie). Longueur de la plus longue tige : 5,7 cm.

2 *Hydrocephalus carens,* Cambrien moyen, Skryje (Tchécoslovaquie). Largeur du pygidium : 2,5 cm. Il s'agit sans doute d'une malformation congénitale.

3 *Spiniscutellum umbelliferum,* Dévonien inférieur (Lochkovien), Kosoř (Tchécoslovaquie). Longueur du pygidium : 3,8 cm.

4 *Teredo* sp., Paléogène (Eocène), Sheppey (Grande-Bretagne). Diamètre des couloirs : 1,2 cm environ. Le taret ne supportant pas l'eau douce, les navires en bois se protègent de son attaque en pénétrant dans l'estuaire des fleuves. La mer Baltique saumâtre est un cimetière de navires anciens.

5 *Lumbricaria intestinum*, Jurassique supérieur (Tithonique inférieur), Solnhofen (RFA). Diamètre de la pelote : 3,5 cm. Bioglyphe abondant dans les calcaires lithographiques.

Parmi les traces d'activité des organismes, figurent également les déjections fossiles (coprolithes). Tel est le cas de l'ichnogenre *Lumbricaria,* du Jurassique européen, diversement interprété par les paléontologues : algue, ver, intestin d'holothurie ou de poisson. Il semble qu'il s'agisse en réalité de coprolithes de céphalopodes dibranchiaux. Ce sont des cordons lisses de section circulaire de 1 à 4 mm d'épaisseur, enroulés en pelotons irréguliers. La matière est calcaire, plus rarement phosphatée et renferme des fragments de crinoïdes du genre *Saccocoma.*

Paléoécologie

Paléoécologie (suite) : *Palichnologie*

Le but poursuivi par l'étude des traces d'activité des organismes est de déterminer quel organisme en est l'agent et quelle espèce d'activité elle traduit. Ce n'est habituellement ni simple, ni uniforme, car un même type de traces peut être causé par plusieurs espèces d'organismes et une même espèce d'organisme peut produire une série de traces diverses. On en arrive au problème de la classification des bioglyphes et il semble plus simple de les classer d'après le type d'activité, c'est-à-dire d'un point de vue écologique, on parle alors d'ichno-espèce. Aujourd'hui, on divise les bioglyphes en cinq groupes. Les domichnies sont les traces d'habitation (repaires, terriers, tunnels) à l'intérieur des sédiments ; les fodichnies sont les traces laissées après consommation des sédiments

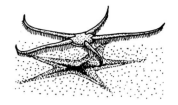

4

1 *Helminthopsis spiralis,* Crétacé, Marnia (Italie). Diamètre des traces : 4 mm. Les agents en sont vraisemblablement des animaux vermiformes se nourrissant des sédiments ; il n'est pas exclu qu'il s'agissait d'Entéropneustes. On rencontre souvent ces traces dans des sédiments d'eau profonde.

1

2 *Bergaueria* sp., Ordovicien inférieur (Arénigien), Jívina (Tchécoslovaquie). Diamètre de la plus grande fossette : 8 mm. Il s'agit vraisemblablement de fossettes laissées par la fixation d'anémones de mer. Elles sont très apparentes dans les lamelles bigarrées des tufs schisteux.

3 *Asteriacites lumbricalis**, Jurassique inférieur (Hettangien), Rechberghausen (RFA). Diamètre : 3 cm. Trace laissée par le corps au repos d'une holothurie *(Palaeocoma escheri)*. La trace est légèrement brouillée et le moulage naturel n'est pas très net.

(divers couloirs et tunnels qui peuvent en même temps servir d'habitation pour une courte période) ; les pascichnies sont des traces superficielles de consommation (méandres, sillons, bandes) ; les cubichnies sont des traces superficielles de repos (diverses impressions, dépressions et loges ayant souvent la forme de leurs créateurs) ; enfin les repichnies sont les traces superficielles de rampement (sillons et raies).

Dans les sédiments européens et américains de l'Ordovicien à l'Actuel, on trouve des types de traces nommées *Asteriacites* qui englobent toutes les empreintes laissées par les étoiles de mer et les holothuries. Ces traces en étoile ont habituellement cinq branches et sont souvent brouillées (**4**).

Les traces de l'ichnogenre *Bergaueria* du Cambrien et de l'Ordovicien, que l'on trouve en Europe et en Amérique, consistent en petites fosses circulaires, cylindriques ou en sac avec un fond hémisphérique. Dans la partie la plus profonde, on trouve une excroissance tuberculeuse.

L'ichnogenre *Helminthopsis* a été décrit dans les dépôts de l'Ordovicien au Tertiaire. Il s'agit de traces cylindriques en méandres (coprolithes ?) de section circulaire, à surface lisse, généralement de 3 à 4 mm de large.

451

Paléoécologie : *Palichnologie* (suite)

Il n'est souvent guère possible de déterminer, même approximativement, l'origine des bioglyphes, de les attribuer à une espèce biologique déterminée ; c'est pourquoi on ne peut non plus utiliser une nomenclature biologique. Pour se retrouver dans le grand nombre de types de traces, il faut nécessairement les nommer. D'un point de vue technique, il est avantageux d'utiliser une nomenclature binominale qui permette le regroupement de types de traces semblables dans des groupes de « genres » et d'« espèces » semblables. Dans le cas de traces, on utilise les termes *ichnogenus* pour « genre » et *ichnospecies* pour « espèce ». Les appellations des bioglyphes ne devraient pas être concordantes ou évoquer un agent particulier, car si l'on est amené à changer de point de vue sur l'origine des traces, une telle appellation peut entraîner des erreurs. Par exemple, les termes anciens *Lumbricaria* ou *Chondrites* qui désignent des traces n'ont rien de commun avec les lombrics ou avec les algues. On doit se rappeler constamment que la nomenclature des bioglyphes est artificielle et ne désigne que des types de traces, non leur agent.

L'ichnogenre *Scolithos* à répartition mondiale du Cambrien à l'Ordovicien, regroupe les tunnels verticaux ou légèrement obliques, de section circulaire, creusés en général dans les sédiments sableux. Ces tunnels n'ont pas de paroi, la surface est lisse ou parcourue de rides transversales. Le débouché est parfois élargi en entonnoir.

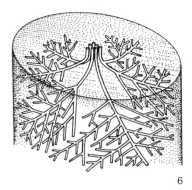

6

1 *Scolithos vertebralis,* Ordovicien moyen (Llandeilien), Prague-Vokovice (Tchécoslovaquie). Diamètre virtuel des tunnels dans la silice : 2 à 4 mm. Indicateur d'un milieu très peu profond à rapide sédimentation clastique.

2 *Monocraterion circinnatum**, Ordovicien inférieur (Trémadocien), Lerchenhügel, près d'Heinersdorf (RDA). Longueur : 9 cm. Faisceau de tunnels creusés par des organismes vermiformes dans un sédiment sableux à grains fins.

3 *Chondrites* sp., Dévonien inférieur (Zlichovien), Radotín (Tchécoslovaquie). Diamètre des tunnels : 3 mm environ. Ce type de bioglyphe creusé par des organismes mangeurs de sédiments inconnus est caractéristique de mers assez profondes. Le contenu des tunnels a une coloration différente de celle du sédiment encaissant.

4 *Zoophycos* sp., Paléogène (Eocène), Bzová (Tchécoslovaquie) Diamètre de l'éventail : 21 cm. Caractéristique de mers relativement profondes à la limite du plateau continental.

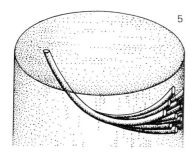

Dans le monde entier et dans les sédiments du Précambrien supérieur au Tertiaire, on trouve un type de traces *Monocraterion circinnatum* qui rassemble des structures fasciculées, à peu près horizontales, courbées vers le haut, s'élargissant sur le côté et se ramifiant à angle aigu par des rameaux plus minces (**5**). La section des tunnels est à peu près circulaire et, sous une mince écorce lisse, finement ridée tranversalement.

On trouve les traces du type *Chondrites* dans les sédiments du Cambrien au Tertiaire. Ce sont des couloirs dendritiques, horizontaux, de diamètre uniforme, qui, en dépit de la complexité du modèle, ne se croisent pas. Le style de ramification évoque une plume d'oiseau. Dans les sédiments schisteux tendres, ils forment des systèmes à plusieurs étages avec des tunnels principaux courbés vers le haut et débouchant à la surface des sédiments (**6**).

Zoophycos a une extension cosmopolite du Cambrien au Tertiaire. Il résulte de grandes structures complexes en éventail disposées en spirale et créées par le creusement et le transfert des couloirs radiaux sur le côté, sur la spirale basse. L'axe de la spirale est vertical, constitué par un étroit canal ouvert aux deux extrémités. La largeur de l'éventail augmente en général en profondeur jusqu'à 1,5 m.

453

🦎 Vertébrés

Ostracodermes

A côté des Invertébrés, les Vertébrés constituent un autre grand embranchement d'animaux. Leur tendance évolutive a été précocement marquée par la formation d'un squelette interne. Grâce à l'existence de ce squelette, l'évolution post-natale d'un individu est continue : il ne connaît ni stade larvaire, ni métamorphoses. Le squelette interne donne aux vertébrés une grande mobilité, indépendamment de la taille. Au cours de la phylogenèse, les vertébrés sont parvenus à la plus grande perfection physique, physiologique et psychique. C'est le seul embranchement dont l'évolution soit pervenue à un être raisonnable, l'homme *(Homo sapiens).* L'évolution des vertébrés, hormis les espèces les plus anciennes, s'est déroulée après le Cambrien ; elle est pratiquement illustrée en totalité par des formes fossiles.

Plusieurs branches évolutives parallèles sont apparues dès le Cambrien ; on les désigne sous le terme général de « vertébrés pisciformes ». Leurs évolutions respectives se sont accomplies indépendamment les unes des autres, de sorte que telle lignée a dépassé les autres dans l'évolution d'un caractère donné, mais en demeurant en retard dans la formation d'autres caractères. On distingue habituellement les grandes radiations des agnathes, des chondrichthyens (poissons cartilagineux) et des ostéichthyens (poissons osseux), auxquelles il convient d'ajouter d'autres groupes fossiles, de position systématique plus ou moins affirmée ou confirmée, tels que les Placodermes et les Acanthodiens.

Dans le phylum des Agnathes, aux côtés des cyclostomes actuels (lamproies et myxines), se placent les ostracodermes, tous fossiles.

Parmi eux, les *Drepanaspis* (Heterostraci, Drepanaspidae), ont vécu du Cambrien supérieur au Dévonien inférieur. Ils n'avaient pas de mâchoire et se nourrissaient de matières organiques (particules détritiques du fond de la mer) qu'ils aspiraient par la bouche, reliée immédiatement à l'oesophage. Ils n'avaient pas non plus de nageoires paires. Squelette interne cartilagineux, complété chez beaucoup d'espèces par une cuirasse osseuse externe et massive. *Drepanaspis gemundensis* avait une cuirasse formée de grandes plaques séparées par de larges intervalles formés de petites écailles. L'extrémité du corps était couverte de grandes écailles losangiques et la nageoire caudale était comme tronquée à l'extrémité (**2**). *Drepanaspis* vivait dans des anses calmes, dans une eau presque dormante où s'accumulaient les détritus organiques. Ce genre était répandu dans presque toute l'Europe. On a trouvé assez peu d'individus complets et bien conservés. En général, on ne trouve que des fragments de cuirasse de la partie antérieure du corps.

1 *Drepanaspis gemundensis,* Dévonien inférieur, Gemünden (RFA). Individu presque complet ; longueur : 36 cm. Les cristaux dorés de pyrite montrent que la fossilisation s'est produite dans une anse à eau dormante et grande quantité de matériaux organiques.

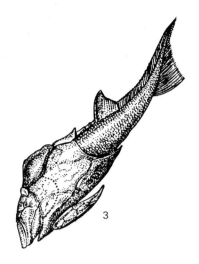

Vertébrés

Placodermes

L'ordre des Antiarches fait partie de la classe des Placodermes. Ce sont les plus anciens vertébrés pourvus de mâchoire. On les range dans le groupe des Gnathostomes (par opposition aux Agnathes), groupe très hétérogène rassemblant plusieurs lignées phylétiques. Les premiers représentants sont apparus au Silurien supérieur (peut-être même avant), les derniers se sont éteints à la fin du Dévonien. Ce sont des placodermes d'un aspect si étonnant que les savants ont d'abord considéré leurs restes comme ceux de crustacés ou de tortues. Puissante cuirasse couvrant la partie antérieure du corps (caractère commun aux représentants de cet ordre) ; nageoires antérieures ou plus précisément membres antérieurs couverts par la cuirasse et articulés comme les pattes des crustacés. Il existe plusieurs opinions concernant la fonction de tels membres. La plus vraisemblable est que ces animaux

1 *Pterichthys milleri**, Dévonien inférieur, Grande-Bretagne. Carapace dorsale ; longueur de la cuirasse : 6 cm. Recherché par les collectionneurs, mais assez rare.

2 *Asterolepis maxima,* Dévonien inférieur, Nairn (Écosse). Carapace dorsale : longueur de la cuirasse : 9 cm. On trouve souvent aussi des membres isolés.

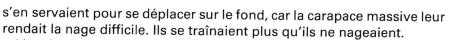

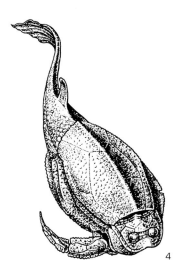

s'en servaient pour se déplacer sur le fond, car la carapace massive leur rendait la nage difficile. Ils se traînaient plus qu'ils ne nageaient.

L'espèce *Pterichthys milleri* (Antiarchi, Asterolepidae), atteignait 10 à 20 cm de long. Cet animal avait une puissante cuirasse bombée constituée de grandes plaques qui formaient une crête caractéristique sur le dos ; la cuirasse était d'un seul morceau, la tête n'était pas mobile, les yeux rapprochés sur le dessus ; l'arrière du corps était recouvert d'écailles circulaires (**3**). L'animal vivait au Dévonien inférieur, dans la région de l'Europe occidentale actuelle. On trouve en général des morceaux de la carapace dorsale ou des fragments de plaques.

Asterolepis (Antiarchi, Asterolepidae), est un fossile caractéristique du vieux grès rouge (Old red sandstone), couche puissante de grès et de brèches avec des intercalations de schistes et de marnes, colorée typiquement en rouge. On la trouve en particulier en Europe du Nord et du Nord—Ouest. Ce placoderme ressemble à l'espèce précédente : taille plus grande (20 à 25 cm), carapace plus puissante, les plaques centrales recouvrant en partie les plaques latérales ; les membres sont plus minces et se terminent par une excroissance pointue (**4**).

 **Vertébrés**

Chondrichtyens : *Sélaciens*

Les chondrichtyens sont des animaux marins pourvus de mâchoires et dont le squelette est cartilagineux. Leur classification est toujours en voie de modification.

Les requins font partie de ce groupe important. Le squelette des requins est cartilagineux, ce qui n'est pas un phénomène primitif mais la manifestation d'une assez grande spécialisation. Le squelette cartilagineux, la forme fuselée du corps, l'épiderme très spécialisé expliquent leur grande souplesse et leur extrême mobilité. Ils ne possèdent pas beaucoup de matériaux susceptibles de fossilisation et il n'en est resté pratiquement que les dents. Les requins ont généralement un grand nombre de dents. Elles sont le plus souvent triangulaires, disposées sur plusieurs rangs et ne servent pas à mastiquer mais seulement à saisir la proie ou à la déchirer. Seules les dents du premier rang sont utilisées. Quand elles sont usées, elles se recourbent vers l'avant, tombent et les dents du second rang prennent leur place.

On pense que les requins se sont développés au Silurien, mais cette supposition n'est pas étayée paléontologiquement. Les premières découvertes ont été faites dans les couches du Dévonien. Les requins sont des animaux marins ; ils sont apparus dans les mers, ont pénétré plus tard dans les eaux saumâtres et douces (processus contraire à celui des poissons osseux). Le Carbonifère et le Permien sont la première période de leur développement. A la fin du Primaire, de nombreux groupe se sont éteints, ceux qui ont survécu ont connu au Jurassique et

1 *Carcharodon megalodon,* Néogène (Miocène), Kékkoi Katorban (Hongrie). Largeur de la plus grande dent : 8,5 cm ; la plus petite : 6,5 cm. Les dents aiguës donnent à la mâchoire du requin le tranchant d'une lame de rasoir.

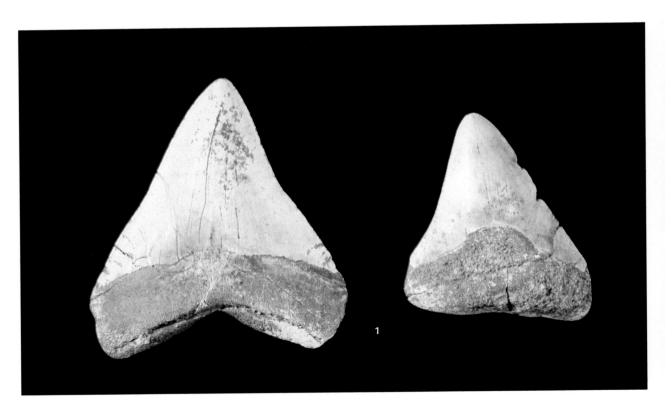

au Crétacé une nouvelle phase évolutive. Pendant longtemps, ils ont concurrencé les poissons osseux avec succès et n'ont été dépassés qu'à la fin du Secondaire et au Tertiaire.

Les requins du genre *Carcharodon* (Selachii, Isuridae) (**4**), existent depuis le Crétacé supérieur. Dans les mers tropicales et subtropicales actuelles, vit le requin mangeur d'hommes *(Carcharodon carcharias)*. Son parent fossile, *C. megalodon*, vivait également dans les mers chaudes. Dans les sédiments, on ne retrouve que les dents. Ces découvertes on été faites principalement dans le sud de l'Europe et elles deviennent plus rares vers le nord. Ces dents sont grandes (jusqu'à 15 cm), triangulaires, plates devant et creuses à l'arrière. Par comparaison avec les dents du requin mangeur d'hommes, on peut conclure que ces *Megalodon* atteignaient jusqu'à 25 mètres de long.

Parente du requin, *Lamna cornubica,* qui vit actuellement dans le Pacifique et l'océan Atlantique (elle mesure 4 à 6 m et accompagne en troupes les bancs de harengs et de morues qui constituent sa principale nourriture) ; l'espèce fossile *Scapanorhynchus raphiodon* vivait de la même manière mais était plus petite (2 à 3 m). Ses mâchoires étaient garnies de dents en aiguilles que l'on retrouve communément dans les sédiments crétacés.

Isurus mantelli est une autre espèce communément répandue dans les mers du Crétacé. Ses dents sont aplaties avec de grande pointes latérales et une large pointe centrale. Dans les mers actuelles, vit une espèce voisine, le très combatif requin mako *(I. oxyrhynchus),* pourchassé par les pêcheurs sportifs.

2 *Isurus mantelli,* Crétacé, Zbyslav (Tchécoslovaquie). Largeur des dents : 2,7 cm ; longueur : 3,8 cm.

3 *Scapanorhynchus raphiodon,* Crétacé, Kamajka (Tchécoslovaquie). Largeur des dents: 0,8 cm. Longueur : 1,9 cm.

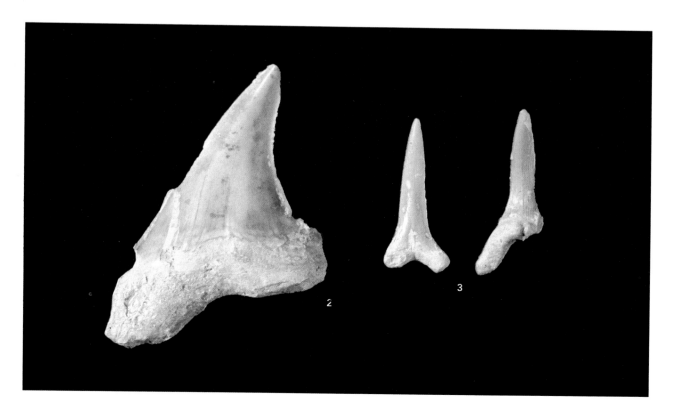

Vertébrés

Chondrichtyens : *Sélaciens* (suite)

Les requins sont passés plusieurs fois de la mer aux eaux douces. A l'époque actuelle, *Carcharhynus nicaraguensis* vit dans les eaux douces du lac Nicaragua en Amérique centrale.

Les représentants du genre *Xenacanthus* (Pleuracanthodii, Xenacanthidae), se sont différenciés au cours de la radiation de la fin du Paléozoïque. C'étaient des requins primitifs d'eau douce dont les cartilages étaient consolidés par des formations calcaires ; arcs des vertèbres ossifiés ; gueule armée de nombreuses dents caractéristiques avec deux grandes pointes latérales et une petite pointe centrale (les dents de la plupart des requins ont une pointe centrale plus grande et plus forte que les pointes latérales). Les xénacanthes avaient derrière la tête une puissante épine, peut-être mobile, à deux rangées de petites dents sur la longueur de la face arrière. La fonction de cette épine est controversée. Le corps des xénacanthes était long, mince, la partie caudale de la colonne vertébrale n'était pas raccourcie. La nageoire dorsale commençait derrière la tête et s'étendait jusqu'à la queue. La nageoire antérieure avait un axe central articulé et les rayons latéraux étaient autour d'elle en palmes : on l'appelle nageoire archiptérygienne (**3**). Chez les poissons osseux actuels, les nageoires de ce type n'existent que chez les dipneustes. Comme eux, le xénacanthe vivait dans les lacs et trous d'eau boueuse des régions marécageuses où il pourchassait toutes sortes de petits poissons. Par suite des variations de niveau, surtout quand les trous d'eau s'asséchaient, il était obligé de se traîner d'un trou à l'autre pour survivre.

1 *Xenacanthus carinatus,* Carbonifère, Kounov (Tchécoslovaquie). Individu complet ; longueur : 74 cm. La courbure du dos résulte de la contraction et du raidissement de la musculature dorsale après la mort. C'est un phénomène assez fréquent chez les poissons fossiles.

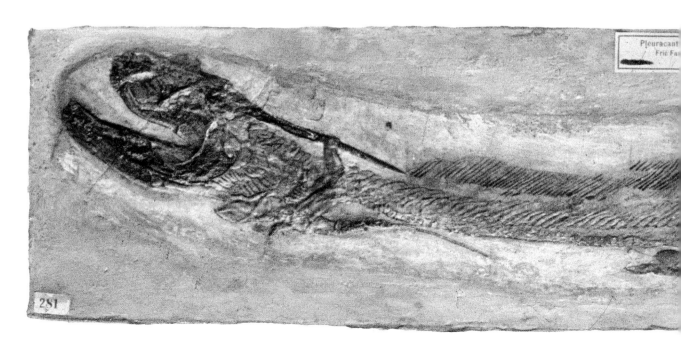

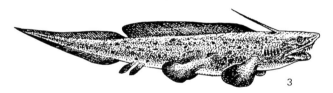
C

2 *Xenacanthus bohemicus,* Carbonifère, Nýřany (Tchécoslovaquie). Épine en dentine; longueur : 16 cm. On trouve souvent une ornementation à la surface des épines.

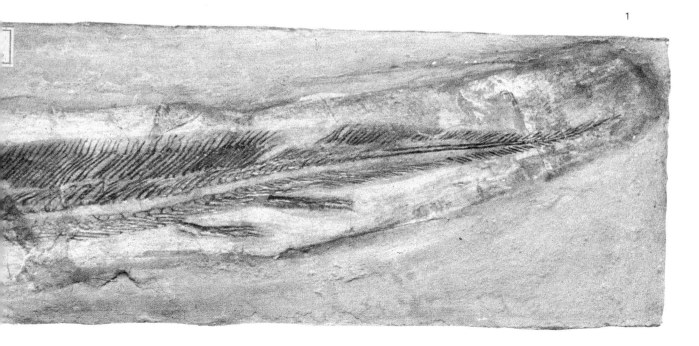

1

Vertébrés

Ostéichtyens : *Actinoptérygiens*

Les poissons osseux (ostéichtyens) sont apparus au Dévonien inférieur. Sélaciens et poissons osseux ont eu des ancêtres communs et ont évolué indépendamment. Les représentants des deux classes ont su passer à un mode de vie pleinement et activement pélagique. Ils ont des nageoires paires. Au cours de l'évolution, les sélaciens sont devenus un groupe figé qui a perdu la possibilité de concurrencer les autres poissons. Le squelette des ostéichtyens est partiellement ou entièrement osseux, les nageoires sont armées de rayons osseux qui s'appuient sur une base osseuse. Leur évolution a été compliquée. Elle est passée par plusieurs phases de radiations, et l'on a assisté à des remplacements fréquents d'espèces par des espèces voisines, dans les mêmes niches écologiques (espèces vicariantes).

On distingue, dans le groupe des Ostéichtyens, au moins trois grandes classes : les Dipneustes, les Crossoptérygiens et les Actinopérygiens. Parmi ces derniers, les Chondrostéens ont constitué la première radiation évolutive : squelette non encore entièrement ossifié, poumons à un ou deux sacs, nés d'une expansion du tube digestif et servant à respirer l'oxygène de l'air ; ces poumons ne faisaient que compléter la respiration branchiale dans les eaux boueuses, pauvres en oxygène. Les chondrostéens se sont développés principalement du Dévonien au Permien. Les esturgeons actuels sont des poissons osseux primitifs.

L'espèce *Paramblypterus rohani* (Palaeonisciformes, Commentryidae), avait un corps mince et fusiforme recouvert par d'assez grandes

1 *Paramblypterus rohani*, Permien inférieur, Semily (Tchécoslovaquie). Individu presque complet ; longueur : 20,5 cm. On distingue bien la queue hétérocerque et les écailles losangiques ; la tête est moins bien conservée.

1

2 *Sceletophorus verrucosus,* Carbonifère, Třemošná (Tchécoslovaquie). Individu presque complet ; longueur : 12,5 cm. L'extrémité de la queue très allongée manque à ce fossile. La couleur verte est due à des sels de cuivre.

écailles losangiques revêtues d'une couche brillante de ganoïne ; les écailles avaient la même structure que celles des esturgeons *(Acipenser)* actuels. Ces poissons avaient sur la tête un bouclier de plaques recouvertes de dentine ; c'est un caractère primitif que l'on ne retrouve plus chez les formes de poissons évolués. La bouche était grande et garnie de nombreuses petites dents ; les nageoires paires étaient relativement petites, la nageoire caudale, non symétrique (hétérocerque), présentait un lobe supérieur plus grand. Les représentants de l'espèce *Paramblypterus rohani* vivaient à la fin du Carbonifère et au début du Primaire dans les trous d'eau et petits lacs des marécages houillers d'Europe centrale. Les espèces voisines occupaient toute l'Europe actuelle, depuis la Grande-Bretagne jusqu'à l'ouest de la Russie d'Europe.

L'espèce *Sceletophorus verrucosus* (Palaeonisciformes, Carbovelidae), autrefois rangée dans le genre *Amblypterus,* est un poisson court et haut, à grosse tête, museau court, dents fortes, bouclier céphalique couvert de petites bosses ovales, nageoires impaires grandes et fortes, nageoires paires étroites et plus faibles, partie caudale allongée. Cette espèce vivait comme l'espèce précédente dans les trous d'eau et petits lacs des marécages houillers du centre de l'Europe.

Vertébrés

Ostéichtyens : *Actinoptérygiens* (suite), *Holostéens*

Les Holostéens sont des Actinoptérygiens représentant un degré intermédiaire dans l'évolution des poissons. Squelette toujours partiellement cartilagineux, écailles losangiques chez les formes anciennes ; chez les formes récentes, elles sont déjà presque ovales (cycloïdes) ; poumons transformés en général en vessies natatoires. Le groupe s'est épanoui au Trias et au Crétacé, avant d'être éliminé par les autres poissons osseux, les Téléostéens. On ne trouve plus à l'époque actuelle que l'amie *(Amia calva)*.

1 *Caturus furcatus**, Jurassique, Solnhofen (RFA). Individu complet ; longueur : 42 cm. Queue fourchue d'où le nom de l'espèce *(furca* = fourche).

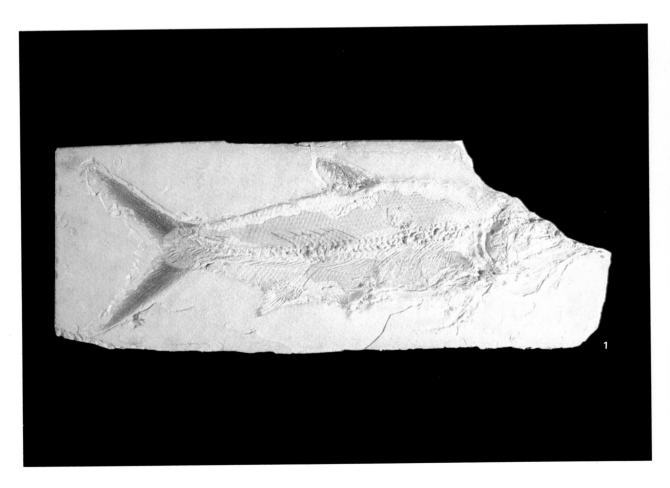

2 *Amia kehreri,* Paléogène (Eocène), Wesel (RFA). Individu complet ; longueur : 27 cm. On remarquera l'élargissement de la partie caudale.

Caturus furcatus (Amiiformes, Amiidae) était un poisson carnassier dont la forme rappelle le saumon. Crâne court, mâchoire forte, dents solides, colonne vertébrale incomplètement ossifiée ; les petites écailles, presque cycloïdes, se recouvraient beaucoup et renforçaient la solidité de la cuirasse ; la mince nageoire caudale formait une fourche. *C. furcatus* habitait les lagunes d'Europe centrale au cours du Jurassique. Relativement rare au Jurassique inférieur (Lias), cette espèce a été abondante au Jurassique supérieur (Malm). Les récoltes les plus connues proviennent des calcaires jurassiques de la région de Solnhofen, en Bavière.

Les représentants du genre voisin *Amia* forment une sorte de transition entre les Holostéens et les Téléostéens. Le corps est allongé, cylindrique ; il se termine par une nageoire caudale extérieurement symétrique mais intérieurement dissymétrique (nageoire intérieurement hétérocerque) ; la partie caudale du corps se prolonge dans la moitié supérieure de la nageoire caudale mais elle est en même temps raccourcie ; il en résulte un élargissement particulier de la queue caractéristique du genre *Amia* (**3**) ; les minces écailles cycloïdes, sans revêtement de ganoïne, se recouvrent comme les tuiles d'un toit. L'amie commune vit actuellement dans les lacs du sud des États-Unis (Floride, Texas), dans le Mississippi et ses affluents ; elle a des poumons fonctionnels, de sorte qu'elle peut utiliser l'oxygène de l'air. Les formes fossiles étaient également dulcicoles répandues depuis l'Europe occidentale (France) jusqu'à l'Europe centrale (Tchécoslovaquie).

3

465

 **Vertébrés**

Ostéichtyens : *Actinoptérygiens* (suite), *Téléostéens*

Les Téléostéens représentent le groupe de poissons osseux le plus évolué. Squelette entièrement ossifié, fentes branchiales recouvertes par un opercule, poumons en général transformés en organes hydrostatiques (vessies natatoires) et ne conservant que rarement leur fonction originelle ; écailles cycloïdes se recouvrant comme les tuiles d'un toit. L'épanouissement des téléostéens a commencé au Jurassique supérieur : ils ont alors non seulement refoulé les poissons cartilagineux et les holostéens, ils ont aussi pénétré dans les mers et repoussé

1 *Leptolepis sprattiformis,* Jurassique, Solnhofen (RFA). Individu complet ; longueur 6,5 cm. La courbure du squelette est le résultat des modifications post-mortem de la musculature dorsale.

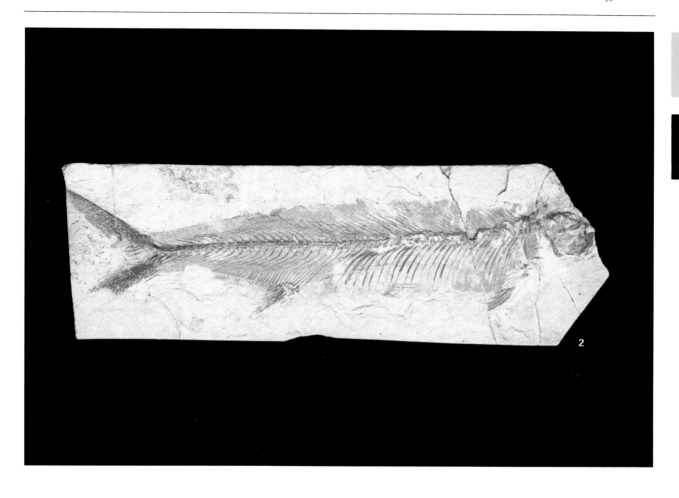

2 *Thrissops formosus**, Jurassique (Malm), Kehlheim (RFA). Individu complet ; longueur : 45 cm. Le crâne est un peu abîmé et la denture des mâchoires n'est pas très visible.

les sélaciens. L'épanouissement du groupe s'est produit au Tertiaire et au Quaternaire et la plupart des familles et des genres vivent encore aujourd'hui.

Les représentants du genre *Leptolepis* (Leptolepiformes, Leptolepidae), ont vécu du Jurassique inférieur au Crétacé inférieur ; nombreuses espèces en Europe, dans les deux Amériques, en Asie occidentale et dans le nord de l'Afrique. *Leptolepis sprattiformis* était un petit poisson à peine plus long que le doigt. Il a l'aspect d'un sprat *(Sprattus sprattus),* auquel il doit son nom. Il a vécu dans les lacs d'Europe centrale, vraisemblablement en bancs car l'on trouve souvent un grand nombre d'individus ensemble.

Thrissops (Elopiformes, Elopidae), est un genre de plus grandes dimensions. Ce devait être un carnivore agile : mâchoire garnie de fortes dents, forte nageoire caudale. Il a vécu en Europe centrale du Jurassique inférieur au Crétacé inférieur.

Vertébrés

Ostéichtyens : *Actinoptérygiens, Téléostéens* (suite)

A partir du Tertiaire, on trouve des représentants de familles et même de genres que l'on connaît à l'époque actuelle. Parmi eux, la famille des Cyprinidés, à nombreuses espèces et à grande extension géographique. Les cyprinidés ont des mâchoires sans dents et le cinquième arc branchial transformé en dents oesophagiennes. Les espèces du genre *Leuciscus* (Cypriniformes, Cyprinidae), sont des cyprinidés répandus en Europe, en Amérique du Nord, en Asie et en Afrique.

1 *Leuciscus papyraceus,* Néogène (Miocène inférieur), Lužice près de Most (Tchécoslovaquie). Individu complet ; longueur : 6 cm. On le trouve dans les sédiments finement feuilletés (ce qui explique son nom), souvent peu consolidés, ce qui ne facilite pas la collecte et la conservation de ces fossiles.

2 *Thaumaturus furcatus,* Néogène (Miocène inférieur), Kučlín
(Tchécoslovaquie). Individu complet ; longueur : 5,5 cm. Sa découverte dans les diatomites montre
que ce poisson se tenait de préférence dans les bassins lacustres
d'eau pure.

Leuciscus papyraceus avait un corps aplati latéralement et couvert
d'assez grandes écailles ; par rapport à sa taille, ses nageoires étaient
relativement petites. Il habitait les eaux douces et on trouve assez
souvent ses restes dans les sédiments lacustres des bassins de lignite.

Les Salmonidés sont assez répandus, en particulier au Tertiaire et
à l'époque actuelle. Ils se distinguent par de nombreuses dents acérées
au bord de la cavité buccale.

Thaumaturus furcatus (Clupeiformes, Salmonidae), est voisin des
saumons et des truites du genre *Salmo.* Il vivait dans les eaux douces et
faisait partie des hôtes habituels des bassins lacustres du Miocène.

469

Ostéichtyens : *Actinoptérygiens, Téléostéens* (suite)

La famille des « perches » est une famille particulièrement riche en espèces ; on en compte plus de six cents à l'époque actuelle. Ce sont surtout des poissons marins qui vivent de préférence dans les eaux chaudes. Ils se tiennent près du rivage et ne descendent que rarement dans les profondeurs. Certaines espèces atteignent des tailles gigantesques, d'autres ont des couleurs étincelantes comme, par exemple, la perche de mer rayée *(Serranus scriba).*

S. ventralis (Perciformes, Serranidae), vivait au début du Tertiaire dans les régions méridionales de l'Europe, à cette époque recouvertes par la mer. On suppose que cette espèce vivait comme la perche de mer actuelle, c'est-à-dire près des rives rocheuses et des récifs coralliens, chassant les petits poissons et les crustacés. Quant à la coloration, si caractéristique pour les serranidés, on ne peut que l'imaginer.

3

1, 3 *Serranus ventralis,* Paléogène (Eocène), Monte Bolca (Italie). Individu complet (**1**) ; longueur : 24 cm. Les nageoires dorsales des serranidés se suivent immédiatement si bien qu'elles se confondent (**3**). Chez les percidés, elles sont toujours séparées.

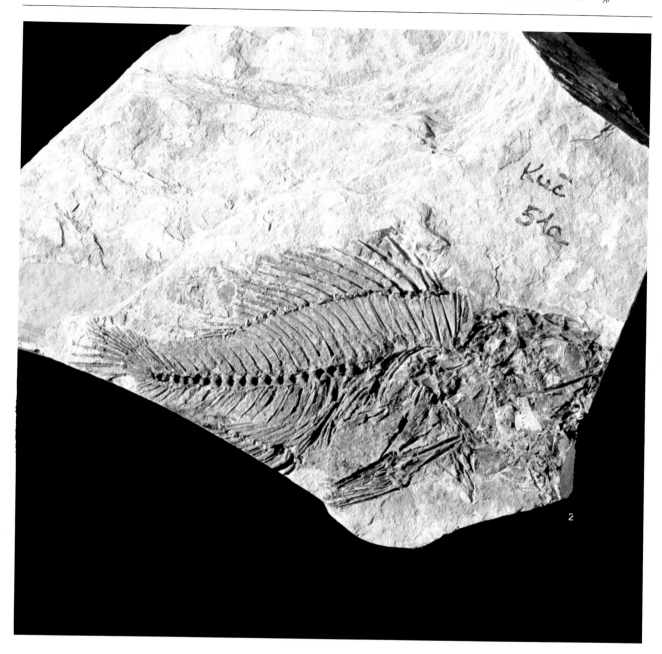

2 *Bilinia uraschista**, Néogène (Oligocène moyen), Kučlín (Tchécoslovaquie). Individu complet ; longueur : 9 cm. La plupart des poissons ne sont conservés qu'à l'état d'éléments osseux fragmentés beaucoup plus souvent qu'à l'état de squelettes entiers, et le profane les identifie avec difficulté.

A la différence de l'espèce précédente, *Bilinia uraschista* ne vivait pas dans la mer mais dans les eaux douces du Tertiaire d'Europe centrale. Elle fait aussi partie de la famille des Serranidés dont elle a les caractères typiques, mais elle en a d'autres qui font penser à la structure du squelette des vraies perches (Percidés), de sorte qu'elle constitue une forme de transition entre les deux familles. Leurs ressemblances s'expliquent comme une convergence d'espèces vivant dans le même milieu et ayant le même mode de vie.

Ostéichtyens (suite) : *Dipneustes* et *Crossoptérygiens*

Les Dipneustes constituent un groupe relativement primitif mais pourtant très spécialisé de poissons osseux d'eau douce. Squelette cartilagineux ou en partie ossifié, corde dorsale persistant pendant toute la vie de l'individu ; corps des vertèbres non formé ; nageoires paires en forme d'ailerons ; vessie natatoire s'ouvrant dans le tube digestif et assurant une fonction pulmonaire. L'organisation particulière des membres et la possibilité de respirer l'oxygène de l'air permettent aux dipneustes de survivre à une dessiccation temporaire de leur habitat. Les dipneustes se sont développés à partir des poissons cartilagineux primitifs, au Dévonien moyen, parallèlement aux poissons à nageoires rayonnantes (Actinoptérygiens). A la différence de ces derniers, ils n'offrent pas d'importance particulière en ce qui concerne l'évolution et ne représentent qu'une branche en voie d'extinction. Trois genres ont survécu jusqu'à l'époque actuelle ; ils vivent tous dans les eaux douces

1 *Ceratodus kaupi,* Trias, Hoheneck (RFA). Plaquette dentaire ; largeur : 5 cm. Dans la bouche du poisson, la plaquette était orientée de telle façon que les excroissances allaient vers l'extérieur et la base arrondie vers le centre du palais.

2 *Macropoma speciosa,* Crétacé, Prague (Tchécoslovaquie). Individu complet ; longueur : 45 cm. On trouve rarement des exemplaires aussi bien conservés.

Cr

T

des marais tropicaux peu profonds ; ils sont capables de survivre à une période de sécheresse, habituellement enfouis profondément dans la vase, dans un état proche de l'anabiose ; ils sont carnivores ou herbivores. On suppose que les dipneustes fossiles vivaient de la même manière.

Les représentants du genre *Ceratodus* (Ceratodontida, Ceratodidae), ont vécu en Europe au Trias et au Jurassique. On trouve de grandes plaquettes dentaires plates recouvertes d'une matièrie vitreuse et qui résultent de la fusion de plusieurs rangées de dents. On ne trouve que rarement d'autres parties du squelette.

Les représentants de l'ordre des Coelacanthiformes sont des poissons osseux du groupe des Crossoptérygiens. Leur squelette n'est pas tout à fait entièrement ossifié. Les membres pairs, de type primitif, permettaient à l'animal non seulement de bien nager, mais surtout soutenaient son corps quand il rampait sur la terre ferme ; poumons bien développés, respiration pulmonaire perfectionnée, grâce à l'ouverture des narines dans le pharynx. Les crossoptérygiens dérivent, au Dévonien, des poissons cartilagineux qui se sont adaptés à la vie dans les marais boueux peu profonds. La respiration pulmonaire et l'organisation des membres leur permettaient d'une part de survivre pendant les périodes de sécheresse, d'autre part de se déplacer d'un trou d'eau à un autre et de chercher leur nourriture à la limite de l'eau et de la terre. Cette riche source d'alimentation n'avait pas été utilisée jusqu'alors. Les crossoptérygiens sont considérés comme les ancêtres des amphibiens de l'ordre des Osteolépiformes.

Les représentants de l'ordre des Coelacanthiformes non seulement ne se hissaient pas sur la terre ferme, mais au contraire la plupart d'entre eux se sont spécialisés au Secondaire dans une vie en profondeur. En fait partie la seule espèce actuelle connue, *Latimeria chalumnae,* qui compte aujourd'hui soixante-dix millions d'années. *Macropoma speciosa* vivait dans les mers peu profondes d'Europe au Crétacé.

Amphibiens

Les amphibiens sont les premiers vertébrés qui se soient libérés de la dépendance du milieu aquatique. Mais leurs embryons continuent à se développer dans l'eau et les adultes y retournent souvent. Point de départ des amphibiens : les stégocéphales, parmi lesquels *Letoverpeton*.

Letoverpeton (Seymouriamorpha, Siscosauriscidae) est un amphibien qui ressemble à un lézard ou une salamandre (**3**). Le crâne large avait de profondes fentes auditives à l'arrière ; le corps était couvert d'une cuirasse de petites écailles. Dans les premiers stades de l'évolution, l'animal respirait par des branchies et le squelette n'était pas ossifié ; plus tard, le squelette s'est peu à peu ossifié et les branchies ont disparu. C'est pourquoi des savants ont considéré les divers stades de croissance comme des espèces séparées. *Letoverpeton* habitait les bassins vaseux peu profonds riches en végétation. Il cherchait sa nourriture et un abri au milieu des plantes ; il se nourrissait d'insectes et de leurs larves, de petits poissons et de jeunes stégocéphales.

Les batraciens constituent une branche de l'évolution des amphibiens qui s'est séparée des stégocéphales à la fin du Permien. Par suite de l'adaptation à un mode de déplacement spécifique (sauts et nage à l'aide des pattes postérieures), le squelette s'est trouvé allégé (raccourcissement des côtes et réduction des os du crâne), le bassin et le sacrum ont été modifiés et forment un point d'appui souple pour les membres postérieurs.

1 *Letoverpeton austriacus*, Permien, Bačov (Tchécoslovaquie). Individu complet ; longueur du squelette : 17 cm. Les fentes auditives du crâne se trouvent aux endroits où les poissons ont les opercules.

2 *Palaeobatrachus grandipes,* Néogène (Miocène), Veselíčko (Tchécoslovaquie). Individu complet ; longueur du squelette : 8,5 cm. Les squelettes de batraciens du lignite se conservent mal et ont besoin d'un traitement spécial. Un lit de plâtre empêche ici la décomposition du sédiment charbonneux.

Ng

P

4

Palaeobatrachus grandipes (Anura [Salientia], Palaeobatrachidae) (**4**), est une grenouille du Tertiaire qui rappelle les *Xenopus* actuels qui ne vivent aujourd'hui qu'en Afrique tropicale. Les restes osseux sont abondants dans les sédiments d'eau douce de la Bohême occidentale et d'Allemagne. Parfois, on trouve non seulement des éléments osseux bien conservés mais aussi des empreintes d'organes internes et de la peau, parfois même avec des traces de couleurs. On trouve aussi des têtards et des oeufs. Les paléobatraciens passaient toute leur vie dans l'eau. Leurs poumons bien développés leur permettaient de rester sous l'eau très longtemps. Ils ne nourrissaient vraisemblablement comme les *Xenopus* de divers petits crustacés, de larves d'insectes et de petits poissons, eux-mêmes servant de nourriture aux crocodiles, serpents, oiseaux aquatiques, etc.

Reptiles : *Chéloniens*

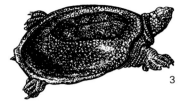

Les reptiles se sont développés à partir des stégocéphales. Ce sont les premiers êtres vivants typiques de la terre ferme. La vie hors de l'eau a nécessité nombre d'adaptations morphologiques et principalement des modifications dans le développement embryonnaire. L'embryon des reptiles se développe sur la terre ferme, dans un oeuf entouré de membranes et d'une enveloppe coriace ou calcaire. L'oeuf renferme non seulement des tissus nutritifs mais remplace en même temps pour le germe le milieu aquatique, le protège des chocs, de la dessiccation et organise ses échanges tissulaires. D'autres modifications importantes ont été la formation d'un revêtement protégeant le corps de la dessiccation, le perfectionnement de la respiration pulmonaire, la modification des systèmes circulatoire et excréteur. Il y a eu enfin la restructuration du squelette, le développement des membres locomoteurs qui soulèvent le corps au-dessus du sol.

Les reptiles, surtout ceux de grande dimension, sont très intéressants. Mais ils sont difficilement accessibles aux collectionneurs, car les principaux lieux de découvertes se trouvent en Asie et en Amérique du Nord. La collecte demande beaucoup d'efforts et nécessite de véritables expéditions scientifiques. Il y a relativement peu de reptiles de terre

1 *Trionyx bohemicus,* Néogène (Miocène), Břešťany (Tchécoslovaquie). Carapace dorsale ; longueur : 24 cm. La carapace dorsale ne se soude pas au plastron mais entre en contact avec lui par des excroissances caractéristiques.

2 *Emys orbicularis**, Pléistocène (Eémien), Gánovce (Tchécoslovaquie). Carapace dorsale ; longueur : 17 cm. Fossile et empreinte de la carapace dans du travertin ; l'échancrure au milieu est une empreinte en creux de la colonne vertébrale.

Q

Ng

ferme dans les sédiments européens parce qu'au Secondaire, l'âge d'or des reptiles, la plus grande partie de l'Europe était recouverte par la mer. Parmi tous les groupes de reptiles, les tortues constituent l'un de ceux que l'on trouve en Europe dans les dépôts du Tertiaire et du Quaternaire.

Les tortues à peau épaisse (**3**) n'ont pas de plaques cornées sur la carapace, à la différence des tortues des autres groupes. Carapace habituellement petite et plate, recouverte sur le dessus par une peau fine ; membranes natatoires développées entre les doigts des membres. Les espèces actuelles vivent dans les grands cours d'eau des régions tempérées d'Afrique, d'Asie et d'Amérique du Nord. Elles sont carnivores, pourchassent les poissons, les mollusques, les crustacés et les insectes. *Trionyx bohemicus* (Chelonia, Trionychidae), habitait les bassins d'eau douce du centre de l'Europe et vivait sans doute de la même manière que ses parents actuels.

Les tortues du genre *Emys* (Chelonia, Testudinidae) (**4**), existent depuis l'Eocène supérieur. Carapace assez grande, légèrement bombée, presque ovale ; plastron (carapace ventrale) relié par des ligaments à la carapace dorsale. La cistude d'Europe est caractéristique d'une période d'oscillations climatiques chaude du Pléistocène ; on la trouvait en Europe centrale et nord-occidentale. Dès le début des périodes de refroidissement, elle se repliait toujours vers le sud. Les populations actuelles vivent en Europe méridionale autour des eaux dormantes ou à faible courant. Elles se nourrissent d'annélides, d'arthropodes aquatiques, de grenouilles et de poissons.

Mammifères : *Carnivores*

L'ours des cavernes, *Ursus spelaeus* (Carnivora, Ursidae) (3), est, avec le mammouth et le rhinocéros poilu, l'un des animaux les plus typiques de la fin du Pléistocène. Il était alors commun dans toute l'Europe, plus rare seulement dans les régions steppiques. Il vivait dans des cavernes et son nom est donc entièrement justifié ; il y dormait en hiver, y mettait les petits au monde et y mourait l'âge venu. C'est ainsi que, dans de nombreuses grottes européennes, on trouve des couches d'os appartenant presque exclusivement à cet animal. Par rapport à l'ours brun, l'ours des cavernes était d'environ un tiers plus grand. Le crâne, outre ses dimensions, possède un front élevé et bombé, beaucoup plus haut. En dépit de son aspect menaçant, l'ours des cavernes était surtout végétarien et se nourrissait en été à peu près exclusivement de fruits et de pousses, ce qu'attestent les molaires plates, souvent fortement usées. Les chasseurs du Paléolithique pourchassaient intensivement l'animal mais ne pouvaient guère menacer sérieusement l'existence de l'espèce. La réduction des forêts à la fin des périodes glaciaires a eu une influence négative beaucoup plus grande. La steppe froide et son peuplement herbacé ne lui offrant guère de nourriture, l'ours des cavernes a disparu dans la première moitié de la glaciation de Würm.

3

1 *Ursus spelaeus,* Pléistocène (Würmien), Sloup (Tchécoslovaquie). Crâne ; longueur totale : 47 cm. Ce crâne provient d'une « couche d'os » découverte dans une caverne où cet ours avait l'habitude d'hiverner.

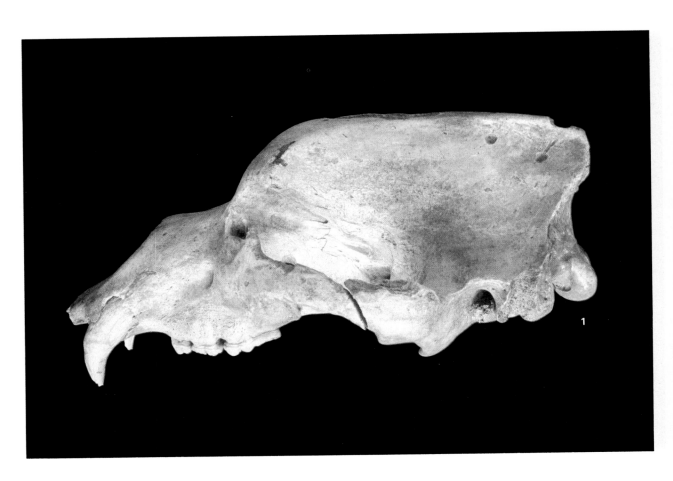

1

A l'époque actuelle, l'ours brun, *Ursus arctos* (**4**), est l'un des représentants les plus courants et les plus abondants de la famille des ursidés. Il s'est développé vraisemblablement au cours de la seconde glaciation du Quaternaire (Mindel) dans l'est de l'Asie, d'où il a pénétré en Europe pendant la période interglaciaire de Helstein. Il s'est répandu bien davantage à la période interglaciaire éémienne, puis à la fin de la glaciation de Würm où il a pris la place dans la faune européenne de l'ours des cavernes disparu. L'ours brun était et est toujours un hôte de la forêt, mais il a pénétré dans les toundras et autres régions contiguës de la forêt. C'est un omnivore comme le montrent les grandes molaires à surface bosselée : il se nourrit de tout ce qui se mange. Parmi les grands mammifères (rennes, cerfs et chevaux), il chasse plutôt les jeunes que les adultes. Il ne dédaigne pas les cadavres, mais il n'a pas une mâchoire qui lui permette d'écraser les gros os. Sa grande extension géographique est la preuve d'une grande plasticité. Dans le passé et encore actuellement, il a donné naissance à nombre de races géographiques (sous-espèces) et de formes locales se distinguant par la taille et la coloration. Jadis, beaucoup de ces formes ont été décrites comme des espèces distinctes (par exemple le grizzli américain actuel ou l'ours Taubach du Pléistocène). Actuellement, le nombre d'ours bruns diminue par suite de la chasse et plus encore du fait de la destruction par l'homme des forêts dans lesquelles ils vivent.

2 *Ursus arctos,* Holocène, Prague (Tchécoslovaquie). Crâne ; longueur totale : 38 cm. Ce crâne provient d'une couche de campement préhistorique et constitue de toute évidence un trophée de chasse.

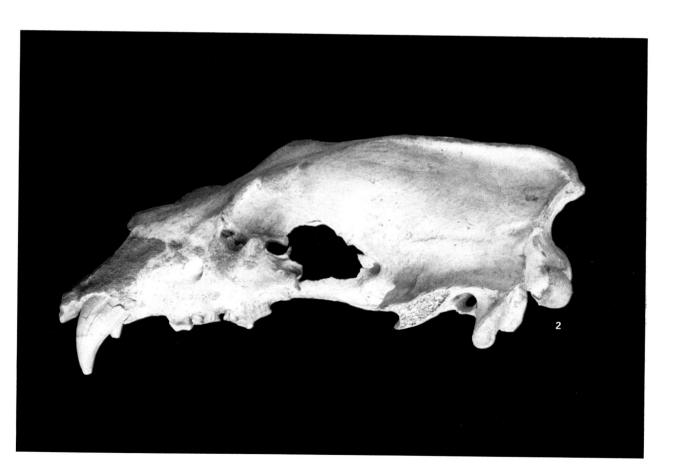

Mammifères : *Carnivores* (suite)

L'hyène des cavernes, *Crocuta spelaea* (Carnivora, Hyaenidae) (**4**), fait partie du trio connu des fauves de la fin du Pléistocène, avec le lion et l'ours des cavernes. Elle vient d'Asie et s'est répandue de la Chine à l'Europe occidentale. Extérieurement, elle ne se distingue guère de l'hyène tachetée d'Afrique *(Crocuta crocuta),* ce qui fait qu'on la considère parfois comme une sous-espèce *(C. c. spelaea).* Elle est peut-être plus grande et plus robuste, ce qui est courant chez les espèces et sous-espèces vivant dans un climat froid. Elle s'est répandue en Europe, avec la faune du mammouth, pendant la glaciation de Riss. C'était un animal errant dans les divers biotopes. Il semble qu'elle préférait les paysages ouverts parcourus par les troupeaux de grands ongulés. Elle se nourrissait de charognes et, à l'aide de sa puissante mâchoire, elle parvenait à écraser d'aussi gros os que ceux des membres du rhinocéros. On trouve très fréquemment des traces de morsures d'hyène sur toutes sortes d'os. L'hyène des cavernes s'est éteinte à la fin de la glaciation de Würm. On trouve souvent des os, des dents, des crânes ou des ensembles d'os d'hyène dans les sédiments des cavernes, mais aussi dans d'autres sédiments du Pléistocène (loess, sables fluviatiles, travertin, etc.).

Le glouton sibérien, *Gulo gulo* (Carnivora, Mustelidae) (**3**), est le plus grand des mustélidés : les gloutons actuels peuvent atteindre 1 mètre de long (y compris la queue). Il vit aujourd'hui surtout dans la taïga et la toundra arborée du nord de l'Europe, de l'Asie et de l'Amérique. Au Pléistocène, il occupait surtout la toundra et les steppes froides contiguës (steppes à loess). Dans le centre de l'Europe, les gloutons se sont répandus à la fin de la glaciation de Riss ; ils étaient communs dans toute l'Europe non envahie par les glaciers pendant la glaciation de Würm et ils ont pénétré jusqu'en Italie et dans les Balkans. Ce sont des animaux caractéristiques surtout pour les périodes de grandes variations climatiques froides. A la fin de la glaciation de Würm, les gloutons ont reculé devant l'extension des forêts vers le nord, mais dans le nord de l'Allemagne et au Danemark, ils se sont maintenus jusqu'au début de l'Holocène. Le glouton se déplace à grands sauts ; ce qui peut sembler comique mais qui, dans la neige profonde, représente une moindre fatigue pour l'animal. Les grands rongeurs (lemmings, lièvres), les petits carnassiers (renards), les oiseaux et les poissons constituent la principale nourriture des gloutons. L'animal est capable d'attaquer les petits des rennes et des cerfs. Sa puissante mâchoire lui permet d'écraser d'assez gros os. A la fin du Pléistocène, il est le rival du loup, mais il n'a jamais formé de meutes. On trouve ses restes surtout dans le loess et dans les cavernes.

3

4

1 *Gulo gulo**, Pléistocène (Würmien), Srbsko (Tchécoslovaquie). Mâchoire inférieure ; longueur totale : 10,5 cm. Provient de la même localité que la mâchoire de l'hyène des cavernes et son propriétaire a connu le même destin.

2 *Crocuta spelaea*, Pléistocène (Würmien), Srbsko (Tchécoslovaquie). Mâchoire inférieure ; longueur totale : 17,5 cm. Cette mâchoire provient d'une cheminée karstique dans laquelle une hyène maladroite est tombée et où elle est morte après sa chute (faune de Stürz).

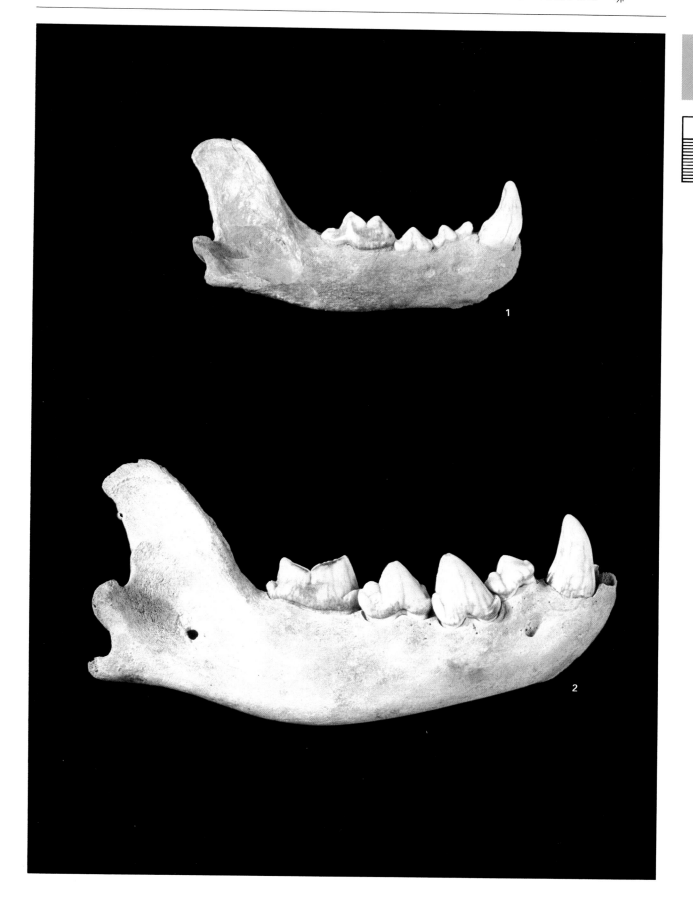

Mammifères : *Carnivores* (suite)

Le lion des cavernes, *Panthera spelaea* (Carnivora, Felidae) **(3)**, est le plus grand et le plus connu des félins de la période glaciaire européenne. Par ses dimensions, il dépasse souvent le lion africain actuel. D'après les gravures rupestres, les mâles n'avaient ni crinière, ni touffe au bout de la queue, comme le lion d'Afrique. Par contre, le lion des cavernes avait un pelage long et épais, semblable au pelage hivernal des tigres de l'Oussouri. Les lions des cavernes habitaient la steppe froide et, dans l'intervalle des glaciations, la steppe à buissons et les régions forestières. Ils chassaient surtout les chevaux ; les dessins des cavernes les montrent toujours en compagnie de chevaux (cf. les lions africains et les zèbres). Le lion africain vit en groupe, celui des cavernes était un solitaire. Les trouvailles d'os et de squelettes en témoignent et on ne le voit en groupe sur aucune gravure rupestre. L'appellation « lion des cavernes » lui a été attribuée après la découverte d'ossements dans les cavernes. Pourtant, il ne s'y tenait sans doute qu'exceptionnellement (peut-être en hiver ; l'hibernation n'est pas prouvée) ; la plupart du temps, il vivait au dehors. Les ossements des cavernes proviennent d'une part d'animaux qui ont trouvé refuge avant leur mort, d'autre part d'animaux qui y sont tombés accidentellement, n'ont pu en sortir et y sont morts. Le lion des cavernes est apparu en Europe à la fin de la période interglaciaire de Kromer, mais il n'y fut abondant qu'à partir de la glaciation de Riss. On le trouvait alors dans toute l'Europe. Il habitait principalement les steppes ouvertes, mais fréquentait aussi les forêts. Il s'est éteint à la fin de la glaciation de Würm.

Le loup, *Canis lupus* (Carnivora, Canidae), est vraisemblablement le descendant des canidés qui ont vécu en Europe à la fin du Pliocène et au début du Pléistocène. Au début du Pléistocène existait alors une forme plus petite décrite sous le nom de loup de Mosbach *(Canis lupus mosbachensis)*. Les vrais loups n'ont vécu qu'à partir de la glaciation de Riss et ils ont été abondants en Europe depuis la période interglaciaire d'Eem. Les loups actuels sont très tolérants quant au climat ; ils peuvent vivre dans les toundras, dans les forêts, dans la steppe et dans les régions semi-désertiques. D'après les découvertes paléontologiques, les loups du Pléistocène avaient la même répartition et le même genre de vie que les loups actuels. En été, les loups vivent en couple et se nourrissent de petits vertébrés, en particulier de rongeurs. En hiver, ils se groupent en meutes et chassent les grands mammifères (au Pléistocène, c'étaient surtout des rennes, des cerfs, des mégalocères et des chevaux). Après les glaciations, le nombre de loups s'est peu à peu réduit, surtout à cause de l'homme.

3

1 *Canis lupus,* Pléistocène (Würmien), Prague (Tchécoslovaquie). Mâchoire inférieure ; longueur totale : 15,5 cm. Cette mâchoire se trouvait dans les couches de loess qui se sont formées dans les steppes froides de la fin du Pléistocène.

2 *Panthera spelaea,* Pléistocène (Würmien), Srbsko (Tchécoslovaquie). Mâchoire inférieure ; longueur du fragment : 20 cm. Cette mâchoire appartient à un jeune lion des cavernes qui, sans doute en chassant une proie, est tombé dans une cheminée karstique.

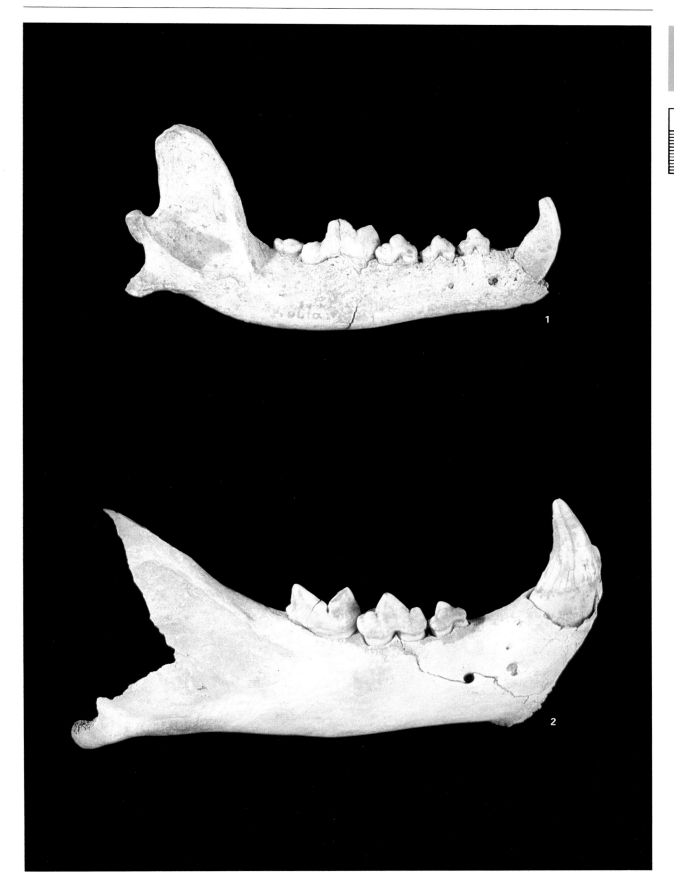

Mammifères (suite) : *Ongulés Périssodactyles*

Les Ongulés forment un groupe très hétérogène qui se compose de plusieurs lignées évolutives indépendantes. C'est pourquoi les systèmes zoologiques modernes les répartissent en plusieurs ordres. La caractéristique de tous les ongulés est que le dernier article du doigt n'est pas terminé par une griffe, mais par un sabot de forme variable. La formation du sabot est l'une des adaptations à un déplacement rapide, les ongulés étant en général de bons coureurs. Exclusivement herbivores, ils se groupaient souvent en grands troupeaux et l'on trouve plus souvent leurs ossements que ceux de la plupart des fauves solitaires. Les espèces qui vivaient en solitaires ou seulement en petits groupes « familiaux » atteignaient en général de grandes dimensions et leurs restes avaient plus de chance d'être fossilisés. Néanmoins, les trouvailles de squelettes entiers sont exceptionnelles, la plupart des découvertes ne concernent que des os isolés. Les groupes les plus intéressants pour le collectionneur sont les chevaux, les rhinocéros, les éléphants et les grands ongulés artiodactyles.

L'évolution des Equidés est un modèle classique de l'évolution phylogénétique des vertébrés. C'est aussi l'exemple d'une conception déformée de l'évolution des embranchements. Sans s'en rendre compte, on considère l'évolution des ordres d'après notre connaissance des espèces actuelles, qui représenteraient la raison d'être et l'aboutissement de toute l'évolution. En réalité cette évolution des formes et des groupes a été beaucoup plus complexe et variée. En dehors de la ligne d'évolution bien connue des chevaux « *Eohippus-Equus* », il existe des lignes parallèles d'évolution des équidés, regroupant des formes légères et lourdes.

Palaeotherium (Perissodactyla, Palaeotheriidae) (**2**), fait partie des formes lourdes des ancêtres du cheval. Par sa taille et son aspect, il évoque le tapir : un cou fort, des membres à trois doigts, des doigts à petits sabots s'écartant latéralement. Les reconstitutions anciennes lui attribuaient une petite trompe comme celle du tapir ; d'après les dernières reconstitutions, il n'en possédait pas. Les *Palaeotherium* sont les descendants des *Eohippus (= Hyracotherium)* du nord de l'Amérique, passés en Europe à l'Eocène inférieur. Il était spécialisé non pas pour la vie dans les steppes, mais pour la vie dans les forêts boueuses. Il s'est éteint à l'Oligocène inférieur, sans doute refoulé par les tapirs. Les trouvailles de grands ensembles d'ossements sont rares ; dans les bassins de lignite, on ne trouve que des fragments d'os ou des dents.

1 *Palaeotherium magnum**, Paléogène (Eocène), Débruge (France). Fragment de mâchoire supérieure ; longueur du fragment : 23 cm. Cette mâchoire a été trouvée au cours de l'extraction de lignite ; la matière organique a été dans une grande mesure carbonisée.

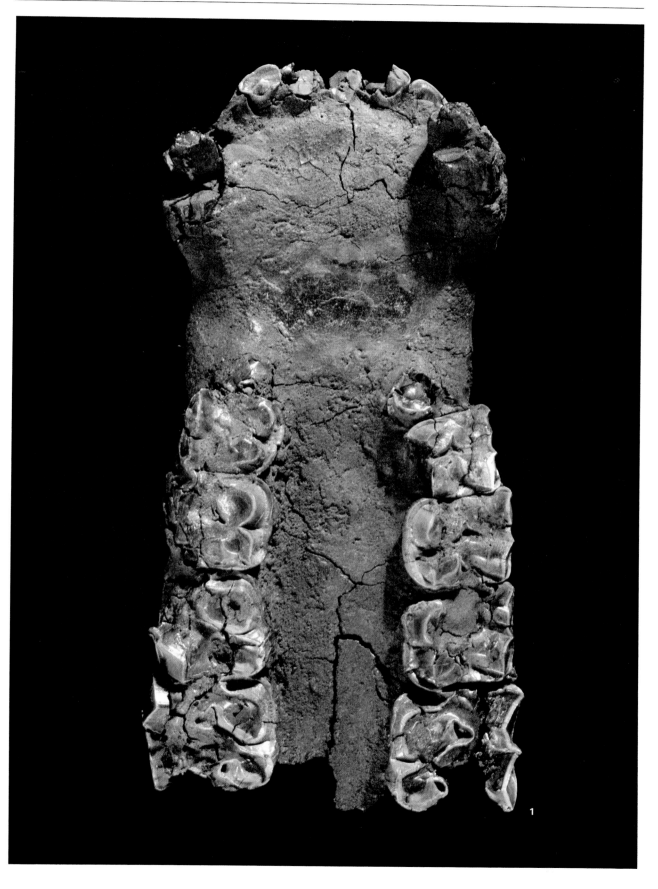

Mammifères : *Ongulés Périssodactyles* (suite)

En Europe, au Pléistocène, vivaient beaucoup d'espèces de chevaux du genre *Equus* (Perissodactyla, Equidae). Leurs relations, du point de vue de l'évolution, et leur position systématique ne sont pas toujours très claires. Il se produisait souvent des convergences morphologiques entre espèces sans parenté directe, ce qui signifiait qu'une nouvelle espèce adoptait le genre de vie et l'aspect extérieur de celle qui l'avait précédée (dans le temps et non dans l'évolution). Sous l'influence des modifications climatiques, les espèces donnaient naissance à de nombreuses races et formes adaptées aux conditions géographiques et climatiques.

A partir de la glaciation de Riss, le cheval du loess, *Equus germanicus*, a commencé à se répandre dans toute l'Europe. Il doit son nom aux fréquentes découvertes qui en ont été faites dans ce sédiment. C'était un cheval léger, de taille moyenne, à tête ronde, qui rappelle par son aspect le cheval de Prjevalski. On connaît même la couleur de sa robe que l'on a trouvée sur les peintures rupestres. Ce cheval vivait en grands troupeaux, un peu à la manière des zèbres actuels. Il habitait surtout les steppes froides où se sont déposées les couches de loess. Il occupait aussi parfois les forêts feuillues de la période interglaciaire éémienne. Les énormes troupeaux de chevaux du loess constituaient une réserve de nourriture non seulement pour les grands fauves du Pléistocène (lions et hyènes des cavernes), mais aussi pour les hommes du Paléolithique. Le cheval du loess disparaît à la fin de la glaciation de

1 *Equus germanicus,* Pléistocène (Würmien), Prague (Tchécoslovaquie). Dents de la mâchoire supérieure : longueur de la rangée de dents : 18 cm. Proviennent d'un loess exploité pour la fabrication de briques.

2 *Equus germanicus,* Pléistocène (Würmien), Srbsko (Tchécoslovaquie). Membre antérieur ; longueur de l'os (phalange 1) : 8,5 cm. Le membre antérieur provient d'une cheminée karstique où l'animal a dû tomber en tentant d'échapper à un fauve.

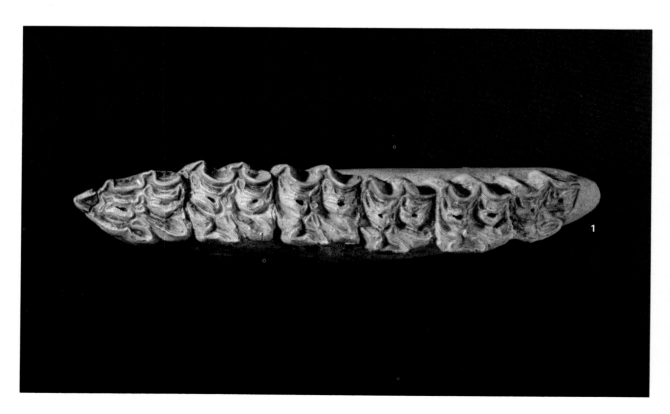

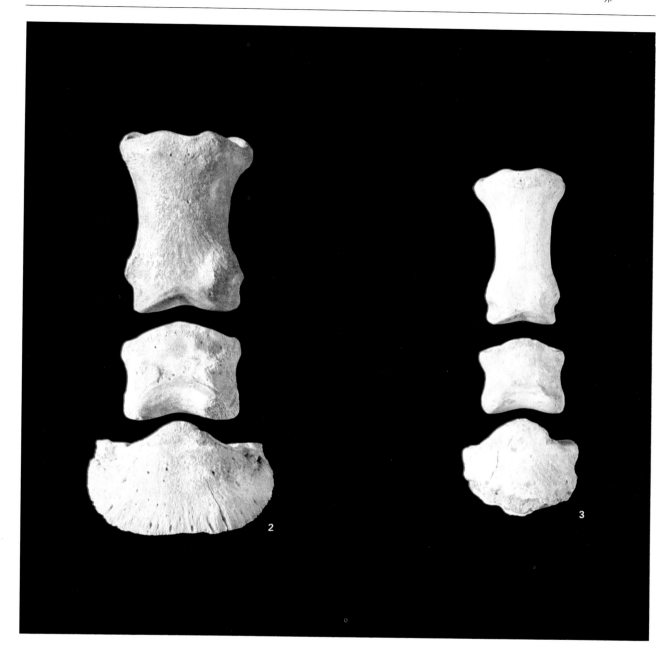

3 *Equus hemionus,* Pléistocène (Würmien), Korno (Tchécoslovaquie). Membre antérieur ; longueur de l'os (phalange 1) : 7,5 cm. Les os proviennent de sédiments cavernicoles du début du Würmien.

Würm. Le rôle qu'il a joué dans l'histoire de la domestication du cheval en Europe n'est pas clair.

Les ânes, *Equus hemionus* (**4**), vivent actuellement en Asie, depuis la mer Noire jusqu'à la Mongolie. On les trouve dans les steppes sèches et les régions semi-désertiques. Ils sont caractérisés par une petite taille et des membres longs et minces. En Europe, ils n'ont été au Pléistocène que des hôtes occasionnels. Ils y ont vécu au début des glaciations de Riss et de Würm, périodes de sécheresse (mais non encore de refroidissement) où commençait à s'étendre en Europe la steppe sèche mais encore relativement chaude (non pas la steppe à loess). Après un court séjour, les ânes se repliaient toujours vers les régions asiatiques où les avaient entraînés les fauves.

Mammifères : *Ongulés Périssodactyles* (suite)

Les rhinocéros étaient un élément important de la faune des mammifères européens du Pléistocène ; ils sont totalement absents dans la faune de l'Holocène. Leurs os robustes et lourds se sont assez bien conservés dans les divers sédiments du Pléistocène et constituent un bon fossile caractéristique de la période considérée. Les diverses espèces de rhinocéros se sont spécialisées dans la vie en types de milieux différents depuis les forêts vierges chaudes jusqu'aux steppes froides et toundras, de sorte qu'ils constituent en même temps des témoins des conditions naturelles de leur époque.

Le rhinocéros de Kirchberg, *Dicerorhinus kirchbergensis* (Perissodactyla, Rhinocerotidae) (3), est souvent décrit sous le nom de rhinocéros de Merck. C'est un animal caractéristique des dernières périodes interglaciaires européennes. Certains chercheurs le considèrent comme un descendant du rhinocéros étrusque *(Dicerorhinus etruscus),* d'autres n'y voient qu'un successeur de cette espèce, sans relations phylogénétiques (convergence). Jusqu'à présent on n'a malheureusement pas trouvé de squelette complet de rhinocéros de Merck et beaucoup de questions litigieuses restent sans solution. Le rhinocéros de Merck habitait les forêts feuillues et les savanes. Il était répandu principalement en Europe occidentale et dans la partie ouest de l'Europe centrale. Il était

3

1 *Dicerorhinus kirchbergensis*,* Pléistocène (Eémien), Prague (Tchécoslovaquie). Molaires supérieures : longueur de la rangée de dents : 16 cm. La racine des molaires, à la différence du rhinocéros velu, est presque perpendiculaire à la cavité buccale.

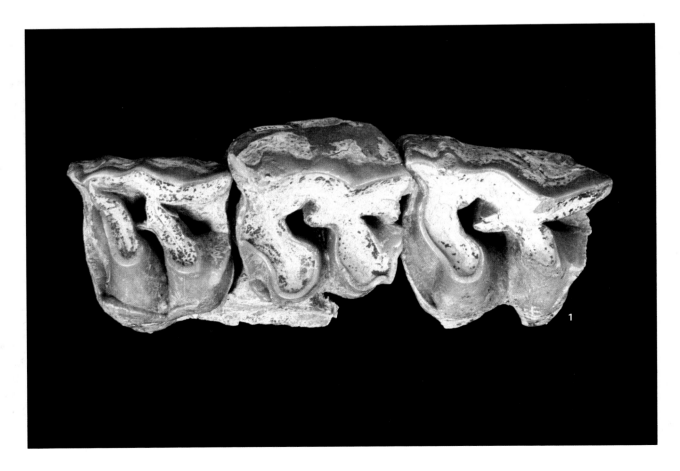

Q

2

2 *Coelondonta antiquitatis**, Pléistocène (Würmien), Letky (Tchécoslovaquie). Molaires supérieures : longueur de la rangée de dents : 23 cm. La racine des molaires va très obliquement vers l'arrière.

4

de plus en plus rare vers l'ouest dans les régions plus sèches à climat continental. Il était chassé par l'homme du Paléolithique ancien. En Europe centrale, il s'est éteint à la fin de la période interglaciaire de l'Eémien ; en Espagne, il a survécu jusqu'au début de la glaciation de Würm.

On imagine le rhinocéros velu, *Coelodonta antiquitatis* (Perissodactyla, Rhinocerotidae) (**4**), comme le fidèle compagnon du mammouth. Bien qu'il soit caractéristique des dernières glaciations européennes, il n'est pas né en Europe. Il faut chercher ses ancêtres chez les rhinocéros Nihovan de Chine, du début du Pléistocène. Ces rhinocéros asiatiques sont passés en Sibérie, s'y sont probablement adaptés au climat froid, et sont arrivés en Europe comme des animaux des pays froids. Ils ont occupé les steppes froides de toute l'Europe et, au maximum des dernières glaciations, ils sont descendus jusqu'à la Méditerranée. Le rhinocéros velu était un herbivore typique et fréquentait particulièrement les steppes froides (glaciations de Riss et de Würm). Il ne vivait pas en troupeaux mais en solitaire ou en petits groupes familiaux qui parcouraient la campagne comme le font les rhinocéros africains actuels. Il s'est sans doute éteint à la fin de la glaciation de Würm en Europe ou bien a suivi vers le nord-est le retrait des glaciers. Il est possible que de petits troupeaux aient vécu en Sibérie plus longtemps qu'en Europe. Les découvertes d'os et de dents sont fréquentes, principalement dans les loess, les dépôts fluviaux et les cavernes.

Mammifères (suite) : *Proboscidiens*

Les proboscidiens sont des mammifères dont l'histoire est riche et intéressante. A la fin du Tertiaire et au Quaternaire, ils ont occupé tous les continents sauf l'Australie, depuis la zone tropicale jusqu'aux régions très froides, depuis les plaines jusqu'aux grandes montagnes. Il faut chercher le début de leur évolution en Afrique et en Egypte et, dès le début, on peut observer nombre de tendances évolutives aberrantes. Ceux du genre *Moeritherium,* par exemple, vivaient dans l'eau comme les hippopotames actuels. Les mastodontes constituent le groupe de proboscidiens « classiques ». Leurs incisives se sont peu à peu transformées en courtes défenses, leurs molaires avaient à l'origine quatre tubercules, mais leur nombre s'est progressivement accru. Le cou était court, une trompe se développait.

Trilophodon angustidens (Proboscidea, Trilophodontidae) (3), était assez primitif. Les défenses développées sur les deux mâchoires étaient relativement courtes. La symphyse de la mâchoire inférieure s'allongeait en forme de pelle et la courte trompe ne pendait pas par-dessus comme chez les vrais éléphants mais reposait sur elle (un peu comme chez les tapirs). *Trilophodon* était répandu principalement en Europe occidentale où il vivait près des lacs, dans les régions boisées sèches, certaines espèces voisines habitant les marécages comme les tapirs. Un squelette complet de *Trilophodon* provient de la localité française de Sansan (il est exposé au Muséum d'Histoire naturelle de Paris) ; le plus souvent, on ne trouve que des dents isolées ou des fragments de défenses.

Les *Deinotherium* (Proboscidea, Deinotheriidae) (4), constituent une voie particulière de l'évolution se terminant en impasse. Extérieurement, ils ne se distinguent pas beaucoup des vrais éléphants, seul le crâne était plus bas et plus plat. Le caracère remarquable est la symphyse de la mâchoire inférieure qui se recourbe obliquement vers le bas et qui porte une paire de courtes et solides défenses s'enroulant un peu vers l'arrière. Les molaires rappellent les dents des tapirs ou des mastodontes primitifs, ce qui montre que la singularisation de cette lignée s'est produite très tôt. Le *Deinotherium* était répandu principalement dans l'ouest et le centre de l'Europe où il habitait les forêts vierges humides riches en végétation et se nourrissait de feuilles et de pousses d'arbres. En témoignent la forme des dents, la forme caractéristique des défenses inférieures (adaptées à retenir les branches), la courte trompe, les membres longs, et indirectement la tendance à l'accroissement de la taille. Avec une certaine exagération, on peut dire que les *Deinotherium* sont des « girafes à trompe ». Les restes de *Deinotherium,* le plus souvent des dents ou des fragments de défenses, proviennent de la fin du Tertiaire. Il est rare de trouver des os ou des ensembles d'os.

3

4

1 *Deinotherium giganteum*,* Néogène (Pliocène supérieur), Eppelsheim (RFA). Molaire supérieure (M 2) ; dimension de la couronne : 8,5 × 8,5 cm. Les petits tubercules des dents fusionnent en barres. A l'exception de la première molaire inférieure (M 1) qui a trois barres, les autres n'en ont que deux.

2 *Trilophodon angustidens*,* Néogène (Miocène supérieur), Sansan (France). Molaire inférieure (M 3) ; dimensions de la couronne : 13,5 × 6 cm. Les tubercules des molaires des mastodontes sont souvent multipliées, ne fusionnent pas en lamelles et sont relativement libres.

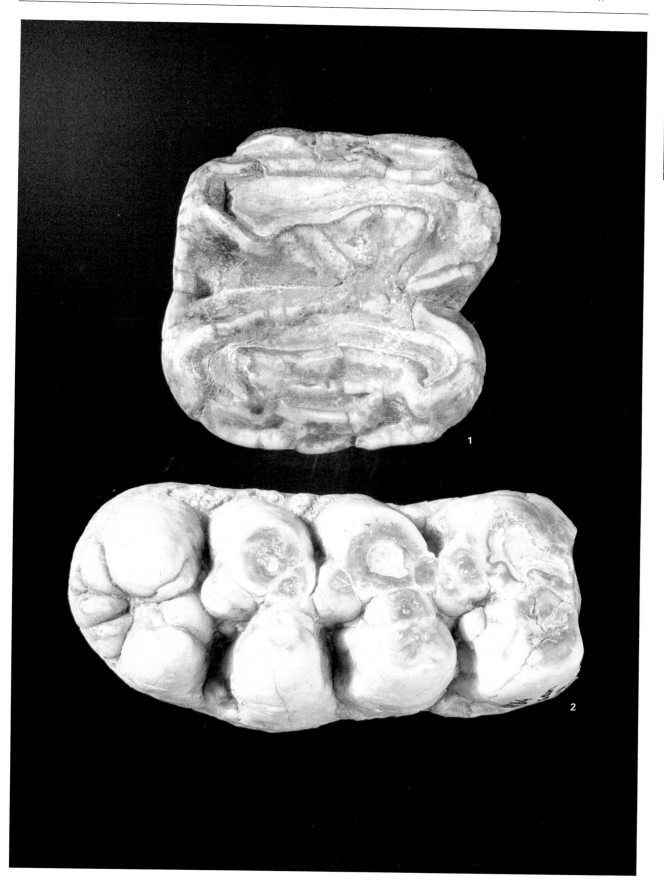

Mammifères (suite) : *Proboscidiens*

L'éléphant vrai représente le sommet de l'évolution des proboscidiens. Il est apparu dans la faune européenne aux débuts du Pléistocène et a donné naissance à nombre de formes intéressantes et stratigraphiquement importantes. Les défenses sont relativement longues et ne se trouvent qu'à la mâchoire supérieure. Les tubercules des dents se transforment en étroites lamelles plates dont le nombre augmente beaucoup (jusqu'à 27 chez le mammouth).

L'éléphant des forêts, *Palaeoloxodon antiquus* (Proboscidea, Elephantidae) (3), a vécu aux périodes chaudes du Pléistocène européen. On pense en général qu'il descend, au début du Pléistocène, de l'éléphant méridional *Archidiskodon meridionalis,* en tant que lignée adaptée au climat chaud. Plus grand que le mammouth, sa tête était petite par rapport à son corps et portait de puissantes défenses étroites, légèrement courbées à l'extrémité. Ses membres étaient longs, il habitait les steppes arborées et les forêts de feuillus, mais s'aventurait jusqu'aux forêts de conifères de la zone tempérée. Il est caractéristique des périodes interglaciaires européennes récentes (à commencer par la période de Kromer) : le refroidissement l'a fait reculer d'Europe centrale vers le sud et il est remplacé par le mammouth. A la fin de l'Eémien, il est parvenu dans le bassin méditerranéen et ses derniers représentants se sont éteints à la fin de la glaciation de Würm, en Espagne. A l'Eémien, il a été souvent traqué par les chasseurs préhistoriques. Ceux-ci le guettaient habituellement près des cascades de travertin où les animaux allaient boire. C'est pourquoi de nombreuses découvertes proviennent de ces travertins d'Europe centrale. On a trouvé beaucoup d'os et de dents isolés ; de squelettes complets, peu.

Les mammouths, tels que *Mammuthus primigenius* (4), sont certainement les animaux les plus connus du Pléistocène européen. Ils se sont adaptés à la vie dans les steppes froides. Cette adaptation se manifeste par la réduction des pavillons de l'oreille, par la formation d'un pelage épais et d'une bosse à graisse. Les chasseurs paléolithiques traquaient souvent le mammouth et le représentaient par des peintures, des gravures et des statuettes. Ces oeuvres d'art et la découverte en Sibérie de momies de mammouths ont permis d'avoir une représentation précise de l'aspect extérieur de l'animal.

Les mammouths ont vécu dans toute l'Europe (en dehors des régions recouvertes par les glaciers continentaux). Aux périodes des plus grandes glaciations, ils sont descendus jusqu'au sud de l'Europe pour remonter vers le nord aux périodes interglaciaires et interstadiales. A la fin de la glaciation de Würm, les mammouths ont suivi vers le nord-est les glaciers en voie de disparition. Les derniers mammouths se sont éteints au début de l'Holocène en Sibérie. Les chasseurs du Paléolithique ne sont pas responsables de leur extinction. Les mamouths étaient adaptés à la vie dans la steppe froide et quand cette formation a disparu, à la fin de la glaciation de Würm (remplacée progressivement par des forêts), les mammouths on également disparu. Les découvertes d'os, de dents et de défenses de mammouths sont fréquentes, surtout dans les loess et les sédiments fluviatiles. Le dégagement des défenses est techniquement assez difficile car elles s'émiettent souvent.

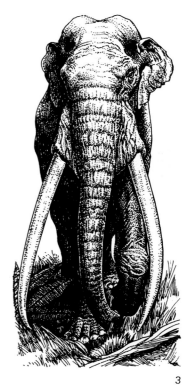

3

1 *Palaeoloxodon antiquus,* Pléistocène moyen, Italie du Nord. Molaire inférieure (M1) ; longueur de la surface masticatoire : 16 cm. En comparaison avec la même molaire de mammouth, on remarque le large écartement des lamelles de la dent.

2 *Mammuthus primigenius*∗, Pléistocène récent (Würmien), Věstonice (Tchécoslovaquie). Molaire inférieure (M1) ; longueur de la surface masticatoire : 11 cm. Les lamelles de la dent sont très serrées.

4

Mammifères (suite) : *Ongulés Artiodactyles*

Les cervidés sont limités géographiquement à l'Europe, l'Asie et le nord de l'Afrique. Une exception est celle du cerf wapiti qui a pénétré au Pléistocène d'Asie en Amérique du Nord où il vit encore actuellement. Le centre de l'apparition des cervidés est vraisemblablement l'Asie où ils se sont différenciés, au début de l'Oligocène, à partir d'ancêtres communs avec les girafidés primitifs. La caractéristique des cervidés, ce sont les bois, qu'à l'exception des rennes, portent seulement les mâles.

Palaeomeryx kaupi (Artiodactyla, Cervidae) (**4**), est l'un des plus anciens cervidés. Il est voisin du muntjac *(Muntiacus)* et vient d'une lignée qui a également donné naissance au chevreuil *(Capreolus)*. Ni le mâle ni la femelle ne portaient de bois mais avaient de longues canines en sabre qui sortaient de leur gueule. Un caractère remarquable de la denture de toutes les espèces du genre *Palaeomeryx* est ce que l'on appelle la ride paléoméryxienne, petit pli de l'émail sur le côté interne

4

1 *Dicrocerus furcatus,* Néogène (Miocène), Steinheim (RFA). Fragment de mâchoire supérieure gauche avec des dents (P⁴ M²) ; longueur de la dent centrale (M¹) : 12 × 12 mm.

2 *Palaeomeryx kaupi,* Néogène (Miocène), Tuchoměřice (Tchécoslovaquie). Molaire supérieure (M¹) ; dimension de la couronne : 14 × 38 mm. La ride paléoméryxienne est visible sur le bord inférieur de la dent entre les barres antérieure et postérieure.

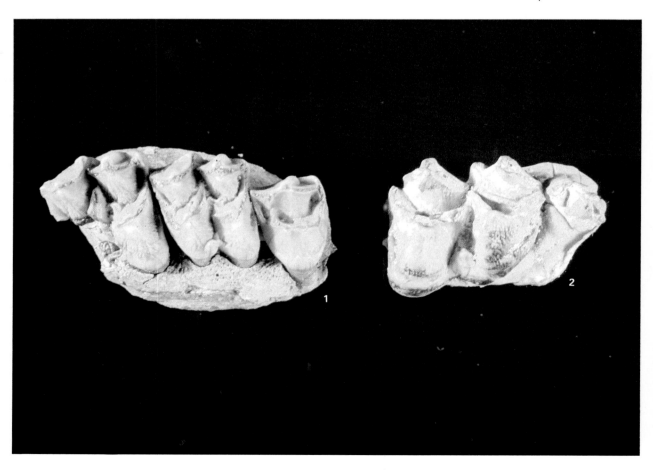

(lingual) de la molaire, entre les barres antérieure et postérieure de la couronne. Les *Palaeomeryx* vivaient dans le centre et l'ouest de l'Europe. Ils habitaient les forêts humides et marécageuses. On en trouve la preuve dans leurs sabots qui s'étalent en éventail afin que l'animal ne s'enfonce pas dans le sol mou et vaseux. Ces animaux se sont éteints à la fin du Miocène. On trouve leurs restes dans les sédiments lacustres des bassins de lignite, dans les tufs ou les travertins.

Dicrocerus furcatus (**5**) est un petit cerf voisin du munjac et premier cervidé à porter des bois. Ceux-ci étaient encore assez primitifs, à deux branches, sans andouillers. Extérieurement les *Dicrocerus* ressemblaient beaucoup au *Palaeomeryx* ou (par les bois) aux chevreuils. Ils sont arrivés en Europe, venant probablement d'Asie, et ont habité les forêts des zones climatiques tempérées. Ce sont des animaux typiques du Miocène qui se sont éteints sans descendance à la fin du Pliocène. On trouve leurs ossements et leurs dents dans les mêmes sédiments que les restes des *Palaeomeryx.*

5

3 *Dicrocerus furcatus,* Néogène (Miocène), Steinheim (RFA). Bois ; longueur totale : 14 cm. On remarque le processus osseux élévé qui grandit en même temps que l'animal, le nombre d'andouillers demeurant le même.

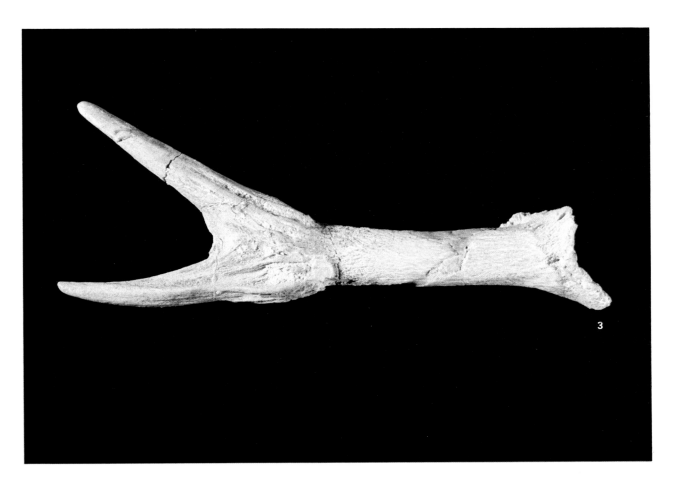

3

Mammifères : *Ongulés Artiodactyles* (suite)

Le cerf des bois, *Cervus elaphus* (Artiodactyla, Cervidae), est géologiquement le plus jeune des cerfs. On pense qu'à la fin du Pléistocène ancien il s'est développé à partir du cerf sans couronne *(Cervus acoronatus)* qui vivait en Europe, dans la période interglaciaire de Cromer. L'évolution des bois du cerf s'achève par la formation au sommet d'une couronne de trois andouillers partant du même point. On trouve les plus anciens « cerfs à couronne » pendant la glaciation de Mindel et la période interglaciaire d'Holstein. C'étaient des animaux de forêts relativement chaudes d'Europe et d'Asie. Leur variabilité est remarquable. On a décrit, d'après leurs dimensions et d'après la forme des bois, un grand nombre de races locales ou limitées dans le temps, de sous-espèces ou d'espèces dont la validité est parfois contestable. Dans de nombreuses îles, les cerfs ont même donné naissance à des formes naines. Dans le centre et l'ouest de l'Europe, le cerf a été abondant à la période inter-glaciaire éémienne et pendant la glaciation de Würm. Il ne se distingue pratiquement pas des formes actuelles. A l'Holocène, il est devenu une composante durable de la faune des forêts européennes. On trouve ses restes dans les sédiments divers des périodes chaudes de la fin du Pléistocène et dans les habitats préhistoriques.

Le renne fait partie des animaux typiques de la steppe froide et des toundras du début des glaciations. Il est apparu en Europe à la fin de la glaciation de Günz, mais il ne fut abondant qu'à la glaciation de Würm. Son origine phylogénétique n'est pas claire. Le renne est arrivé en Europe comme élément achevé de la faune arctique. On ne peut pas dire pour le moment d'où et quand date son adaptation. La systématique du renne est complexe et peu claire. Chez le renne actuel, on distingue de nombreuses sous-espèces et formes locales. Les caractères distinctifs principaux sont la couleur de la robe et la forme des bois. Ceci est difficile à utiliser dans la détermination des rennes fossiles alors que l'on ne dispose en général que de quelques os ou fragments de bois. Après de nombreuses discussions, on considère que les rennes européens du Pléistocène font partie de l'espèce du nord de l'Europe : le renne polaire, *Rangifer tarandus.* Les rennes se sont répandus dans toute l'Europe, à l'exception des régions recouvertes par les glaciers continentaux. En général, ils évitaient les forêts. Le développement des forêts de la zone tempérée au début de l'Holocène les a repoussés progressivement vers le Nord et, actuellement, il n'existe que des restes d'une espèce jadis abondante, et seulement en Scandinavie. Les vestiges de rennes sont abondants dans tous les sédiments mais surtout dans ceux de la fin du Pléistocène.

1 *Cervus elaphus,* début de l'Holocène, Prague (Tchécoslovaquie). Bois ; longueur du fragment : 53 cm. Les caractéristiques des bois du cerf sont le crénelage longitudinal et la rosette bien développée à la base. La couronne est absente sur le fragment représenté.

2 *Rangifer tarandus,* Pléistocène (Würmien), Prague (Tchécoslovaquie). Bois ; longueur du fragment : 56 cm. Les caractéristiques du bois de renne sont une surface lisse, une section ovale et une rosette peu développée. L'élargissement qui remplace la couronne des bois du cerf n'a pas été conservée sur l'illustration.

496

Q

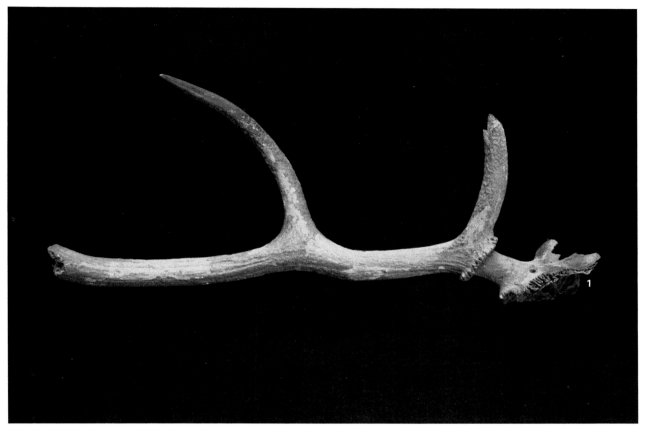

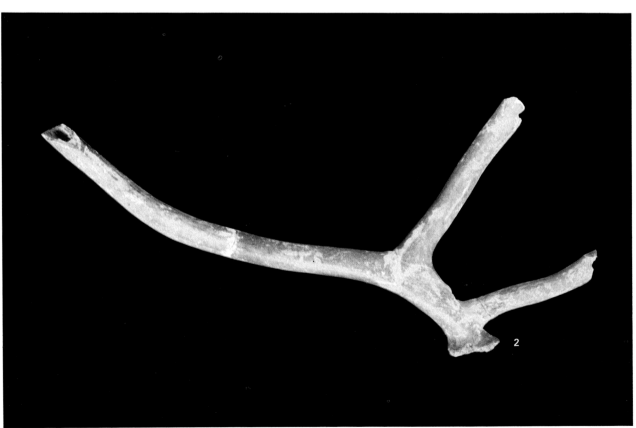

 **Vertébrés**

Mammifères : *Ongulés Artiodactyles* (suite)

Le cerf géant, *Megaloceros giganteus* (3), n'appartient ni aux vrais cerfs, ni aux élans, ni aux daims. C'est une forme spéciale de cervidé des steppes qui s'est développée à partir de certains grands cerfs des débuts du Pléistocène et dont les bois ont une forme particulière. Au cours de l'évolution, les dimensions se sont accrues, et en particulier celles de ses bois. Les plus grands bois découverts à ce jour mesurent 3,70 m d'envergure. De tels bois ne leur permettant pas de vivre dans les forêts, ils vivaient donc dans les steppes froides et les toundras européennes. Ils portaient la tête et le cou horizontalement, comme le renne. Ils ne formaient pas de troupeaux et vivaient en solitaires comme l'élan. Ils se sont éteints à la fin de la glaciation de Würm, sauf en Irlande où ils se sont maintenus jusqu'au début de l'Holocène. La présence de ces animaux en Europe aux temps protohistoriques et leur identité avec le « schelk » de la Chanson des Nibelungen ne sont pas entièrement établies. Les

1 *Megaloceros giganteus*∗, Pléistocène, Dolja (Yougoslavie). Bois de droite ; longueur du fragment : 80 cm. Le bois est crénelé comme un bois de cerf (la fossilisation peut quelquefois effacer ce crénelage) mais sa section est elliptique comme celle du bois de renne.

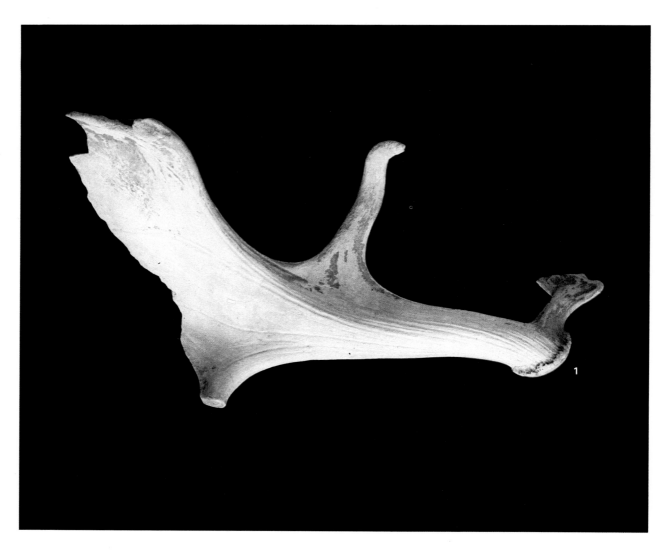

2 *Capra ibex,* Pléistocène (Würmien), Radotín (Tchécoslovaquie). Crâne ; longueur des étuis cornés : 23 cm. Par rapport aux chèvres et aux moutons, les bouquetins ont des étuis cornés puissants ; le squelette post-crânien est également beaucoup plus robuste.

Q

squelettes plus ou moins complets proviennent des tourbières irlandaises ; ailleurs on ne trouve que des os isolés ou des fragments de bois (en particulier dans les loess).

Certains ossements du Pléistocène ancien sont attribué aux bouquetins mais l'histoire des bouquetins ne commence qu'à la glaciation de Riss. Des fragments de crânes aux étuis cornés peu divergents proviennent de cette époque ; ils ont été trouvés dans les cailloux et les sables de la rivière Saal, près de Camburg (RDA). La découverte a été décrite sous l'appellation *Capra camburgensis* et est considérée comme la forme originelle des bouquetins de la fin du Pléistocène. Les bouquetins d'Europe étaient des animaux des steppes de montagne partiellement boisées. Au moment des glaciations, ils descendaient des hauts plateaux dans les canyons des vallées fluviales et remontaient vers des altitudes supérieures aux périodes de réchauffement. Ainsi sont nées des populations à nombreuses formes locales isolées (dans les Pyrénées, les Alpes, les Carpates, etc.). Les bouquetins ont occupé au cours du Pléistocène récent toutes les montagnes jeunes du centre et du sud de l'Europe et ils ont pénétré, à travers la Transylvanie, jusqu'en Crimée et en Palestine. Au Paléolithique, ils étaient, en de nombreux endroits, le gibier préféré de l'homme. On trouve les os de bouquetins dans les sédiments fluviatiles, dans les camps de chasseurs ou, apportés par les fauves, dans les sédiments des cavernes.

 **Vertébrés**

Mammifères : *Ongulés Artiodactyles* (suite)

Les vrais « taureaux » (sous-famille des Bovinés) sont, du point de vue phylogénétique, un groupe très jeune. Bien que le début de leur évolution se trouve au Tertiaire récent, ce n'est qu'au Pléistocène que se sont formés les genres actuellement existants. Les espèces récentes ne viennent dans l'ensemble que de l'Holocène. Deux genres : le bison *(Bison)* et le taureau *(Bos)* occupent une place importante dans les sociétés de mammifères européens du Quaternaire.

Le bison primitif, *Bison priscus* (3), est apparu dans l'ouest et le centre de l'Europe pendant la glaciation de Mindel. C'était un grand et puissant animal mesurant jusqu'à 2 mètres de haut au garrot. Les grandes cornes en demi-lune mesuraient jusqu'à 1,20 m d'envergure. La période du plus grand épanouissement du bison primitif se place dans la glaciation de Riss ; il a formé alors beaucoup de races locales, présentées parfois comme des sous-espèces. Dans la période interglaciaire éémienne et dans la glaciation de Würm, il a connu sa plus grande extension géographique et il a pénétré à partir des steppes dans les régions de steppes boisées contiguës. A la fin du Paléolithique, il constituait une proie recherchée par les chasseurs et il reste de cette époque de nombreuses peintures rupestres (par exemple à Altamira), des gravures, des statuettes, etc. A la fin de la glaciation de Würm, l'extension des forêts aux dépens de la steppe a provoqué l'extinction du bison primitif

3

1 *Bison priscus,* Pléistocène (Würmien), Prague (Tchécoslovaquie). Longueur du crâne (sans les cornes) : 60 cm. Par rapport au crâne d'aurochs, il est beaucoup plus large, les orbites sont plus hautes, les étuis cornés sont légèrement courbés sans torsion.

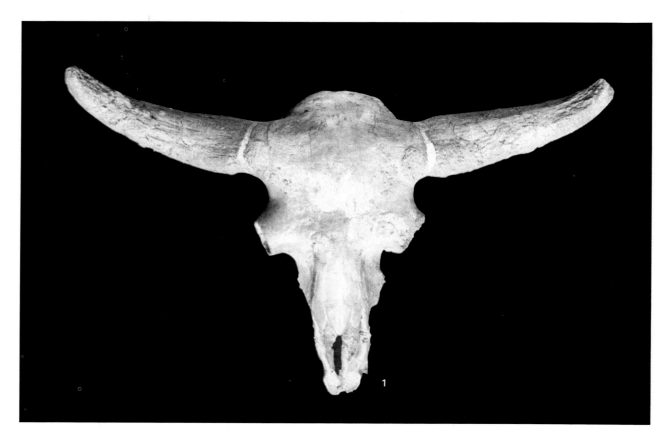

2 *Bos primigenius,* Holocène, Da-šice (Tchécoslovaquie). Crâne ; longueur totale : 66 cm ; et étui corné de l'Holocène ancien, Dreve-nik (Tchécoslovaquie). Par rapport au crâne du bison, celui-ci est étroit, les orbites sont peu élevées, les étuis cornés ont une torsion marquée.

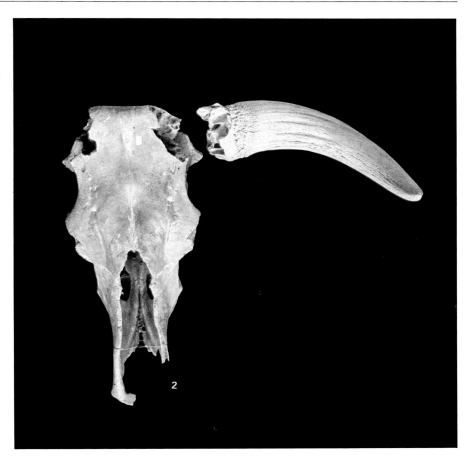

Q

qui fut remplacé dans les associations forestières par le bison européen *(Bison bonasus).* On trouve assez souvent des restes de bisons dans les loess, les sédiments fluviaux, dans les cavernes et dans les habitats humains, mais dans la plupart des cas il ne s'agit que d'os isolés ou de simples fragments.

L'aurochs européen, *Bos primigenius* (**4**), est voisin des zébus du sud-est de l'Asie (Siwalik, en Inde). Il a pénétré en Europe au début de la période interglaciaire de Holstein. Il avait une stature plus puissante que les boeufs actuels et, dans certains cas, il était plus puissant que le bison. La caractéristique des aurochs est l'enroulement des cornes (vers le côté, en l'air, en avant). Les aurochs habitaient à l'origine les forêts vierges humides mais, à partir de la période interglaciaire d'Eem, ils ont vécu également dans les forêts riveraines. Pendant la glaciation de Würm, ils se sont adaptés, dans l'ouest et le centre de l'Europe, à la vie dans les forêts de climat froid et ont pénétré même dans les toundras. Les découvertes d'aurochs de l'Holocène proviennent principalement des tourbières et des sédiments des anciens bras de cours d'eau recouverts de forêts, ce qui signifie que les aurochs revenaient dans leurs biotopes originels. Les aurochs ont vécu en Europe jusqu'au XVIIe siècle et l'homme est le principal responsable de leur disparition. Toutefois la chasse n'a pas joué le rôle principal (elle était assez onéreuse et dangereuse), mais plutôt la transformation des forêts autour des rivières en terres cultivées.

Paléobiologie : *Traumatismes*

La paléontologie n'étudie pas seulement les restes organiques, elle s'intéresse aussi aux traces d'activité de ces organismes. Chez les animaux, dont les parties molles sont peu fossilisables, ces traces sont souvent le seul document attestant leur existence.

En paléobiologie, la paléopathologie s'occupe notamment des modifications osseuses accidentelles. Ce sont principalement les fractures et les traces de maladies. On a reconnu des fractures d'os chez les poissons les plus anciens, chez les amphibiens, les reptiles, les oiseaux et les mammifères. On connaît toutes sortes de cas, depuis la fracture simple jusqu'à la fracture compliquée avec déplacement des parties cassées. La fracture guérissait, quand elle n'était pas la cause directe de la mort de l'individu ; ou bien les os se soudaient ou bien un cal se formait.

Les traces de maladies sont aussi intéressantes que les fractures. Il s'agit de diverses maladies qui ont touché soit l'os, soit les parties molles autour de l'os. Certaines modifications pathologiques proviennent de l'accroissement fonctionnel du poids des os, ou bien de la vieillesse de l'individu. Les animaux souffraient de spondylose (excroissances sur le corps des vertèbres) ou d'arthrose (excroissances sur les articulations). Les modifications pathologiques (déformations) de la forme des os, en particulier ceux des membres ou de la colonne vertébrale, réduisaient l'animal et amenaient très souvent, directement ou indirectement, sa disparition. On découvre souvent, sur les os fossiles des vertébrés, diverses traces laissées par des dents. Quand il s'agit de dents de carnivores, elles résultent le plus souvent de la capture de l'animal. Des traces caractéristiques sont laissées par les rongeurs pour lesquels les os étaient une source de calcium. On a parfois confondu des os attaqués par les rongeurs avec des créations humaines (artefacts).

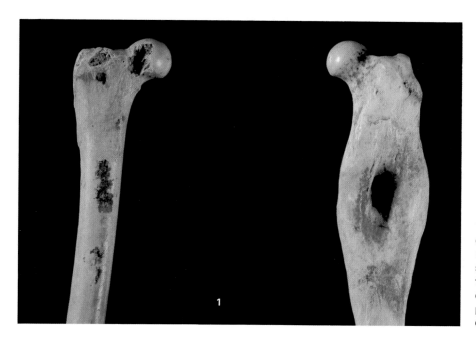

1 *Vulpes vulpes* (renard commun), Holocène, Řeporyje (Tchécoslovaquie). A droite, guérison de fracture compliquée du fémur avec torsion et dislocation des fragments brisés. A gauche, pour la comparaison, fémur intact d'un animal de la même localité.

2 *Ursus spelaeus* (ours des cavernes), Pléistocène (Würmien), Sloup (Tchécoslovaquie). Os du métacarpe ; longueur : 8,4 cm. Sur les deux os, on relève des traces de processus inflammatoires qui ont provoqué des déformations pathologiques de la surface.

3 *Equus germanicus,* Pléistocène (Würmien), Srbsko (Tchécoslovaquie). Phalange ; longueur : 8,7 cm.

4 *Equus germanicus,* Pléistocène (Würmien), Srbsko (Tchécoslovaquie). Tête de tibia rongée par un fauve (hyène ?). Dimension de la tête : 7,5 × 5 cm.

5 *Cervus elaphus* (cerf commun), Holocène, Beroun (Tchécoslovaquie). Base des bois attaquée par un petit rongeur. Dimensions des bois : 4,5 × 3,6 cm.

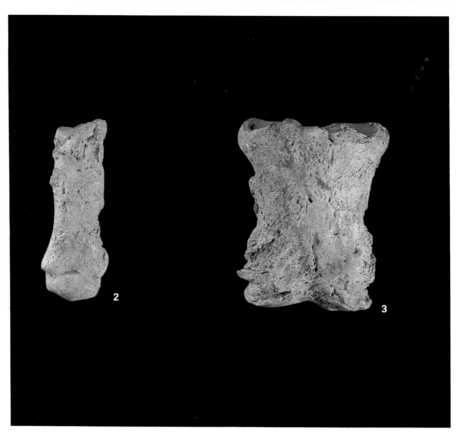

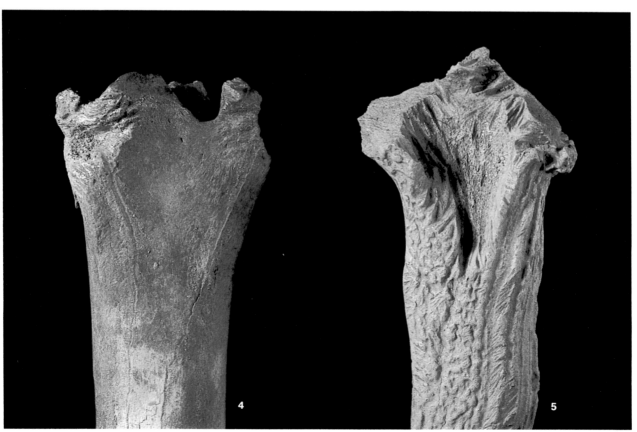

Paléobiologie

Les vertébrés ont laissé de nombreuses traces de déplacements. Les découvertes géologiquement les plus anciennes proviennent du Dévonien de Pennsylvanie. A partir du Carbonifère, elles sont abondantes partout et ont donné naissance à une branche spéciale de la paléontologie : l'ichnologie ou la palichnologie. On a relevé des traces d'amphibiens, de reptiles (celles des grands reptiles sont particulièrement intéressantes), d'oiseaux et de mammifères.

En général, il est difficile de déterminer l'espèce de mammifère à laquelle appartient la trace étudiée. On trouve le plus souvent les empreintes de pattes, parfois de queue ou de ventre, traces laissées par l'animal marchant, courant ou rampant sur un sol meuble. Ces traces de déplacement ne se sont conservées que lorsqu'elles ont été rapidement recouvertes par un sédiment fin (parfois elles ont d'abord rapidement séché). Les traces dues à la nage n'ont pu se conserver qu'exceptionnellement ; celles des amphibiens ou des reptiles du Permien sont peu fréquentes, mais celles des poissons ou des tortues du Secondaire et du Tertiaire sont plus abondantes. Les terriers de petits mammifères (surtout dans les loess) ou les nids des oiseaux (dans les travertins du Quaternaire) ne se sont conservés que très rarement.

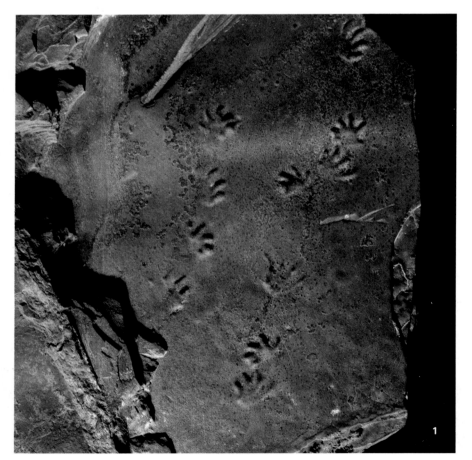

1 *Saurichnites salamandroides,* Permien inférieur, Kalná (Tchécoslovaquie). Dimensions des traces : environ 1 × 1 cm. Traces de déplacements de stégocéphales du Permien, difficiles à identifier.

2 *Saurichnites calcaratus,* Permien inférieur, Lomnice nad Popelkou (Tchécoslovaquie). Longueur de la trace : 6 cm. Trace de déplacement d'un grand amphibien du Permien.

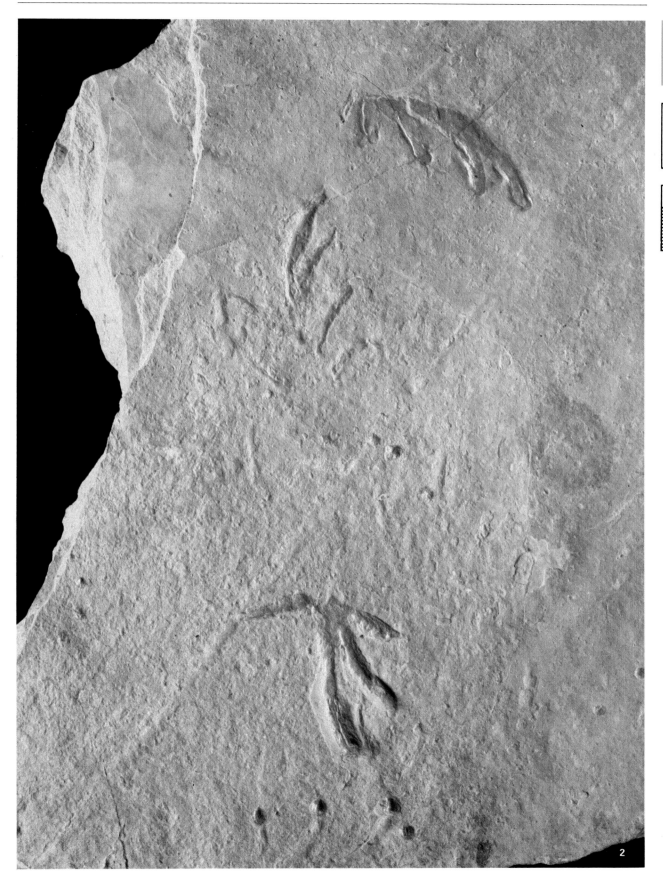

Paléobiologie (suite) : *Coprolithes*

Les coprolithes sont les excréments fossilisés d'animaux anciens. Tout comme les traces de déplacements, ils sont souvent l'un des rares documents concernant l'existence d'organismes ayant peu de chance d'être conservés. L'analyse des coprolithes permet parfois de déterminer le type de nourriture de l'animal. On peut y trouver des carapaces d'insectes ou de crustacés, de petits os de poissons ou d'autres vertébrés.

Les coprolithes les plus connus et les plus étudiés sont ceux des poissons. Ils ont à la surface un enroulement spiral caractéristique qui correspond aux plis de l'intestin grêle de beaucoup de poissons et sélaciens actuels (requins, esturgeons, etc.). Ils sont abondants dans les sédiments du Permo-Carbonifère et du Jurassique. Ils se trouvent souvent directement dans la cavité abdominale des poissons ou à proximité.

On trouve assez souvent des excréments de mammifères, en particulier ceux du Pléistocène. L'analyse des coprolithes des édentés du Nord de l'Amérique *(Gravigrades)* a permis de déterminer les espèces de plantes qui leur servaient de nourriture. Certains carnassiers, ceux du Pléistocène en particulier, ont laissé de nombreux coprolithes : ceux par exemple d'ours et d'hyènes, dans les cavernes qu'habitaient ces animaux ou dans lesquelles ils hibernaient. On en trouve moins fréquemment dans les loess. Ces coprolithes n'ont pas de nom spécifique. Il est possible de faire des comparaisons avec les coprolithes d'espèces actuelles, mais leurs fréquentes déformations rendent l'identification difficile.

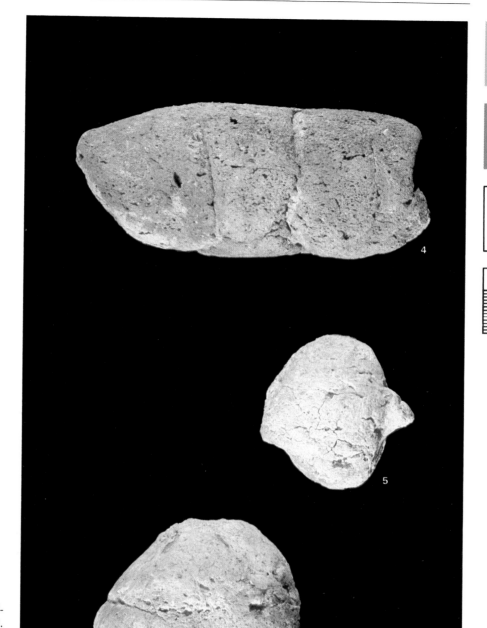

Q

C

1 *Coprolithes magnus,* Carbonifère, Hrabačov (Tchécoslovaquie). Dimensions : 8 × 1,5 cm.

2 *Coprolithes olivoides* Carbonifère, Kounová (Tchécoslovaquie). Dimensions : 3 × 1,5 cm.

3 *Coprolithes pupoides* Carbonifère, Kounová (Tchécoslovaquie). Dimensions : 1,8 × 0,7 cm.

4, 5, 6 Coprolithes de carnassiers (probablement hyènes des cavernes et sans doute aussi lions des cavernes), Pléistocène (Würmien), Srbsko (Tchécoslovaquie). Dimensions : 6,0 × 2,5 cm (**4**), 2,5 × 2,5 cm (**5**), 4,5 × 3,5 cm (**6**).

Tableau stratigraphique

Ères	Pério-des	Étages / Sous-étages			Plissements	Millions d'années
PALÉOZOÏQUE = PRIMAIRE	SUPÉRIEUR	Permien	Sup.	Thuringien / Zechstein	hercynien ou varisque	240
			Inf.	Saxonien Autumien / Rotliegendes		290
		Carbonifère	Sup.	Stéphanien Westphalien Namurien		
			Inf.	Viséen Tournaisien		350
		Dévonien	Sup.	Famennien Frasnien		
			Moy.	Givétien Couvinien (Eifélien)	caledonien récent	
			Inf.	Emsien Deléjien[2] Zlichovien[2] Siegénien[1] ↔ Praguien Gédinien[1] ↔ Lochkovien		400
	INFÉRIEUR	Silurien	Sup.	Pridolien Ludlowien		
			Inf.	Wenlockien Llandovérien		
		Ordovicien	Sup.	Ashgillien		425
			Moy.	Caradocien Llandeilien Llanvirnien		
			Inf.	Arénigien Trémadocien	caledonien ancien	500
		Cambrien	Sup.	Potsdamien		
			Moy.	Acadien		
			Inf.	Géorgien		570
PRÉCAMBRIEN		PROTÉROZOÏQUE ARCHÉEN			cadomien (assyntique)	2500

[1, 2] Dénominations locales des étages utilisées pour le développement rhénan (1) et tchèque (2) du Dévonien.

508

Tableau stratigraphique

Ères	Périodes	Étages / Sous-étages			Plissements	Millions d'années
MÉSOZOÏQUE = SECONDAIRE	Crétacé	supérieur	Maastrichtien	Sénonien	alpin	65
			Campanien			
			Santonien			
			Coniacien			
			Turonien			
			Cénomanien			
		inférieur	Albien			
			Aptien			
			Barrémien			
			Hauterivien	Néocomien		
			Valanginien			
			Berriasien			130
	Jurassique	Sup. (Malm)	Portlandien (Tithonique) Kimméridgien Oxfordien			
		Moy. (Dogger)	Callovien Bathonien Bajocien Aalénien			
		Inf. (Lias)	Toarcien Pliensbachien Sinémurien Hettangien			
	Trias		Rhétien[1]			204
		Sup.	Norien Carnien { Keuper[1] Marnes bigarrées			
		Moy.	Ladinien Anisien = Virglorien { (Muschelkalk)[1] Calcaire coquillier			
		Inf.	Scythien: (Buntsandstein)[1] Grès bigarré			245

[1] Dénominations propres au Trias germanique.

Tableau stratigraphique

Ères	Périodes		Étages / Sous-étages		Plisse-ments	Millions d'années
			Europe du Nord[1]	Alpes[1]		
CÉNOZOÏQUE	QUATERNAIRE	Holocène				
		Pléistocène — récent	Wisla = Weichsel	Würm		
			Eémien	Riss-Würm		
		Pléistocène — moyen	Warthe	Riss II		
			Saale	Riss I		
			Holstein	Mindel-Riss		
		Pléistocène — ancien	Elster	Mindel		
			Cromérien	Günz-Mindel		
			Menap	Günz		
			Waal			
			Éburon	Donau		1,8
	TERTIAIRE	Néogène — Pliocène			alpin	
		Néogène — Miocène				
		Paléogène — Oligocène	Voir ci-contre: stratigraphie détaillée du Tertiaire en Europe occidentale			
		Paléogène — Eocène				
		Paléogène — Paléocène				

[1] Ne concerne que le Quaternaire

TERTIAIRE	NÉOGÈNE	PLIOCÈNE	Plaisancien = Astien	Villafranchien inf.	
			Tabianien = Zancléen	Ruscinien	
		MIOCÈNE	Messinien	Pontien, Turolien	
			Tortonien		Vindobonien
			Serravallien		
			Langhien	Helvétien	
			Burdigalien		
	PALÉOGÈNE = NUMMULTIQUE	OLIGOCÈNE	Chattien		
			Stampien	Stampien s.str. / Sannoisien	Rupélien
		EOCÈNE	Priabonien	Ludien	Lattorfien
			Bartonien s.str.	Marinésien / Auversien	Biarritzien
			Lutétien		
			Yprésien	Cuisien, Sparnacien, Ilerdien	
		PALÉOCÈNE	Thanétien	Vitrollien	Landénien
			Montien		Garumnien p.p.
			Danien		

Orientation bibliographique

Certains ouvrages cités sont périmés du point de vue des déterminations et des conceptions. Ils n'en demeurent pas moins des documents utiles, ne serait-ce qu'en raison de leurs illustrations. D'autres ne sont pas strictement paléontologiques, mais des notions modernes ou des figurations de fossiles pourront y être utilement puisées.

Aubouin J., Brousse R. et Lehmann J.-P. (1975) : **Précis de géologie.** Tome 2 **Paléontologie, stratigraphie,** Paris, Dunod, 480 p. (dont la moitié pour la paléontologie).

Babin C. (1971) : **Eléments de paléontologie,** Paris, A. Colin, 408 p.

Barrat H. (1987) : **Techniques de moulages des fossiles en laboratoire. Géologues,** n° 82, p. 39−45 (UFG, 77, rue Claude-Bernard − 75005 Paris).

Basse de Ménorval E. (1955) : **Les fossiles,** Que sais-je? N° 668 Paris, PUF

Beaumont G. de (1971) : **Guide des vertébrés fossiles,** Neuchâtel, Delachaux et Niestlé, 476 p.

Bignot G. (1982) : **Les microfossiles,** Paris, Dunod, 212 p.

Chaline J. (1972) : **Le Quaternaire. L'histoire humaine dans son environnement,** Paris, Doin, 338 p.

Chaline J. (1987) : **Paléontologie des vertébrés,** Paris, Dunod (Coll. « Géosciences »), 178 p.

Chavan A. et Cailleux A. (1980) : **Détermination pratique des fossiles,** Paris, Masson, 387 p.

Chavan A. et Montocchio H. (1960) : **Fossiles classiques. Enchaînements et déterminations,** Paris, SEDES, 232 p.

Devillers C. (1973) : **Introduction à l'étude systématique des vertébrés,** Paris, Doin, 116 p.

Fischer J.-C. (1980) : **Fossiles de France et des régions limitrophes.** Coll. Guides géologiques régionaux, Paris, Masson, 444 p.

Fischer J.-C. et Gayrard-Valy Y. (1976) : **Fossiles de tous les temps,** Papeete, Tahiti, Edit. du Pacifique, 199 p.

Furon R. (1951) : **La paléontologie,** Paris, Payot.

Furon R. (1966) : **Les fossiles vivants,** Paris, Payot.

Furon R. et Soyer R. (1947) : **Catalogue des fossiles du bassin de Paris,** Paris, P. Lechevalier, 240 p., 32 pl.

Gall J.-C. (1976) : **Environnements sédimentaires anciens et milieux de vie,** Paris, Doin, 228 p., 2 pl.

Gayrard-Valy Y. (1985) : **La paléontologie.** Que sais-je ? N° 2190, Paris, PUF.

Genet-Varcin E. (1963) : **Les singes actuels et fossiles,** Paris, Boubée, 239 p.

Genet-Varcin E. (1969) : **A la recherche du primate ancêtre de l'homme,** Paris, N. Boubée et Cie, 336 p.

Ginsburg L. (1979) : **Les vertébrés, ces méconnus. 600 millions d'années d'évolution des origines à l'homme,** Paris, Hachette, 222 p.

Montocchio H. (1965) : **Paléontologie humaine,** Paris, SEDES, 130 p., 5 tabl.

Moret L. (1949) : **Manuel de paléontologie végétale,** Paris, Masson, 230 p.

Moret L. (1966) : **Manuel de paléontologie animale,** Paris, Masson, 781 p.

Pajaud D. (1978) : **Le monde merveilleux des fossiles,** Genève, Minerva, 108 p.

Piveteau (1951) : **Images des mondes disparus,** Paris, Masson, 157 p.

Piveteau J. et Lehmann J.-P. (1978) : **Précis de paléontologie des vertébrés,** Paris, Masson.

Pomerol C. : **Stratigraphie et paléogéographie,** Paris, Doin (et Babin C.), Tome 1 (1977), 429 p. : **Précambrien, Ere paléozoïque.** Tome 2 (1975), 383 p. : **Ere mésozoïque.** Tome 3 (1973), 269 p. : **Ere cénozoïque (Tertiaire et Quaternaire).**

Pomerol C. (depuis 1980) : **France géologique. Grands itinéraires** (un volume pour chaque région), Paris, Masson (Coll. « Guides géologiques régionaux »).

Pomerol C. et al. (1987) : **Stratigraphie, Méthodes, principes, applications,** Paris, Doin, 283 p.

Roger J. (1974) : **Paléontologie générale,** Paris, Masson, 419 p.

Roger J. (1976) : **Paléontologie évolutive,** Paris, Masson, 160 p.

Roger J. (1977) : **Paléoécologie,** Paris, Masson, 170 p.

Spinar Z. V. (1979) : **Encyclopédie de la préhistoire,** Prague, Artia, 228 p.

Termier H. et G. (1960) : **Paléontologie stratigraphique,** Paris, Masson, 575 p., 3425 fig.

Termier H. et G. (1968) : **Evolution et biocinèse,** Paris, Masson, 241 p.

Termier H. et G. (1968) : **Biologie et écologie des premiers fossiles,** Paris, Masson.

Théobald N. et Gama A. (1958) : **Paléontologie,** Paris, Doin, 528 p.

Verniory R. (1970) : **Atlas de paléontologie des invertébrés,** Genève, Georg, Librairie de l'Université, 224 p., 84 pl.

Coll. (1984) : **Histoire de la terre notre planète,** Paris, Société géologique de France, 192 p.

Nota.
On trouvera dans l'ouvrage de J.-C. Fischer une liste de nombreuses monographies régionales susceptibles d'orienter l'amateur (très averti) dans ses déterminations.

Traités

Boureau E. (sous la direction de) (1960–1964) : **Traité de paléobotanique,** Paris, Masson.

Chadefaud M. et Emberger L. (1960) : **Traité de botanique.** Paris, Masson.

Grassé P.-P. (sous la direction de) (1951–1984) : **Traité de zoologie.** Paris, Masson.

Moore R. C. (sous la direction de) (depuis 1955) : **Treatise on Invertebrate Paleontology,** University of Kansas Press.

Piveteau J. (sous la direction de) (1952–1966) : **Traité de paléontologie,** Paris, Masson.

Schindewolf O. M. (sous la direction de) (1938–1960) : **Handbuch der Paläozoologie,** Gebrüder.

Encyclopédies

Encyclopédie internationale des sciences et des techniques, Paris, Presses de la Cité (1969–1973).
Encyclopaedia universalis (depuis 1968), Paris.

Dictionnaires et guides

Billy C. (1985) : **Glossaire de zoologie,** Paris, Doin, 239 p.

Cailleux A. et Komorn J. (1981) : **Dictionnaire des racines scientifiques,** Paris, SEDES-CDU, 263 p.

Ferrari J.-P. (1984) : **Dictionnaire étymologique de la flore française,** Paris, P. Lechevalier, 225 p.

Foucault A. et Raoult J.-F. (1984) : **Dictionnaire de géologie,** Paris, Masson, 347 p.

Hedberg H. (sous la direction de) (1979) : **Guide stratigraphique international. Classification, terminologie, règles de procédures,** Paris, Doin, 233 p.

Husson R. (1970) : **Glossaire de biologie animale,** Paris, Gauthier-Villars, 299 p.

Morvan R. (1985) : **Le petit Retz Morvan, pour comprendre la plupart des mots du vocabulaire,** Paris, Retz, 143 p.

Pajaud D. (à paraître) – **Nomenclature et taxinomie. Pratique de la dénomination en paléontologie,** Paris, BRGM (Coll. « Manuels et méthodes »).

Revues

Minéraux et fossiles, Paris (publication mensuelle).

Index des fossiles illustrés

Index

Index

Index